U0636710

数字经济与税收治理

中国税务杂志社　腾讯公司 ◎ 编

· 2022 ·

中国税务出版社

图书在版编目（CIP）数据

数字经济与税收治理. 2022 / 中国税务杂志社，腾讯公司编. --北京：中国税务出版社，2023.9
ISBN 978 - 7 - 5678 - 1391 - 5

Ⅰ. ①数… Ⅱ. ①中…②腾… Ⅲ. ①互联网络 - 应用 - 税收管理 - 中国 - 文集 Ⅳ. ①F812. 423 - 39

中国国家版本馆 CIP 数据核字（2023）第 163350 号

版权所有·侵权必究

书　　名：数字经济与税收治理（2022）
　　　　　SHUZI JINGJI YU SHUISHOU ZHILI（2022）
作　　者：中国税务杂志社　腾讯公司　编
责任编辑：张　赛
责任校对：姚浩晴
技术设计：林立志
出版发行：中国税务出版社
　　　　　北京市丰台区广安路 9 号国投财富广场 1 号楼 11 层
　　　　　邮政编码：100055
　　　　　网址：https：//www. taxation. cn
　　　　　投稿：https：//www. taxation. cn/qt/zztg
　　　　　发行中心电话：（010）83362083/85/86
　　　　　传真：（010）83362047/49
经　　销：各地新华书店
印　　刷：北京天宇星印刷厂
规　　格：787 毫米×1092 毫米　1/16
印　　张：24. 75
字　　数：415000 字
版　　次：2023 年 9 月第 1 版　2023 年 9 月第 1 次印刷
书　　号：ISBN 978 - 7 - 5678 - 1391 - 5
定　　价：75. 00 元

如有印装错误　本社负责调换

本书编委会

主　编：李万甫　赵杰夫

编　辑：陈双专　　王子豪　　欧阳宜虹
　　　　周　鹏　　阮晶琦　　郝东杰
　　　　温彩霞　　窦清红　　李妮娜
　　　　于嘉音　　单　群　　齐　烨

前　言

习近平总书记在党的二十大报告中强调，加快发展数字经济，促进数字经济和实体经济深度融合，打造具有国际竞争力的数字产业集群。中共中央、国务院印发的《数字中国建设整体布局规划》提出，要加快数字技术创新应用，做强做优做大数字经济，全面赋能经济社会发展。中共中央办公厅、国务院办公厅印发的《关于进一步深化税收征管改革的意见》明确要求，全面推进税收征管数字化升级和智能化改造，整体性集成式提升税收治理效能。国家税务总局也多次要求，要深入推进以税收大数据为支撑的智慧税务建设，为拓展提升税收职能作用提供更为强大的数据支撑，以数字化税务有效服务数字化政府和数字化市场，高效服务国家治理体系和治理能力现代化。

为贯彻落实党中央、国务院的决策部署和国家税务总局的明确要求，深入研究数字经济对税收治理的影响，不断完善新时代税收治理体系，提升税收治理能力，更好地以税收现代化服务中国式现代化，中国税务杂志社与腾讯公司联合举办了2022年度"数字经济与税收治理"征文活动。

本书收录了2022年度"数字经济与税收治理"征文活动的优秀文章。这些文章以数字经济及其衍生的税收治理问题为逻辑起点，对一些具有时代性、前瞻性的问题进行了深入探讨，并提供了较为深刻的洞见，对于助力税收现代化服务中国式现代化具有较强的理论价值和现实意义。为更好地盘点学术成果、交流学术思想、引领研究方向、形成体系化学术集成，特将这些文章编辑出版，希望能为相关人士进一步开展学术研究提供参考和借鉴。

借此机会，向所有参与 2022 年度"数字经济与税收治理"征文活动的税务工作者、广大纳税人、有关科研院所师生和社会各界人士表示衷心感谢！

编 者

2023 年 8 月

目　录

数字经济与税收改革篇

数字资产与税收治理篇

数字技术与税收管理篇

附　录

数字经济与税收改革篇

数字经济企业的税收转移机制及测度

——基于某搜索引擎企业的案例研究

袁从帅　张少博　杨一帆

内容提要： 数字经济企业的税收转移问题引发广泛关注，但由于经营业态多样，具体的税收转移问题较为复杂。鉴于在线广告服务为数字经济企业的主要收入来源，本文选取国内代表性数字经济企业 M 进行案例研究，剖析在线广告服务税收转移机制，采用各省移动互联网用户数量占比代理反映 M 企业在线广告浏览者的地区分布，测度在线广告服务引发的全国各地区税收转移规模，得出了在线广告服务税收转移的空间特征：数字经济企业的税收转移加大了地区间财力差距，削弱了落后地区的公共服务提供能力。为此，建议将易于转移的税种变为中央税，或构建数字经济企业税收跨地区分配机制。

关键词： 数字经济　税收转移　在线广告服务

近年来，数字经济的迅速发展为全球经济带来机遇的同时亦伴生严峻的税收挑战，数字经济企业引发的税收跨地区转移正是当前最受关注的挑战之一。此种挑战一方面发生在国际层面，诸如谷歌、亚马逊等大型全球化数字经济企业导致税收从市场国持续向其母国转移，动摇了存续百年的现行国际税收规则体系；另一方面同样发生在一国内部，特别是地区众多的大国表现得更为明显。在财政分权体制下，税收转移违背受益原则，影响地方政府提供公共服务的筹资能力（Ahmad 等，2006）。

我国数字经济发展处于世界领先水平，全球最大的 70 家数字经济企业，中国企业市值规模居第二位，仅次于美国（UNCTAD，2019）。我国数字经济企业以国内经营为主，同时具有少数经济发达地区聚集性，因此税收转移问题主要发生在国内地区之间，引发地区间"劫贫济富"效应。有研究指出，我国77.7%的互联网上市公司位于北京、上海、杭州、深圳和广州五个城市，存在税收上的虹吸效应，导致税收分配不均衡（肖荣美等，2021）。我国幅员辽阔、区划众多，地区间经济差异较大，本就存在突出的税收不均衡问题，数字经济企业的税收转移使上述问题进一步加剧，不利于基本公共服务均等化的实现。有学者指出，随着数字经济发展壮大，税收与税源背离问题加剧，需要认真考虑税收应该在生产地还是消费地征收，推动税收制度向数字化转型，建立与数字化相适应的税制。①

数字经济企业开展的业务多种多样，如谷歌、百度主要是搜索引擎服务，脸书（Facebook）、腾讯以社交媒体及数字内容服务为主，亚马逊、阿里巴巴、京东则是电子商务及在线中介平台服务。不同数字经济企业开展的业务虽然不同，但其主要收入来源于在线广告服务（袁从帅等，2021）。现有研究虽已关注到数字经济企业税收转移问题的重要性，但尚未深入探讨税收转移的形成机制及具体的规模测度。因此，本文选取国内有代表性的搜索引擎企业M，以其在线广告服务进行案例研究，探索构建数字经济企业税收转移的测度方法，给出转移规模的量化特征事实，助力应对数字经济企业税收转移的挑战。

一、数字经济企业营收模式与税收转移机制

（一）在线广告服务是数字经济企业的核心营收模式

数字经济企业具有用户数据高度依赖性，不同的业务类型采取不同的营收模式，税收转移机制亦有所差异。所谓营收模式，是指企业获取收入的特定模式，涉及收入的来源、金额以及分配（Amit等，2001）。通过营收模式分析，可以确定数字经济企业获取收入的业务类型和来源区域，继而根据收入的区域来源判断税收与税源是否具有一致性。

2020年，经济合作与发展组织（OECD）发布的《应对经济数字化税收挑战——支柱一蓝图报告》（以下简称支柱一报告），将数字经济企业的具体业态分为在线广告服务、用户数据出让、搜索引擎、社交媒体平台、在线中介平台服务、数字内容服务、在线游戏、在线教育和云计算服务等9大类，并提炼

---

① 周潇枭. 全国政协委员刘尚希：摸索建立基于数字经济的新税制［EB/OL］.（2021 – 03 – 06）［2022 – 08 – 20］. https：//baijiahao. baidu. com/s？ id = 1693625006942329620&wfr = spider&for = pc.

了各类业态的营收模式，指出了数字经济企业收入的业务来源。① 我们对数字经济企业主要营收模式进行了更为细致的梳理（见表1），总结如下：其一，在线广告服务、用户数据出让、数字内容服务、在线中介平台服务和云计算服务是数字经济企业主要的收入业务来源；其二，5类收入业务来源中，在线广告服务是最广泛的业务来源类型，其次为用户数据出让和数字内容服务，最后是在线中介平台服务和云计算服务。因此，聚焦在线广告服务进行研究，能够揭示大部分数字经济企业的税收转移问题。

表1   **数字经济企业主要营收模式**

收入业务来源	数字经济企业9大业态									业务数量
	1	2	3	4	5	6	7	8	9	
	在线广告服务	用户数据出让	搜索引擎	社交媒体平台	在线中介平台服务	数字内容服务	在线游戏	在线教育	云计算服务	
在线广告服务	√		√	√	√	√	√	√	√	8
用户数据出让		√	√	√	√	√	√			7
数字内容服务				√	√	√	√			5
在线中介平台服务					√					1
云计算服务									√	1

资料来源：OECD. Tax challenges arising from digitalisation-report on pillar one blueprint：inclusive framework on BEPS［R］. Paris：OECD Publishing, 2020.

进一步的数据量化分析，显示出在线广告服务也是数字经济企业的主要收入来源（见表2）。百度、腾讯、Facebook、Alphabet（即谷歌重组后的"伞形公司"）等代表性数字经济企业以搜索引擎、数字内容服务、社交媒体平台、在线游戏等为主要业态，营业收入的一个重要来源均是在线广告收入。2017—2019 年，百度在线广告收入从731.5 亿元增加至780.9 亿元，占营业收入的比重虽有下降，但一直保持在70%以上。腾讯主营社交媒体平台、网络游戏，其在线广告收入占营业收入比重从17.0%提高至18.1%。美国的 Facebook 和 Alphabet 主营社交媒体平台、搜索引擎，在线广告收入的重要性更明显。其

① OECD. Tax challenges arising from digitalisation-report on pillar one blueprint：inclusive framework on BEPS［R］. Paris：OECD Publishing, 2020.

中，Facebook 在线广告收入占营业收入比重历年都在 98% 以上，Alphabet 在线广告收入占比也在 83% 以上。

表2　　　　　　　　　**代表性数字经济企业在线广告收入情况**

企业	2017 年		2018 年		2019 年	
	在线广告收入/亿元	占营业收入比重/%	在线广告收入/亿元	占营业收入比重/%	在线广告收入/亿元	占营业收入比重/%
百度	731.5	86.2	819.1	80.1	780.9	72.7
腾讯	404.4	17.0	580.8	18.6	683.8	18.1
Facebook	399.4	98.3	550.1	98.5	696.6	98.5
Alphabet	955.8	86.2	1164.6	85.1	1348.1	83.3

注：除腾讯数据根据 2018 年、2019 年年报整理外，其他相关数据根据各企业 2019 年年报整理。

概言之，在线广告服务是数字经济企业的核心营收模式，无论业务覆盖的广泛性还是营业收入占比均居首位，以在线广告服务研究数字经济企业的税收转移问题具有较强的代表性和典型性。

（二）在线广告服务的税收转移机制

支柱一报告指出，数字经济企业通过远程方式直接向消费者提供数字服务，无须在消费者所在地设立实体机构，导致国际税收领域根据物理存在征税的收入来源地规则失效，出现跨国税收转移问题。虽然我国各地区数字经济企业的营收模式并无较大差异，但具体的征税规则有明显不同。详言之，我国实行"属地管理、就地缴库"的税收征管和预算管理体制，亦即通常所说的属地征税制度。数字经济企业由所在地税务机关负责征管，在税收分成办法下将税收缴入中央国库及所属地区国库。此时，税收与税源发生分离，收入来源地的税收转移到数字经济企业所在地。概言之，数字经济企业的国内跨地区税收转移产生于远程无实体经营的新营收模式与属地征税的传统征税制度的叠加，致使作为税收来源地的其他地区的税收转入数字经济企业所属地。

在线广告服务引发的税收转移亦遵循上述机制，但相比于其他业务类型其特殊点在于，作为税收转出地的收入来源地的判断较为复杂。支柱一报告认为，在线广告服务的收入来源地是广告浏览者所在地，而非通常认为的支付广告费用的商家所在地。联合国于 2021 年修订的《关于发达国家和发展中国家避免双重征税的协定范本》则持不同立场，在增加的第 12 条 B 条款中指出，自动化数字服务的收入来源地为付款方所在地，即将支付广告费的商家所在地视为在线广告服务的收入来源地。此种做法亦存在不足，用户参与为数字经济企业创造价值，但用户所在地却无法获得相应的税收利益。[①]

本文认为，支柱一报告的观点更为恰当，在线广告服务的收入来源地为广告浏览者所在地，而非购买广告服务的商家所在地。

首先，2014 年发布的《二十国集团领导人布里斯班峰会公报》指出，应当在创造利润的经济活动发生地或价值创造地进行征税，这里的价值创造地就是收入来源地（Hey，2019）。根据支柱一报告，数字经济企业的价值创造地就是用户所在地，因为其创造的价值来源于用户贡献的数据和内容，以及对用户行为的监测和数据挖掘。对在线广告服务而言，广告浏览者是数字经济企业的用户，将其所在地视为收入来源地也是恰当的。

其次，购买广告服务的商家所支付的广告费最终也是来自浏览广告的消费者。谷歌等在线广告服务是一个多边市场，同时将互联网用户和试图向这些用户推广产品的企业吸引到其平台上，平台互联网用户越多，在线广告活动效率就越高（Etro，2013）。有学者指出，在线广告服务是一种三方市场"交叉补贴"的免费商业模式，用户可以免费使用搜索引擎等数字化产品，表面上没有付费，但实际上买单的人仍然是用户自己。其逻辑是，商家向数字经济企业支付广告费，将商品信息推广给消费者，而作为消费者的用户在购买商品时支付的价格包含着广告成本，即间接在另一个时间和地点向数字经济企业支付费用。[②]

此外，广告的作用在于促进消费、激活市场，广告需要将展示的信息直达消费者，以吸引消费者消费。从这个角度看，企业不会为没有浏览者的广告支付广告费。根据 M 企业 2019 年年报资料，其获取收入的核心模式是基于竞价排名进行广告服务提供，广告费的收取以用户点击或浏览为条件。具体操作是，商家使用广告服务前需要缴纳押金，如果用户在搜索过程中点击商家链接或者符合其他展示标准，押金会被划扣到 M 企业。Alphabet 提供的广告服务也是根据用户点击观看广告情况向购买广告服务的商家收取费用，用户只要点击

---

① 《国际税收》编辑部. 联合国税收协定范本（2021 年版）新增内容解读及对我国"走出去"企业的建议：专访国家税务总局国际税务司副司长熊艳［J］. 国际税收，2022（6）：37-39.
② 安德森. 免费：商业的未来［M］. 蒋旭峰，冯斌，璩静，译. 北京：中信出版社，2015：17-23.

广告就能为企业带来收入。

综上，在线广告服务的税收转移机制逐渐清晰（见图 1）。一国有 N 个地区，由于数字经济企业具有区域集聚特征，我们假设该企业位于 A 地。在属地征税制度下，数字经济企业向 A 地政府缴纳税收。数字经济企业的营收模式为：一方面提供免费 App 服务，吸引互联网用户使用；另一方面向商家提供在线广告服务，根据用户浏览点击情况收取广告费。由于当前互联网具有较高普及率，数字经济企业的用户广泛分布于 N 个地区。

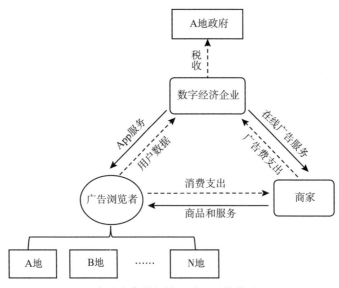

图 1　在线广告服务的跨地区税收转移机制

图 1 展示了数字经济企业、广告浏览者（用户）、商家之间的交易关系，涉及数据流、商品和服务流、资金流三大关键流向。如前所述，数字经济企业作为一个多方市场，同时把用户和商家聚集在一个平台。数字经济企业一方面向广告浏览者提供 App 服务，广告浏览者无须付费，但数字经济企业获得了用户数据；另一方面基于庞大用户群体及对用户数据这一生产要素的挖掘分析，向商家提供在线广告服务，并据此收取费用作为主要收入来源。在广告作用之下，商家得以向广告浏览者销售商品和服务，获取销售收入。同时，商家向数字经济企业支付的广告费用是包含在销售收入中的，由广告浏览者承担。不难发现，作为广告浏览者的用户及其数据是数字经济企业赖以创造价值的基础，是上述整个过程运转的关键。如果没有用户及其数据，数字经济企业也就

失去了获得收入的手段。当然，数字经济企业的收入并非直接来自用户，而是通过"广告浏览者—商家—数字经济企业"这一资金流动链条间接从用户获取。

概括而言，收入来源地应当是广告浏览者所在地，但由于广告浏览者分布于各个地区，数字经济企业将各地区的税收收入转移到了 A 地政府。根据这一机制，可以采取恰当的方法，依照各地区广告浏览者的数量等，对在线广告服务产生的税收收入在属地和来源地之间进行合理分配。

二、M 企业在线广告服务的税收转移测度

本部分以 M 企业在线广告服务为案例，将广告浏览者所在地作为收入来源地，以各地区广告浏览者数量占比为拆分因子对税收收入进行重新分配，测度在线广告服务引发的全国各地区税收转移规模。

（一）M 企业的属地征税与广告浏览者分布

税收转移测度首先需要确定 M 企业在线广告业务的缴税地区。根据 2019 年年报，M 企业在全球范围内有 9 家主要子公司和并表关联方，其中，有 3 家注册在境外，6 家注册在境内（见表 3）。通过 Wind 全球企业数据库查询，发现注册在境内的 6 家企业均从事广告业务。2019 年，M 企业在线广告收入有 700 亿元和 83 亿元分别来自 M 企业核心业务、Q 视频两大模块。概言之，M 企业在线广告业务主要由注册在境内的 6 家子公司开展，注册地分布在北京、上海、深圳等地，因此广告业务也相应在此三个地区缴税。其中，直接涉及的税种为企业所得税、增值税以及随增值税附征的城市维护建设税，中央财政分成后剩余部分归入三个地区地方财政。

表 3　　　　　　　　　　　　**M 企业子公司的在线广告业务**

M 企业子公司名称	注册地	广告相关经营范围
M 控股有限公司	维尔京群岛	——
M（香港）有限公司	香港	——
Q 视频有限公司	开曼群岛	——
北京 M 在线网络技术有限公司	北京	设计、制作、代理、发布广告

M 企业子公司名称	注册地	广告相关经营范围
M 中国有限公司	上海	设计、制作、发布、代理国内外各类广告业务
M 时代网络技术（北京）有限公司	北京	设计、制作、发布、代理国内外各类广告
M 国际科技（深圳）有限公司	深圳	从事广告业务
北京 M 网讯科技有限公司	北京	利用 www.baidu.com、www.hao123.com（www.hao222.net、www.hao222.com）网站发布广告；设计、制作、代理、发布广告
北京 M 中原科技有限公司	北京	利用 www.skycn.com（www.skycn.net）发布网络广告；设计、制作、代理、发布广告

资料来源：根据 M 企业 2019 年年报及 Wind 全球企业数据库整理。

接下来，根据 M 企业在线广告浏览者的地区分布，可以对在线广告业务的收入来源地作出判断。根据前文分析，本文将广告浏览者所在地而非支付广告费的企业所在地作为在线广告的收入来源地。但 M 企业年报未公布广告浏览者信息，也未公布用户信息，本文基于移动互联网用户的地区分布数据作为代理变量进行反映。M 企业年报指出，其在线广告收入主要来自竞价排名服务，该服务将搜索引擎用户引入到商家链接，按用户点击广告次数收取广告费。M 企业搜索引擎在我国占支配地位，是网民上网搜索主要途径。因此，可认为各省份在线广告浏览者的比例应与互联网用户比例基本一致。这里基于2020 年《中国统计年鉴》中的各地移动互联网用户数量，反映广告浏览者的地区分布（见图 2）。

由图 2 可以看出，广东、山东、江苏、河南、四川、浙江等经济大省或人口大省移动互联网用户占比较高，这些地区浏览 M 企业广告的用户比例也相应较高。西藏、青海、宁夏、海南、天津等经济相对落后或人口规模较小的省份，移动互联网用户占比较低，相应的广告浏览者比例也较低。虽然省份之间移动互联网用户数量相差较大，但仍然是分散分布的，每个省份都有广告浏览者，都是广告收入的来源地。

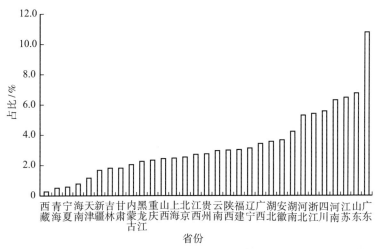

图2　2019年各地移动互联网用户数量占比

综合来看，在现行属地征税制度下，M企业在线广告服务产生的收入在北京、上海和深圳等属地纳税，而这些收入的来源地为广告浏览者所在地，这意味着全国大部分省份的税收转移到了这三个地区。随之而来的问题是，转入这三个地区的税收收入来自全国各个地区的占比分别是多少？本文使用各省移动互联网用户数量占比代理反映，并将其作为拆分因子对税收收入进行重新分配，测度各地区税收转移额。

（二）测算结果及分析

在线广告收入涉及的税种为增值税、企业所得税，以及以增值税为计税依据的城市维护建设税。测算思路是，按照税收与税源一致性原则，将属地入库税收作为待分配对象按照一定规则拆分到各个省份。具体做法是：增值税、城市维护建设税方面，直接对税种进行拆分；企业所得税方面，先对税前利润进行拆分，再按法定税率计算各省份的转移税额。

1. 估算待分配税收及利润。

首先，明确在线广告的基本财务指标。根据年报，M企业营业收入基本来自境内。收入方面，2019年营业收入1074.13亿元，其中在线广告收入780.9亿元，来自M企业核心业务（注册在境内）700亿元，占89.6%；来自Q视频（注册在开曼群岛，但实际经营在境内）83 亿元，占 10.6%。① 利润方面，2019 年 M 企业税前利润为 -3.4 亿元，其中境内 130.76 亿元，境外 -134.16 亿元。税收方面，2019 年，M 企业缴纳增值税 46.3 亿元、企业所得税 19.48 亿元。

其次，计算待分配增值税。根据年报，2019 年 M 企业在线广告业务缴纳增值税 46.3 亿元，且没有表明享受税收优惠政策，按总收入中 72.7% 的广告业务收入占比估算，属于广告业务的增值税为 33.7 亿元，同时按照 50% 的地方分成比例计算，待分配增值税为 16.85 亿元。需说明的是，Q 视频有限公司虽然注册在境外，但根据 2018 年赴美上市招股书②，其是通过控制境内的北京 Q 视频科技有限公司运营 Q 视频网站。视频网站是在线广告业务的主要展示平台。因而，M 企业全部在线广告收入主要来自境内，都应在境内缴纳增值税，16.85 亿元的增值税应全部为待分配增值税收入。

再次，估算待分配城市维护建设税。根据《城市维护建设税法》，城市维护建设税以增值税等税种为计税依据，纳税人所在地在市区、县城和镇以及其他地区的，适用税率分别为 7%、5% 和 1%。随增值税征收的城市维护建设税也应按照收入来源地税率征税，但本文难以识别在线广告浏览者所在地的城乡特征，因此按照 5% 的中间档税率、33.7 亿元的增值税估算，得到待分配城镇维护建设税 1.7 亿元。

最后，估算待分配税前利润。按照年报，2019 年 M 企业境内业务税前利润 130.76 亿元，境外业务亏损 134.16 亿元，主要来自境外投资亏损以及境外的经营成本、管理费用、利息费用和股权激励费用等。由于境外业务处于亏损状态，可认为 M 企业 2019 年缴纳的 19.48 亿元企业所得税全部来自境内，对应境内税前利润 130.76 亿元，实际税率为 14.9%。继续按总收入中在线广告收入 72.7% 的占比，从境内税前利润中估算出在线广告利润 95.06 亿元，即待分配税前利润。

2. 各地税收转移额。

M 企业在线广告业务在子公司注册地，也即税收属地北京、上海、广东（以下简称北上广）三地缴纳，由于难以区分每个省份的缴税额，这里将三地区作为一个整体考虑。本文使用图 2 所展示的 2019 年各地移动互联网用户数

---

① 两者之和略超总数，为小数点尾数影响，不影响整体估算结果。

② Form F-1 registration statement under the securities act of 1933［EB/OL］. (2018-02-27)［2022-08-20］. https://www.sec.gov/Archives/edgar/data/1722608/000119312518060890/d487167df1.htm.

量占比代理反映各地区广告浏览者比例,作为待分配税收和利润的拆分因子。例如,西藏移动互联网用户全国占比0.2%,则认为M企业在三省份入库税收或对应的税前利润有0.2%来自西藏。[①]

表4列示了估算结果。

表4 M企业在线广告在各省份的地方税收转移额

省份	广告浏览者占比/%	各地实际归属额/亿元		估算的各地转移额/亿元			
		增值税及城市维护建设税	税前利润	增值税及城市维护建设税	税前利润	企业所得税	转移税收合计
西藏	0.2	0	0	−0.04	−0.19	−0.02	−0.06
青海	0.4	0	0	−0.08	−0.41	−0.04	−0.12
宁夏	0.5	0	0	−0.10	−0.49	−0.05	−0.15
海南	0.7	0	0	−0.13	−0.67	−0.07	−0.20
天津	1.1	0	0	−0.20	−1.05	−0.10	−0.31
新疆	1.6	0	0	−0.30	−1.54	−0.15	−0.45
吉林	1.7	0	0	−0.32	−1.66	−0.17	−0.49
甘肃	1.8	0	0	−0.33	−1.67	−0.17	−0.49
内蒙古	2.0	0	0	−0.37	−1.88	−0.19	−0.55
黑龙江	2.2	0	0	−0.41	−2.09	−0.21	−0.62
重庆	2.3	0	0	−0.42	−2.17	−0.22	−0.64
山西	2.4	0	0	−0.44	−2.27	−0.23	−0.67
江西	2.7	0	0	−0.49	−2.53	−0.25	−0.75
贵州	2.7	0	0	−0.50	−2.54	−0.25	−0.75
云南	2.9	0	0	−0.54	−2.76	−0.28	−0.81
陕西	2.9	0	0	−0.54	−2.77	−0.28	−0.82
福建	3.0	0	0	−0.55	−2.82	−0.28	−0.83
辽宁	3.1	0	0	−0.57	−2.93	−0.29	−0.86
广西	3.4	0	0	−0.63	−3.21	−0.32	−0.95

---

① 需要说明的是,此处使用各地数字服务用户占比进行税收分配具有一定的合理性。法国针对大型数字服务企业来自本国的销售收入开征数字服务税,就是使用数字企业的法国用户数量占比与企业全球收入的乘积来确定来自法国的销售收入规模。参见:张春燕. 法国数字服务税法案的出台背景及影响分析 [J]. 国际税收,2020 (1):53−57.

省份	广告浏览者占比/%	各地实际归属额/亿元		估算的各地转移额/亿元			
		增值税及城市维护建设税	税前利润	增值税及城市维护建设税	税前利润	企业所得税	转移税收合计
湖北	3.5	0	0	-0.65	-3.34	-0.33	-0.99
安徽	3.6	0	0	-0.67	-3.45	-0.35	-1.02
湖南	4.2	0	0	-0.77	-3.96	-0.40	-1.17
河北	5.2	0	0	-0.97	-4.99	-0.50	-1.47
浙江	5.3	0	0	-0.99	-5.08	-0.51	-1.50
四川	5.5	0	0	-1.02	-5.25	-0.52	-1.55
河南	6.3	0	0	-1.16	-5.94	-0.59	-1.75
江苏	6.4	0	0	-1.19	-6.09	-0.61	-1.80
山东	6.7	0	0	-1.25	-6.38	-0.64	-1.88
北上广	15.7	18.55	95.06	15.64	80.15	8.01	23.65

注：负数表示税收或利润净转出，正数表示税收或利润净转入。

首先，在线广告收入产生的增值税和城市维护建设税，在北上广等注册地入库地方分成部分为18.55亿元。由于三地区广告浏览者只占15.7%，按照税收与税源一致性原则，只有15.7%的税收来自三地区，其余84.3%来源于其他省份，涉及税收15.64亿元。换言之，北上广从全国其他省份净转入增值税和城市维护建设税15.64亿元。

其次，对于M企业在线广告产生的95.06亿元税前利润，按照税收与税源一致性原则，15.7%在北上广三地创造，其余84.3%的部分从其他地区转移而来。按照企业所得税25%的法定税率以及40%的地方分成比例估算，来源于其他省份的税前利润对应地方级企业所得税合计8.01亿元，此为这些省份净转出的企业所得税。换言之，北上广从全国其他省份净转入企业所得税8.01亿元。

综合来看，北上广从全国其他省份净转入属于地方的增值税、城市维护建设税和企业所得税共计23.65亿元。从结构上看，在互联网高度普及的情况下，在线广告导致的税收转出与人口规模相关性比较大。人口规模较小省份税收净转出规模相对较小，如西藏、青海、宁夏、海南、天津等转出税收不到5000万元。人口大省税收净转出规模较大，如转出税收最大的四个省份为山东、江苏、河南、四川，亦都是人口大省。

三、数字经济企业税收转移的应对建议

近年来，企业投放广告逐渐从传统媒体转向数字经济企业。2013—2019年，我国在线广告市场规模年均增长 24.2%，达到 4341 亿元，而传统广播电视广告收入持续下降，2019 年下降 9.1%。[①] M 企业在线广告服务具有较强代表性，2019 年取得收入 780.9 亿元，占全国在线广告市场规模的 18%。本文以 M 企业为案例进行深入剖析，以小见大揭示了在线广告服务的税收转移机制，给出了具有普适性的测度方法，并测算得出了在线广告服务税收转移的空间特征。由于在线广告服务是数字经济企业的主要收入来源，本研究对于了解数字经济企业的税收转移情况具有重要借鉴意义。

数字经济企业的税收转移不但加大了地区间财力差距，还削弱了落后地区公共服务提供能力。地区之间税收分配争议增多，特别是一些地区通过税收竞争手段在招商引资过程中吸引数字经济企业入驻，干扰了要素的正常流动，降低了经济效率。为此，本文提出以下可供考虑的政策建议，以应对日益突出的税收转移问题。

（一）将税收易于转移的税种变为中央税

数字经济企业具有垄断特性，企业规模一般较大，数量也相对较少。中国互联网企业 100 强，均为 2018 年互联网业务收入大于 1 亿元的企业，这些企业头雁效应比较明显，前 5 名企业互联网业务收入占百强企业收入总和的近50%。[②] 同时，大型数字经济企业虽然位于注册地，但覆盖全国各地区用户并以此从全国各地获取收入，早已不是一地一域而是全国性企业。因此，可以参照四大国有银行等企业所得税全部归为中央收入的做法，选取一定规模以上的数字经济企业，将税收易于转移的税种设置为中央税，从根本上解决税收转移问题。具体税种为增值税和企业所得税，对于随增值税附征的城市维护建设税，可仍保持地方税不变。

---

① 参见中国互联网络信息中心发布的第 45 次《中国互联网络发展状况统计报告》和国家广播电视总局发布的《2019 年全国广播电视行业统计公报》。
② 中国互联网协会，工业和信息化部网络安全产业发展中心. 2019 年中国互联网企业 100 强发展报告［R］. 北京：中国互联网协会，2019：1 – 33.

（二）构建数字经济企业税收跨地区分配机制

借鉴 OECD、欧盟以及美国相关经验做法，确定一批一定规模以上的数字经济企业，针对易于转移的国内增值税和企业所得税，构建税收跨地区分配机制，将发生转移的税收分配回收入来源地。首先，确定数字经济企业名单。参照支柱一报告对自动化数字服务企业的范围进行界定，确定适用税收跨地区分配机制的企业名单。由于数字经济企业以大企业为主，在机制设计时要抓大放小，可就营业收入设置一定门槛，这样既可降低征管成本，又能保证有足够的税收用于地区间重新分配。其次，对于名单内数字经济企业缴纳的国内增值税和企业所得税，参照前文的测算，区分出在线广告服务收入所缴纳的部分，然后按照数字经济企业用户数量在各地区的占比，将这部分税收重新分配。此时，准确计算各地区用户数量占比非常关键。由于数字经济企业自身用户的区域分布情况，应使用这一数据源计算待分配税收的拆分因子。

为保障上述举措的落地，可在现行增值税和企业所得税申报系统中增加类似欧盟一站式服务的功能模块，名单内数字经济企业仍在注册地进行纳税申报，但需填报在线广告服务收入所缴纳的税收，以及其用户数量在各地区的占比。纳税人申报缴税后，增值税和企业所得税税款将通过税收征管系统自动在各地区国库分配入库。

此外，考虑到对企业缴纳的全部企业所得税在各地之间重新分配，可能会明显减少企业属地税收利益，过于削减属地的税收权益，不利于地方鼓励数字经济企业发展壮大。可研究的备选方案是，参照支柱一报告提出的剩余利润分配办法，仅对一定比例的企业所得税在各地之间重新分配，其余仍留在属地征税，这样可大大减轻来自属地的阻力。

参考文献：

［1］AHMAD E，BROSIO G. Handbook of fiscal federalism ［M］. Massachusetts：Edward elgar publishing limited，2006.

［2］UNCTAD. Digital economy report 2019 ［R］. New York：United nations publications，2019.

［3］肖荣美，张巾，霍鹏，等. 数字经济、税收分配与城乡协同发展 ［J］. 信息通信技术与政策，2021（5）：26－31.

［4］袁从帅，赵妤婕. 数字经济税收转移：机制、现状及国际经验借鉴［J］. 国际税收，2021（9）：65 – 72.

［5］AMIT R，ZOTT C. Value creation in e – business［J］. Strategic management journal，2001（22）：493 – 520.

［6］HEY J. "Taxation where value is created" and the OECD/G20 base erosion and profit shifting initiative［J］. Bulletin for international Taxation，2018，72（415）：203 – 208.

［7］ETRO F. Advertising and search engines a model of leadership in search advertising［J］. Research in economics，2013，67（1）：25 – 38.

［8］曹静韬，张思聪. 数字经济对我国地区间税收收入分配影响的实证分析：基于空间杜宾模型［J］. 税务研究，2022（6）：13 – 21.

作者单位：中国财政科学研究院
中银理财有限责任公司
北京工商大学数学与统计学院

面向数字经济时代的我国税制改革前瞻

邢　丽　樊轶侠　施文泼

内容提要： 数字经济创造价值的方式发生了质的变化，使得构建于工业社会基础上的税制出现税收利益与价值创造错配问题，税收治理正面临税收管辖、税制要素、税收分配、征管效能四个方面的系统性挑战。基于数字经济发展进程，我国税制改革可分两步走：短期内，对现行税制进行适应性改革，不断提高税制对数字经济的包容度；长期看，针对数据这一数字经济的核心生产要素，研究探讨数据的可税性以及对数据资产开征数据资源税的可行性。

关键词： 数字经济　税制改革　数据资产　税收治理　数据资源税

一、问题的提出与文献综述

数字经济是以数字化的知识和信息作为关键生产要素，以数字技术为核心驱动力，以现代信息网络为重要载体，通过数字技术与实体经济深度融合，不断提高数字化、网络化、智能化水平，加速重构经济发展与治理模式的新型经济形态。[①] 数字经济的内涵仍然处于不断变化之中，目前主流研究将数字经济分为数字产业化和产业数字化两大部分。本文主要围绕平台经济、共享经济、零工经济等新业态、新模式，分析数字经济对我国现行税制的主要挑战，并提出税制改革的基本原则和前瞻性思考。

诸多学者认为，数字经济对国内税制的公平性带来了一定挑战，认为税收

---

① 中国信息通信研究院．中国数字经济发展白皮书（2020 年）［R/OL］.（2020 – 07 – 02）［2022 – 01 – 01］. http：//www. caict. ac. cn/kxyj/qwfb/bps/202007/t20200702_285535. htm.

须进行适应性调整（倪红日，2016；冯俏彬，2021；刘怡等，2021；樊勇等，2021）。李蕊等（2020）认为，数字经济背景下，规避常设机构等实体存在的行为会侵蚀最终消费地税收。邱峰（2020）认为，数字经济的快速发展，使得数字企业与非数字企业、数字企业内部平台企业与非平台企业之间出现明显的税收负担不均衡。艾华等（2021）通过实证分析发现，我国数字经济的发展拉大了地区间的税收收入差距，且助推了发达地区税收收入增速相对更快局面的产生。随着数据资源成为数字经济时代的关键生产要素，数据和其背后的算法成为价值创造的重要来源，平台经济、共享经济、零工经济等新业态、新模式的价值创造形式不同于以往，诸如纳税环节、纳税地点、征税范围等税制要素在数字经济时代的适用性均面临着一定挑战，税收利益与价值创造的错配在区域、产业、企业和个人等层面均有所呈现。

综观全球数字经济税收治理实践，国际税收领域针对数字经济带来的税收挑战，以差异化路径在摸索中不断前行，包括调整增值税税制、优化征管模式、改变税权分配等在内的各类改革措施方兴未艾，部分国家实施了诸如跨境数字产品服务"目的地"征税原则、补充电子商务征税空白、引入平台代扣代缴方式、强化平台税收缴纳连带责任等一揽子税改计划。从国际税收范畴的政策设计看，既包括对常设机构定义进行修订或加以替代、扩大预提所得税的征收范围，又包括开征以营业额为基础的数字服务税，或制定针对大型跨国数字企业的特殊税制。为了避免数字服务税等单边措施蔓延带来的国际税收秩序混乱，税基侵蚀和利润转移（BEPS）包容性框架成员加快推进"双支柱"改革谈判，并于2021年10月达成全面共识，形成《关于应对经济数字化税收挑战"双支柱"方案的声明》。其中：支柱一突破现行国际税收规则中关于物理存在的限制条件，向市场国重新分配大型跨国企业的利润和征税权，以确保相关跨国企业在数字经济背景下更加公平地承担全球纳税义务；支柱二通过建立全球最低税制度，打击跨国企业逃避税，并为企业所得税税率竞争划定底线。[1]

随着国际上应对数字经济带来的税收挑战所采取的一系列行动计划的步伐加快，国内不少学者对面向数字经济的税制改革提出了一些前瞻性研判。如白彦锋等（2021）认为，规范数字化交易行为并引导数字经济的健康发展是数字服务税开征前需要解决的重要问题。杨志勇（2020）通过研究BEPS行动计

---

[1]　G20/OECD 包容性框架 136 个辖区就应对经济数字化 税收挑战"双支柱"方案达成共识 ［EB/OL］.（2021－10－09）［2022－01－01］. http：//www. chinatax. gov. cn/chinatax/n810219/n810724/c5169582/content. html.

划和多个国家推出的"数字税临时措施"，认为对数字资产课税是大势所趋，我国应基于现有税制结构充分研判开征数字资产税的条件。王雍君（2020）认为，数字经济对国内税制和政府间税收划分带来侵蚀性影响，但目的地规则和来源地规则仍是政府间税收划分的基石。冯俏彬（2021）基于生产要素对税收制度所起的决定性作用，提出未来流转税、所得税的可能改革样貌，认为开征数据资源税的可能性很大。

二、数字经济时代我国税制面临的挑战

数字经济改变了传统的经济运行模式，对价值创造、业务流程、要素分配等带来了实质性变化，使得构建于工业经济基础上的传统税制面临系统性挑战，越来越不适应数字经济的发展。总体而言，数字经济对现行税制的挑战主要体现在国家税收管辖权、税制要素设置、税收分享体制、税收管理四个方面。

（一）数字经济对国家税收管辖权的挑战

与工业经济相比，数字经济创造价值的方式发生了质的变化，既有嵌入传统产业的产业数字化利润，也有以数据为核心的数字产业化利润，以往的税收联结模式不再适配，对跨境和国内数字经济活动征税对象能否有效认定，能否保障国际分配中的国家税收利益，直接关系到国家税收管辖权能否有效实施，以及国家能否充分、合理地参与经济运行中新增价值的分配，避免税收流失。

1. 现行税制无法建立数据资产无形利润与税收之间的联结。新兴商业模式层出不穷，技术、知识产权、无形资产等高度流动性的生产要素在价值创造和分配中的重要性不断增强。数据消费市场以指数级速度增长，数字平台的网络效应创造了大量的生产者剩余和消费者剩余。随着数据生产和消费市场越来越复杂，税基流动性会越来越强，而现有税制对"实体"商业模式的依赖，严重低估了数据价值创造与传统利润分配方法错配的可能性，数据价值创造与税收之间的联结度越来越低。

2. 现行税制缺乏对数据资产和服务的明确界定。数字化产品主要有两类，一类是经数字企业处理过的数字内容，另一类是未经处理过的数字内容。诸如数字视频、电子书、数字电影之类的数字化产品，经数字企业处理并通过网络传播，产品价值基本可以确定，征税确定性较大。但实践中还有一些经济活动，利用前沿数字技术对已有数字产品进行个性化开发，再通过网络传播创造

高附加值，这类产品有的无法前期定价，有的涉及产权归属问题，事实上影响了税收确定性。例如，游戏账号以及虚拟"金币"、游戏"装备"、"经验"等网络虚拟资产尚未受到关注，未来虚拟资产及交易需求潜力可能进一步释放，现行税制对这些虚拟资产的税收规制存在缺位问题。又如，数字货币、高级机器人等新兴产业正成为数据应用的组合式创新实践，对数字货币及其交易如何征税，对高级机器人是否征税，对数字化产品在线下载如何征税，等等。这些数字经济时代的税收之问，正成为税制适应性改革之关键。

3. 跨境服务贸易的增值税制度有待完善。数字技术的发展，推动了跨境服务贸易的兴起和蓬勃发展，对跨境服务贸易的增值税制度改革成为各国税收政策调整的焦点之一。欧盟已经将跨境服务改为按"消费地原则"征收增值税，即将服务贸易的征收地改为消费所在地，并要求服务提供者在消费所在地进行税务登记且缴纳税款。继欧盟之后，多个国家相继采用了这一原则。对跨境进口服务，我国相关规定较为笼统，没有明确区分企业对企业（B2B）和企业对个人（B2C）交易。尽管规定了服务接受方具有扣缴义务，但在实践中难以落实到位，特别是对 B2C 的跨境服务贸易，由于缺乏监管手段和能力，实践中少有消费者进行纳税申报。

（二）数字经济对税制要素设置的挑战

新业态下经济性质的模糊化导致税制要素设置出现漏洞。我国的增值税、企业所得税和个人所得税制度，在税目税率的设置上，遵循了传统工业经济的逻辑和制度演变的路径，在数字经济时代的税收实践中，原有判定标准与新业态之间的衔接存在矛盾。

就增值税而言，主要存在两个方面的挑战。一是数字经济时代产品与服务之间的界限日益模糊，原有增值税税目和税率的差异形式影响了企业的生产经营决策。"云＋网＋端"成为数字经济时代的核心基础设施，物理性质的实物产品与无形的软件服务往往融为一体。例如，3D 技术的发展使得实物产品的新增价值与服务成本难以明确分离，一些企业通过对 3D 打印中生产与服务的价值分配进行人为调整以实现税收成本最小化。二是个人对个人（C2C）业务及一些数字平台业务仍旧面临着增值税税法规制的缺位。例如，通过网络平台销售产品或提供服务的大量私人经营者已经成为市场交易的重要参与者，特别是共享经济、零工经济等经营活动的参与者，更多是大量新型、规模较小、活动分散的市场主体。在增值税征管中，越来越难以区分个人供应商与企业供应商，由此造成了竞争的扭曲和税收的流失，且个别网络平台企业仍允许未进行税务登记的商家通过平台出售产品或提供服务，存在税收征管漏洞。又如，跨境电子商务企业提供远程数字服务及无形资产，使得诸如电影、电视节目等线上产品供给具有跨区域的性质，但对税务机关而言，远程数字服务的增值税征管存在一定困难。

就所得税而言，现行个人所得税区分不同的个人收入性质和税目，适用不同的税率结构和计税规则。针对平台经济中的自然人涉税问题，国家税务总局虽有明文确认，① 但对灵活用工人员从平台获得的收入按照业务实质判定属于"劳务报酬"还是"经营所得"，是由经纪公司还是由平台企业代扣税款均存在模糊认识，平台企业代扣代缴义务有待进一步明确。此外，现行企业所得税对于特许权使用费等被动收入项目的计量和确认存在不少不足，尤其在企业所得税的征管上，平台企业与非平台企业之间存在差异，在一定程度上造成了二者之间的税负不公。

（三）数字经济对税收分享体制带来的挑战

驱动数字经济发展的是数据流动，数据跨地域、跨国界的流动带来生产地与消费地的分离，在国内税制上体现为不同税收管辖地的税收利益不平衡。以电子商务平台为例，平台企业就中介服务费在平台注册地缴纳增值税，货物和服务供应商就增值额在企业所在地纳税申报，而消费者所在地税务机关对此项交易无税收管辖权。

新型商业模式下消费形态日益虚拟化，消费地不享有税收管辖权是增值税税收收入与实际消费背离的重要原因。若继续采取生产地征税，必将进一步加大地区间财力不平衡程度。数字经济时代的增值税在地区间的分配，应遵循生产地原则还是消费地原则，或是由两个税收管辖地共同分享，抑或是在提高中央增值税分享比例的基础上设定全国统一的分配办法，仍有待讨论。各种方案都有其合理性但又都面临着实践困难。

企业所得税主要涉及平台企业，其面临的最大问题同样是税收联结。由于数字交易跨越了税收管辖地在地理空间上的限制以及生产要素的跨区域流动等

---

① 《对十三届全国人大三次会议第 8765 号建议的答复》指出："根据《中华人民共和国个人所得税法》及有关规定，灵活用工人员从平台获取的收入可能包括劳务报酬所得和经营所得两大类。"详见：对十三届全国人大三次会议第 8765 号建议的答复［EB/OL］.（2020－10－19）［2022－03－14］. http：//www. chinatax. gov. cn/chinatax/n810214/n2015391/c5157557/content. html.

现实问题的存在，于企业所得税而言，过去按照企业物理生产地和注册地来划分税收管辖地的方式，已经不适用于目前的数字化生产经营，现行的总分支机构所得税划分方法也存在一定的局限性。数字经济时代，若继续以企业物理注册地征税，可能进一步扭曲地区间税收分配和再分配结构。

（四）数字经济对税收管理的挑战

数字经济时代，实物商品与无形服务、生产者与消费者的界限不再清晰，对我国基于实物商品、主要针对固定业户的税收征管制度造成了冲击，税基侵蚀和税收流失现象大量存在，在不同形态的生产经营者之间形成了竞争不公。一是数字经济对纳税人定义和分类管理带来挑战。数字消费中，消费者同时是生产过程的参与者，按照自然人、法人、非法人单位来划分纳税人的方法已不合时宜。纳税人应税行为的发生有时是隐性的，在传统征管方式下无迹可寻，对于在线服务、远程办公等新业态、新模式，以及一些跨境数字产品和服务交易而言，不但存在征管盲点，还可能造成税收收入的流失，更可能出现双重不征税的情况。二是数字经济对自然人税源管理带来挑战。电子商务、共享经济、零工经济的发展，带来的一大变化是纳税主体分散化，自然人税源明显增加。我国传统税制主要采取"抓大放小"的征税模式，针对企业设置征管流程，对个人所得税主要通过单位源泉扣缴，这与数字经济下自然人税源分散化、纳税义务人难以有效监管的特点不相适应。此外，自然人通过数字平台所参与的涉税经济活动有时是脱离经济实体而存在的，如主播、网络游戏等，这其中产生了很强的网络互动效应，与传统的税收联结规则产生了一定冲突。

三、面向数字经济时代的我国税制改革前瞻

当前，各界对应对数字经济税收挑战的关注点大多集中在国际税收规则重塑上，数字服务税、"双支柱"国际税改等已经引发了理论界和实务部门的广泛关注。我国作为数字经济大国，应积极参与国际税收规则制定，提出符合我国国情的改革方案。同时，现阶段在考虑数字经济税收挑战时，应更加关注国内税制的调整、改革和重塑，基于数字经济的发展趋势提出国内税制合理化改革的方案。

我们认为，我国税制改革应秉承效率与公平并重、迎接挑战与抓住机遇并重、完善税制与强化征管并重的基本原则。在步骤上，可分两步走，从短期和长期分别谋划相应的改革方案：短期方案是对税制进行适应性改革，即提高现

行税制的"数字化"程度，使税制与数字经济发展相适应；长期看，要考虑数据及其背后的算法逐步成为数字经济时代的核心生产要素，研究探讨数据的可税性及可选的课税方案。

（一）面向数字经济时代的税制改革原则

1. 坚持效率与公平并重。在税收制度调整中，应兼顾效率与公平。在税收制度上，效率原则体现在坚持税收中性，消除对数字企业或传统产业数字化造成扭曲和阻碍的税制因素；公平性则表现为对数字经济和传统经济保持相同的税收待遇，相同性质的收入应负担相同的税负，如广告服务，不管是在线广告还是传统的非在线广告，其提供的服务性质是一致的，因此，二者应适用同样的税收待遇。在对地区间税收收入分享机制的调整上，也应兼顾效率与公平。由于数字经济交易的虚拟性、无形化等特性对税收管辖权和收入归属地的划分造成了严重的挑战，因此，对数字经济产生的税收管辖权和收入划分，一方面应避免引发各地争夺税源的行为，进而干扰企业正常的生产经营决策，另一方面也要注重公平性，避免形成税收洼地，造成地区间税收收入分配失衡。

2. 迎接挑战与抓住机遇并重。在数字经济繁荣发展以及传统产业数字化转型步伐不断加快的进程中，传统税制和征管面临严峻的挑战。对此，首先要考虑的是能否通过调整传统税制和完善征管机制来应对数字经济的挑战，而非提议开征新税种。其次，目前数字经济发展对传统税制带来的挑战，很大一部分原因是传统增值税和所得税税制自身存在的缺陷，只是这些缺陷在数字经济时代被放大了。只有那些传统税制难以企及的新问题，才需要进一步考虑设立新的税种加以调节。此外，税制改革还应主动把握数字经济带来的机遇，不断推动税收治理提质增效。例如，通过深化大数据应用，提高纳税服务的精准性和有效性，切实提高纳税人的获得感和满意度，等等。

3. 完善税制与强化征管并重。数字经济时代的税制改革，不能仅从税制建设自身考虑。数字经济天然具有交易的虚拟性、非中介性、无形性、高移动性等特征，征管制度和征管能力能否满足需要尤为重要。在税制建设的过程中要结合征管制度和征管能力的建设，二者协调进行。只有征管得到强化，才能使税收制度真正落地。

（二）短期改革方案：提高现行税制对数字经济的包容程度

基于数字经济的发展现状和前景，对传统税制进行调整已迫在眉睫，应尽快对主要税种、征管制度、税收分享体制等进行全面审视，并提出有针对性的改革方案。

1. 增值税改革。毫无疑问，数字产品和服务应属于增值税征税对象，但由于现有法律条文的不完备，导致部分新业态的数字产品和服务未能纳入增值税的征税范围，从而形成了税收漏洞。对此，一是要进一步厘清增值税纳税人定义，明确进口服务（包括数字化服务）和数字产品的单位，以及向我国境内个人消费者提供服务（包括数字化服务）和数字产品的境外供应商是我国增值税纳税人。二是要进一步明确增值税的征收范围，通过对"劳务""无形资产"等税收范畴的重新界定，将现行税制未覆盖到的数字产品和服务纳入增值税课税范围。其中，数字产品可包括网站、数据库、程序、软件、图像、文档、信息、音乐、电影、游戏、电子图书、在线杂志等，数字服务则可包括网上研讨会、远程教学、运动健身应用程序等。

针对数字经济收入性质模糊，难以准确对应增值税现行税目及其税率的问题，短期内，可明确规定对数字产品和服务，按照与其性质相同或相近的产品和服务的税率进行征税。从长期制度完善的角度看，应尽快推动增值税税率的简并，实行一档标准税率和一档优惠税率，限定优惠税率的产品和服务范围，主要针对生活必需品、药品和民生基本服务等最终消费品，其他商品和服务都应适应统一的标准税率。标准税率的统一，可以使课税对象边界模糊、难以划分数字产品和服务收入性质的问题消弭于无形。

此外，还要明确跨境服务的增值税征收原则和征收环节。要充分借鉴欧盟做法，对跨境进口服务按照"消费地原则"征收增值税。要区分 B2B 和 B2C，制定不同的征税规则。对 B2B 跨境服务，可采用"逆向征收"机制，即规定服务接受方为纳税人且具有申报纳税义务，其缴纳的服务进口环节增值税，可在后续环节全额抵扣。对 B2C 跨境服务，服务提供方应在我国进行纳税登记，并就其向我国境内消费者提供的服务承担增值税纳税义务。

2. 企业所得税改革。以"双支柱"方案的落地为契机，推动《企业所得税法》及其实施条例的修订，完善对常设机构的确定规则。事实上，"双支柱"改革的落地除了要通过签署新的多边公约，经立法机关批准生效后再实施外，还要在国内税法层面做到有机结合、无缝衔接。数字经济时代，应将常设机构通过实质性存在替代，并增设虚拟常设机构，以此实现实质经济活动与税收的匹配。这一规则也可适用于国际税收的利益调整。

3. 个人所得税改革。与增值税面临的问题类似，个人所得税存在的问题在于个人提供各种数字服务取得的收入在现行所得分类下难以确定是什么性质的收入。但万变不离其宗，这类收入都属于劳动性质的所得，对此应无异议。因此，针对这一问题，在短期内应进一步明确个人所得税相关法律法规对纳税人取得的不同所得性质的判断规则，并根据这一规则，对不同的收入形式作出符合法律法规的判定。对这一问题的解决方案，则是扩大综合所得的涵盖范围，将生产经营所得纳入综合所得，从而实现对个人劳动所得的个人所得税制的统一。

4. 推动数字化税收征管制度和手段创新。数字经济时代，零工经济和共享经济越来越普遍。针对个人用户大量进入生产端、自然人税源管理困难等问题，要进一步健全税务登记制度，完善个人的增值税登记制度，完善互联网平台代扣代缴增值税、个人所得税等制度。要强化数字平台在税收征管中的责任，包括税务登记查验、纳税信息报送、纳税情况监督等。要更好地借助数字技术强化征管能力，基于大数据等技术打造更加高效的税收管理平台，提高征管效率，降低纳税遵从成本。要改变税收征管模式，实现由"以票管税"向"以数治税"的根本转变。要进一步完善税务部门与其他部门的信息共享机制，强化税务机关的涉税信息获取权，以及数字平台、第三方支付平台向税务机关传递用户经营和涉税信息的责任，确保税务机关能够及时、准确、全面地获取用户在数字平台的涉税信息。

5. 优化地区间税收分享制度。数字经济税收制度的不完善将直接影响地区间的税收分配，并由此引发税收竞争和争夺税源问题。当前的问题主要集中在增值税和企业所得税的地区间收入分享制度上。

针对增值税征税权与收入的划分，有两种改革思路。一是推动增值税按照消费地原则征收和进行收入分配。这种方案的优点在于符合增值税作为一般消费税的属性，收入归属地与价值实现地更一致，避免了各地争夺税源。难点在于，从国内税制的角度看，按消费地征收多环节的增值税，可操作性不强，或者成本过高。二是将增值税改为中央税，税权和收入全部归属中央，再由中央按照各地的人口、消费等因素在地区间进行分配。这一做法更符合增值税的中性原则，能有效避免税收竞争和地方政府行为扭曲，但缺点在于不利于发挥地方政府发展经济的积极性，对增值税收入重新划分的调整力度过大，可能面临巨大阻力。

针对企业所得税，要根据数字企业生产经营和价值创造的特点，进一步完善总分机构的地区间税收分配规则，解决法人所得税制度下数字企业税源跨省市转移问题，消除地方争夺税源的动机，避免地方为税收利益过度干预企业生产经营的行为。现行企业所得税税款在总分机构所在地的分摊只考虑营业收入、职工薪酬和资产总额三个因素，并分别设置了 0.35、0.35 和 0.3 的权重。由于数字企业都是轻资产运营，且生产经营都是在线上进行，实物资产所在地与生产经营实际发生地并不一定吻合，因此，建议针对大型数字平台的企业所得税税款进行分摊，可基于用户创造价值的理念，增设"用户数量"因素，适当提高营业收入的权重，降低职工薪酬与资产总额的权重，使得税收分享地与其实际来源地更加匹配。

（三）长期改革探讨：数据的可税性及开征数据资源税

数据是数字经济的核心生产要素，数据创造价值是数字经济有别于传统经济的最大特征。数据的价值并非是由数字平台企业单独创造的，还包括用户的参与创造。数字平台企业在取得大量用户数据后，通过加工、画像、应用，提升了数据的价值，进而为数字平台企业提供了巨额利润的来源。在用户创造的价值难以归属于每个用户的情况下，这部分价值不应由数字平台企业独享，应作为经济租金划归为公共收益。对此，应在充分探讨数据可税性的基础上，分析对数据资产开征数据资源税的可能性和可选的课税方案，作为未来数字税收制度的前瞻性研究。关于数据的可税性要注意考虑的问题有以下几点。

第一，产权明晰和收益明确是开征数据资源税的前提基础。生产要素成为征税对象是历史上制度变革的经验，但要素和资源只有在产权明晰、收益可确认的条件下，才能依据价值创造贡献考虑征税问题。完善数据归属、利用、采集等方面的法律法规，厘清数据产权的多重属性，区分数据的公共价值和用户价值部分，分解数据的用户贡献和其背后的算法贡献，数据资源税才有进一步探讨的可能。

第二，国际税收环境和国内数字产业竞争力是征收数据资源税的重要考量因素。需充分比较我国与其他国家数字经济整体税负，遵循先促进发展后平衡分配，先跨境数据后国内数据的多重考虑，对是否开征以及如何征收数据资源税作出合理的抉择，避免削弱我国数字经济发展潜力和国际税收竞争力。

第三，在构建数据资源税的制度框架下，可考虑设定企业拥有的本国用户数与营业收入的双重门槛，并以营业收入作为计税依据。一方面，用户数量及其数字服务贸易合同数量反映了数字业务对用户基础、用户参与和用户贡献的依赖程度，从而建立起了数字业务与相关市场辖区之间的数字联结。因此，将企业拥有的本国用户数设定为门槛之一，而不考虑企业拥有的外国用户，体现了国家与企业对本国用户创造价值的收益分配，同时也考虑了与他国的税收利益协调。另一方面，设定营业收入的门槛并以其为计税依据，是因为营业收入是用户价值的最终体现。数字经济的价值链是用户创造了数据，而数据流通过成功的数字交易实现了价值，这一价值最终体现为营业收入。同时，为了鼓励中小企业的创新发展，也有必要设定一定的营业收入门槛，将正处于早期发展阶段的中小企业排除在课税范围之外。

参考文献：

[1] 倪红日. 经济数字化、全球化与税收制度 [J]. 税务研究，2016 (4)：3-7.

[2] 冯俏彬. 数字经济时代税收制度框架的前瞻性研究：基于生产要素决定税收制度的理论视角 [J]. 财政研究，2021 (6)：31-44.

[3] 刘怡，张宁川，耿纯. 增值税分享、消费统计与区域协调发展：基于增值税分享由生产地原则改为消费地原则的思考 [J]. 税务研究，2021 (8)：28-34.

[4] 樊勇，邵琪. 数字经济、税收管辖与增值税改革 [J]. 国际税收，2021 (3)：11-17.

[5] 李蕊，李水军. 数字经济：中国税收制度何以回应 [J]. 税务研究，2020 (3)：91-98.

[6] 邱峰. 数字税的国际实践及启示 [J]. 西南金融，2020 (3)：13-24.

[7] 艾华，徐绮爽，王宝顺. 数字经济对地方政府税收收入影响的实证研究 [J]. 税务研究，2021 (8)：107-112.

[8] 白彦锋，岳童. 数字税征管的国际经验、现实挑战与策略选择 [J]. 改革，2021 (2)：69-80.

[9] 杨志勇. 数字资产税征收的国际实践与我国的政策建议 [J]. 经济纵横，2020 (11)：102-110.

[10] 王雍君. 数字经济对税制与税收划分的影响：一个分析框架——兼论税收改革的核心命题 [J]. 税务研究，2020 (11)：67-75.

作者单位：中国财政科学研究院

数字税 2.0：
展望元宇宙驱动的税收变革①

孙 毅 贺子涵

内容提要： 以"双支柱"为核心的数字税收改革方案，虽然适应了以平台经济为代表的数字经济新业态的非物理移动性、多业态融合性以及跨国平台垄断性等特点，但并未消除数字经济对以物理存在、单独实体和独立交易为核心的传统国际税收规则带来的挑战。随着元宇宙的快速萌芽，其呈现的去中心化、匿名性、资产加密性以及虚实交互性等特点，在纳税主体界定、税收透明度以及税收管辖权判定等方面对现行数字税收规则体系带来了全新挑战。在上述双重挑战下，总结相关国际组织和部分国家采取的数字税收解决方案，并基于元宇宙发展的基本属性，从建立面向元宇宙的税收制度、加快税收征管数字化转型以及提前布局基于元宇宙发展特征的税收规划等方面提出建立数字税 2.0 的基本思路，能够实现提升数字经济税收治理效能、增强我国数字经济国际竞争力等多重效果。

关键词： 数字税　元宇宙　数字经济　双支柱　国际税收规则

作为数字经济的新形态，元宇宙被认为是可将数字空间与物理现实空间无缝衔接的下一代互联网。② 作为一种新的经济形态，元宇宙具有以下典型特

---

① 本文系国家自然科学基金项目"数字经济与包容性增长：基于大数据的分析与实证"（项目编号：72073125）和中央高校基本科研业务费专项资金资助项目"数字经济对宏观经济的影响研究"（项目编号：E2E40805X2）的阶段性研究成果。

② McKinsey & Company. Value creation in the metaverse：the real business of the virtual world ［R/OL］. （2022 – 06 – 15）［2022 – 11 – 24］. https：//www. mckinsey. com/fr/our – insights/value – creation – in – the – metaverse – the – real – business – of – the – virtual – world.

征。一是区块链分布式存储技术可记录、验证和管理跨区块链生态系统中的数字信息共识，且智能合约允许实体之间的资产契约在区块链上自动执行而无须人工参与，导致区块链体系结构、身份、互操作性和治理等方面与集中式网络显著不同，因此，元宇宙商业模式呈现去中心化和匿名性特征。① 二是元宇宙的经济活动依托于以加密资产为核心引擎的价值链条，在流通中无须依赖传统的金融中介机构，个人可通过公钥和私钥授权来使用和存储加密资产，因此，元宇宙数字资产呈现加密性特征。三是以云计算、物联网、区块链、人工智能为核心的元宇宙技术体系，能够构建虚拟与现实深度融通、互相赋能的数字生态，因此，元宇宙经济形态呈现虚拟与现实交互的特征。

从技术—经济—税收制度的演化规律看，新的经济形态由技术创新驱动并最终驱动税收制度适应新的经济形态。例如，工业革命推动经济从农业经济转向工业经济，为适应工业经济的特点，增值税、消费税以及房产税等新的税种应运而生。数字经济作为继工业经济之后的主要经济形态，与工业经济相比呈现出以下新经济特征：一是商品可通过数字订购、数字传递等方式流通，打破了时间和物理空间限制，使非物理移动型经济成为可能；② 二是数字产业化和产业数字化的发展推进以农业、工业和服务业为主的产业结构逐渐融合，③ 使产业间的界限渐趋模糊；三是跨国企业全球产业链分布进一步强化，数字平台企业可以利用市场支配地位和关联方进行非公允交易的税收调节，④ 从而避免或最小化纳税义务。这些特征对现行国际税收规则体系中包含的物理存在、单独实体和独立交易的三大利润分配原则造成重大冲击。⑤

当前，元宇宙呈现的去中心化、匿名性、资产加密性以及虚实交互性等特征并没有被纳入数字税收规则体系。可以预见，随着未来以元宇宙为代表的下一代互联网的不断发展壮大，必将对以"双支柱"为核心的数字税收改革方案带来新的挑战。基于这一趋势，本文将适应平台经济特征的现行数字税收改

---

① CAO L. Decentralized AI: edge intelligence and smart blockchain, metaverse, web3, and deSci [J]. IEEE intelligent systems, 2022, 37 (3): 6 – 19.

② 许宪春，张美慧. 中国数字经济规模测算研究：基于国际比较的视角 [J]. 中国工业经济，2020 (5): 23 – 41.

③ 冯俏彬. 数字经济时代税收制度框架的前瞻性研究：基于生产要素决定税收制度的理论视角 [J]. 财政研究，2021 (6): 31 – 44.

④ SEBELE – MPOFU F, MASHIRI E, SCHWARTZ S C. An exposition of transfer pricing motives, strategies and their implementation in tax avoidance by MNEs in developing countries [J]. Cogent business & management, 2021, 8 (1): 1944007.

⑤ 姜跃生，姜奕然. 过程、要害及对策：对 OECD 统一方法支柱一方案的分析与透视：上 [J]. 国际税收，2020 (12): 26 – 31.

革方案定义为数字税1.0，将未来以适应元宇宙经济特征的数字税收规则体系定义为数字税2.0，旨在解决以区块链为典型数字技术的去中心化与匿名性导致的纳税主体界定困难、资产加密性导致的税收透明度受到侵蚀以及虚实交互性导致的税收管辖权难以有效判定等问题。

一、元宇宙背景下税收制度面临的挑战

与数字经济相比，元宇宙表现出的全新的经济特点不仅突破了传统国际税收规则有关物理课税联结度的要求，也进一步对以"双支柱"为核心的数字税收改革方案提出了新的挑战。

（一）以去中心化与匿名性为核心的商业模式导致纳税主体界定困难加剧

去中心化是指全体用户共同参与、权级平等的社会关系形态和内容生产形态，是相对于中心化而言的新型网络内容生产过程，典型表现如分布式自治组织（Decentralized Autonomous Organization，DAO）。去中心化的核心是共识机制的搭建，即在不同节点间建立信任并达成共识，进而实现去中心化。值得注意的是，所谓的去中心化是有边界的，如 DAO 项目曾在以太链采用"硬分叉"来减轻黑客盗窃损失，此举显然违背了区块链不可篡改的特性，与去中心化的共识机制相悖。[①] 因此，元宇宙所谓的去中心化本质是指商业模式的去中心化，而其管理模式仍是中心化的。尽管如此，去中心化和匿名性的商业模式，依然会导致纳税主体高度零散分布且无法追溯，进一步加剧了数字经济下纳税主体的界定难度，主要表现在以下两点。

一是针对 DAO 等去中心化组织的纳税主体界定问题。作为一个无实体的区块链网络结构，基于税收角度分析，DAO 可被视作一个税务实体，[②] 有责任就从事贸易、金融活动或各项倡议获得的收益承担纳税义务。但在许多税收管辖区，DAO 的法律和税收地位仍不明确，导致围绕 DAO 的税务登记、纳税申报、税款缴纳或合同签订等问题存在法律空白。2021 年 4 月，美国怀俄明州议会正式批准通过"DAO 法案"，认定 DAO 的组织性质适用于《怀俄明州有

---

① KIM T W, ZETLIN – JONES A. The ethics of contentious hard forks in blockchain networks with fixed features [J]. Frontiers in blockchain, 2019 (2): 9.

② SHAKOW D J. The tao of the DAO: taxing an entity that lives on a blockchain [J]. Tax notes, 2018 (160): 18 – 23.

限责任公司法》，标志着 DAO 作为一种组织形式正式得到美国怀俄明州的法律认可。值得注意的是，美国的有限责任公司组织类型与其他国家有较大区别。美国的有限责任公司同时具备股份制公司和合伙制公司的特点，既可满足 DAO 中成员共同治理以及承担有限责任的需求，也可满足成员数量不受限制的要求。但对包括中国在内的许多国家而言，DAO 难以对应到相应的法定组织形式，因而无法准确判定 DAO 的实体类型，进而无法界定其纳税主体身份。

二是虚拟数字人的纳税地位尚未得到法律认可问题。虚拟数字人是现实人类进入虚拟平台的一个重要载体。虚拟人通过任职、受雇或交易等各种经济活动获得以数字资产结算的工资、薪金和劳务报酬等，这些收益本质上归属于实际运营主体。我国采用属地管辖原则，不论虚拟数字人的运营主体在国内还是国外，只要在我国法域内进行交易行为，运营主体通过元宇宙中各项经营活动取得的收益均可被涵摄进我国的税收法律体系。尽管如此，如何就虚拟数字人去推定其背后真正的运营主体，并进一步明确纳税主体身份仍存在两方面的问题：一方面，元宇宙中采用的匿名制度使运营主体可绕开税务机关的监督，无须进行复杂的合规性报备，使税收监管难度增大，难以界定负有纳税义务的运营主体；另一方面，税收法定是我国税收法律制度的前提，即必须以法律形式明确实际运营主体的纳税义务，但我国目前尚未以法律的形式明确元宇宙经济中运营主体的纳税主体身份，无法对其获得的收益依法征税。

（二）资产加密性导致税收透明度逐渐受到侵蚀

加密资产主要包括稳定币、数字衍生品以及非同质化代币等，依赖于密码学和分布式账本技术，以去中心化的方式发行、记录、转移和存储，而非借助传统的金融中介机构或中央管理机构。当前，加密资产运营主体的运营框架、管理框架和治理框架尚未健全，一系列新涌现的中介机构和其他服务提供商只受到有限的监管。因此，未得到有效监管的去中心化加密资产带来了市场风险、流动性风险和网络安全风险，进一步导致全球税收透明度方面取得的进展逐渐被侵蚀。[①]

1. 加密资产信息的缺失增加了税收监管的复杂性。受传统金融中介机构

---

① OECD. Crypto‐asset reporting framework and amendments to the common reporting standard［R/OL］.（2022‐03‐22）［2022‐11‐24］. https：//www. oecd. org/ctp/exchange‐of‐tax‐information/oecd‐seeks‐input‐on‐new‐tax‐transparency‐framework‐for‐crypto‐assets‐and‐amendments‐to‐the‐common‐reporting‐standard. htm.

管控的中央银行数字货币与代表单一法定货币的电子货币，其有关涉税信息掌握在金融中介机构，便于税务部门监管。然而，加密资产的相关信息主要由各类新兴的加密资产服务提供商掌握，① 有关涉税信息主要由加密资产服务提供商向税务部门单向输送，税务部门难以核实信息的真实性，进而难以对加密资产交易进行监管。这一关键信息的缺失使得加密资产持有人具备了在不同税收管辖区转移资产、隐藏利润与收入的便利，从而大幅削弱了税收透明度，加大了离岸逃税的可能性，导致税基侵蚀和利润转移等问题。

2. 加密资产的可税性范围难以明确。可税性主要分为经济上的可税性、法律上的可税性以及征管上的可税性。其中，经济上的可税性是必要条件。② 因此，只有当加密资产具有潜在的收益价值时才有征税的必要。OECD 在加密资产申报框架（Crypto – Asset Reporting Framework，CARF）中提出三类应呈报具备潜在收益的交易：相关加密资产③和法定货币之间的交换，一种或多种形式的相关加密资产之间的交换，相关加密货币的转移（包括应报告的零售支付交易）。即便如此，明确加密资产的可税性范围仍存在两方面的问题：一是上述三类交易并不能涵盖元宇宙市场中具备收益性的加密资产，仍需税务部门通过不同的信息渠道获得与用户加密资产钱包相关的详细信息，或是要求加密资产服务提供商代表加密资产用户提供资产转移收益的相关信息；二是考虑到加密资产的产生途径较多，价值测度方法的差异较大，加密资产的收益规模与表现形式有所不同，因此，其可税性范围亦有差别。④ 此外，目前各国尚未对加密资产的质量标准达成一致的共识并建立完善的估值体系，⑤ 也进一步导致加密资产价值难以衡量、可税性范围难以明确。

3. 加密资产的相关权属难以界定导致税源流失。由于加密资产与现有财产客体在形态和性质上的不同，在流通过程中涉及多元的权利主体和多样的权利内容，⑥ 无法按照传统物权法规范判定一个主体完全拥有加密资产的所有

① OECD. Crypto – asset reporting framework and amendments to the common reporting standard ［R/OL］. (2022 – 03 – 22) ［2022 – 11 – 24］. https: //www. oecd. org/ctp/exchange – of – tax – information/oecd – seeks – input – on – new – tax – transparency – framework – for – crypto – assets – and – amendments – to – the – common – reporting – standard. htm.

② 张守文. 收益的可税性 ［J］. 法学评论，2001 (6)：18 – 25.

③ 相关加密资产的转移需要排除构成有限税务合规风险的三类加密资产：服务提供商充分确定不能用于支付或投资目的的加密资产，中央银行数字货币，代表单一法定货币的指定电子货币产品。

④ 邓伟. 数据课税理论与制度选择 ［J］. 税务研究，2021 (1)：47 – 53.

⑤ 许宪春，张钟文，胡亚茹. 数据资产统计与核算问题研究 ［J］. 管理世界，2022 (2)：16 – 30，2.

⑥ 姜伟. 数字经济发展呼唤数据权利保护类法律 ［N］. 人民法院报，2021 – 01 – 07 (2).

权、使用权和收益权，导致三权背离的问题。例如，加密资产用户虽然拥有资产，但却难以参与加密市场的工作量证明和权益证明等机制，用户往往将加密资产委托给专业机构管理，然后被动地获得一定的资产收益。这使得加密资产的控制人、受益人、持有人与管理人分离。因此，税务部门无法完全识别加密资产不同权利主体的收益回报，进而导致纳税人的纳税申报表反映的税源状况不完整，部分税源难以追溯。元宇宙资产管理平台可采用更为隐蔽的方式获得用户的资产价值收益，相应的收益仅归属于资产管理平台。此背景下，模糊的产权结构与产权限制将带来不公平的权益分配制度，进一步地，也将间接导致加密资产流通所涉管辖区的税源流失且难以追溯。

（三）虚实交互性进一步引发税收管辖权难以有效判定

税收管辖权分为实体管辖权和执行管辖权，前者指一国对课税对象是否具有强制性征税的权力，后者指一国是否具备有效的税款征收政策。[1] 元宇宙的发展将进一步分离上述两项管辖权，导致所得税和增值税的不协调问题。

一是所得税管辖权的判定问题。围绕所得税实体管辖权的分配存在以下两方面问题。一方面，元宇宙的设计是"无国籍"模式，且去中心化组织结构本身存在于网络空间中，难以将其与实际位置进行合理对应，便于元宇宙的数字企业绕开物理性常设机构的约束。这将使交易隐藏在区块链中，相关收入也在很大程度上成为引发税基侵蚀的"无国籍收入"，[2] 因此收入来源国难以享有管辖权。另一方面，用户通过元宇宙 UGC 模式贡献海量数据来完善平台的搭建，元宇宙作为供给方不能完全独立于用户的贡献之外而创造价值，但现行税制的利润分配原则未体现用户的价值贡献，因此价值来源国难以享有管辖权。此外，围绕所得税执行管辖权的分配，其问题关键在于难以判定所得类型和所得来源。在元宇宙中，对新业态与新模式产生的收入进行定性将变得更加复杂，容易导致税收的混合错配和税收漏洞，从而难以有效征税。例如，元宇宙中的数字藏品是按特许权使用费处理还是按财产转让所得进行税收处理，将进一步影响所得来源地的判断标准，即是以支付所得的企业或机构所在地还是以转让动产的企业或机构所在地为准。这导致涉税处理存在较大的不确定性。

二是增值税管辖权的判定问题。围绕增值税实体管辖权的分配存在以下两

---

① 樊勇，邵琪. 数字经济、税收管辖与增值税改革 [J]. 国际税收，2021（3）：11 - 17.

② 冯守东，王爱清. 数字经济背景下我国税收面临的挑战与应对 [J]. 税务研究，2021（3）：79 - 83.

方面问题：一方面，元宇宙的去中心化和匿名性特征使消费者分散全球且难以追溯，无法精准判定实际消费地；另一方面，相较于所得税，国际上缺乏对增值税的多边协定，使部分国家往往从自身利益出发制定措施，存在原产地和消费地原则冲突的现象。此情形将在元宇宙无国籍贸易的背景下进一步加剧，导致多重征税的后果。此外，围绕增值税执行管辖权的分配，其问题关键在于难以明确有效的税款征收方式。目前，我国规定销售可移动的服务或无形资产，只要销售方或购买方在境内就属于境内销售并缴纳增值税，但例外情形是，境外单位或个人销售给境内购买方，如果完全在境外发生则不属于境内销售。对元宇宙而言，当下税款征收方式难以界定在元宇宙中的数字资产使用地点是完全归属于境内还是境外，导致有关税收条款无法适用于元宇宙的新商业模式以及增值税抵扣链条的断裂。因此，在很大程度上，以元宇宙为代表的虚实交互性商业模式将依靠负有纳税义务的单位或个人向所属税收管辖区自愿申报。这存在偷税逃税的可能性，致使消费地难以享有合法的税收管辖权。

二、面向元宇宙的数字税 2.0 规则框架的构建

尽管元宇宙的发展尚处于萌芽阶段，各国以审慎态度制定有关元宇宙的政策，但不可否认的是，以区块链为代表的新一代数字技术的普及与应用是大势所趋，经济活动中去中心化与匿名性、资产加密性以及虚实交互性的发展趋势是共识性的。有鉴于此，本文提出以应对元宇宙经济特点为核心的数字税 2.0 政策体系，关键举措包括以下几点。

（一）规范元宇宙经济活动中的纳税主体

我国税收法律关系中的纳税主体包括实体存在的自然人、法人和其他组织，但元宇宙中组织和个人都以虚拟形态存在，无法按此类别进行判定，导致问题的关键在于规范"向谁征税"问题。[①] 第一，要以立法形式明确 DAO、虚拟数字人等虚拟形态的法律性质，进一步依照法律条例界定负有纳税义务的实际纳税主体，有效建立起元宇宙的虚拟形态与实际纳税主体的联系。第二，元宇宙经济活动中的中介机构和其他服务提供商有望获得对相关交易信息最全面的访问，因此，代表用户提供相关交易的实体和个人也应被视为扣缴义务人。

---

① 国家税务总局税收科学研究所课题组. 数字经济对我国税制和征管的影响及相关政策建议[J]. 国际税收，2022（3）：3-11.

第三，在此基础上，税务部门可通过数字技术实现对纳税主体的有效监管，以资金流向和主要受益方为原则确认纳税主体，并通过税务尽职调查掌握纳税主体的真实信息，从而保证元宇宙经济活动中的纳税主体与传统经济活动中的纳税主体处于同等地位，以防止税收"灰色地带"的出现。

（二）构建加密资产税收申报制度

为确保经济活动中金融投资的透明度，进一步防止税基侵蚀和利润转移现象的出现，应尽快布局建立加密资产申报制度。具体地，可借鉴 OECD 提出的加密资产税收申报框架（CARF），从加密资产的覆盖范围、受数据收集和报告要求约束的实体和个人、须申报的交易及就该交易须申报的信息、确定加密资产用户和相关税收管辖区用于申报和交易的尽职调查程序四个方面，结合我国对于加密资产的相关政策导向，建立加密资产申报框架。其中，加密资产的覆盖范围应聚焦于使用加密保护的分布式账本技术或对"类似技术"引用的加密资产，但也要注意排除构成有限税务合规风险的加密资产，要求申报的实体和个人除了包括加密资产的实际控制人，还应包含提供交易所服务的其他中介机构和其他服务提供者。同时，交易的申报需要纳税主体、加密资产服务提供商以及有关税务部门之间的合作，纳税主体应及时按相关加密资产交易类型、交易管辖区以及交易金额汇总申报，加密资产服务提供商应申报服务范围之外的相关加密资产的持有和转让信息，税务机关需通过不同的信息交换渠道获得与加密资产用户钱包地址相关的详细信息。此外，尽职调查程序应要求加密资产服务提供商准确提供其个人以及实体加密资产用户的身份和税务住所信息，进而确定相关税收管辖区以进行有效申报。

（三）明确税收管辖权的判定标准

所得税管辖权的判定重点在于更新常设机构的认定标准，使其随着数字经济新形态、新模式的发展不断演化。常设机构的定义需要以经济关联为本质，可采用"虚拟性常设机构"拓展"物理性常设机构"，即若某企业通过元宇宙提供的数字技术显著参与另一个国家的经济活动，保持连续性实质互动关系，则可近似认定该企业在某国存在常设机构。还可借鉴 OECD 提出的将"显著经济存在"作为对常设机构的补充标准，重点基于利润规模、用户数量、合同金额与数量、支付选择等方面综合考虑，单一评判标准将有失公允。对于上述两种方案，一方面，元宇宙的无国籍性特点使税收未来将涉及多边协定；另一方面，"显著经济存在"的判定标准容易掺入管辖区的主观意识且执行效率低下。因此，未来在国际税收框架下执行"虚拟性常设机构"将更有利于居民国和来源国之间税基的公平分享。

增值税管辖权的判定应从增值税的本质出发，将税负完全传递到最终的消费者，使管辖权归属于消费国，进而消除各国的税负差异。如何就此协调各国的增值税管辖权，可从以下两个思路出发：一是建立增值税管辖权的国际协商机制并采用统一的消费地原则，无论多边还是双边协商机制都可在一定程度上避免管辖权冲突，具体可参考 OECD "双支柱"包容性框架的搭建；二是针对元宇宙虚实交互性的特征，提出有效的税收征管方式以维持增值税的多级抵扣机制。因此，为防止增值税抵扣链条的断裂，元宇宙中数字化交易模式对应的征管方式也应区别于传统交易模式。

（四）加快税收征管数字化升级和智能化改造

为实现我国税收征管从"以票管税"向"以数治税"转变，应全面推进税收征管数字化升级和智能化改造。一方面，元宇宙作为各项技术的集大成者，其带来的税收征管问题本身可采用元宇宙底层核心技术进行解决。例如，我国税务部门可不断强化云计算、大数据、区块链以及人工智能等数字技术的应用，持续加强税务信息系统的建设和税务应用系统的完善。另一方面，元宇宙等数字经济新形态的快速发展要求税务部门高质量推进新时代税务人才队伍建设，将以数字化转型推动税收征管变革与数字税务人才部署计划同时推进，加大在元宇宙创新领域的人才培养力度，使得税务人员具备更专业的数字化技能素养，激励优秀税务科技综合人才投身新经济领域关键技术研究，为实现长远的创新驱动战略提供人才保障。

（五）掌握全球数字税 2.0 协定框架主导权

目前，数字经济已成为各国战略博弈的新高地，我国应尽快瞄准全球数字税收治理的发展方向，在创新实践中提升国际话语权。数字税作为一项全球数字经济治理问题，其框架制定中既具有天然的全球公共产品属性，也存在各国价值与主张的明显分歧。因此，展望元宇宙时代的数字税 2.0，应在充分考虑现行国际加密资产税收申报的相关提议与框架的前提下，立足国际和国内的产业环境、产业发展趋势及监管需要，战略性、前瞻性地基于元宇宙发展特性进行税收规划和布局，准确把握世界科技革命和产业变革发展先机。同时，应积极推动发展中国家和低收入国家在未来税收治理中发挥更大的作用，研究并完善适应数字经济新业态发展的税收征管制度，推动建立稳定开放和包容普惠的税收环境。这不仅能够展现我国对国际税收合作及相关规则制定的建设性姿态，也能够为构建全球数字税收规则贡献中国智慧。

参考文献：

［1］许宪春，张美慧．中国数字经济规模测算研究：基于国际比较的视角［J］．中国工业经济，2020（5）：23－41.

［2］冯俏彬．数字经济时代税收制度框架的前瞻性研究：基于生产要素决定税收制度的理论视角［J］．财政研究，2021（6）：31－44.

［3］邓伟．数据课税理论与制度选择［J］．税务研究，2021（1）：47－53.

［4］国家税务总局税收科学研究所课题组．数字经济对我国税制和征管的影响及相关政策建议［J］．国际税收，2022（3）：3－11.

［5］陈志勇，王希瑞，刘畅．数字经济下税收治理的演化趋势与模式再造［J］．税务研究，2022（7）：57－63.

［6］WANG J，WANG T，SHI Y，et al．Metaverse，sed model，and new theory of value［J］．Complexity，2022：1－26.

［7］ROSPIGLIOSI P．Metaverse or simulacra？Roblox，minecraft，meta and the turn to virtual reality for education，socialization and work［J］．Interactive learning environments，2022，30（1）：1－3.

［8］佩蕾丝．技术革命与金融资本：泡沫与黄金时代的动力学［M］．田方萌，胡叶青，刘然，等译．北京：中国人民大学出版社，2007.

作者单位：中国科学院大学经济与管理学院

数字经济下税收治理的
演化趋势与模式再造[①]

陈志勇　王希瑞　刘　畅

内容提要：工业经济向数字经济转型，不仅是生产方式的嬗变，更对税收治理模式的变革提出了新的要求。演化过程中，税收征管应更加突出自然人的纳税主体地位，税收治理也要逐步向多元治理模式转移，要兼顾市场地的税收利益，积极参与国际税收治理变革的大潮。由此，逐步形成共治共享的税收治理新格局，以实现数字经济业态下税收治理模式的再造。

关键词：数字经济　税收治理　税收征管　以数治税

随着数字技术向经济社会各领域的全面渗透，工业化向数字化转型已是必然趋势，信息和数据也成为促进经济增长的全新引擎。相应地，"数字红利"成为继"人口红利"之后各国争先抢占的经济发展高地，数字资源禀赋成为国家竞争力的核心力量（王玉柱，2018）。中国信息通信研究院 2021 年 4 月发布的《中国数字经济发展白皮书》显示，即便在经济下行压力加大叠加重大疫情冲击的双重困境下，2020 年我国数字经济依然保持 9.7% 的高位增长，是同期 GDP 名义增速的 3.2 倍，生产规模已达 39.2 万亿元，占 GDP 比重高达 38.58%，可见其蓬勃发展的态势对我国国民经济的重要影响。[②]

值得注意的是，作为建立在互联网和现代信息技术基础上的经济运行系

---

① 本文为中央高校基本科研业务费资助项目"社会失信环境与社会保险征缴效率"（项目编号：202210404）和中南财经政法大学收入分配与现代财政学科创新引智基地项目"税务部门征缴体制改革与养老金征缴效率研究"（项目编号：IIDPF2020C006）的阶段性研究成果。

② 中国信息通信研究院. 中国数字经济发展白皮书［R/OL］.（2021-04-01）［2022-03-28］. http：//www.caict.ac.cn/kxyj/qwfb/bps/202104/t20210423_374626.htm.

统，数字经济不仅引发了生产要素嬗变、价值链条重塑与技术范式转变，还将对现有税制框架与税收治理模式形成一定冲击（马洪范等，2021）。税收制度以经济发展范式为根基，随经济发展形态适时、适势而变。面对传统工业经济转轨数字经济的现实背景，既有税收治理模式的不适应性已越来越凸显，亟须转变治理逻辑，回应时代变迁与技术变革对税收治理提出的新要求。

一、数字经济下税收治理面临的挑战

数字经济下新业态、新模式的不断涌现，在重构产业布局图景的同时，也将不可避免地降低现有税制体系与新经济形态的契合度，并使传统税收征管模式与国际税收规则呈现滞后性特征（周克清等，2018）。

（一）纳税主体切换与税收征管手段不适应

伴随数字经济的兴起，传统的大规模、集中化的商业营销模式逐步被小额度、高频率的交易方式所打破。在此新旧交替的过程中，自然人经济主体的产品与服务提供地位稳步提升，对此，纳税主体的结构应随之变化，以适应税源结构的变动，弥合经济模式转换所引致的税收"真空"。从我国的税收征管实践看，长期以来，直接针对自然人的课征无论在相关税种的地位还是征管手段的运用上，均存在很大的局限性，即便是在针对自然人征收的税种中，也主要是依托企事业单位进行附征的。典型如个人所得税，其基本征收方式是由企事业单位代扣代缴，实质上从属于对法人税间接的征收管理。

数字经济下，以"网红"为代表的高收入群体，由于其收入的获取多集中于线上，结算手段复杂且不断翻新，难以将其商业价值转化成应税收入，导致纳税节点不易捕捉，与现行税收征管制度不相契合，形成税收漏损。与此同时，个人对个人（C2C）网店的运行特征，决定了自然人可在产品服务提供端与消费需求端之间自由转换，而 C2C 模式下多数主体并未进行市场主体登记，使得现行税收征管体系未能与纳税主体的动态切换形成有效对接。即便卖家进行税务登记并达到起征点要求，囿于固定交易场所的缺失，或买卖双方与平台企业存在地域差异，也会使税务机关无法准确核定纳税人的经营地或应税行为发生地，从而导致现行"以票控税"运行机制部分失灵（周克清等，2018）。

另一不容忽视的问题是，随着数字经济和人工智能的深度发展，我国已经逐步从弱人工智能阶段向强人工智能阶段演进，经济活动中的产品及服务提供主体，将出现机器人劳动力与人类劳动力的结构性调整和转换。其根源在于，伴随技术进步，机器人成本稳步下降，而人类员工具有成本黏性（赵昌文等，2020），机器人的比较优势愈益凸显。机器人对人类劳动力的替代，在现行税制体系下直接反映为一定体量的个人所得税流失，对提升直接税比重的政策取向形成制约，背离了现代税收制度构建中税制结构优化的要求。而是否应将对机器人征税纳入考量，背后是新技术发展对税制设计思路的冲击（杨志勇，2020）。因此，具有价值创造能力的机器人是否具有可税性，反映了数字经济与智能制造发展必然衍生纳税主体以及其他税制要素的变迁，并对税制顶层设计提出了更高的要求。

（二）经济发展模式转变与税收征管体系不匹配

数字经济发展打破了既有的税收征管体系，仅靠税务部门单一力量实现税收征缴的固有格局已被大数据信息化的现实背景所瓦解。伴随着经济发展模式和技术应用范式的转变，电子商务模式下商家的注册信息并未在税务部门或者市场监管部门聚集，而是汇集至互联网的第三方交易平台，整个交易过程和交易信息也全部记录在第三方交易平台（陈又芳，2019）。多样化的交易方式和多平台的交易主体为企业偷逃税行为提供了弹性空间。在进行税款征收和税务稽查的过程中，囿于内部信息交互的不足，税务部门仅靠自身所掌控的涉税信息已经不能对交易链条下所有涉税事项进行全面把控。

与此同时，面对日趋繁杂、多样化的直接税信息，以及数字经济、新兴经济业态产生的天量交易规模和以虚拟化、网络化形式存在的潜在税源，目前尚缺失完备的征管依据和有效的信息控管手段。数据的"脱敏化"处理方式引致部分数据原始状态失真，涉税主体之间信息不对称问题更为凸显（杜庆昊，2019）。加之我国涉税信息管理还局限于单一化、模式化、固态化的源泉扣缴模式，缺乏对新兴、流动和隐性税源全面、即时控管的手段，更遑论实现对所有涉税信息的综合归集与系统管理，致使大量税源游离在征管范围之外，阻碍了对直接税的有效征管。

（三）生产地与市场地税收利益分配不平衡

1994 年分税制改革后，我国确立了以企业注册地为税款征收地的税收管辖制度，这与工业经济的产销模式是相契合的。但在数字经济下，企业注册地、生产地、发货地、销售地皆出现各不相同的局面，[①] 企业空间分布的"两极化"与产品销售的"分散化"并存（刘怡等，2019）。在注册地原则的传统税收分享模式下，生产集聚效应使得大量税款多归于某个地区，而真正的价值实现地——市场地却得不到应有的税收体现，造成税收收入在地区间分配不公，由此，仅依注册地原则而不考虑市场地的利益进行区域间税收分配已不合时宜。

将区域税收分享置于注册地原则的框架下，其最直接的影响便是税收收入与税收负担的错位。一个完整销售链条的形成不仅取决于生产地提供的各种资源，更需要销售地各种基础设施、公共服务供给以及消费水平的拉动。而仅以企业注册地即为税收收入享有地的税收分享方式，直接割裂了生产和消费的完整价值链条，注册地在享有税收收入的同时，消费地却承担着税收负担。税收分享制度以地方政府征税努力程度为作用机制，影响地方公共支出行为（刘怡等，2015），在注册地本身经济发展水平较高的情况下，这一税收分享方式无疑会加剧区域发展不平衡。

（四）全球税收治理面临诸多难题

在经济全球化和数字化不断深化的当下，数字经济已然成为嵌入全球税收治理体系的重要元素，并对现有国际税收规则与税收秩序造成冲击。从以英法为代表的国家对开征数字服务税的呼唤与实践，到土耳其、意大利等国对该税收新政的跃跃欲试与跟进，无不彰显出世界各国加强全球税收治理抵御经济风险、弥合现行国际税收规则"漏洞"的信念与决心。而数字服务税开征与否仅是国际税收治理困境与挑战的一个侧面，在数字经济背景下强化全球税收治理协调与合作，还面临诸多难题。

由于数字经济对商业模式的影响，无实体的跨境经济活动成为贯彻常设机构原则的阻碍。数字经济已经逐步脱离"物理存在"的交易方式，原有的以实体性营业活动为中介媒体的"物理原则"已经不适应虚拟化、非中介的数字商业模式（李蕊等，2020），"去实体化"已成为数字经济商业发展模式的一大演进趋势。"经济存在"等同于"物理存在"的经济运行逻辑已被数字经济特有的业态发展模式所打破（崔晓静等，2016），将常设机构实质性存在标准弱化，厘定虚拟经济认定准则，成为确定纳税主体的一大困境。同时，交易

[①] 企业注册地与生产地虽有背离，但多数企业的注册地和生产地保持一致。

主体数字化、隐匿化、虚拟化、跨地域等特征，为销售来源地、利润归属地的厘定带来极大挑战，以属人原则和属地原则建立起来的国际税收规则，因交易主体联结度界限模糊程度愈演愈烈而被逐步打破（励贺林，2018），造成部分经济业务因处于"公共区域"而陷入征管与否的两难境地。

经过一系列国际实践，2021年7月经济合作与发展组织（OECD）公布了《应对经济数字化税收挑战的双支柱解决方案的声明》。声明的内容体现了数字经济背景下国际税收规则演变与革新的内在要求。"双支柱"方案中的支柱一，主要是对跨国企业的利润分配原则进行了革新，允许市场国分享跨国企业的部分收益，以打破传统的以常设机构作为市场国获取利润分配权的价值准则，转而建立以"经济持续参与"为新联结方式的定量标准。而支柱二则是以设立最低税率的方式为全球税收竞争设定底线，堵塞国际税收中的漏洞，在国家间均衡税负，并打击所谓"避税天堂"。目前，137个国家（地区）就"双支柱"方案达成共识，但究其本质而言，这是各国家（地区）考量诸多因素后利益博弈的最终结果，其具体落地实施将加大大型跨国企业的税收遵从成本，也对各国的税收征管能力提出了新要求。另外，具有单边措施的数字服务税实践的结束，也意味着国家内部税收立法的自主权受到挤压，在此过程中的不确定性可想而知。

二、数字经济下税收治理的演化趋势

工业经济向数字经济转型，必将伴随着产品及服务创新、管理与商业模式变革。就微观层面而言，是新的生产方式、业态模式与公司治理模式的匹配，进而引致制造模式、商业模式和消费模式的颠覆性变化（倪红日，2016）；从宏观维度审视，则是推进体现多方利益诉求与决策参与的治理结构调整和机制的转换。税收作为连接微观经济主体与政府的直接纽带，随着数字经济的兴起，其治理重心必将作相应调整。

（一）对自然人税收征管的重要性日益突出

税制结构反映一国经济发展水平，同时与该国经济社会结构相互嵌套。因而，国民经济中不同产业的地位与权重变化，必然引起税制结构的联动转换，引致课税重心的转移。

在工业经济模式主导时期，企业主体及法人税的地位不可撼动。2011—

2018 年，我国企业纳税人的直接税收贡献度历年均高达 90% 左右。① 具体来看，工业经济以大规模、批量化、标准化生产为表征，这种集中性的大规模生产方式作为整个经济体发展的中流砥柱，极大提高了税源的丰沛度，加之商品生产在上下游之间存在着密切的勾稽关系，在经济发展水平不高且征税手段相对落后的时期，为税款的有效征缴提供了可能。与之相对应的，是自然人以生产经营的分散化或收入分配的低量化为主要特征，既有的征管手段难以有效甄别纳税人的实际收入，其少量税收收入与高额征税成本的现实关联，致使我国在税制设计及征管中不得不在一定程度上"轻视"具有"良税"特征的直接税税种，而更为侧重税收征收成本相对较低的间接税税种。因此，货物和劳务税在我国税制结构中长期居于主导地位与工业经济运行特征是相适应的。

而随着新技术、新业态和新模式兴起，经济交易渐由批量大额转向高频小额，带动了经济单元的分散化与小型化，并推动自然人经济主体在产品与服务提供地位上的稳步提升，相应引起纳税主体的结构性变化。以数字经济发展大潮下催生出的"网红经济"这一全新的经济模式为例，依托"淘宝""抖音""快手"等一系列视频直播平台，借助数字经济网络传播力量，衍生出"网络红人"这一新晋高收入群体，显著提升了自然人税源的丰沛度。依靠数字经济而崛起的"网红经济"，弱化了传统实体企业在税收中的不可替代性，并将引起税制结构的相应变化。可见，自然人税收地位的日益凸显，成为数字经济背景下税收治理的演化趋势之一。

（二）向"平台—政府"双元征管体系转移

纵观经济结构变迁与产业升级的迭代史，每一次技术范式的变革，不仅改变既有资源配置状况，还将冲击制度规范与社会治理模式，并在更高维度、更深层次上对国家的税收治理提出新要求。

梳理工业经济发展的历史脉络，不难发现，从初始单件小批量制造，到标准化、大批量生产形成规模经济，虽伴随着生产技术的革新与销售方式的改进，但皆未打破传统的企业间单维线性的供需关系，生产商—销售商—消费者之间的单向交易运转流程构成整个价值链条的实现。就生产方式和销售途径而言，运作过程皆相对单一且环环相扣，仅依靠税务部门的系统内集成与征税人

① 为简化分析，部分难以区分税负主体的税种（耕地占用税、契税，证券交易印花税）未纳入统计范围，而剔除证券交易部分的印花税大致可视为企业税。

员的专业能力便可实现税收的有效征管，这也形成了在税收征管过程中税务部门长期"单打独斗"的局面。

而置身数字经济时代，买方主导、柔性制造、现代信息技术嵌入、与数字经济相融合的生产架构与流程再造，对产业组织结构的影响具有二元特征。一方面，制造业"软化"与服务化、制造技术的融合，改变了企业间单维线性的供需关系，形成了产业链之间相互交织、开放、多维、复杂的网络结构。在数字经济情景下，平台型企业作为连接供需两端的交易平台，存在由多个企业共同支撑或同一产品、服务涉及多个平台的情形。另一方面，商品价值链条的实现方式也被彻底变革，第三方中介平台成为生产商和消费者之间的交易中转站，平台经济推翻传统单一的销售方式，成为数字经济时代的典型模式。据此，传统税收治理模式已难以适应数字经济对税企关系的现实诉求，税收征管重心将由税企线性对接逐步向"平台—政府"双元征管转移（汪旭晖等，2015）。

（三）兼顾市场地的税收利益

所谓市场地，是指产品的销售地或消费地。在传统的工业经济业态下，囿于销售方式的单一性、交通物流的不便性，高企的推广成本和物流成本使得商品的销售范围局限于特定的地理空间，本地商品在当地销售具有天然优势，据此形成本地商品"独霸一方"的局面。而互联网的普及和第三方销售平台的应用，为实现居民足不出户的消费模式提供了现实选择，并随着物流公司的兴起和物流业的发展，低成本、高速度的网购模式成为居民获取商品的主流。国家统计局网站显示，2018 年网上零售额累计值已高达 90065 亿元，且在 2019 年和 2020 年呈现直线上升趋势，而实物商品网上零售额占全网零售额的比重也在逐年加大。[①] 可见，以网络为依托，实现商品跨区流动的交易模式对传统实体经营模式形成了强烈的冲击。

数字经济下，市场销售范式已突破了地理空间的局限。企业凭借特定的优势在某地区进行集聚性生产，而网络平台则为生产者和消费者搭建了中介桥梁，有效缩短买卖双方的交易距离，扩大商品销售半径，使商品能在全国乃至全球范围内迅速流通。就我国的具体实践而言，2020 年广东省网上零售额占全国网上零售额的比重达 21.92%，成为全国网上零售额占比最高的省份。浙

---

① 相关数据根据国家统计局官方网站发布的数据整理而来。

江、上海、江苏的网上零售额占比分别为15.14%、10.20%、9.02%，与广东构成全国网上零售额占比前四的省份。这四个省份的网上零售额加总在全国范围内占比过半，高达56.28%。而社会消费品零售额占比与之相比，各省份之间虽然存在差异，但总体趋向相对平滑，其间差距远小于网上零售额占比。可见，数字经济业态下的网络销售模式凸显了生产企业在特定地区聚集的现象。

数字经济背景下产品服务供给侧与需求侧、生产地与市场地的空间分离，将引起地区间税收利益的矛盾。为缓解这一问题，实现地方税收体系重塑，《中华人民共和国国民经济和社会发展第十四个五年规划和2035年远景目标纲要》提出将消费税征收环节进一步后移的设想，部分在生产（进口）环节征收的消费税税目逐步后移至批发或零售环节。这一政策趋向，体现了数字经济背景下中央政府对市场地税收利益的考量。从而，以兼顾市场地的税收利益为重心，平衡税收征缴地与"负税地"的利益关系，成为税收治理演化的又一大趋势。

（四）适应全球化治理的趋势

步入数字经济时代以来，国际经济秩序面临深刻变革。技术进步伴随生产、市场、信息和资本的全球化，推动全球经济治理迈向新阶段。特别是随着数字经济对商业模式的浸染与形塑，互联网行业迅速崛起发展，不仅从根本上改变了行为主体参与经济活动的方式，更极大地拓展了商业活动的辐射维度，使其在全球范围内不断延展。作为全球化治理的重要一环，推动国际税收治理与税收秩序重塑，以化解数字经济在全球化发展中的新挑战，是各国共同面对的重大议题。

在现行国际税收体系下，数字经济呈现出无实体依托的跨境运营、重资本与轻实体的资产配置方式、价值创造主体的多元倾向等突出特征，引致长期锚定传统企业运营、价值创造主体与价值捕捉清晰的税收征管机制与当前业态模式的冲突，继而造成现行国际税收规则与税收征管协作秩序的脱节。面对数字经济发展对国际税收治理带来的挑战，各主要经济体和国际组织作出了积极回应。作为数字经济大国，我国也亟须从全球税收治理的高度，重新审视现行国际税收规则，突破现行税制框架，更加积极有为地参与到数字经济下全球税收治理进程中，为形成全球税收治理新格局、促进世界经济复苏与发展贡献中国智慧。

三、数字经济下税收治理的模式再造

经济转型所带来的生产方式和经营方式的转变，既对现行税收治理体系提出了挑战，也为税收治理模式再造、促进税收治理现代化提供了新的契机。

（一）优化税制结构与征管体系，强化自然人的纳税主体地位

工业经济向数字经济的转型，使传统的税制结构和税制要素需要重新调整和厘定。显然，自工业经济时代以来形成的以货物和劳务税为主的税制结构，以及相应的征管方式，已面临新产品供求模式、新业态、新技术的冲击，若继续沿袭倚重货物和劳务税的税收体系和征管方式，不仅难以充分发挥税收的收入和调节功能，还可能引致税源的流失及微观主体间税收负担的失衡。因此，货物和劳务税、所得税与财产税在税制结构中的定位，亟须进一步厘清与重构。与此同时，面对机器人经济的兴起，与此相关的税收设计也应纳入税制建设的系统考量。从发展趋势看，伴随数字经济大踏步前行，增值税的收入比重将会逐渐降低，而自然人税收的潜力会愈益增大，据此，突出对自然人课征的税收体系亟须构建。

具体而言，面对新经济、新业态涌现出的大量高净值群体，为强化自然人的纳税主体地位，并适应当前及今后一段时期我国个人所得税综合与分类相结合征收模式对于自然人税收征管的现实诉求，应在全国范围内着力构建统一规范、科学合理、便捷高效的自然人税费征管平台，以打破原有的自然人依附企事业单位进行代征代缴的固有局面。并且，基于数字经济下大量自然人获取收入方式集中于线上，结算手段复杂并且不断翻新的现实背景，在现代信息技术加持下，应即时监控税源变化，特别是对高收入、高净值人群以及新兴经济业态税源，充分运用现代信息技术和税源跟踪手段，及时评估税源风险，探索行之有效的税源控管技术。如借鉴发达经济体现金管理的"货币－企业－银行"系统、信息即时报送技术、信息处理和挖掘技术、税务审计技术等，探索开发出适合我国税源流动特征的管理技术与管理手段，实现对自然人涉税信息的有效控管，促进纳税主体由法人向自然人的有效切换。

（二）促进涉税信息共享，实现"以数治税"

经济发展模式的转变应当配以先进税收治理手段，以实现税收治理体系的革新。在原有的工业经济业态下，涉税企业的交易半径相对较小，上下游之间

密切的勾稽关系使税务部门"金字塔"式的科层管理具有适宜性和有效性。数字经济的蓬勃发展促进了多主体、虚拟化的交易方式，由此引发的涉税信息不对称问题也愈加凸显。党的十九大报告明确提出要打造共建共治共享的社会治理格局，这为解决数字经济下税收征缴困局提供了基本思路。实行税收协同治理，打通涉税信息共享渠道，打破仅由税务部门"孤军奋战"的格局，向税务部门专业化管理与社会各界对税收共治转变（王献玲，2019），便可突破信息鸿沟的束缚，实现税收征管的"全覆盖"。

大数据时代，实现涉税信息共享，将多渠道、全方位的涉税信息进行梳理汇总，离不开信息管控平台的作用。现代信息技术催生数字经济发展的同时，也为解决税收治理问题提供了更为有效的工具，其强大的数据挖掘与信息处理能力，为新业态发展与服务模式创新提供了广阔土壤。同时，数字经济也将倒逼数字技术与税收治理深度融合，提升税务部门的涉税信息汲取能力，强化数据整合、流程自动化管理，通过高效搜集并整合海量、高质量的涉税信息数据，防范数字领域的税收风险，并加强内外部机构的协调联动。近几年来，区块链技术以其可追溯、不可篡改的特性受到多方信息管理系统的重视。将区块链技术应用于税收治理领域，实现多主体的信息交互与联通，将助力税收征管系统的重塑，做到精准监管与精诚共治有效对接，真正形成全方位共治共享的税收治理新格局，为实现"以数治税"奠定基础。

（三）推进税收分享制度变革，促进区域协调发展

税收分享制度不仅在纵向上与政府间财权与事权关系的处理相联系，更在横向上与地区间经济与财政利益的协调密切相关。如前所述，税收分享的注册地原则与数字经济背景下的产销模式相矛盾，使区域间的利益冲突加剧，扭曲地方的税收努力与财政行为。因此，推进税收分享制度变革势在必行。

当前，我国正加快构建以国内大循环为主体、国内国际双循环相互促进的新发展格局，而促进国内消费增长是推进这一格局形成的重要抓手。据此，将税收分享的注册地原则转换为市场地原则正当其时。具体而言，可将增值税税收收入扣除中央分享的部分后，拿出一定比例（具体由中央政府根据宏观调控和经济协调需要确定），依据各地的消费数额在地区间进行分配。同时，加快消费税制度改革，将可在最终销售环节征收的税目划为地方税，或单独设立地方销售税，进一步体现税收分享的消费地原则。由此，可在一定程度上打破因生产集聚引致地区税收收入失衡的局面，促进地区间的良性税收竞争，弱化地

区经济发展的"马太效应"，并有效拉动消费增长。

（四）强化国际协调合作，加强全球税收治理

我国作为人类命运共同体的倡导者和经济全球化的参与者，顺应国际潮流，践行多边主义，积极支持和主动参与国际税收规则的制定和调整是必然选择。就"双支柱"而言，一方面，该方案仅是一个基本草案，在后期具体细节敲定的过程中，我国作为数字经济大国应保持高度自信，在国际税收竞争中把握先机，积极主动地为构建双循环新发展格局创造良好的营商环境；另一方面，要着力提升自身的全球税收治理能力，在国内涉税信息流实现统一归户和集中管理的基础上，针对经济全球化背景下税基国际流动的现实，通过与相关国家和地区签订税收情报交换、征管互助协议等双边和多边协定，积极开展国际税收合作，推动"数字丝绸之路"的开发和拓展，强化国际税源监管，严厉打击国际避税行为，实现涉税信息流的全球控管和追踪。

参考文献：

［1］王玉柱. 数字经济重塑全球经济格局：政策竞赛和规模经济驱动下的分化与整合 ［J］. 国际展望，2018（4）：60－79，154－155.

［2］马洪范，胥玲，刘国平. 数字经济、税收冲击与税收治理变革 ［J］. 税务研究，2021（4）：84－91.

［3］周克清，李霞. 平台经济下的税收治理体系创新 ［J］. 税务研究，2018（12）：73－77.

［4］赵昌文，许召元. 新工业革命背景下的中国产业升级 ［M］. 北京：北京大学出版社，2020.

［5］杨志勇. 数字资产税征收的国际实践与我国的政策建议 ［J］. 经济纵横，2020（11）：102－110.

［6］陈又芳. 大数据时代我国电子商务模式下增值税征收问题研究 ［J］. 纳税，2019（4）：25，28.

［7］杜庆昊. 数字经济协同治理机制探究 ［J］. 理论探索，2019（5）：114－120.

［8］刘怡，耿纯，张宁川. 电子商务下的销售新格局与增值税地区间分享 ［J］. 税务研究，2019（9）：25－34.

［9］刘怡，刘维刚. 税收分享、征税努力与地方公共支出行为：基于全国县级面板数据的研究［J］. 财贸经济，2015（6）：32 – 44.

［10］李蕊，李水军. 数字经济：中国税收制度何以回应［J］. 税务研究，2020（3）：91 – 98.

［11］崔晓静，赵洲. 数字经济背景下税收常设机构原则的适用问题［J］. 法学，2016（11）：15 – 27.

［12］励贺林. 对数字经济商业模式下收益归属国际税收规则的思考［J］. 税务研究，2018（7）：76 – 83.

［13］倪红日. 经济数字化、全球化与税收制度［J］. 税务研究，2016（4）：3 – 7.

［14］汪旭晖，张其林. 平台型网络市场"平台—政府"双元管理范式研究：基于阿里巴巴集团的案例分析［J］. 中国工业经济，2015（3）：135 – 147.

［15］王献玲. 构建新形势下税收共治新格局［J］. 中国税务，2019（12）：36 – 37.

作者单位：中南财经政法大学财政税务学院
中南财经政法大学财政税务学院
天津财经大学财税与公共管理学院

数字经济对税制改革的影响及对策建议[①]

李红霞　张　阳

内容提要：现代科技革命推动数字经济蓬勃发展，为全球经济增长带来了新的机遇和动能，同时也深刻改变了人类的生产生活方式。数字经济催生了大量与传统经济迥异的新业态，打破了既有的税收秩序和利益分配格局，也对现行税制带来了巨大冲击和挑战，传统的税制基本要素、税收规则、征管模式等均难以适应数字经济的发展。为积极应对数字经济带来的税收挑战，不但要革新思维顺应数字经济发展，确立向数字经济时代税制转型的新目标，还应从改革税制基本要素着手，构建适合我国国情的数字经济新税制。

关键词：数字经济　税制改革　税基侵蚀　税收管辖权　税收规则

当前，我国数字经济发展已步入快车道，数字经济总规模占 GDP 的比重逐年上升。《中国数字经济发展白皮书（2020 年）》显示，我国数字经济增加值规模已由 2005 年的 2.6 万亿元扩张到 2020 年的 39.2 万亿元，数字经济占 GDP 的比重已提升到 38.6%，[②] 在国民经济中的地位进一步凸显。但同时也应该看到，我国数字经济仍处于早期发展阶段，数字化转型还没有完全脱离传统经济模式，相应的税收法律法规及激励创新政策与发达国家相比还有些滞后，

① 本文是国家社会科学基金项目"我国减税降费政策效果绩效评估与风险防范研究"（项目编号：20BJY219）和教育部人文社会科学研究规划基金项目"新时代中期预算脆弱度分析与可持续路径选择研究"（项目编号：18YJA790044）的阶段性研究成果，并得到首都经济贸易大学北京市属高校基本科研业务费专项资金资助。

② 中国信息通信研究院. 中国数字经济发展白皮书（2020 年）[R/OL].（2020 - 07 - 02）[2022 - 02 - 05]. http://www.caict.ac.cn/kxyj/qwfb/bps/202007/t20200702_285535.htm.

现行税制还有诸多需要破解的难题，无法适应数字经济时代的发展需要。那么，如何构建与数字经济相适配的税收制度、如何助推现行税制向数字经济时代税制转型、如何培植数字经济时代的新税源等一系列问题，就成为新一轮税制改革亟待解决的突出问题。基于此，分析数字经济对现行税制带来的影响，探索数字经济时代我国税制改革的应对策略具有重要的现实意义。

一、数字经济对税收制度的挑战与冲击

数字经济作为一种新的经济形态，主要具有三个突出特征。第一，虚拟性。数字经济的核心特征即是虚拟性，其以现代信息技术为载体，以数据为关键生产要素，数字产品及服务等无形产品已逐渐替代有形产品居于主导地位，呈现出一种高度虚拟化的状态。第二，渗透性。数字经济超越了实体经济有形世界的约束，深入渗透以数字为载体的无形世界，使各产业之间的划分界限模糊，深刻影响了企业组织架构及经营模式，也给相关法律制度带来巨大挑战。第三，外部性。数字经济更容易实现交易双方整体效用最大化，极大促进了生产力的发展及劳动效率的提升。由此可以看出，数字经济的快速发展得益于其独具的特征优势，但数字经济在改变了传统经济模式的同时，也对现行税制带来了挑战和冲击。主要体现在以下三个方面。

（一）纳税主体分散化，纳税人身份难以有效判定

数字经济时代，纳税主体分散化、难追踪、不易监管，难以准确清晰界定每一笔交易的生产方、供应商及消费者，使得传统经济模式下以具体纳税人为征管对象的征管方式难以适用。数字经济的快速发展，颠覆了传统经济模式下以卖方为中心的经营模式，生产者与消费者之间的界限逐渐消失，传统意义下的消费者身份因其更多地参与产品开发与设计而变为"产销者"，一些集团化、跨地区的大型企业可以通过数字技术平台，非常快捷地打通产销两端，活跃于供需各方。数字经济依托互联网平台，可以创新出多样化的商业模式和交易方式，也使从事商业经营的门槛大大降低，纳税主体逐渐出现个人化倾向，同时也催生出更多平台与个人的合作模式。一些"新知"个体户、自由职业者以及个人独资企业大量涌现，使得不同交易的纳税主体身份难以判定。在数字经济时代，人员流动更加频繁，取得报酬的方式也多种多样，可能出现针对同一性质的经济活动，由于适用的平台与合约不同，收入性质及来源亦有所不同，税务机关也难以有效获取经营者的真实身份及相关的信息资料，无法准确

对纳税主体进行有效监管和约束，导致数字经济下对纳税主体的监管存在诸多盲点、真空和薄弱环节。

（二）经营主体业务范围边界更加模糊，课税对象难以合理界定

传统工业经济模式下，税制要素主要是针对纳税主体单一的生产经营活动设计的，其主要特点是企业生产经营范围在空间上比较固定，交易活动涉及的实体企业业务边界清晰，如经营方式、交易地点、收入来源等都很容易判定。与此同时，企业职工人数、交易规模及生产经营场所相互匹配。相比之下，数字经济突破了时空限制，使得生产要素的流动更加迅速，但也使经营主体业务范围边界变得更加模糊不清，给课税对象合理确定和准确判定带来困难。数字企业涉及的数字经济交易活动往往涉及知识产权、数据转让等无形产品的流通和交易，课税对象由以往有形的商品转变为数字化虚拟产品，且随着数字经济领域新业态、新模式的不断涌现，往往存在传统业务与数字业务深度融合共同创造价值的情况，依据现行税制课税对象的标准，已无法把数字业务剥离出来单独征税，难以将二者进行甄别并合理确定课税对象。模糊的边界直接导致对课税对象难以准确把握和判定，外加税收征管手段滞后于数字经济的快速发展，进而形成税收制度覆盖的真空，使得那些应该纳税但又无法可依的收入构成了少数人总财富的一部分，不但违背了"公平税负、量能负担"的税收原则，还造成税款流失、税务执法风险。

（三）智力劳动成果定价更加复杂，计税依据难以准确确定

在传统经济模式下，产品创造的价值是由凝结在产品中的社会必要劳动时间决定的，但数字经济下的数字产品及数字化服务属于智力劳动成果。数字经济时代复杂的智力劳动成果是否仍要遵循马克思的劳动价值论，如果需要遵循，那么复杂的智力劳动与体力劳动的社会必要劳动时间之间是什么关系，这些问题目前仍有争议，也使得数字产品及服务计税依据的判定成为难题。数字经济时代，传统生产模式下的劳动者数量大为减少，许多数字型企业甚至出现了"无人工厂"和"无人车间"。对于这些大量采用数字技术进行生产经营的新经济、新业态，知识积累及高新技术含量决定着企业业务的边界。虽然这些企业的体力劳动耗费大量减少，但却能生产出规模庞大的物质财富。针对数字经济时代出现的数字产品，有学者质疑马克思的劳动价值论已经过时，应以"知识价值论"取而代之。随着数字经济的发展，智力密集型劳动大量涌现，

给马克思劳动价值论带来挑战，也使劳动力这一主体构成要素发生了逆转，数字经济下的智力成果其载体是复杂劳动的耗费，属于一种高密度的"创新脑力"要素投入的成果，此时的劳动力已经摆脱了"体力"劳动的困扰，而升华为智力密集型的劳动力。从智力劳动成果的特质看，知识与技术作为重要生产要素在生产过程中发挥了巨大作用，与一般生产要素的很大区别在于，其具有"可复制""无损耗"等特征，意味着在新知识及技术被替代之前，其可以永恒"复制"并凝结在新产品价值中。虽然知识与技术要素不直接创造新的价值，但能极大地提高劳动生产率，并对活劳动创造价值效能起着"乘数效应"。数字产品及数字化服务属于无形资产，其价值构成理应由耗费的社会必要劳动时间所决定，但复杂的智力劳动成果的利润和成本在实践中难以确定，这使得数字产品的定价更加复杂，计税依据也无法准确判定，再加上数字产品的定价还受到诸多不确定因素的影响，使得其计税依据的确定难上加难。

二、数字经济时代我国税制改革的基本方略

我国作为数字经济大国，担负着推动传统产业转型升级和助力数字化发展的重任。数字经济时代的税制改革必须坚持以人民为中心，"从推进我国经济高质量发展的高度定位，以促进社会公平正义及增加人民福祉为落脚点，最大限度地将现代税制的优势转化为税收治理效能"①。我们研究数字经济背景下的税制改革并不意味着完全摒弃现行税制，因为当前传统经济在我国还占有较大比重，可通过优化税制实现与现实更好地匹配，而对于数字经济时代相关税制则需要进行制度创新和根本性变革。由此，我国数字经济下的税制改革应基于新时代国家治理能力现代化以及数字经济发展的现实需要，推动数字经济在我国行稳致远。

（一）筑牢顺应数字经济发展的革新思维

数字经济时代，推进深化改革需要新思路和新举措，要突破传统思维定式，重新凝聚改革共识，对传统经济形成的税收制度进行调整优化乃至重构。数字经济以数据资源为关键生产要素、以现代信息技术为载体，对传统实体经济的定价机制、传统的生产要素及征纳关系等均带来了冲击和挑战。这些变化表明，数字经济已脱离传统的实体经济而成为一种独立的新型业态，如果研究

---

① 高培勇. 新时代中国税收的主题和使命［J］. 红旗文稿，2020（11）：26-27.

者仍站在既有工业经济时代思考税制改革问题，就无法适应数字经济对税制改革的新要求。数字经济下的税制其实并未改变既有的税收逻辑，即"依法纳税、应收尽收"，通过税收实现人民的根本利益，仍然是税收的本质特征。但数字经济下的税制是数字革命进程中将现代信息技术与税收制度进行深度融合的新税制，是基于数字经济建立的税收制度，也是对现行税制的优化升级。因此，要守正创新打破传统思维桎梏，基于税收公平、中性及国家税收主权原则，推进新一轮税制改革，加快建立与数字经济相适配的税收制度。值得注意的是，技术创新是数字经济发展的潜在驱动力，在加速推动税制改革的同时，我们要跳出征收具体税种低端争论的小圈子，而将整个税制体系放到数字经济背景下进行整体考量，构建适应数字经济发展的新税制，精心设计数字经济新税制的基本要素和税收规则。数字经济背景下的税制改革不能急于求成，不能用税制改革替代国家治理体系改革。要做好与现行税制新旧政策的衔接，以构建更加公平、高效的数字经济时代税制体系。

（二）确立向数字经济时代税制转型的新目标

数字经济时代的税收制度转型，会重新塑造税收秩序和利益主体分配格局。如何从现行税制过渡到广覆盖、高效率的数字经济新税制，还需要在实践中进行探索和创新。我国数字经济时代税制改革的近期目标，首先应考虑对现行税制进行调整优化，而不是轻易开征新税种，要找准现行税制既有的缺陷和漏洞并着力弥补，充分考虑数字经济模式下新税源的特点，精心构建新的税制体系。由于我国现行税制自身存在一些缺陷和不足，而且这些既有的税制缺陷在数字经济时代被无形中放大了，因此，当务之急应加快对现行税制的改革优化，以提高其与数字经济的适配性。我国数字经济税制改革的中远期目标，可以考虑开征数字税，并将我国现行以流转税为主体的税制结构，转变为以所得税为主体，辅之以财产税且与数字税并存的新税制体系。新税制结构中应逐步提高个人所得税比重，因为在数字经济背景下，经营者的个人化倾向已成为一种常态，个人所得税纳税人的比重将不断提高。在以往流转税为主体的背景下，流转税的税负最终大部分会转嫁给消费者，如果消费者收入不随之上涨，长此以往可能会引发社会矛盾。因此，新税制应逐渐降低流转税比重，适当提高个人所得税比重，这样一方面符合量能课税原则，促进税收公平，另一方面也增加了征税的透明度，保障了纳税人的知情权。总之，我国未来税制改革的目标，要构建以自然人为纳税主体，以互联网平台为依托，形成广覆盖、宽税基、低税率、高效率的数字经济新税制体系。

三、我国应对数字经济挑战的税制改革建议

目前，我国数字经济发展在全球处于领先地位，数字经济快速发展的同时也在重新塑造税收秩序和利益分配格局。因此，应立足我国国情，在全面深化改革整体框架内谋划数字经济时代的税制改革。

（一）厘清纳税主体

数字经济催生了一大批新业态，这些新业态的经营者作为纳税人，应依法负有纳税义务。数字经济的发展使纳税主体的特征发生了改变，传统经济下以具体纳税人或代扣代缴义务人为征管对象的征管已不再适用。数字经济时代，共享经济、平台经济、零工经济的大量涌现，使得各类数字平台成为代扣代缴的新主体。数字平台作为数字化发展的重要载体，其在掌握纳税人涉税信息、交易对象及交易资金上具有直接优势，非常适宜将其作为代扣代缴义务人。当然，数字经济下纳税主体及代扣代缴义务人的合理界定，要以纳税主体的法定化为基本前提，但我国目前对数字经济领域的税收立法还是空白，这就需要根据数字经济发展的不同阶段，先从制定行政性法规或规章开始，对数字经济下的纳税主体进行初步界定，然后待条件成熟后制定全国通行的数字经济税收法律，依法合理界定具有纳税义务的纳税主体，充分发挥税法对数字经济的保驾护航作用。值得注意的是，数字化经营模式的纳税主体应该与传统模式纳税主体平等纳税，不能因数字企业纳税主体难以确定而将其排除在征税范围之外或实行差别待遇，这样会影响税收的公平与公正。数字经济下的新税制不仅要将互联网企业及个人纳入纳税主体范围，还要通过现代信息技术准确判定纳税人的真实身份和相关信息资料，进一步厘清"向谁征税"问题。可以采用以资金流向和主要受益方为标准来确认纳税主体，赋予其应有的纳税义务。另外，需明确规定进口数字产品及服务的单位以及向境内个人消费者提供数字产品服务的境外供应商均为纳税主体。

（二）明晰课税对象

数字经济背景下，企业或个人所涉及的数字经济交易活动主要依托互联网平台进行，并不通过实体资产进行交易，更多涉及的是无形资产的流转。因此，数字经济下的课税对象应将数字产品纳入征税范围。一般来说，数字产品

是指企业及个人所拥有或控制的，并以电子数据的形式存在的，在经营活动中持有并准备出售或正处于生产过程中的非货币性资产。数字产品作为一种信息产品，与传统工业产品有着本质的区别，其可能是一种技术、一种方法或一个创意，具有可复制、可修改、可升级且经久耐用的特征。数字经济下的数字产品交易活动集物流、信息流及资金流为一体，随着数字产品交易的广泛化，传统的物流环节消失了，生产与消费直接对接，瞬间就能将数字产品传至世界任何角落。在明确数字产品的经济特征后，就要立足于数字经济时代对课税对象及征税范围进行重新界定，将现行税制未覆盖的数字产品和数字化服务都纳入征税范围中来。针对目前数字经济课税对象确定模糊的问题，短期看，可先按照"相同性质或相近原则"对数字产品及服务进行征税；长期看，随着对现有税制的调整及优化，可以通过对课税对象概念进行重新界定或开征新税种来明晰课税对象及税目，以防止税收利益损失及税收流失。

（三）明确计税标准

数字产品属于智力劳动成果，由于其脱离了工业产品的直接劳动，因而不能简单地与传统生产模式下的劳动相提并论。数字产品虽然属于无形资产，但依然需要依据知识和经验的积累，以及花费大量的时间和精力生产，这就包含了马克思所说的"凝结了无差别的人类劳动"，依然有"劳动"的痕迹，都含有价值，可以在市场上进行出售和转让，并具有极高的使用价值及交换价值，只不过这种市场交换有其特殊的交易形式罢了。因此，对数字产品定价仍要遵循马克思的劳动价值论，应回归其"物"的本质，使其与实物商品一样具备可兑换的可行性。基于数字产品及服务交易具有虚拟化特征，其计税标准应遵循"交易即纳税"原则，即只要数字产品及服务发生了现实层面的交易，产生了收入，就应当履行相应的纳税义务。目前而言，我国数字产品及服务交易主要涉及增值税，由于这些交易具有碎片化、隐匿化等特征，难以明确其计税标准。为此，可借鉴发达国家成功经验，将虚拟资产交易视同财产转让征收所得税，且当其用于支付时，由卖方缴纳增值税，如此，虚拟资产形态不仅能得到承认，也能使得税收制度更加规范。

总之，我国数字经济时代的税制改革应具有前瞻性、系统性、高效性及可操作性特征，既要符合国际税收大环境又要适合我国国情，尽量避免差异过大且复杂的税制给纳税人带来过高的税收遵从成本，要与传统税收体系协调及友好衔接，构建出真正适应我国数字经济发展的新税制模式。

参考文献：

［1］邢丽.数字经济对税收制度的挑战及改革建议［J］.财政科学，2021（11）：12－15，25.

［2］冯守东，王爱清.数字经济背景下我国税收面临的挑战与应对［J］.税务研究，2021（3）：79－83.

［3］杰弗里·欧文斯."后 BEPS 时代"及对中国的影响［J］.何振华，王婷婷，王质君，译.国际税收，2014（7）：6－11.

［4］王雍君.数字经济对税制与税收划分的影响：一个分析框架——兼论税收改革的核心命题［J］.税务研究，2020（11）：67－75.

［5］吕冰洋，张兆强.中国税收制度的改革：从嵌入经济到嵌入社会［J］.社会学研究，2020（4）：152－173，244－245.

［6］杨志勇.面向高水平社会主义市场经济体制的中国税制改革［J］.改革，2020（7）：67－81.

［7］王向东，罗勇，曹兰涛.数字经济下税制创新路径研究［J］.税务研究，2021（12）：35－40.

［8］李蕊，李水军.数字经济：中国税收制度何以回应［J］.税务研究，2020（3）：91－98.

作者单位：首都经济贸易大学财政税务学院

数字经济下的数据要素治理与数字税收改革①

——基于"信用价值集聚生产"创新经济理论的初步探讨

曹明星

内容提要： 数字经济是一种新经济形态，通过大数据技术手段和制度路径，启动了主体性、整体性、主动性的社会化大生产，联结了更为广大的消费者，并不断跨时空地挖掘不同主体的信用价值能力。这种以数据要素为基础和核心的新型经济形态，也必然有赖于经济理论的创新解释，才能推动数据要素科学治理在所有、所用、所得各个层面的完善。在税收领域，则需要注意实现数字税收在工业经济与数字经济的耦合、数字生产与数字消费的平衡以及税收收入与经济发展的协调，才能理顺数字经济、数据要素、数字税收三者之间的内在逻辑，助力解决数字经济发展的不规范、不平衡与不充分问题。

关键词： 数字经济　数据要素　数字税收　信用价值　集聚生产

数字经济是继农业经济、工业经济之后的新经济形态。数字经济以现代信息网络为主要载体，以信息通信技术融合应用、全要素数字化转型为重要推动力，其发展速度快、辐射范围广、影响程度深，正推动生产方式、生活方式和治理方式深刻变革，成为重组全球要素资源、重塑全球经济结构、改变全球竞争格局的关键力量。当前，我国已经成为全球数字经济第二大经济体，党和国家高度重视数字经济发展，对发展数字经济形成系统部署，数字经济顶层战略

---

① 本文系国家社会科学基金后期资助项目"新时代国际税收治理问题研究"（项目编号：G2021115002L）的阶段性研究成果。

规划体系渐趋完备，可以说，我国数字经济发展正形成较强的政策制度优势。中央全面深化改革委员会第二十六次会议审议通过的《关于构建数据基础制度更好发挥数据要素作用的意见》（以下简称《意见》）从数据要素的产权确立、市场交易、收益分配、安全监管与协同治理等各方面对数据要素治理问题提出系统化建议。笔者认为，数字经济的健康发展与科学治理，只有在百年变局的总体历史背景下，结合革命性经济理论创新，才能得到更为深刻和完整的阐释与建构，而作为国家与国际财富分割利器的税收制度，也只有在此基础上推动更为系统、合理的改革，才能实现数字经济在全球范围内的规范发展、深化应用与普惠共享。

一、数字经济：一种新的经济形态及其确立

在当前的市场经济体系下，数字经济的快速发展正在影响和主导全球经济。在此背景下，数字经济对生产方式和经济形态构成的革命性转化，必须在全面的经济理论创新的基础上，结合当下的经济特点进行深刻剖析，才能准确把握其规律，并凭此作出科学的治理规划和制度建构。

一般认为，作为经济学概念的数字经济，是一种基于数字技术快速发展和广泛应用衍生出的新经济，正在引发整体性深刻的经济社会变革。而从本质上判断，数字经济之所以与农耕时代的农业经济以及工业时代的工业经济大有不同，是因为它是一种基于信用价值集聚生产的经济形态。基于多维多层交易结构与垄断主体进行主体性和整体性信用价值的集聚生产，是数字经济有别于往的最基本特征（蔡定创等，2020）。

（一）数字经济是一种信用价值经济形态

作为一部有待广泛讨论和深入挖掘的经济理论创新著作，《信用价值论》（蔡定创等，2020）的重大创新发现之一，是在马克思《资本论》对资本生产一般过程的理论基础上，发现了资本生产的信用价值生产规律，力图揭示资本生产第二个阶段（资本生产的信用价值生产主导实体价值生产的阶段）的价值生产过程与运行规律。该著作从货币的信用化讨论开始，剖析了现代货币是具有价值尺度与交换媒介两重属性的，而不是像传统经济理论中货币只有交换媒介这一重属性，解构了信用货币体系下的证券市场与财税金融体系的信用价值生产过程，是如何跨时空地实现物化劳动、活劳动和未来劳动的价值整合与交换，从而在马克思《资本论》对实体经济实体价值生产过程中揭示了劳动

与资本分配上的不平衡这一基本矛盾的基础上，揭示信用价值生产过程的基本矛盾为投资货币与消费货币的分配比率上的不平衡。这也是当前全球经济包括数字经济发展的现状与困境所在。

在数字经济下，数据要素凸显了其商品属性和金融属性的二分属性特征。通过数据商品交易市场和数据金融交易市场的多层次数据交易体系，数据要素完成价值化和金融化过程。数据要素价值化是推动数据释放红利、实现数据对数字经济乘数效应的重要进程；在数据要素价值实现"资源化、资产化、资本化"框架下，数据要素逐渐在商品属性上衍生出金融属性，使得数据要素以金融属性参与金融领域的经济活动并不断深化。如何进一步发挥数据要素价值化、金融化的特质，开拓出多层次、多渠道数据要素与金融发展路径成为当前实践焦点也是信用价值理论的重点话题（金骋路等，2022）。

（二）数字经济是一种集聚生产经济形态

《信用价值论》的第二大发现是"集聚生产"这一具有共产主义性质的社会生产力，[①] 从生产方式的角度上揭示社会主义与社会主义高级阶段——共产主义的价值生产过程的特征，解释现代中国经济崛起的秘密并前瞻当前经济社会制度改革的着力方向。该著作发现"集聚生产"是一种在"分工生产"基础上的高级生产力组织方式，是财富和价值创造的另一个重大来源。类似于"分工生产"产生的裂变效应，"集聚生产"产生巨大的聚变效应；"分工生产"的自发价值交换主要形成市场价格和一部分非资本性价值，而基于市场平台或政府平台自觉组织的"集聚生产"则能够产生更多的低价格高价值和非资本价值，不断扩展人们的财富和效用总量。

就数字经济而言，其兴起的基础是二十世纪八十年代以来的工业经济生产相对过剩，尤其是随着我国为代表的新兴工业化国家的崛起，世界经济开始进入总体资本的边际利润率逐渐下降趋势，从而形成全球范围内更深层次的生产相对过剩。由此，数字经济在本质上是一种以"联接性"为特征的聚合式生产方式。由于生产的相对过剩，为了实现工业生产的交换价值，无论产业数字化还是数字产业化都具有很强的历史性动力，去努力通过信息网络发现和联结

---

① 与《信用价值论》中提出的"集聚生产"不同，笔者更为支持用"整合生产"比对自由主义、资本主义的"劳动分工"，以突出包括政府在内的数字平台的信用价值生产组织的主体性、整体性、主动性，以"整合生产"概念命名更加能够从政治经济学视角深刻解释当代经济发展的特征、逻辑与趋势。

更多的使用者和消费者。也因为如此，数字经济的特点就表现在：基于政府和数字平台的主体性、整体性、主动性组织和整合，能够更大范围和更深程度地调动生产和生活中的有效需求，从而形成有效消费开始主导经济发展的新局面，经济发展成果越来越向全社会普及和渗透。

二、数据要素治理：一种新的生产要素及其运行

信用价值集聚生产理论一方面通过信用价值从客观方面发现创新性集中，另一方面通过集聚生产从主观方面凸显整体性创造，理论的逐渐深化和日渐普及正在对经济治理的理念与机制提出重大挑战。然而，当下的全球经济治理仍然沿用的是基于自由市场主义经济理论的治理方式，这自然会导致经济社会发展走入全面困境。在数字经济背景下，我们必须对传统经济理论作出大胆反思，在数据要素治理相关经济制度的所有、所用与所得等环节进行全链条创新，才能解决经济权利的结构性和整体性失衡问题，推动经济走上科学健康发展之道。

数据作为新型生产要素，具有不同于传统生产要素的特征：一是具有潜在价值的数据与产品的生产过程相结合，参与产品的价值创造，实现数据资产化；二是数据产品经过市场的流通，实现数据的价值，从而实现数据商品化；三是将商品化的数据应用到多场景中，实现数据价值增值（倍增），最终实现数据资本化。因此，"数据资源—数据资产（产品）—数据商品—数据资本"的数据形态演进过程，与"潜在价值—价值创造—价值实现—价值增值（倍增）"的价值形态演进过程具有协同性，数据经济机制运行过程本身就是数据形态演进过程与价值形态演进过程的动态结合（李海舰等，2021）。《意见》强调，要基于数据要素的经济运行机制进行产权确立、市场交易、收益分配、安全监管与协同治理，既超越了上述诸过程的规制范围，又与其在核心逻辑上具有根本一致性。

（一）数据要素的所有权构造

《意见》指出，要建立数据产权制度，推进公共数据、企业数据、个人数据分类分级确权授权使用，建立数据资源持有权、数据加工使用权、数据产品经营权等分置的产权运行机制，健全数据要素权益保护制度。数据要素的特征可主要概括为虚拟替代性、多元共享性、跨界融合性、智能即时性，数据要素的价值释放受制于产权归属。为此，需要基于数据要素的特征、价值提出新的

数据要素分类。如果从"数据谁持有"与"数据谁生成"两个维度，可以将数据要素划分为政府和企业作为数据持有者所管理的四类数据：自有数据、用户个人信息、用户数字痕迹、衍生数据。再结合人格权和财产权视角，基于用户授权与加工创造的原则，可以生成四类数据要素的产权归属及其治理原则。其中：政府和企业持有的自身数据与衍生数据应归二者所有，采取财产权保护路径；用户个人信息应归用户所有，建立人格权保护路径；用户数字痕迹采取共有产权方式，实施政府与个人共有、企业与个人共有的方式，在保护个人隐私底线原则的基础上开发利用数字痕迹（严宇等，2022）。

数据要素的所有权构造需要注意以下两方面内容。一是要以政务数据公开为导向激活数据要素市场。要打破制度性数据孤岛，改变公共数据的"行政部门所有制"，建立互联共享的公共数据应用系统（杨飞虎，2022），实现政府宏观信用价值在数字经济循环中的全面融入。二是数字经济可以说是建立在完整的工业经济基础之上的，大数据技术集成消费者群体的信用价值和政府信用价值，以及复杂系统中形成的许多非资本性信用价值。这是数字平台企业拥有远高于其自身价值的市场价值的根源所在，也是未来数据要素治理理论研究和政策制定如何不断科学界定相应财产权利的重点难点课题。

（二）数据要素的所用权安排

《意见》指出，要建立合规高效的数据要素流通和交易制度，完善数据全流程合规和监管规则体系，建设规范的数据交易市场。数字经济下界定不同类型数据的产权归属，规范数据要素的流通和交易，促进数据要素共享流通、释放价值，是数据要素治理的核心（李标等，2022）。无数个体的原始数据，都需要经过数字平台运用智能算法的技术过程和政府实施政策安排的制度过程，最终形成能够全面用于信用价值生产并使社会广泛受益的"大数据"。在这个过程中，数字平台在事实上使用着数据要素，并进行数据收集、存储、处理、分析、应用等基础性使用，因而具有核心使用者的角色。同时，数字平台又与个体原始数据资源所有者、工业和数字产品生产者、数据产品消费者和使用者、宏观经济管理者发生各种复杂的经济关系，需要不断深入厘清和规范。

在数字经济的信用价值集聚生产机制中，一个突出的特点是：经济交易框架具有多维多层交易结构。以大型数字平台为典型代表。大型数字平台位于中观经济组织层面，下接作为微观经济组织的个人和传统企业，上承宏观经济组织的政府。随着数字平台的扩张，其越来越具有宏观经济组织的属性和职能，即数字平台呈现公共化和政府化（赵燕菁，2021）。这一特征是区分其与其他经济相关方的财产权利时需要关注的核心问题。在数据要素的所用权安排层面，尤其要解决好个人隐私与总体效率、平台垄断与市场竞争、平台自由与国家安全几对矛盾中的所用权配置问题。一是要在加强个人隐私与权益保护的同时，在"知情同意"和"合理目的"原则下妥善安排数字平台的数据自由使用权。如果像欧盟那样过于强调原始数据的所有权与隐私权，极有可能会减缓数字经济的发展与效用普及，降低数字平台作为"准政府"组织的价值。二是要协调平台经济中各类组织形式之间错综复杂的竞争关系。数字平台具有天然的垄断倾向，需要法律规制，但是数字平台都是"准政府"核心资产，有利于国家经济和整个社会的效用增加，反垄断不能以牺牲数字平台效率和发展为代价，反垄断不是反对数字平台的水平整合，而是要反对其垂直整合形成的不正当竞争行为。三是要避免数字平台自由经营过程中的交易权滥用，包括数据要素出让危害国家经济安全和数字产品交易违反国家跨境经济规范等。由此，数据要素的所用权安排，需要反垄断法、国家安全法等的综合规范，这也是《意见》要求把安全贯穿数据治理全过程，守住安全底线的根本要义所在。

（三）数据要素的所得权配置

《意见》指出，要完善数据要素市场化配置机制，更好发挥政府在数据要素收益分配中的引导调节作用，建立体现效率、促进公平的数据要素收益分配制度。

在数字经济时代，如何实现高质量可持续发展，完善收入分配机制推进共同富裕，是数据要素治理所得权配置的最终目的。由此，需要逐步确立数据要素所有权主导下数据要素参与收入分配的典型模式：在数字劳动者占有模式下，劳动者根据数字劳动贡献共同分享数据要素收益；在数字投资者占有模式下，数字投资者享有数据要素收益索取权和分配权；在数字劳动者和投资者共享模式下，数字劳动者将根据数字劳动的质量和实际贡献与投资者分享收益；在数据要素的所有权和使用权分离模式下，数字劳动者获得劳动报酬，数字经营者获得经营绩效，数字投资者则获得剩余收益，收入分配份额取决于契约和经营绩效（杨飞虎，2022）。

数据要素的所得权配置需要注意的是：数字经济时代，消费主导的经济循环结构，为需求方的价值贡献和收益分享提供了正当性基础与公平性机会，将有力回应马克思主义分配理论，有利于经济可持续发展；同时，社会化大生产过程的重释,将不断拓展政府的职能与角色认知,重新证明生产性政府的经济贡献,为政府参与交易、行使分配请求权提供合理性和科学化支撑。这些认知都有赖于对类似信用价值集聚生产的创新经济理论的深入理解。只有以此为基础进行更加完善的政策设计和规则建构,才能展现数字经济治理对当代经济的贡献。

除此之外,还必须注意的是:数字经济作为信用价值集聚生产的新型经济形态,是一种基础设施成本极高的规模经济,数据资源转化为数据要素需要新型数据基础设施的支撑。为此,需要构建可持续的数据基础设施建设资金投入支持机制。一种更加创新有效的做法是,政府通过 PPP 代表公众参与互联网公司的投资,代表公众持有数据资源部分的利益。这种以政府资金为先导,撬动民间资本投入数据基础设施建设,构建公私合作的、可持续的资金投入支持机制,有利于从所有权层面开始塑造公有的财产权利结构,也有利于数据要素应用中集合更多的参与者共识,是数据要素价值市场化实现并参与收入分配的关键(杨飞虎,2022)。

三、数字税收改革:一种新的制度体系及其调适——以所得税为中心[①]

数字经济作为一种新的经济形态,对生产方式的重塑和经济治理的变革提出重大挑战。税收制度是国家治理和全球治理的关键枢纽。当前的数字税收改革,不能延续自由市场主义的税收狭义化发展路径,也不能陷入基于纯粹利己主义竞争逻辑的税收脱嵌化改革思路,而是更需注意实现工业经济与数字经济的耦合、数字生产与数字消费的平衡以及数字税收与经济发展的协调,才能理顺数字经济、数据要素、数字税收三者之间的内在逻辑,助力解决数字经济发展的不规范、不平衡与不充分问题,从而最终实现数字经济在各国乃至全球范围内的规范发展、深化应用与普惠共享。

(一)工业经济与数字经济相耦合中的税制统一

数字税收改革首先要解决的是新经济下的税基侵蚀问题以保障税收安全,同时也要着眼于恢复数字企业与非数字企业的税负平衡,以维持公平竞争的税

[①] 由于当前全球范围内的数字税收改革主要围绕所得税问题展开,本文主要以所得税为中心进行探讨。

收环境。其实，在数字税收改革之前，税基侵蚀问题已经比较严重，国际社会正在作出系统性努力。国际金融危机之后，陷入全球经济循环困境的各国财政问题凸显，由于触及政府生存红线，各国得以觉醒。为此，首次全球范围内的深度合作达成。经济合作与发展组织（OECD）设计了全球反避税行动计划，以应对跨国企业滥用无形资产和避税地进行的泛化激进避税。数字经济下，基于无形资产的应用、无实体存在的经营、无直接对价的交换的新型商业模式，跨期跨境信用价值集聚生产将更快更多地积累收入分配的不公平，也给全球税收治理带来更为严峻的挑战；传统国际税收机制仰赖的常设机构概念和独立交易原则几乎无法适用，税基侵蚀和利润转移现象更为严重。也正是因为此，在OECD最新发布的"支柱二"的设计中，无论居民国还是来源国，都配备了基本反避税规则和配套规则，全球反避税机制更加完整、有效。

然而，目前国际上的数字税收改革存在突出的规则"一刀切"问题。形式完整的统一规则，可能会忽视落后地区和创新行业基于增进发展目的产生的对自主性、灵活性规则的需求，导致压制和否定有利于启动增长和促进创新的税收优惠制度的产生和适用。为此，有必要全面重新评价税收优惠的正当性，完善"支柱二"的排除规则，重新认识长期以来极力坚持的所谓的"有害税收竞争"问题，以谋求税收的形式公平权与经济的实质发展权之间的平衡，实现国际税收和世界经济的真正公平发展（曹明星，2021）。

（二）数字生产与数字消费相平衡中的税制公平

数字税收改革其次要解决的是新经济下供需两端的税基错配问题以保障税收公平。这需要着眼于税收管辖权在不同辖区间的协调，基于目的地征税（流转税）和来源地征税（所得税）规则的平衡性协调，以保障生产者和消费者税负公平、纳税地与服务受益地一致。空间上的税制平衡改革，有助于解决数字经济加剧财富和税负配置的失衡问题，可以算是数字税收改革对百年变局下经济社会秩序重构作出的深层探索、局部创新。

应当说，目前全球经济发展遭遇重大困境，本质在于马克思指出的劳动与资本的分配矛盾，在数字经济下更是演变为投资货币与消费货币的分配比率失衡问题。传统经济机制下，资本化的优势要素对剩余利润的垄断性分配权，否定了宏观经济管理者的正当权益，也弱化了消费者/使用者的应有权益，矛盾的长期积累只能导致经济社会发展的结构性和整体性不平衡，乃至导致危机爆发。在此意义上，基于信用价值集聚生产的理论创新，数字税收改革必须进行理念更新，破除"征税是掏私人腰包"的陈旧错误认知，为生产性政府正名以保障其应有的税收权益。同时，要有效弥合生产与消费界限，纠正"利润由供给方单方创造"的狭隘偏见，将其统一为政府价值贡献的消耗者、跨境交易交换价值利润形成的共同贡献者，还原消费者/使用者的正常利润和对于各自政府的税基份额。

对于上述问题，国际社会在数字税收改革领域正在进行革命性尝试。从信用价值集聚生产的理论视角看，一些国家的数字税收政策与 OECD 数字税收改革方案提出的市场国征税权，第一次直面生产与消费的税基错配问题。市场国征税权的确立实际上是一种正当秩序的回归，适用于所有跨境交易。如此一来，跨境交易的国际税收管辖权总体得以平衡；消费者/使用者的利润分享和税收贡献得以明确，市场国政府的税收权益得以保障，数字经济的征税权改革也以此原理和原则得以重塑。这一改革点可以看作数字税收改革对国际秩序变革作出的富含特色、主动作为的积极步骤。

但是，目前国际上的数字税收改革存在明显的规则"选择性"问题。在"支柱一"的设计中，"市场国"概念的形成和市场国征税权的确立，是 OECD 对国际税收规则进行自我革命的产物，但是欧盟基于既得利益和美国的压力，在反抗美国数字霸权的同时，又向美国妥协，通过"金额 B"对"金额 A"的偷梁换柱和暗度陈仓，大大缩减了新征税权的适用范围而变相加大了传统低端产业的实际税负。而且，依据"双支柱"，大部分增长的税收收入将流向中高收入市场管辖区，这将加剧发达国家与发展中国家的分配不公平，这种选择性处理，是对发达国家产业链和价值链既有利益的保护，改革由此可能会最终沦为一种"贵族政变"工具。

（三）税收收入与经济发展相协调中的税制进化

数字税收改革最后还要解决新经济下的税收脱嵌以保障与经济发展相协调。此处是着眼于时间维度，谋求更为全面深化的税收改革，使得制度设计能够最有效地贴近具有革命性创新意义的数字经济形态，克服税收发展和制度建构自我游离，从根本上推动经济社会发展。

以此观察当前的数字税收改革，虽然正在通过形式层面的税制统一，将数字经济纳入征税范围；通过实质层面的税制平衡，创造性地在数字生产与数字消费之间实现税负公平；但是，其总体改革理念与规则设计仍然沿用的是工业经济时代的制度，在深层次的经济理性方面无法与数字经济实现全面兼容。有鉴于此，税收需要从税制结构、税负结构乃至税制形式各个方面完成制度进化，才能匹配新型经济形态的未来发展。

数字经济下的税制进化的含义是，新的税制结构、税负结构乃至税制形式都要全面系统地匹配数字经济的发展及其与传统经济的融合，既要体现税收制度与经济制度的公平统一性，又要有益于其效率性，还要保持必要的灵活变通性。数字经济的蓬勃发展催生了税制进化的四股驱动力量——边际收益递增、数据赋值、共同市场和信息门槛。税收制度必须与时俱进以系统提高适应力和修复力。就大型税种而言，终端消费税、风险分担型所得税、现金流量税将占据最大优势。在税制和税负结构层面，间接税中增值税因为抵扣"知识进项"通常很难具有抵触创新的倾向，而消费税的终端税负特征具有税收管辖权区位中性从而也更能保证"创新中性"，风险分担型所得税则有利于政府扮演企业"创新伙伴"的角色；在税制形式层面，一种创新的简单统一的现金流量税，能够保证在传统经济与数字经济间的完全中性，并因为数字技术降低信息门槛而具有实施优势，为社会各界广泛接纳并付诸实施的紧迫性正在逐渐增强。

此外，在信用价值集聚生产机制下，也许可以尝试设计一种基于税收政策的创新 PPP 机制，实现共有、共商、共建、共享，充分扶持和释放数字经济的社会价值。其基本逻辑是：信用价值社会化大生产的经济循环过程中，政府凭借其消极职能的环境价值贡献和积极职能的经济建设参与，享有与市场主体同样的成本补偿与剩余分享的分配请求权。在数字经济语境下，关于政府的这种税收权利正在形成更加明确的学理认知和社会共识。然而，在发展初期，数字经济的高成本和高风险特征又需要政府和社会在一定程度上共担成本和风险，以扶持数字产业的健康快速成长，这便需要在短期税收利益与长远经济效率之间作出动态权衡。一种创新的解决办法是：在依照税收法定和公平原则按照权责发生制计提税收的同时，将当期税收收益计入数字平台的国家税收股权投入，此时注重的是国家股份所有权的实现与不断增加，并不急于行使过多的日常经营管理权，只需参照类似于发达国家"黄金股"的成熟做法，以集合的一份股权实现对数字平台发展的有效监管，并分阶段逐渐强化数字平台的公共性和"准政府"角色，最终实现政府与市场利益的协同共进。

参考文献：

[1] 蔡定创，蔡秉哲. 信用价值论［M］. 北京：经济日报出版社，2020.

［2］金骋路，陈荣达．数据要素价值化及其衍生的金融属性：形成逻辑与未来挑战 ［J］．数量经济技术经济研究，2022（7）：69 - 89.

［3］李海舰，赵丽．数据成为生产要素：特征、机制与价值形态演进 ［J］．上海经济研究，2021（8）：48 - 59.

［4］严宇，孟天广．数据要素的类型学、产权归属及其治理逻辑 ［J］．西安交通大学学报（社会科学版），2022（2）：103 - 111.

［5］杨飞虎．构建数据要素参与收入分配的长效机制 ［N］．中国社会科学报，2022 - 06 - 22（3）.

［6］李标，孙琨，孙根紧．数据要素参与收入分配：理论分析、事实依据与实践路径 ［J］．改革，2022（3）：66 - 76.

［7］赵燕菁．平台经济与社会主义：兼论蚂蚁集团事件的本质 ［J］．政治经济学报，2021（1）：3 - 12.

［8］曹明星．OECD 数字税改方案述评：理论阐释、权益衡平与规则建构 ［J］．税务研究，2021（6）：77 - 84.

作者单位：中央财经大学国际税务研究中心

论数字经济的税法调节

白　彦　刁文卓

内容提要： 数字经济是以创新发展推进新型工业化的重要形式，数字商品与服务能够促进实体经济的效率提升，但也在要素分配、市场竞争等问题上产生了诸多不公平现象，并存在侵蚀政府财政利益的可能。为此，应充分利用税法的市场调控与规制功能，在完善要素分配机制的同时对税收构成要件进行回应性调整，建立数字经济税基客体化的选择标准，全面优化数字经济税法调节机制。

关键词： 数字经济　数据　税法规则　税收治理　量能课税

《"十四五"数字经济发展规划》指出，数字经济是继农业经济、工业经济之后的主要经济形态，是以数据资源为关键要素，以现代信息网络为主要载体，以信息通信技术融合应用、全要素数字化转型为重要推动力，促进公平与效率更加统一的新经济形态。数字技术与传统经济的加速融合形成了新产业、新业态、新模式，显著提高了全要素生产率，助力产业体系现代化的加速推进。然而，数字经济的快速发展导致经济社会领域发展不均衡，尤其体现在对实体经济赋能程度不够等方面，对政府经济调控和社会治理提出了全新挑战。税收既是国家财政之源，又是国家治理能力得以实践的前提与基础，也是国家进行公共治理的重要规范工具，能够调控并引导经济社会的良性有序发展。构建科学的税法体系是应对数字经济挑战的重要方式。

当前，税法规则与数字经济的不适配极大限制了其双重功能的有效性。税收构成要件是各税种进行立法建制的核心框架，从这个角度而言，此种不适配很大程度体现在税收各构成要件与经济价值的创造、贮存、流转过程失去了对应的联结关系，致使税法规则无法充分度量数字经济的价值要素。从当前国际税制改革和征管实践看，税法体系的不完备性最为直接和显著地体现在数字经济背景下税权与税基的定性和分配问题上。从理论维度看待实践难题，税收理论基础原则尤其是量能课税原则的失效，是数字经济下新产业、新业态、新模式对当前税法规则带来的核心挑战。因此，完善数字经济税收法治建设需要明确核定数字经济能力的标准与体系，通过数字税基的客体化，为数字经济税收征管的标准化创造条件。

一、重构数字税法的规范目的

除了财政职能外，税收还具备分配收入、配置资源和保障稳定等调控与衡平功能。① 根据经济法理论，税法具有宏观调控法的属性。数字经济的快速发展需要税法规则的调控与衡平，构建与数字经济相适配的税法规则应首先厘清数字税法的规范目的，即在实现财政均衡的同时实现市场规制的功能，并在规范目的指引下进行税制优化。

（一）税源与税权的合理再分配

数字经济对税法规则造成的直接挑战在于现行税收利益分配规则的失效。数字经济对经济生产方式的改造主要体现在以下两点。

第一，传统工业经济条件下，商品与服务的生产、消费发生的物理空间能够被有效识别，经济价值的创造与流转易于辨认，交易环节中的价值链条可追溯，交易客体明确且能够货币化计量。但数字经济条件下，商品与服务的生产、消费并不发生在确定的物理空间之中，经济价值的创造与流转过程难以辨认，交易结构双边化、网络化，交易内容缺乏客体化基础且难以货币化计量。上述条件的显著差异导致既有税收构成要件理论难以精准度量数字经济活动。

第二，数字商品或服务从供给端到消费端不再受时间与空间的条件限制，导致生产地和市场地（消费地）之间的地理差距扩大，管辖归属的冲突极端化。基于税收公平和征管便利等原则，税收利益的横向与纵向分配均具有区域平衡的考量。对税源分布的不均衡现象进行纠正，本身就是税收的制度功能。然而在数字经济中，数字商品或服务通过网络环境销售的模式导致生产环节和消费环节地理分离的现象趋于极端。首先，数字经济的生产活动更为集中，价值链的物理空间被缩短。通过网络坏境，单一数字企业能够辐射的市场区域空

---

① 张守文．财税法学［M］．北京：中国人民大学出版社，2018：105.

前扩张，但促成价值实现的中间商环节被削减，除了数字产业核心区域外的生产部门被排除在数字经济的交易结构之外，经济参与和价值共享的减少意味着区域间税源分布愈加不平衡，区域内财政汲取能力的下降引发地方政府间对于税源的争夺日趋激烈。其次，数字经济对地理空间的整合具有极强的一体化效应，突破了税收管辖的行政区划，引发地区间甚至国家间税收利益的冲突，而市场范围超越了行政甚至主权的范围，导致税权分配的协调难度和成本较高，税权合意划分的规则难以确立。

质言之，由于技术上的客体化困难与管辖上的利益冲突，数字经济税制亟须解决的首要问题是税源的利益共享和税权的公平分配问题，恢复数字经济核心区域政府的税收汲取能力。由于数字经济造成的区域间经济力量的不平衡流动，税源与税权的再分配已经刻不容缓。对非居民企业经济利益所产生的税收进行分配是全球税收体系中的传统挑战，国家、地区间税收法律的差异不可避免地导致跨国经济实体进行税收筹划与利润转移，从而引发经济收益与税收负担的错配。然而，数字经济下商品或服务、经济收益的跨境流动具有全新的形式，突破了传统经济体系下以实体存在、转让定价等标准建立的多边协调机制。尤其是消费地用户参与价值创造所产生的经济利益无法纳入征税范围，是数字经济对反避税机制带来的特殊挑战。近年来，多国开征数字服务税以对该问题进行单边回应，而以税基侵蚀和利润转移项目（BEPS）和《关于应对经济数字化税收挑战"双支柱"方案的声明》为代表的国际多边协作方案正在逐步构建与数字经济相适配的现代化国际税收治理体系。

国际立法与协调工作的加速推进恰恰反映了数字经济在国家之间不均衡发展的严重程度。与这种国家之间的地域性管辖权冲突类似，数字经济在国内分布的区域结构同样会引发各地之间税收管辖权的冲突。典型的例子是，数字商品或服务生产供给的集中化将导致税源在广大消费地和中心生产地横向分配冲突加剧，改变增值税在生产地和消费地的分配比例有助于全国统一大市场下税收横向分配的公平和效率。①

（二）纠正数字经济产生的市场扭曲

数字技术和信息环境是经济整体发展的重要驱动力，鼓励和支持数字经济

---

① 黄思明，解洪涛，匡浩宇. 消费地原则下数字经济增值税横向分配估算：基于建设全国统一大市场的视角［J］. 税务研究，2022（6）：22－27.

的发展、提高数字产业的国际竞争力符合国家的产业政策目标。科学有序的发展环境对数字经济的绿色、健康发展至关重要，一旦脱离有序的引导和规制，沦为无序、快速扩张，数字经济必将扭曲部分市场机制，掣肘自身发展的同时也会降低数字产业发展的国际竞争力。在垄断性的技术优势和商业模式网络效应的加持下，数字企业在获得竞争优势的同时，也奠定了其同消费者与政府间经济关系中的优势地位，导致数字产业创造的经济价值并未在企业、消费者、政府等主体之间进行公平分配。除了竞争条件与交易公平问题外，数字经济的投资方向和产业范围也存在无序化现象。产业发展受资本驱动，数字企业单纯追求产业利润而无视社会负外部性的现象并不鲜见。数字技术探索中创新性和盲目性并存，泥沙俱下，追逐概念、资本"炒作"等现象在数字经济浪潮中也频繁显现。为此，对数字经济采取有效的监管和规制刻不容缓。

既然市场无法自发纠正数字经济的无序发展，政府则需要借助调控手段介入市场失灵，规制并引导数字企业的具体经济行为。与产业政策、竞争政策以及贸易条件等调控工具相同，税法规则同样能够对市场主体的经济行为进行调控与引导，实现对经济活动的规制效果。

1. 税法规则能够调整数字经济的交易行为。税法规则可以实现对经济价值的分流，通过调整交易主体的收益预期和实际回报，间接调整市场主体从事特定经济活动的动机，在直接禁止或限制交易之外间接实现对特定经济行为的规制。对数字虚拟财产的税法规制即是典型。

区块链技术的兴起带动了加密货币这一虚拟财产的发展，使得"发币""挖矿""炒币"等活动成为数字经济时代的投机风口。然而，加密货币产业本身的经济价值与正当性值得质疑：第一，加密货币由算法生成的过程具有高耗能特征，有悖于节能环保的科学发展理念；第二，加密货币的法律性质模糊，并不具有宣称的法偿货币功能，其金融价值缺乏基础，极易成为投机炒作的对象，带来非法集资或金融诈骗等高发风险；第三，加密货币能够匿名化交易，进入流通环节后存在追溯困难的特点，可能被用于洗钱等非法行为。基于金融监管与社会管理的综合考量，我国已将"虚拟货币"产业定性为非法金融活动。实践中，虽然行政监管仅禁止了加密货币的发行、交易中介与兑换活动，却未将居民持有虚拟代币视为非法。同时，在产业政策上用于加密货币生产的"挖矿"业务已被产业目录归入落后生产工艺装备，属于"淘汰类"产业，但相关半导体生产设备在境内制造本身并非高耗能产业，其出口并未禁止。

实际上，对加密货币类虚拟资产监管上的矛盾和不足可以应用税法规则进行一定程度补充。对虚拟货币的监管重点在于限制交易流通，而在交易环节征收流转税能够显著遏制交易的逐利动机。根据法定货币的法律定义，加密货币并不具有现金的法偿性而只应被归入商品。依据税法原理，加密货币与现金或其他等价物的交换过程属于商品的流转，尤其是组织或个人对加密货币进行"兑换"即构成商品销售，具有被纳入增值税课税范围的可能性。通过对加密货币交易课税的方式可在一定程度上提高加密货币的交易成本，降低将加密货币作为交换中介的商业假设的经济意义，从而达到"寓禁于征"的效果。以增加流转成本的方式抑制特定资产流通速度是税收调控的常见手段，相对于行政性禁止，其在虚拟资产的经济管理中具有独特优势。对虚拟资产进行增值税或财产税的征收并不排斥居民持有虚拟财产或进行生产设备制造，反而会敦促完善该类数字资产的登记管理制度，有助于掌握居民持有虚拟资产的状态。同时，税收收益还能用于激励行政管理的主动性，补充行政管理所需的支出。

此外，通过税收体系建立健全虚拟财产信息登记制度，还可为数字经济的未来发展提供其他准备。例如，由区块链和虚拟代币技术进一步衍生的"非同质化代币"（Non-Fungible Token，NFT）结合了数字经济和实体经济要素，具有资产表征和便利交易的多重功能，被视为推进"元宇宙"产业发展的关键。借助虚拟资产登记将这些数字经济中的新现象纳入经济调控后，除了在交易环节征收流转税，还可考虑对持有财产或收益进行课税，并对此类热点概念的高频投机行为进行抑制，防范数字经济中的过热风险。

2. 税法规则能够规制特定业务的商业模式。除了对数字交易行为进行调控规制，税法规则还可以作用于特定商业模式，纠正数字经济中扭曲的交易环境与竞争条件。由于数据要素的易集聚性和强逐利性等特征，促使数字经济市场逐步形成寡头垄断的集中性经济结构。在此背景下，平台交易或双边市场交易模式使得具有中介地位的垄断性平台可以通过控制数据资源、客户流量与交易机会，迫使其他数字经济参与者接受其利用市场支配性地位提出的交易条件，甚至采取歧视性、差别性待遇侵犯消费者与其他经营者的利益。而数字服务提供者却能利用市场条件形成对其他价值创造者的交易优势，通过过度的利益汲取获取价值链中的超额利润。数字经济中价值分配"本末倒置"的现象对税收法治造成了冲击。

当下，数字企业已成为新经济价值创造中的主要利益享有者，但现行税制体系对其征税比例却相对较低，不当获取的超额利润是数字寡头企业进一步积累市场优势的原因之一。换言之，税负不公平现象已成为市场竞争中的不公平条件，同时，数字税源的大量流失也引致国家财政利益的损失。例如，苹果公司在电子设备中强制运营应用市场作为软件和内容的消费渠道，并征收消费金额的30%作为分成费用。以"苹果税"为代表的平台抽成模式已经是数字销售渠道中典型的商业模式，即以垄断交易机会的方式超额攫取实体服务创造的经济价值。在缺乏如数字服务税进行特别调整的情况下，该项超额所得可通过税收筹划的方式转移至境外低税收地区，而无须在我国市场地缴纳所得税。①可见，数字经济下的商业模式可以更为轻易地对经济价值进行不公平的分配和转移。

同时，数字经济还是参与型经济、共享型经济，以技术创新进一步提升生产要素的组合与运行效率。数字经济对生产力层面的促进源自产业规模化，数字技术在更大范围内组织、配置生产要素的同时，也为实现数据信息更为全面、细致的整合提供了可能。大数据技术的发展和应用彰显了数字经济中规模效应的作用。然而，数字企业利用不公平市场条件攫取经济价值而未承担相应税收负担的结果，在很大程度上损害了其他实体经济经营者的利益，对经济价值网络的进一步扩展产生了负面影响。这种路径扭曲同样会对国家税收利益进行侵蚀，给政府带来财政压力，减弱了政府为社会和市场提供公共物品的能力，不利于保障数字经济的公共参与。

因此，在健全税收汲取能力目的之外，税收法治的完善应着眼于对特定市场结构与商业模式的调控，为了防范平台垄断和数字领域资本的无序扩张，引入、强化必要的税法规则规制数字服务产业中出现的垄断结构和价值分配导向，能够为数字经济中各个参与部门的整体发展提供必要的制度基础。

二、完善税法规则中的要素分配机制

数字经济出现的财政汲取能力失效以及市场调控、规制能力失灵现象，主因在于未能建立科学化的标准体系来评价征纳对象的经济能力，无法准确识别要素分配过程中能够代表税收负担能力的合理税基。税基客体化并未完成的直接后果，是无法对占有多数经济价值的主体施加相对应的税收负担，导致税负分配的失衡。基于此，如何将数字生产方式中的经济价值客体化为税收构成要件中的税基，是数字经济税制完善的核心议题之一。

---

① 张牧君. 用户价值与数字税立法的逻辑 [J]. 法学研究，2022（4）：112–131.

按要素分配是市场经济配置资源的基本方式，要衡量生产活动中价值分配的合理比例，最直接的方式是考察相关生产要素的投入情况。在传统经济结构中，土地、资本、劳动力等生产要素均具有财产化的法律形式，税法能够依据对应财产权利的货币化价值进行征税。数字经济对传统经济部门进行了信息化改造，在生产力层面引入了"数据"这一新的生产要素：一方面，要素化的数据可以作为价值创造中的分配基准，在生产环节识别数据流转的过程，并以其现金价值作为支付对价计算税基；另一方面，数据作为无形财产具有经济价值，可以直接作为财产税的税基。无论是流转环节作为商品还是持有环节的财产形式，数据作为价值主体直接代表了持有者经济能力和税收负担能力的高低。因此，将数据要素作为征税对象纳入现行税制体系，并形成公平与效率的数据税收治理框架已经刻不容缓。

（一）数据对价需要在流转环节货币化

数据对价的形成具有不同于现金或其他财产对价的特殊性。数字双边市场中往往存在被补贴的客户方能以低价或者无对价获得数字服务，原因在于该方在交易过程中需要提供自身相关数据，并为双边市场的另一方创造经济收益，典型如平台主体免费提供服务以收集用户数据并通过数字广告营利。然而，虽然用户提供的数据可被视为其获得数字商品或服务的对价，数据资产的经济价值以集中化、规模化为前提，零星数据缺乏使用价值且无法直接计算货币化的交换价值。"大数据"集合的经济属性也并非单个数据的加总，数据资产形成需要投入资本、技术和劳动力等要素进行采集、整理与维护。由于存在数据价值和其他要素价值的混合，数据资产本身的价值难以被直接分配给单个数据来源。因此，在用户以数据作为对价获取数字服务的双边市场中，将数据对价直接货币化作为流转税的税基存在困难，尚不能直接套用交易环节的增值税模式进行征税。

（二）数据要素需要在持有环节财产化

首先，当前数据财产化的法律形式和权利结构仍缺乏体系性建设。尽管部分法律已经开始着手数据财产化的制度建构，如《民法典》第一百二十七条提出对数据权利进行保护，为数据的财产化创造了空间，以《个人信息保护法》为代表的相关法律法规认可了匿名、脱敏数据可用于商业转让、使用，但从法律体系的整体视角看，当前数据财产权仍未形成具体、明确的权利载体。

财产税的税基无法建立在抽象、不确定的概念之上，其必须基于财产权的形式法定、内容法定才能确定货币化计算的内涵与外延。由于数据作为无形财产没有可以直接彰显归属关系和处分行为的外观，为了明确数据财产交易的法律标的，数据财产客体化需要配套建立数据财产的持有、登记制度。

其次，数据财产的货币化估值需要选择可行的理论路径。一般认为，对数据财产的资产价值进行评估，可选的方案包括成本法、收益法或市场法，① 但上述方法在评估数据财产税基时均面临一定的理论障碍。①如前所述，数据资产融合数据集合与其他要素投入，成本法只能记录其他要素投入的货币价值，但无法核算数据集合的经济价值；②数据资产并不产生现金流，并无直接收益进行折现；③虽然以数据交易所为代表的数据产权交易已经出现，但实践中数据交易的模式多为平台内的授权使用、服务订阅，真正以数据权利载体流转模式达成的市场交易极少，这也是数据财产化法律规则尚不完备的直接后果。因此，考虑到数据信息财产化在法律形式和权利结构上的不足，在持有、处分环节对数据要素征收财产税并不仅是税法领域的课题，民商财产法基础的完善也是必不可少的配套步骤，同时，还应拓展技术手段核算单次数据交换可以为经营者带来的经济贡献，如以计算平均每次点击费用（Cost Per Click，CPC）等方式变相计算客户参与的经济价值。

三、用户价值在税基客体化中的应用

数字经济税法规则的设计应遵循实质重于税种名目的思路，以税收政策目标实现为重点，并充分考察征纳体系运行的可行性与效率。数字经济背景下，仅套用税收构成要件将面临理论和实践的困难，并且基于要素分配理论的税法规则无法直接适用于数字经济。因此，为了实现对经济价值的合理评估并进行公平分配，应充分考察税收构成要件之间的联动关系，依据量能课税原则进行税制体系的重塑，将用户价值纳入经济能力的评估和汲取范围内，以实现数字经济税收治理的目标。

（一）数字税制设计中各构成要件的联动

当前，关于数字经济的税收问题仍受限于诸多理论不足和实践困境。通过将经济活动以地理结构进行划分，税法体系界定公共财政活动的辖区范围，有

---

① 邓伟. 数据课税理论与制度选择 [J]. 税务研究，2021（1）：47－53.

学者将这种税收管辖的地理界限称之为"财政边界"。① 数字商品与数字服务的生产、消费突破了地理位置的限制，对财政管辖权在区域间的划分形成了挑战。其中，税权的分配与税基的选择是重建数字税制有效性的关键。

在税收构成要件之中，征税主体、纳税主体、征税对象三者存在联结关系。征税主体和纳税主体之间构成了税收征纳关系，是政府税权的体现。纳税主体和税基之间形成的经济关系，是税权要纳入管理的对象。如果将税收关系视为征税人对纳税人的管理，税基选择即是对纳税人经济能力各项客体化表现的选择。但从实现税收的实质目的出发，税基选择的过程并非完全受限于税种名目，可以利用纳税人和税基之间联动关系构造税收关系。例如，针对商品的流转额进行征税，在商品的生产环节征收增值税或是在消费环节征收零售税将决定纳税人是生产者还是消费者。另外，表面上看将纳税人和税基以纳税地点进行地理划分形成税权的区域管理并确立征税主体，但从税法体系的有效性出发，征税主体、纳税主体、征税对象以及纳税地点之间存在的联动关系无法被割裂，对其中任意要件进行先入为主的选择将会影响税收规则的整体结构。因此，征税主体主观上对纳税主体的选择甚至可以优先于税基的地理划分，将行政范围内能够纳入税收管理的经济活动所产生的收益设定为税基，是税权合理执行的核心。

换言之，构建数字税法规则并不必然遵循特定的税种模式，而是应该建立在税收法治调节并规范数字经济的目标之上。税收构成要件的选择需要为数字税收法治建设的价值原则服务，税权的划分与税基的选择不但要充分考虑增强财政汲取能力的目标，更要体现对数字经济活动的调控。

（二）用户价值理论对税负均衡的制度补强

以税收治理目标来调整税收要件，在数字经济领域着重体现为采纳用户价值理论以实现对税收构成要件进行体系性调整。在数字产业链进行价值创造的过程中，位于市场地的用户贡献了大量基础数据和数字内容，也成为畅通经济循环的关键消费主体。因此，数字经济的利益产生很大程度依托于用户创造的数据和数字内容，② 但其在消费环节的价值创造贡献并未被纳入要素分配规则和经济能力评价的标准之中，直接导致税收负担不均衡以及财政汲取能力的

---

① 王雍君. 数字经济对税制与税收划分的影响：一个分析框架——兼论税收改革的核心命题 [J]. 税务研究，2020（11）：67－75.

② 张巍，郭墨. 数字经济公平征税的若干问题探析 [J]. 税务研究，2021（2）：49－54.

下降。

在数字经济中，用户参与并提供数据是价值创造的重要环节，但并不包含现金或其他可货币化资产的流转或创造。税法规则能够识别的现金或可货币化资产交易仅发生在另一市场侧，即利用用户价值向支付方提供服务的环节。用户价值脱离税法规则，引致国家间税收与税源出现背离，进而产生国家课税权分配争议。当然，价值创造和收入流入错位、经济价值和货币价值不匹配是数字经济下亟须解决的问题，这不仅限于国家之间的税收争议，一国内部不同区域间的税收分配问题同样需要关注。

从财政均衡和税收公平出发，将用户价值纳入税法评价应利用税收各构成要件之间的联动性，以处理税基选择中经济价值的可税性问题。同时，在建立合理的税制体系实现调控与规制目的时，也不应受限于特定税种名目限制。例如，欧盟多数成员国将所欲开征的数字服务税定性为间接税，很重要的目的在于从技术上回避税收协定中避免所得税双重征税的限制。① 因此，数字服务税虽以营业额为税基，但在性质上不属于间接税，而应被视为一种特殊的企业直接税，其在设计上考虑避免向消费者进行税收转嫁，实际目的在于针对用户价值创造进行税收平衡。② 针对个别企业、个别地区对数字经济价值创造的超额占有，无论是国际上已经开征的数字服务税还是"双支柱"方案提出的制度设想，都是在技术上对税收利益进行的重新分配，只不过采取的立场、方案和具体设计不同。例如，对境外经营者全球营业额进行比例性的公式分配，或对本国经营者向非居民企业的支付（如购买在线广告）直接征税等形式。③ 这些税收实践均具有衡平税和调节税的性质，税收要件具有的选择性和重塑性，体现了税收的政策目标。上述数字税改革实践亦间接说明了，围绕数字经济推进税法规则完善，不仅要在理论上作出一定突破，更要直面税法规则的政策目标。

用户价值理论彰显量能课税原则对税收分配机制的纠正，是对要素分配理论的有效补充。完善的税收要件理论是税收法定原则得以落实的前提，税收法治的规范性有赖于税收要素的合理设计，财税体系的稳定性也建立在税收要件的可行性和完整性之上。为了实现数字经济的税收公平，应对数字经济的用户参与规则进行厘定，实现经济负担指标客体化，为税收要件的构造和选择提供

---

① 郭昌盛. 应对数字经济直接税挑战的国际实践与中国进路 [J]. 法律科学，2022（4）：51 - 67.
② 张牧君. 数字服务税的争议与法理辩释 [J]. 法律科学，2022（4）：68 - 80.
③ 龚辉文. 数字服务税的实践进展及其引发的争议与反思 [J]. 税务研究，2021（1）：39 - 46.

制度依据，将数字经济价值分配的税收政策纳入衡平调节的经济法治目标。

四、结语

作为新领域和新赛道，数字经济发挥着促进经济社会发展的积极动能。税收治理是国家治理体系和治理能力的重要组成部分，针对数字领域价值分配不均衡、税收负担不公平的现象，应构建与数字经济发展相适配的税法规则，规制市场扭曲，以财政均衡结果支持公共服务的供给，进而满足经济治理、社会治理的需要。一方面，要完善要素分配机制，包括在明确的数据财产权制度的基础上建立数据要素客体化机制，明确征税对象的法律形式和权利结构，探索数据对价和数据财产的定价方案，以便对单独数据和集合数据进行货币化核算；另一方面，要合理调整税收构成要件选择，将用户价值充分纳入经济价值和税收负担的分配机制中，实现公平与效率的税收目标，考察税收治理在数字经济领域的可实现性。

参考文献：

［1］张守文．数字税立法：原理依循与价值引领［J］．税务研究，2021（1）：31-38.

［2］张智勇．数字服务税：正当的课税抑或服务贸易的壁垒？［J］．国际税收，2020（4）：28-35.

［3］王雍君，王冉冉．数字经济税收治理：辖区规则、财政自立与均等化视角［J］．税务研究，2022（1）：49-58.

［4］龚辉文．数字服务税的实践进展及其引发的争议与反思［J］．税务研究，2021（1）：39-46.

［5］傅宇．德国涉加密货币增值税征收制度概览［J］．金融法苑，2018（3）：126-139.

［6］崔威．行将实施的数字服务税［J］．财政科学，2020（8）：139-151.

［7］沈健州．数据财产的权利架构与规则展开［J］．中国法学，2022（4）：92-113.

作者单位：北京大学政府管理学院

数字驱动下优质高效智能新型
纳税服务体系的构建

张巍　田霈　郭墨

内容提要： 为深层次推进税务领域"放管服"改革，打造优质便捷的税费服务体系，在数字经济融合传统经济背景下，探索构建优质高效智能的新型纳税服务体系意义重大。针对现行纳税服务体系个性化需求满足和服务成效有限等问题，税务机关应当持续推进税收立法进程、拓展服务主体能力、柔性管理社会组织、强化以数治税技术支撑，以管促服，积极构建数字驱动下的优质高效智能的新型纳税服务体系。

关键词： 纳税服务　以数治税　智慧税务　大数据

随着经济社会的不断发展以及税收征管改革的纵深推进，我国纳税服务水平持续提高。但随着税收治理对象、范围和手段的不断变化，纳税服务定位、服务机制、服务手段等方面存在的问题在一定程度上制约了纳税服务向更高质量发展的前进速度，影响了税收征管改革的更进一步深化和税收治理能力的有效提升，建设数字驱动下优质高效智能新型纳税服务体系成为必然。

2021年3月，中共中央办公厅、国务院办公厅印发的《关于进一步深化税收征管改革的意见》指出，要"大力推行优质高效智能税费服务"。优质高效智能税费服务的提出立足于数字经济与传统经济深度融合的社会现状、顺应纳税人个性化需求和税收征管数字化发展的需要，是实现税收治理现代化的重要内容。本文基于数字经济背景下优质高效智能新型纳税服务体系的建设目标，从税务机关职能出发，提出优质高效智能新型纳税服务体系的建设原则，通过革新服务理念、畅通服务主体工作机制、有效用好税收大数据，以税务机关自身的"管"促税务领域更好的"服"，为纳税人提供优质高效智能的税费服务。

一、优质高效智能新型纳税服务体系的界定

优质高效智能新型纳税服务体系是税务机关通过提供优质化纳税服务、实施高效化管理和依托智能化技术，来满足纳税人均等化和个性化双层次服务需求的新型纳税服务体系。优质高效智能新型纳税服务体系通过着力构建智慧税务，不断提高税务机关服务能力，实现为纳税人提供优质高效智能服务的目标。

优质的纳税服务意味着税务机关以革新服务理念为出发点，以满足纳税人的均等化和个性化需求为目标，通过理念革新完成从管理者到服务者的身份转变，在依法治税的前提下提供精细服务，多平台、多角度、全方位为纳税人提供便捷优质的纳税服务。

高效的纳税服务意味着税务机关在服务机制上的完善，对内深化改革、健全机制，对外整合社会组织力量，逐步建立多元主体参与的社会化纳税服务体系，实现税务机关与社会组织的良性互动，提高纳税服务的整体运作效率，促进"全程服务"格局形成。

智能的纳税服务意味着税务机关要借助数字技术提升服务质效。在数字技术的基础上全流程、全应用端推行与以数治税相匹配的一体化流程再造和业务岗责调整（国家税务总局纳税服务司课题组，2022），为纳税人提供全天候、全方位、全流程的纳税服务，实现纳税人"少跑腿"的目标，为构建智慧税务生态系统奠定坚实基础。

二、传统纳税服务体系存在的问题

相较于优质高效智能新型纳税服务体系，传统纳税服务体系指税务机关以满足纳税人基本公平需求为目标，采取"普遍解决"的服务方式满足纳税人不同需求的服务体系，在服务对象上表现为"无差别"，在管理上呈现"粗放式"等特征。

（一）"普遍解决"的服务方式不适应个性化服务需求

"普遍解决"是传统"无差别"纳税服务体系最大的特点。实体经济模式下，税务机关以满足纳税人的基础需要或短期需求为主。随着数字经济的快速发展，纳税人的服务需求也呈现出多样化、复杂化态势。相较于能够精准对接

个性化、多样化需求的"集成化"纳税服务,"普遍解决"的纳税服务方式在形式上具有被动性,难以适应服务需求的千差万别,服务成效难尽如人意。

(二)"无差别"纳税服务的职责定位不清晰

传统"无差别"纳税服务中,以税务机关为主的纳税服务体系无法做到服务自洽。例如,税务机关提供的纳税服务边界模糊,应提供和可提供纳税服务之间没有明确的界限,税务机关处于盲目追求纳税人满意度的状态。对于纳税人较为个性化和细节化的服务需求,税务机关易偏重按个案处理,忽略对需求的深层次挖掘,缺乏专门的需求采集和分析整合,无法将解决个案问题的经验转化为解决体制机制问题的良性制度,造成需求响应的碎片化。作为纳税服务的另一个提供主体,社会组织在参与纳税服务提供方面同样存在着诸多掣肘问题。例如,如何定位税务机关和社会组织的权利界限以及如何有效监督社会组织提供的纳税辅导等问题的存在,使得社会组织不能有效服务于纳税服务现代化体系的建立。

(三)"数字鸿沟"和认知差异使服务即时性受限

现代信息技术在税务领域的深度应用促进了"以数治税"格局的快速构建,为纳税人享受快捷服务创造了条件,但"数字鸿沟"和认知差异使数字技术赋能纳税服务的即时性在水平和精准度上受限。例如,当前仅有部分省份在金税三期的基础上建立了 V – Tax 远程可视办税系统,呈现出区域间的技术失衡、服务成效差距大的特点,客观上造成信息技术水平低的地区享受即时性服务的水平低。同时,税收大数据本身数量庞杂、范围较广,税务机关短期内无法对税收大数据进行系统梳理分析并形成稳定的税收分析逻辑框架,在现行数据和历史数据的对比分析中,对政策运行效果的把握亦有欠缺,人为造成纳税人个性化服务需求无法即时性满足,出现了纳税人非本意的不遵从现象。

三、优质高效智能新型纳税服务体系的构建原则

深化税务领域"放管服"改革,为纳税人提供更精细、更便捷的纳税服务是实现优质高效智能新型纳税服务体系建设的主要目的。优质高效智能新型纳税服务体系打破了传统"无差别"纳税服务体系"普遍解决"的服务思路。由此,税务机关应当以个性化需求的精准定位与解决为实现目标,坚持以法为纲、以管促服、以数治税原则,构建易操作、可践行的优质高效智能新型纳税

服务体系。

（一）以法为纲

优质高效智能新型纳税服务体系的建设要以法律为根本规范，以满足纳税人需求为最高标准。随着我国各税种相继完成立法，税收法律体系的完整性大幅提升。税法的固定性既是税务机关执法的保障同时也是执法的边界。数字经济时代，税务机关的精确有效执法又注入了对纳税人信息安全和数字权益保护的新内容。优质高效智能新型纳税服务体系优在理念与过程、质在成效。随着纳税人经济行为的变化，税务机关应当深化个性化服务理念，注重纳税人的个性化需求，变被动式服务为主动式服务，实现征管成本的最小化，提高纳税人的税法遵从度。

（二）以管促服

优质高效智能新型纳税服务体系建设要以高质量的服务机制为实现基础，高质量的服务机制是以税务机关为主的各服务提供主体之间能够进行有效服务互动的双循环模式。即在税务机关内部构建能够形成服务流程的自我循环和闭环管理，在税务机关外部又能够形成与其他政府部门和社会组织间的互补、共享、监管、评价，实现纳税服务的集约化、高效化、精细化。

从服务机制的内部循环看，对内循环是纳税人纳税全流程中提供服务的税务机关内部各部门间的有效联结机制。税务机关应当建立严格的部门权责划分机制和缜密的办税流程，避免办事问题与办理部门不挂钩现象。与此同时，税务机关还要引入严格的纳税服务绩效考核制度，定档定级评估税务人员的专业能力、科学界定纳税服务产品边界，剔除过度服务，减少越位服务现象。

从服务机制的外部循环看，对外循环是税务机关与其他政府部门和社会组织共同作为服务提供方的社会化体系的服务交融协同机制。这种协同机制首先表现为各服务提供主体之间的企业经营管理信息和税源信息的共享机制，通过构建信息共享机制，可以避免纳税人重复多次的信息提交，防止因跨部门数据口径不一致而造成的税收风险，进而形成对纳税人权益的有效保护。其次表现为税务机关与社会组织的税务服务协作机制。社会组织是出于纳税人的需要自发产生的社会力量，包含社会中介机构、非政府组织、教育机构等多种形式。构建良性的税务服务协作机制，在一定程度上可以减轻纳税人税法知识的学习负担，避免纳税人进入税收盲区而造成税收风险。

（三）以数治税

优质高效智能新型纳税服务体系建设要以高效使用税收大数据为重要手段，精准对接纳税人的个性化服务需求。新冠肺炎疫情倒逼税务部门按照"尽可能网上办"的原则，充分运用现代信息技术手段和税收大数据，大力推行"非接触式"办税缴费服务。如何深度挖掘利用税收大数据、全方位应用数字技术是智能服务需要首先突破的难关。以数治税重在"数治"，实现"数治"就需要现代信息技术的支撑以实现高效管理。

在"税收征管3.0"时代，数字化、网络化和智能化呈融合发展新态势，其中数字化奠定基础、网络化构建平台、智能化展现能力。要依托大数据、云计算、人工智能、区块链等现代信息技术，充分发挥其在纳税服务全流程中的驱动作用，努力实现纳税成本最小化、纳税服务效益最优化。可以说，智慧税务是以"智"求"治"，税务部门要充分运用税收大数据覆盖范围广、颗粒度细、时效性强的优势，将涉税信息进行数据化处理且内部联合多部门对税收大数据进行清查与补充，有效引导纳税人适应数字申报、培养纳税人线上申报的习惯，后期进行纳税人需求的有效整合，形成"需求采集—有效处理—后续改进"的高效闭合链，以加强税务服务云平台建设。

四、优质高效智能新型纳税服务体系的实现路径

（一）确保精确执法，注重对纳税人个性化需求的深层次挖掘

以税收大数据为驱动力的具有高集成功能、高安全性能、高应用效能的智慧税务建设提高了纳税服务的精准性，为实现纳税人的个性化需求提供了技术保障，同时也对执法的精准性提出了更高要求。有效的纳税服务一定是建立在依法办税基础之上的，只有这样才能确保精确执法，有效保障纳税人的合法权益。

1. 以精确执法确保服务对象和服务主体的权益。一方面，税务机关要始终将纳税服务置于法律监督之下，做到能够清晰界定纳税人的权利和义务边界，以精准服务杜绝纳税人的税收不遵从行为，切实做到从法治角度落实以纳税人为中心理念、保护纳税人合法权益；另一方面，税务机关既是纳税服务的提供者，也是纳税服务体系整体运行的重要参与者，提高税务机关的精确执法能力和营商环境的法治化水平离不开税务人员专业能力素养的提高。

2. 以法为界深层次挖掘纳税人的个性化需求。要由以往"要我服务"转变为"我要服务"，主动搜集、持续改进并有效整合相关纳税服务信息，在制定涉及纳税人权益的相关政策时，要广泛征求纳税人的意见建议并预测政策落实成效，从纳税人角度出发提高税务机关的执法"温度"，实现"放管服"改革中纳税服务理念的革新，切实增强纳税人满意度。

（二）优化纳税服务工作机制，柔性管理推动精诚共治

1. 持续优化岗责设计和绩效考评，完善内部循环管理。税务人员作为纳税服务体系的中枢，其专业性、高效性等都要有科学的考评，要通过绩效考评提升税务人员的专业素养，促进服务机制内部高效循环。一是要建立完整的纳税服务绩效评价体系，从上到下、由下至上，从个人到集体，多层级、全方位对各个部门及部门内部人员进行严格的考评。二是要采用"数字360度"考核方法，从税法宣传、纳税咨询、办税服务、办税公开、纳税人满意度、税收遵从度等角度进行考核，打破传统考核制成本高的缺点，重在个人和部门业务能力的提高，从税务机关内部管理的提升来保障纳税人的权益。

2. 柔性管理社会组织，促进外部良性循环。纳税服务多元化发展是深层次推进税务领域"放管服"改革的重要体现，有助于形成多渠道、多层面的现代化纳税服务体系，促进纳税服务提质增效。社会组织服务是税务机关服务的有益补充，应逐步引导其发挥积极作用，采取柔性管理方式规范其发展，促进纳税服务的外部良性循环。一是要规范对社会组织的管理。严格界定可以进行纳税服务的社会组织的标准，并将通过税务机关认证的社会组织的名称通过官方渠道公布。二是要强化对社会组织的考评。社会组织的纳税服务成效可以通过纳税人纳税结果和纳税信用等级评价得以呈现，但为了确保税务中介组织的合规性，税务机关也要制定针对社会组织的绩效考评制，不合格的社会组织将被剔除出税务机关制定的认定名单，其提供的纳税服务也将按无效处理。三是要加强对社会组织的宣传。向纳税人普及税务中介的合法性及其专业优势和业务范围，扩大税务中介的被认可度和影响力，提升纳税人对社会组织提供纳税服务的信赖度，从而起到加强营商环境市场化的作用，推动优质高效智能新型纳税服务体系的构建，实现精诚共治。

（三）有效利用税收大数据，实现数字驱动下的精准服务

数字经济时代，如何让税收数据"开口说话"是实现智能服务的首要问

题。改进"收集—分析—响应—反馈"需求机制、响应个性化需求、进行点对点的精准纳税服务，需要从深化大数据等技术应用和数字云平台建设两方面来落实精准纳税服务建设。

1. 运用税收大数据响应个性化需求，改进需求响应机制。纳税人通过12366 纳税服务平台、微信、百度等多渠道查询相关纳税信息，海量数据的生成意味着税务机关需要将纳税人的需求数据进行精准分析和应用。这是有效缩减办税时间和次数的最佳手段，税务机关应当借此改进需求响应机制。一是在数据信息收集方面，要通过区块链等现代信息技术将纳税数据进行区域划分，在区域内对纳税人的访问用户网站痕迹、办税记录以及电话咨询等多类型有效信息进行大批量搜集。二是在数据信息分析方面，要将纳税人的需求分层次划分为事务性需求、程序性需求和政策性需求三种，根据纳税人的企业性质、规模、经营期等多方面具体因素，对纳税人需求进行分级应对管理。同时，随着5G 的泛生活化，未来一定会形成以 5G 为中心的泛智能基础设施，纳税人的网上信息痕迹以及历史办税信息都将以数据的形式保存，税务机关要深挖相关数据，构造数据分析模型，总结不同性质纳税人的纳税问题普遍性、普遍纳税问题中的差异性，提炼出纳税人一定时期内的重点需求和变化趋势。三是在需求响应方面。需求响应阶段是税务机关与纳税人实现良性互动的最佳时期，税务机关要积极听取纳税人的合理需求并作出及时响应，不断完善 12366 纳税服务平台，实现"线上 + 线下，服务不打烊"的目标。四是在需求反馈方面，纳税人相关纳税问题的解决不是纳税服务的结束，税务机关要将一段时期内的纳税问题进行分类整理，作为改进纳税服务的依据。

2. 依托数字云平台建设，完善纳税服务链条。智能政务讲求做好政务云、商务云等云平台建设，为社会公众提供多元化、便捷化的政务服务。智能税务就是要从纳税人"少跑腿"出发实现"零跑腿"，打造"需求搜集—需求响应—持续改进"的高效纳税服务链条。持续改进作为服务链的尾端，其重点在于有效的权益保护。权益保护外化为纳税服务云平台建设，内化为税务机关的绩效评价体系建设。纳税服务云平台建设要利用5G 网络，将办税服务大厅视为"数字生物体"，纳税人可以利用 5G 网络实时关注税务信息，相应地，税务机关也可为办业务的纳税人建立电子档案，档案内记录纳税人的用户信息、办事目的、办理的具体业务、办税进度等多种数据，税务人员对数据进行分析建档后，后期的平台需要实时监测纳税人的办税进度或者对纳税人即将发生的办税业务有预判，并通过税务云平台在纳税人端及时推送纳税信息提醒，一定程度上保障纳税人的合法权益，避免纳税人非本意的税收不遵从现象的发生。可以说，数字云平台的建设一方面有利于税务机关从数据上把握政策落实成效、服务质量等相关情况，另一方面也有利于强化纳税人的权益保护，为构建理念优质、服务高效、支撑有力的现代化纳税服务体系奠定坚实基础。

参考文献：

［1］国家税务总局纳税服务司课题组．从明确纳税服务定位角度看纳税服务现代化体系建设［J］.税务研究，2022（5）：121－127.

［2］孙玉山，刘新利．推进纳税服务现代化　营造良好营商环境：基于优化营商环境的纳税服务现代化思考［J］.税务研究，2018（1）5－12.

［3］黄英．基于数字化视角推进税费现代化的思考［J］.税务研究，2020（7）：133－136.

［4］曹阳，张巍，李涛．后疫情时代的数字型税务机关建设［J］.地方财政研究，2021（4）：30－34，76.

［5］张座铭，田彬彬．税务中介组织对企业税收遵从的影响考察［J］.税务研究，2020（11）：119－124.

作者单位：吉林财经大学税务学院
吉林财经大学税务学院
国家轨道客车系统集成工程技术研究中心

数字化转型背景下优化我国税收征管质效的思考[①]

国家税务总局福建省税务局课题组

内容提要： 近年来，经济数字化驱动着各国税务机关改变传统的税收征管模式，而数字化转型对税务机关的税收征管能力建设提出了更高要求。2021年3月，中共中央办公厅、国务院办公厅印发了《关于进一步深化税收征管改革的意见》，明确了从"以票管税"向"以数治税"的数字化转型思路，与OECD税收征管3.0理念不谋而合。本文通过梳理当前全球税收数字化管理的现状与挑战，介绍税收征管3.0理念对全球数字化转型带来的影响，最终提出数字化转型路径下优化我国税收征管质效的可行性建议。

关键词： 数字化转型 征管质效 税收征管 以数治税 智慧税务

数字技术的蓬勃发展给人类社会带来了新的变革，一定程度上加速了税收征管现代化的进程。在数字技术驱动商业模式更新换代的背景下，各国政府亦在思考如何利用数字技术提升政府工作效率、营造良好的营商环境。2021年3月，中共中央办公厅、国务院办公厅印发了《关于进一步深化税收征管改革的意见》（以下简称《意见》），其中关于全面推进税收征管数字化升级和智能化改造的内容与经济合作与发展组织（OECD）税收征管3.0理念不谋而合，为全面提升我国税收征管质效指明了方向。在数字化驱动税收征管实现跨越式变革的道路上，我国税务机关应不断优化现有征管流程，努力实现"以数治税"带动纳税人"协同遵从"。

---

① 本文系国家税务总局税收科学研究所课题"世界税收征管信息化现状与趋势2021"的阶段性研究成果。

一、税收征管数字化转型的理念和发展历程

数字化转型不仅将改变企业业务流程和发展战略，还将对税务机关在政府治理中的角色定位产生深远影响。税收征管流程的根本性变革不仅将提供更加便捷的纳税服务体验，更将使税务机关成为数字信息交汇的桥梁与平台。为了改善纳税遵从并提升征管质效，各国税务机关已经开始行动，并依托 OECD 等国际组织开展一系列税收合作，推动税收征管数字化转型深入发展。

1. 税收征管质效概述。税收征管质效主要指税收征管的质量和效率。其中税收征管质量有两个方面的含义：一是税收数据的质量，对税收数据的高质量采集、分析、管理是征管质量的内在要求；二是提供纳税服务的质量，即最大限度满足纳税人在纳税过程中的需求。而税收征管效率也包含两个层面的含义：一是税收征纳的过程耗费最小的成本，亦被称作行政效率；二是征税行为促进了市场经济运行的效率，带来的不利影响最低，即经济效率。数字化的建设、应用和发展水平将很大程度上影响并决定税收征管的质量和效率，成为衡量税收征管质效的重要指标。

2. 税收征管数字化转型实质。经过多年发展，"数字化"被定义为利用数字技术改变商业模式进而取得收入并创造价值的过程。与企业向数字化转型的过程相似，数字化对于税务机关的影响长久而深远。除却工作方式和征管模式的转变，数字技术将更加细致地嵌入税收征管各项流程，通过大数据分析有效识别税收遵从风险，同时探索提升外部第三方合作，力争在保护税基的前提下应对多种新兴经济业态带来的挑战。OECD 发布的《税收征管 2019》指出，得益于税收征管数字化涉及的领域和税收征管数据的抓取更加全面，税收征管的实质正逐步演变为系统性遵从管理，这将从根本上有利于节省税收征纳成本、降低涉税风险。①

3. 国际视角下的数字化转型发展历程。近年来，OECD 相继发布了《G20数字转型的关键问题》（2017）、《衡量数字变革：未来路线图》（2019）、《数字化综合政策框架》（2020）等研究报告，针对数字化转型提出了一系列政策主张。作为一项系统性工程，数字化转型涉及经济社会发展诸多领域。为确保政策一致性，OECD 主张建立综合政策框架，包括访问、使用、创新、就业、

---

① OECD. Tax administration 2019: comparative information on OECD and other advanced and emerging economies [EB/OL]. (2019 – 09 – 23) [2022 – 01 – 17]. https://www.oecd – ilibrary.org/taxation/tax – administration – 2019_74d162b6 – en.

社会、信任和市场开放七个方面。OECD 强调，国家数字化战略应阐明数字化转型有助于实现包容性增长、提高人民福祉、推动可持续发展的愿景，并与现存国家战略协调。为提高财政支出的质量、合法性和有效性，OECD 强调应对新战略进行监测和评估。[①] 普华永道和世界银行联合发布的《纳税 2020》报告显示，过去一年，全球税收的收入和结构保持不变，但税收的申报和缴纳变得更加简便了，纳税人的遵从负担也随之降低，这得益于税收征管领域数字化应用的发展。[②] 而根据 OECD 发布的《税收征管 2021》报告，全球各国税务机关正投入大量资源开发电子服务和数字解决方案，并试图抓住机会跟踪数字化转型进程，目标是改善服务、减轻税负并提高税收遵从。[③] 随着各国政府在新冠肺炎疫情期间推出数千项紧急税收措施，税务机关提供数字服务的力度远超以往，对数字化转型起到了至关重要的作用。电子申报与缴税方面，根据世界银行发布的《全球营商环境报告》，在 2006 年只有 43 个经济体拥有网上报税和纳税系统，15 年后这一数字达到 106。[④] 集成化的税收门户网站是重要的数字化征管和服务措施，为纳税人提供集成化的功能体验，而使用社交媒体与纳税人沟通已经成为全球趋势。

4. 我国税务机关的数字化实践探索。近年来，我国税务机关大幅提升数字技术的使用水平。为推动税收征管工作与互联网创新技术成果的融合，2015年国家税务总局制定了《"互联网＋税务"行动计划》，鼓励各级税务机关通过拓展信息化应用领域，推动效率提升和管理变革。在鼓励纳税人自觉遵从和运营更加科学高效的分析工具来识别涉税风险等方面，数字化对提升税收征管质效起到了重要作用。特别是在新冠肺炎疫情期间，数字化实践使得税务机关在应对外部冲击时具有更强的稳健性和弹性。各级税务机关通过数字渠道不间断宣传最新税收政策、协助提供政府支持，并以"非接触式"服务帮助纳税人处理各项业务，税收征管工作质效和纳税人满意度都得到了较大提升。

中国信息通信研究院 2021 年 4 月发布的《中国数字经济发展白皮书》显

---

① 赵瑾. 数字贸易壁垒与数字化转型的政策走势：基于欧洲和 OECD 数字贸易限制指数的分析 [J]. 国际贸易，2021（2）：72 – 81.

② World Bank Group. Paying taxes 2020 [EB/OL]. (2020 – 08 – 25) [2022 – 01 – 17]. https：//www.pwccn.com/en/tax/full – report – paying – taxes – 2020. pdf.

③ OECD. Tax administration 2021：comparative information on OECD and other advanced and emerging economies [EB/OL]. (2021 – 09 – 15) [2022 – 01 – 07]. https：//www.oecd – ilibrary.org/taxation/tax – administration – 2021_cef472b9 – en.

④ World Bank Group. Doing business 2020 [EB/OL]. (2019 – 10 – 24) [2022 – 01 – 17]. https：//www.doingbusiness.org/en/reports/global – reports/doing – business – 2020.

示，2020 年，中国数字经济规模达 39.2 万亿元（约合 6.1 万亿美元），在国内生产总值（GDP）中的占比为 38.6%，成为全球第二大数字经济体。① 经济的数字化给税收管理带来了更高难度挑战的同时，也带来了更为难得的机遇。《意见》的出台对我国全面推进税收征管数字化转型、实现征管模式变革起到了提纲挈领的作用。各级税务机关应当依托云平台，以算法为引擎，充分运用大数据、云计算、人工智能等技术，打通部门间、前后台之间，以及线上线下的各种壁垒，实现技术应用与税收征管一体化推进以及相互适配；将大数据和人工智能融入税务执法、服务和监管的全过程，打造高集成、高安全性、高应用效能的税收征管数字化系统平台，实现税收征管数字化转型。

二、当前全球税收数字化管理面临的挑战

颠覆性的科技发展成果正在深刻改变着全球经济发展的进程。相对于数字经济运营模式的迅速拓展，各国税务机关普遍缺乏与之相对的准备措施，造成税收政策不确定性急剧增加。尽管少数发达国家已将新技术的应用列入税务审计和执法计划中，并聘请数据专家对税务人员展开培训，然而现有的数字化计划仍然无法与数字经济的发展程度相匹配。

（一）当前税收征管“电子化管理”的缺陷

根据 OECD 发布的《税收征管 3.0：税收征管的数字化转型》（以下简称《税收征管 3.0》），税收征管 1.0 时代的税收征管过程主要基于纸质材料和手动流程；税收征管 2.0 时代的税务机关为提升效率，通过加强与其他政府部门、私营企业及国际同行合作，在税收征管 1.0 基础上引入数字化数据和分析工具，即“电子化管理”。尽管税收征管 2.0 使纳税人和税务机关普遍受益，但仍存在显著的内在缺陷。这些缺陷难以通过税收征管 2.0 自身的完善加以克服，在经济数字化发展背景下就更为捉襟见肘，具体表现在以下几个方面。②

1. 经济数字化使税务机关获取和使用涉税信息的难度增加。首先，工作模式变革使得税务机关获取和使用涉税信息的难度增加。例如，共享经济和零

---

① 中国信息通信研究院. 中国数字经济发展白皮书［EB/OL］.（2021 – 04 – 23）［2022 – 01 – 13］. http://www.caict.ac.cn/kxyj/qwfb/bps/202104/t20210423_374626.htm.

② 除特殊说明外，本文与《税收征管 3.0》相关的资料均来源于 OECD 网站。参见：OECD. Tax administration 3.0：the digital transformation of tax administration［EB/OL］.［2022 – 01 – 03］. https://www.oecd.org/tax/forum – on – tax – administration/publications – and – products/tax – administration – 3 – 0 – the – digital – transformation – of – tax – administration. pdf.

工经济的涌现使一些人放弃由雇主支付工资并代扣代缴个人所得税的工作，选择从事自雇职业。假如税收征管系统不能实现信息有效整合，纳税人不遵从的风险将显著增加。其次，商业模式变革使税务机关获取和使用涉税信息的难度增加。例如，数字经济时代，跨国企业无须设立应税实体便可取得经营利润。尽管国际社会正在努力推动数字经济税收规则变革，但税务机关获取跨国企业在不同辖区的经营状况等大量信息仍存在难度。因此，最优方案可能是将税法规则嵌入不同企业使用的会计系统。最后，数字化带来的透明度问题将增加涉税信息获取难度。例如，虚拟货币、加密货币和不透明数字资产的使用可能产生透明度问题。此外，数字化背景下企业对涉税信息进行操作可以不受地点限制，而申报缴税晚于纳税义务发生，这为大规模偷逃税提供了可能，跨境情况下则更是如此。

2. 民众对政府部门加强协作的期待增加。随着数字化发展，很多行业和企业正借助数字化手段不断优化产品和服务质量，民众对优质服务的期待值不断增强。但部分政府机关之间依然缺乏协同性，办理不同政府机关所属的业务和事项往往需要企业和个人多次重复提交相关信息，且采用的支付方式和申报制度等也不尽相同，增加了个人和企业的遵从成本。

3. 大数据时代民众对隐私、安全和透明度的担忧增加。尽管多数人认为税务机关理应有权访问庞大的涉税信息，以提高税收管理水平，但仅依靠税务机关处理数据仍然会引发公众对于隐私、安全和透明度的担忧。因为潜在税收数据的整合可以拼凑出个人行动轨迹和支付方式，一旦数据泄露就可能造成严重后果，如果税务机关不能解释收集数据的合理用途，将造成不必要的信任损失。

（二）我国税收征管数字化转型的难点和痛点

相较于大部分国家，互联网技术在我国税收征管中的应用已较为普遍，区块链、云计算、大数据等理念也早已深入人心。然而，各级税务机关的诸多有益实践仅停留在试点应用阶段，并未形成全国统一的技术规范加以推广，一定程度上减缓了税收征管数字化转型的速度。在深化税收征管改革的历史性任务面前，"以数治税"理念在我国的全面实施依然任重道远，存在着些许难点与痛点亟待解决。

1. 现有征管软件系统庞杂，难以整合海量涉税信息。近年来，我国税收征管主要以金税三期平台和增值税发票系统等为依托，这些系统从研发到应用都占用了较长时间，往往跟不上经济数字化发展的脚步，其缺陷在推广应用中逐步显露。尽管各地税务机关相继投入资金人力开发出适应区块链、云计算、大数据元素的程序，但大部分无法与现有的金税三期平台实现兼容，基层税务人员往往需要耗费更多时间精力校验并输入数据。当下税务机关获取的涉税信息呈现井喷式增长趋势，急需更加前沿的数字技术和更具智能性的平台进行处理整合，方可实现税收征管效率稳中有升。

2. 涉税信息获取难度大，税企双方掌握信息不相匹配。长期以来，税务机关对于涉税信息的获取依赖于纳税人的自觉申报，纳税人可以基于自身利益选择是否向税务机关提交涉税信息。而税务机关与其他政府机关之间的数据共享缺乏自动交换标准和机制，税务机关获取数据的口径、真实性和有效性缺乏制度保障，一定程度上制约了税务机关获取涉税信息的效率。第三方信息平台与税务机关也缺乏长期有效的信息交换机制，使得税务机关无法在第一时间获得涉税交易信息，使我国税收权益面临流失风险。而在税务机关内部，不同区域的税务机关仍未实现涉税信息的实时传输共享，各地对于税收征管业务流程的不同标准也阻碍了大数据集成分析平台的有效应用。

3. 基层数据处理能力较弱，数字化管理水平有待提升。基层税务机关是税收征管的实际执行者，但除少数经济发达地区外，大部分基层税务机关的数字化管理程度仍处在较低水平，同时也缺乏相应的数字化管理人才来进行处理。税务机关现有的绩效考评体系和学习激励机制没有覆盖数字化管理的要求，长此以往不利于"以数治税"在全国范围内的落地实施。而在数据分析利用方面，尽管基层税务机关已普遍设立风险控制中心筛查涉税风险指标，但如何在海量的涉税信息中挑选出存在遵从风险的内容，并且通过催报催缴、风险评估等方式提醒纳税人主动纳税，仍然需要上级税务机关进行流程设计。而对于其他税收征管部门而言，现有的税收分析更多依靠熟悉业务人员的主观判断，无法直接通过智能工具深入挖掘涉税信息的内在逻辑，进而以成熟的数据分析模型提供切实可行的税收决策方案。

三、税收征管 3.0 模式——数字化转型新趋势

《税收征管 3.0》讨论了税收征管数字化转型的目标及应采取的具体措施，意味着税收征管的数字化已成为未来税务机关提升工作绩效的努力方向。由于税收征管 3.0 愿景既不能通过纸上谈兵，也不能通过继续发展包含固有结构限制的现有税收征管系统来实现，因而 OECD 建议各国税务机关追随其发展步

伐，将提升税收征管能力作为改善税收征管质效的有效手段，从而建立起征纳双方的动态平衡机制。

1. 核心要素。《税收征管3.0》的核心要素包括：①税收征管嵌入纳税人原生系统，实现即时征管，减轻纳税人行政负担，确保税法遵从；②搭建数字平台，使其成为税务机关进行税收征管的"代理人"，并由政府部门发挥最终的监管作用；③以实时税收征管提高税收确定性，税收征管流程将越来越接近实时；④税收征管模式将更加透明可信，纳税人可实时查看涉税信息，并可提出质疑、授权或拒绝涉税信息被使用；⑤部门间紧密联动，形成"整体政府"，税务机关与其他部门的服务和管理职能深度相融；⑥构建人性化、适应高科技的税务组织，以服务纳税人为中心，税务人员可运用人工智能等高级分析决策支持工具，及时发现税收征管系统中的异常、漏洞和缺陷并进行完善。

2. 应用场景。基于六大核心要素，《税收征管3.0》报告以不同类型纳税人需求为出发点，模拟了数字化征管的三个应用场景。[①]

（1）个人。税收征管流程嵌入政府委托授权的数字平台，税务机关通过建立应用程序编程（API）接口，与各政府部门建立起合作伙伴关系。纳税人通过该平台处理税务事项时，会获得人工智能的帮助，并能够实时知晓自己的纳税状况。在人工智能不能满足纳税人需要时，税务人员或委托代理人可以以文字、音频、视频等形式提供帮助、解决问题。

（2）中小企业和自雇人员。税收征管流程嵌入政府委托授权的数字平台。利用自动算法技术，纳税人能够自动处理企业交易涉及的不同税种的税务问题，并自动进行纳税申报和税款缴纳。税务部门在纳税人需要或人工智能无法满足需求时提供帮助，同时在后台对数字平台进行实时监管，倘若出现错误或异常，税务部门会及时介入。

（3）跨国企业。税收征管流程嵌入企业运营所在国家的数字服务平台。税收规则、算法和数据将在数字服务平台上实时更新，纳税义务的评估、申报和征收会根据各国税种、税收规则的不同情况自动进行，即使各国纳税申报期、税率存在差异，也可使用同一个标准的申报模板。税务部门使用人工智能标记平台上出现的问题，让企业及时重新核对，必要时税务人员介入。倘若涉及跨国涉税争议，相关国家税务当局可使用人工智能进行协商谈判，非必要时

---

① 燕晓春，吴越，肖思思，等. OECD版税收征管3.0：讨论征管数字化转型［N］. 中国税务报，2021 - 03 - 24（6）.

无须企业参与。

3. 工作进展。2021 年 8 月，OECD 下设的税收征管论坛（FTA）发布了一份关于执行工作最新进展的报告，对税收征管 3.0 愿景的后续步骤作出了初步描绘。目前，FTA 正在制订一项行动计划，内容涵盖税收征管 3.0 愿景的各个方面，该计划将对拟定于 2022—2023 年发布的 FTA 数字化转型工作框架奠定基础。由 FTA 成员组成的指导小组对行动计划涉及的具体要素进行了初步审查，具体内容如表 1 所示。

表 1 税收征管 3.0 行动计划组成要素

评估工具	旗舰项目	能力建设
行动计划 1：数字化转型成熟度模型的开发	行动计划 3：数字身份——跨国家兼容	行动计划 6：支持发展中国家数字化能力建设
行动计划 2：领先实践的全球数字化地图	行动计划 4：电子发票——实现无缝对接的全球解决方案	行动计划 7：知识共享以及新合作项目的开发
	行动计划 5：共享和零工经济平台信息实时交换机制	

资料来源：OECD. Update on the recent developments of the FTA work programme ［EB/OL］. （2021 – 08 – 30）［2022 – 01 – 17］. https：//www. oecd. org/tax/administration/newsletter – august – 2021 – update – on – the – recent – developments – of – the – fta – work – programme. pdf.

为了配套税收征管 3.0 理念尽早落地实施，FTA 已在 2021 年 4 月率先举办了专员级别的能力建设会议，与会者深入探讨了支持发展中国家税收征管能力建设的优先事项和挑战，以及 FTA 如何最好地发挥自身价值，特别是在数字化领域。根据会后发布的会议摘要，FTA 将着重在以下三个方面持续发力。一是无国界税务检查员（TIWB）扩容的倡议，在数字化转型的关键决策点上，为税务机关提供保密的上游支持（upstream support）。二是在税收征管 3.0 框架下开发数字化转型成熟度模型。此项工作由新加坡税务局领导，目前正稳步推进。三是制定领先实践的全球数字化地图，目标是减轻纳税人负担并提升税收遵从。这项工作主要由俄罗斯联邦税务局负责。

4. 内在联系。作为中国未来 5 年税收征管改革的路线图，《意见》与《税收征管 3.0》报告有着深刻的共鸣，两者都强调整体政府方法（whole-of-government approach）、有效的数据管理、从自愿遵从到设计遵从的转变，以及将更多的税收流程整合到纳税人的原生系统（natural systems）中。为全面推进税收征管数字化升级和智能化改造，《意见》指出要加快推进智慧税务建设，以期于 2025 年实现税务执法、服务、监管与大数据智能化应用深度融合、高效联动、全面升级。[①] 为实现这一目标，我国税务机关将探索税收执法、税费支付服务、税收风险评估与控制、税收共治四个新体系的协同作用。《意见》关注的重点在于如何降低纳税人的税收遵从成本。借助新技术，税务机关将尽量减少对纳税人活动的干扰，在保证风险可控的前提下保障数据安全和用户隐私。与现在税务机关集中处理大量数据的模式不同，未来税收流程将逐步嵌入纳税人的原生系统，税收规则将愈加深入地"进入数据"，从而实现税收管理实时化。

四、数字化转型路径下优化税收征管质效的思考

当下全球经济的数字化转型已是大势所趋。《税收征管 3.0》报告和《意见》都对税收征管的数字化转型提出了具体思路。为了在 2025 年基本建成功能强大的智慧税务体系，我国税务机关仍需结合自身存在的难点和痛点，借鉴他国开展数字化管理的先进经验，更好地实现税收征管质效跨越式提升的目标。

1. 借助数字身份，构建多维度数据分析及应用体系。在税收征管迈向"以数治税"进程中，数据在税收征管流程中的重要性不言而喻。强化数据采集和分析能力，在细化风险识别精度基础上最大程度发挥数据的价值，将有助于实现纳税人遵从水平的整体提升。为此，税务机关应尽早启动数字身份等基础性工作。数字身份是连接纳税人和税收征管流程各环节的桥梁，也是各部门进行数字信息交互的基础。建立安全、统一的数字身份是实现自动征税的前提，也是构建数字化税收征管体系的关键点。税务机关应当尽早启动相关研究，与其他政府部门和私营部门加强合作，共同开发高水平的数字身份框架，为征管数字化转型奠定坚实基础。

在税收征管实践中，区块链技术将使智慧税务建设如虎添翼。尽管区块链技术在税务领域的应用尚处于探索阶段，但其本身具有的交易信息公开、信息不可变、去中心化等特点，以及实践过程中数据可追踪性及智能合约不可篡改

---

① 中共中央办公厅　国务院办公厅印发《关于进一步深化税收征管改革的意见》[J]. 中国税务，2021（4）：9 – 13.

的优点，将成为未来税收征管技术革新的可靠方向。依托区块链技术建立电子发票平台和不动产交易平台，有利于实现交易信息的实时更新和税收监管的全流程化演进，及时提供税收遵从风险预警，并通过大数据驱动的动态风险控制模型精准控制潜在的逃避税行为，从而将基础数据的有效性发挥到最大程度。

2. 依托第三方协同，推动税收共治格局向更高层次发展。税收征管 3.0 理念的核心是不再依靠税务机关的申报系统来计算应纳税额，而是依靠纳税人会计系统和包括其他政府部门、数字平台等第三方信息的交互来确定纳税义务并计算税款，因此税务机关与所有企业主体和第三方共享涉税信息的迫切性将更为凸显。鉴于目前我国在这方面仍存在短板，建议尽早推动第三方涉税信息共享，特别是通过修订《税收征管法》及配套法律法规，使涉税信息共享在法律层面获得保障。同时，第三方信息的互联互通离不开智能化、开放式信息平台的建设，为减少大数据时代民众对隐私、安全和透明度的担忧，相关信息平台的数据传输可以通过区块链完成，从而保证数据传输质量稳定、标准统一。

当前，税收征管改革正以发票全领域、全环节、全要素电子化改革作为突破口，通过启动实施金税四期工程建设，持续拓展税收大数据资源，深入推进内外部涉税信息汇聚联通、线上线下数据有机贯通。[1] 在"以数治税"理念的推动下，金税四期工程建设应着力整合不同层级税务机关现有的多个信息平台，及时开展指标模型的试点运行、修正和推广工作。未来，税务机关应当在跨区域涉税信息紧密联通的基础上形成一体化数据应用体系，致力于打造"一户式""一人式"纳税人信息归集，实现纳税人涉税信息的自动化、闭环式流程管理，从而在节省征管成本的同时提升征管质效。

3. 引入人工智能分析工具，"因需制宜"精准提供纳税服务。随着 5G 逐步走向商用，人工智能技术在税收征管领域的应用将得到空前发展。依托 5G，征纳双方可以实现远距离、无缝式沟通交流，以往线上交互的单一信息沟通渠道、缺乏现场感等缺陷将被修正。5G 与人工智能技术的深度融合将使"智慧税务"理念如虎添翼，在此基础上税收征管将显得更加高效，纳税服务将更贴近纳税人需求。在具体征管实践中，人工智能分析工具将集合不同涉税事项的细节和疑难，通过在全国范围内筛选海量数据搭建智能模型，实时收集整合纳

---

① 王军. 深化金砖税收合作共拓金色发展之路：在金砖国家税务局长会议上的发言 [EB/OL]. (2021 – 09 – 17) [2021 – 09 – 23]. http：//www. chinatax. gov. cn/chinatax/n810219/n810724/c5169150/ content. html.

税人需求，构建起"因需定制"的情境式服务场景。税务人员借助虚拟现实（VR）技术便可身临其境地参与训练，巩固加深细节问题的处理技巧，从而实现个人综合业务水平的有效提升。

税收征管 3.0 理念的核心要素之一是税收嵌入纳税人的原生系统中，通过协同设计和"即时征税"服务将纳税流程上游化，从而促进纳税人实现主动遵从。对于我国税务机关而言，现阶段可以使用人工智能分析企业及自然人的纳税习惯，通过大数据深度识别纳税人的涉税需求，从而"因需制宜"地提供精准服务。长期而言，税务机关可在企业自愿的基础上，探索利用 API 接口远程访问纳税人会计和纳税申报系统，对涉税风险及时提出预警，然后逐步做到自动申报和自动缴税。这项工作可以从财务制度健全的大企业开始试点，而后逐步扩展至中小企业，最后全面覆盖包括自然人在内的所有纳税人。

4. 优化组织结构，培养储备"税务 + 数字"复合型人才。为了对数字化转型提供强有力的组织保障，《意见》要求各级税务机关不断优化业务流程、合理划分业务边界、科学界定岗位职责、建立健全闭环管理机制。在整体制度设计层面，我国税务机关可以借鉴美国《纳税人优先法案》提出的思路，增强内部决策审批流程的扁平化程度，按照税源规模配备相应的税务人员和资源。① 而在日常工作中，可尝试将不同类型纳税人的遵从管理职能整合至一个分支机构，同时汇总各业务部门的不同遵从管理需求，形成统一的管理策略和执行口径。这样既可以节约税务机关相对有限的征管资源，也可以使纳税人在与税务机关的互动中获得稳定如一的服务体验。

"以数治税"理念的落地包含着大量数据交互、数据处理等工作，需要税务人员不仅精通税收业务，更要熟练掌握信息技术、程序处理和数据分析等技术手段，最终成为"税务 + 数字"的复合型人才。除却尽早启动招录、储备和培养相关专业年轻干部，为数字化转型提供必要的人力资源保障之外，各级税务机关还可将现有的绩效管理和政务处理系统进行整合，使用云平台服务将数字人事系统、学习兴税应用、内控监督管理系统等资源进行智能化连接，以数字化转型为目标优化绩效考核指标，同时设置相应课程促进干部职工学习日常化、工作学习化，带动工作质效实现整体提升。

5. 增进国际合作，助力发展中国家税收征管能力建设。由于税收征管质

① 余菁，谢宗炜，张丹，等. 美国实行"全面提升客户体验"的税收征管改革 ［N］. 中国税务报，2021 – 08 – 11 （B4）.

效是一个全球课题，仅凭少数国家独善其身并不能实现整体征管水平的提高。作为税收征管3.0的构建模块之一，中国在FTA发票电子化项目承担着领导角色；而随着世界各国就"双支柱"方案达成一致意见，中国税务机关亦与国际税务界开展了广泛深入的合作与协调。但是，从数字经济税收规则发展趋势来看，包括建立数字身份国际标准、跨境业务数据交互等一系列事项在内的跨国公司的税收征管难点问题，还需要各国税务机关在OECD、联合国等国际组织的协调下开展紧密合作。为此，我国税务机关应当积极参与、主动作为，争取在征管数字化转型规则制定中掌握话语权，确保涉及我国税源的税款应收尽收，最大限度维护我国税收权益。

在发出"中国声音"的基础上，我国税务机关还应以"一带一路"税收征管合作机制为抓手，支持发展中国家提高税收征管能力。一是以定期举办"一带一路"税收征管合作论坛为契机，与论坛成员就税收信息化建设展开深度交流，总结提炼不同国家（地区）的发展经验，形成具有指导性意义的文件指南。二是充分利用国家税务总局在全球各地开设的"一带一路"税务学院，主动倾听不同国家学习需求，打造一批具有国际化、专业化视野的师资团队，为各国税务干部量身定制不同语言的培训课程。三是创新现有的税收合作模式，搭建一个可容纳"一带一路"税收征管合作机制成员、观察员信息交流的平台，依托官方网站和期刊报纸等媒介传播数字化转型新理念，为国际组织、专业机构深入交流提供更多机会。

参考文献：

［1］OECD. Tax administration 3. 0：the digital transformation of tax administration［EB/OL］.［2022 – 01 – 03］. https：//www. oecd. org/tax/forum – on – tax – administration/publications – and – products/tax – administration – 3 – 0 – the – digital – transformation – of – tax – administration. pdf.

［2］李平. 国际视角下的税收治理数字化探析［J］. 税务研究，2020（4）：62 – 68.

［3］王劲杨. 构建跨境增值税数字化征管手段的思考：基于美国跨州销售税数字化征管机制的研究［J］. 税务研究，2019（3）：72 – 78.

［4］燕晓春，吴越，肖思思，等. OECD版税收征管3.0：讨论征管数字化转型［N］. 中国税务报，2021 – 03 – 24（6）.

［5］赵涛. 数字化背景下税收征管国际发展趋势研究［J］. 中央财经大学学报，2020（1）：12-20.

［6］曾淇，彭月兰. 经济数字化背景下自然人税源管理的挑战与对策［J］. 西南金融，2020（8）：63-76.

［7］袁娇，陈彦廷，王敏. "互联网+"背景下我国税收征管的挑战与应对［J］. 税务研究，2018（9）：82-88.

课题组组长：赖勤学
课题组成员：王爱华　邢　锋　吴　越　陈　敏
课题指导：李建功
课题执笔：吴　越　陈　敏

数字资产与税收治理篇

论数据要素的分层课税机制

李夏旭

内容提要： 数字经济时代，数据成为新型关键生产要素，但与之对应的税种尚不存在。数据产权制度的缺失是阻碍数据要素课税的重要因素，只有在厘清数据产权主体的基础上，才能合理界定数据要素的纳税主体。在数据要素价值创造过程中，数据要素形态不断变化，从最初海量、零散的原始数据，经收集、清洗、入库形成结构化、规模化的数据集合，再经深度加工而衍生出数据产品。每当数据要素发生形态转换时，其产权主体和经济价值均会发生变化。因此，在构建数据要素税收体系时，应当结合数据要素在不同环节的产权状况界定纳税主体，建立以数据产权转移为基础的分层课税机制，对数据要素在不同环节产生的增值额征收增值税和相应的所得税。

关键词： 数据要素　数据税　数据产权　分层课税

2019 年 10 月，党的十九届四中全会首次将数据作为一种与土地、劳动、资本等并列的新型生产要素。2020 年 3 月，中共中央、国务院发布《关于构建更加完善的要素市场化配置体制机制的意见》，明确要求"加快培育数据要素市场"。一般而言，一种新型生产要素的出现，通常会催生出与之相关的税种。与生产要素相关的税种主要有两类：一类是要素流转税，即对要素在生产和流通环节的价值增值征税；另一类是要素所得税，即对因要素而获得的收入征税，包括个人所得税、企业所得税等。[①] 然而，从我国现行税法规定看，数据仍游离于征税对象之外，导致不同要素之间税负差异明显，传统税收制度的

---

① 楼继伟. 中国税收改革的长期取向：对生产要素征税 [J]. 财经界，2006（1）：14–15.

收入职能也难以体现。

长远看，数据一旦进入经济领域，与经济活动结合起来，就会给数据的所有者和使用者带来经济利益，客观上具有可税性。[①] 可以说，数据的可交易性、创造价值性和收益性使得对其征税成为必然。[②] 因此，面对数字经济带来的税收挑战，应提前布局国内数据要素税收制度的相关研究，探索建立数据要素相关的税收制度。在建构数据要素税收制度时，将面临几个根本问题：为何征税，对谁征税，征什么税。展开而言，在"为何征税"的问题上，学术界提出了"补偿用户""公共成本分摊"等不同观点，问题是哪种观点更适合作为征税的正当性理据；在"对谁征税"的问题上，传统生产要素的所有者是税收的主要承担者，就数据要素而言，其所有者是谁亟须讨论；在"征什么税"的问题上，传统生产要素主要征收的是要素流转税和要素所得税，这对数据要素是否依然适用，是否需要额外创设一种全新的税种，如数据税。

一、数据要素的课税依据与理论反思

（一）补偿用户说和公共成本分摊说的基本观点

针对"为何对数据要素课税"这一问题，既有研究主要存在补偿用户说和公共成本分摊说两种观点。

补偿用户说认为，数字企业无偿使用用户数据并从中获利，并未向用户支付任何报酬，故应当对数字企业征收专门的数据税，在二次分配环节补偿用户。依此观点，数据税的征税对象是企业使用用户数据的行为，目的在于使企业支付数据使用对价。[③] 其本质等同于用户将数据使用权转让给平台而应得的数据租。[④] 有学者将之概括为"以数据税的方式实现数据租的功能"[⑤]。开征数据税补偿用户的思路与域外部分国家征收数字服务税的做法有相似之处。数字服务税的课税对象针对以用户数据作为主要营收来源的三类数字服务：①基于用户数据的定向广告服务；②为广告目的而销售用户数据之服务；③为用户数

① 傅靖. 关于数据的可税性研究 [J]. 税务研究, 2020（8）：54 – 61.
② 王竞达, 刘东, 付家成. 数据资产的课税难点与解决路径探讨 [J]. 税务研究, 2021（11）：68 – 73.
③ 张永忠, 张宝山. 构建数据要素市场背景下数据确权与制度回应 [J]. 上海政法学院学报（法治论丛）, 2022（4）：105 – 124.
④ 张磊, 徐世盛, 刘长庚. 节制资本与共同富裕：逻辑、难点及路径 [J]. 上海财经大学学报（法治论丛）, 2022（4）：78 – 92.
⑤ 路文成, 魏建, 贺新宇. 数据税：理论基础与制度设计 [J]. 江海学刊, 2022（1）：91 – 97.

据传输提供接口的平台互动中介服务。之所以要对这些数字服务征税，在于数字企业利用用户数据获利，但未向用户支付任何报酬，故有必要赋予用户数据来源国以征税权，从而对本国用户予以补偿。[①] 在这一意义上，数字服务税也被视为一种"用户补偿税"。经济合作与发展组织（OECD）提出的"支柱一"方案接受了数字服务税的概念，主张赋予用户数据来源国（也被称为"价值创造地"）以征税权。

公共成本分摊说认为，与数据要素相关的税收之所以存在，是因为在数据要素的生成、加工、流转过程中，离不开国家提供的公共产品和公共服务，因而国家有权基于公共成本的分摊征税。[②] 就税种而言，针对数据要素没有必要开征全新的"数据税""数字资产税"等。从本质上而言，数据交易仍可适用一般的商品交易规则与税收规则，对数据交易过程中产生的增值额可征收增值税，对数据交易的所得额可征收所得税。[③] 就税收管辖权而言，根据受益公平原则，纳税人在何处享受公共服务就在何处纳税，数据税收的纳税地与公共服务受益地应当一致。[④] 例如，用户数据的生成离不开本国政府提供的公共网络基础设施和公共网络服务，故针对境外企业使用本国用户数据产生的收益，用户来源国拥有征税权，这与 OECD "支柱一"所主张的"价值创造地"标准相一致。

（二）对既有观点的评析

开征数据税以补偿用户的做法，虽然能暂时纠正用户无法分享数据红利的不公现象，但这种征管模式依据的是数据产权，而非国家行政权力，不仅会导致数据要素课税制度的定位偏差，而且在产权方面也存在诸多理论障碍，正当性基础并不牢固。第一，以数据税的方式征收用户数据租有违"一物一权"原则。从产权的角度看，用户行为生成的个人数据归用户所有已经形成一定共识。而国家通过征税的方式代表用户行权，则是在用户数据之上创设了一种"双层所有权"结构：单个用户对自身数据仍享有所有权；而作为整体，当各个分散的用户数据聚合到一起时，整体的用户数据集合归国家所有，由国家代

---

① 张牧君. 用户价值与数字税立法的逻辑 [J]. 法学研究，2022（4）：112 - 131.
② 冯守东，王爱清. 数字经济背景下我国税收面临的挑战与应对 [J]. 税务研究，2021（3）：79 - 83.
③ 王敏，袁娇. 数字资产税收治理难点与治理路径创新 [J]. 税务研究，2022（11）：17 - 22.
④ 王雍君. 数字经济对税制与税收划分的影响：一个分析框架——兼论税收改革的核心命题 [J]. 税务研究，2020（11）：67 - 75.

表全体用户行使数据产权。① 然而，"双层所有权"的提法是存在问题的。我国的物权制度以"一物一权"为核心，国家代表用户行使数据所有权，并不意味着国家成为用户数据的所有权人，这是两个完全不同的概念。如果个体对数据享有所有权，使用数据而支付的费用最终应当归属于个体，而不应仅仅因国家代为行权就将收益归全民所有，否则必然导致个体所有权完全落空，亦会产生公平性的争议。第二，以数据税的方式征收用户数据租存在租税不分的问题。数据租和数据税的征收依据和功能定位存在很大差异。数据租本质上是一种数据使用费，其收取的标准应当按照市场机制确定，这与数据税的征收依据显然是不一样的，后者依据的是国家行政权力。因此，"以税代租"的做法不仅无法准确反映用户数据的市场价值，甚至可能会否定私有产权的合法性，无助于个人数据所有权的实现。

相较于补偿用户说，公共成本分摊说更适宜作为数据要素的课税依据，其依据的是国家行政权力，而非数据产权，更符合税的本质。而且，基于公共成本分摊征税，可以有效破解用户补偿说的局限性：国家有权对公共服务所促成的各类数据征税，而不仅限于用户数据；国家有权针对各类数据流转的全流程征收相应的增值税和所得税，而不仅限于用户数据的初次流转环节。

二、数据要素的确权路径与分层课税机制

（一）数据要素的确权路径

明晰的数据产权分配制度是数据要素的课税起点。只有在明晰数据产权主体的基础上，才可以对数据要素的纳税主体进行合理界定，并就各自的财产权益产生的收益进行征税。② 传统税制中，生产要素的所有者即为纳税主体。③但与传统生产要素不同的是，数据产权分配制度尚不完善，这给数据要素相关税制的建构造成了很大障碍。不过，这一问题已经引起中央的高度重视。2022年12月，中共中央、国务院发布的《关于构建数据基础制度更好发挥数据要素作用的意见》（以下简称《意见》）指出："在国家数据分类分级保护制度下，推进数据分类分级确权授权使用和市场化流通交易，健全数据要素权益保

---

① 黄细江. 企业数据经营权的多层用益权构造方案 [J]. 法学, 2022 (10): 96 – 111.
② 傅靖. 关于数据的可税性研究 [J]. 税务研究, 2020 (8): 54 – 61.
③ 冯俏彬. 数字经济时代税收制度框架的前瞻性研究：基于生产要素决定税收制度的理论视角 [J]. 财政研究, 2021 (6): 31 – 44.

护制度，逐步形成具有中国特色的数据产权制度体系。"据此，分类分级确权将成为构建数据产权制度的关键所在。在类型上，数据可以分为个人数据、企业数据和公共数据三类。

1. 个人数据确权。一般认为，数据的"可识别性"是区分个人数据与非个人数据的关键标准。凡是单独可以识别出特定自然人的数据或者与其他数据结合后能够识别出自然人的数据，都是个人数据；反之，则为非个人数据。[①]由于间接识别性可以作为个人数据的识别标准，因此个人数据的范围十分广泛，除了个人主动创建的数据外，还包括个人与周围环境交互过程中产生的数据。就产权配置而言，个人数据起源于用户的网络接入行为，用户作为个人数据的源发者，应当对自身产生的个人数据拥有所有权。[②]

2. 企业数据确权。就企业数据而言，纯粹源发于企业自身的数据（如企业经营数据、生产数据）仅占少数部分，绝大部分数据是由企业从外部收集所得，如企业从用户端收集的个人数据以及从公共领域收集的公共数据等。对于源发于企业自身的数据，企业拥有数据所有权并无争议。[③]但对于企业从外部收集的个人数据和公共数据，企业并不拥有所有权，但可以依照约定或法律规定享有一定的数据使用权。此即《意见》提出的所有权和使用权相分离的"数据产权结构性分置制度"，也就是说，数据源发者在保有数据所有权的基础上，可以通过协商的方式将数据的持有权、加工使用权等使用权能让渡给企业，从而推动企业依法依规对原始数据进行开发利用。

3. 公共数据确权。公共数据是政府职能部门在履行公共职责过程中收集的与公共利益相关的数据，如气象数据、地理数据、公共医疗数据等。目前，各地政府正在开展大数据中心建设工作，将不同部门掌握的公共数据汇聚到大数据中心，并对外提供给第三方使用。就产权归属而言，公共数据由国家机关收集、存储，且具有公共性，故应属国家所有，最终收益全民共享。[④]在使用方式上，《意见》提出公共数据的开发利用应当按照"原始数据不出域、数据可用不可见"的要求向社会提供。这就意味着国家在保有公共数据所有权的前提下，可以通过许可使用的方式，将公共数据使用权让渡给第三方，但不得直

---

① 程啸. 论大数据时代的个人数据权利 [J]. 中国社会科学，2018 (3)：102 – 122.
② 申卫星. 数字权利体系再造：迈向隐私、信息与数据的差序格局 [J]. 政法论坛，2022，40 (3)：89 – 102.
③ 姬蕾蕾. 企业数据保护的司法困境与破局之维：类型化确权之路 [J]. 法学论坛，2022 (3)：109 – 121.
④ 衣俊霖. 论公共数据国家所有 [J]. 法学论坛，2022 (4)：107 – 118.

接让渡公共数据的所有权。

（二）数据要素分层确权视野下的分层课税机制

1. 数据要素的分层确权机制。除横向层面的分类确权外，数据要素在纵向上也可以进行分层确权，即根据数据处理程度的不同，将数据区分为原始数据和衍生数据两个层级，并分别确权。

（1）原始数据确权。原始数据是指没有经过任何加工、整合、提取或编辑等智力劳动深度加工的数据，其主要以个人数据和公共数据为主。用户虽然产生个人数据，但缺乏处理数据的能力，故个人数据往往属于原始数据。公共数据也是如此，虽然各地政府正在努力建设大数据中心，将各部门数据进行整理、聚合，但其本身并不具有很强的数据处理能力，多数公共数据仍处于原始数据阶段。为促进原始数据的开发利用，作为数据所有权人的个人或政府可以将数据使用权让渡给企业，企业借助自身的技术优势，得以从原始数据中开发出衍生数据，从而实现数据的价值倍增。

（2）衍生数据确权。衍生数据以数据产品为代表，其与原始数据处于不同层级。企业基于原始数据持有权和加工使用权，在对海量原始数据进行深度处理、整合后，可获得诸如指数型、统计型、预测型等各类数据产品，这些产品也被称为衍生数据或增值数据。[①] 在衍生数据生成阶段，企业对原始数据进行深度汇总与分析，从杂乱无章的数据集中提炼内在规律，形成具有价值的信息，是数据从量变到质变的过程，也是数据价值生成的最高点。[②] 衍生数据虽派生于原始数据，但已经从原始数据中脱离出来且具有了独立的形态，是一种具有更高价值的全新数据。就产权归属而言，按照加工取得所有权的民法理论，企业因付出大量资本投入和智力劳动而对数据产品享有所有权和经营权。

2. 数据要素的分层课税机制。厘清数据的不同层次有助于确认其纳税主体和税基。从目前的研究看，学术界往往将原始数据和衍生数据放在同一维度讨论，导致不同维度数据之间权属划分不清晰，无法合理确定相关主体的利益分配，进而难以准确识别纳税人。实际上，数据要素的分层确权机制决定了数据要素的课税机制也应当分层次展开。在工业时代，生产企业从上游供应商处购买原材料投入生产，通过初步加工获得中间产品，中间产品被投入再生产，

---

① 许娟. 企业衍生数据的法律保护路径 [J]. 法学家，2022（3）：72 – 87.

② 姬蕾蕾. 企业数据保护的司法困境与破局之维：类型化确权之路 [J]. 法学论坛，2022（3）：109 – 121.

并形成最终产品。在上述价值创造链条中，生产要素呈现"原材料—中间产品—最终产品"三个层次，并形成了环环相扣、层层递进的增值税体系和囊括不同纳税主体的所得税体系。数字经济时代，数据要素的价值创造链条依然存在，从最初源发者产生的非结构化、零散化的单个原始数据，到企业经过收集、清洗、入库形成结构化、成规模的原始数据集合，再到企业从中开发、衍生出的数据产品，在这一价值链条中，数据内部形成了涵盖原始数据和衍生数据的双层结构，由此形成了数据要素的分层课税逻辑：在每一层级，均存在与数据交易相关的间接税和直接税规则；在不同层级数据之间，增值税抵扣链条依然存在。

三、数据要素分层课税机制的体系展开

（一）原始数据生产阶段的课税规则

1. 原始数据的交易模式。一般认为，原始个人数据因经济价值难以衡量而不在征税范围之内。例如，在以数据换服务的交易模式中，个人向平台提供数据换取网络服务，虽然所获取的网络服务属于广义的收益，但由于在交换过程中并未使用货币工具，且缺乏衡量各类数据价值的客观标准，数据的收益难以准确计量。因此，以数据换服务的个人数据交易不具有可税性。[①] 但如前文所述，以数据换服务的交易模式不仅造成了税法漏洞，而且对用户而言也并不公平。

为了确保用户从个人数据中获得公平合理收益，实践中已经开始探索个人数据账户和数据信托制度的业务模式。①创建个人数据账户。目前，个人数据往往分散存储在不同平台之上，用户难以有效行使个人数据所有权。为强化用户对个人数据的控制，在技术上可以为每位用户创设单独的个人数据账户，用户借助数据可携带权，将散落的数据聚合到个人数据账户中，从而实现对自身数据的控制。[②] ②引入个人数据信托制度。用户将个人数据账户交信托机构托管，由信托机构与企业订立许可使用合同，向用户分配使用费。信托机构不仅可以凭借专业知识帮助用户理性决策，而且海量个人数据账户的聚合也可以提高议价能力。信托机构可以代表用户与企业进行集体谈判，从而使个人数据的

---

① 邓伟. 数据课税理论与制度选择 [J]. 税务研究, 2021（1）: 47-53.
② 郭兵, 李强, 段旭良, 等. 个人数据银行: 一种基于银行架构的个人大数据资产管理与增值服务的新模式 [J]. 计算机学报, 2017（1）: 126-143.

公平市场定价成为可能。对于此种业务模式，《意见》持肯认态度，并体现在《意见》第六条"探索由受托者代表个人利益，监督市场主体对个人信息数据进行采集、加工、使用的机制"。

随着个人数据交易步入常态化和规模化，个人数据将满足权属清晰、定价明确和可交易三大要件，从而真正成为税法意义上的财产。此外，个人数据账户和信托机构的引入还有助于消除对个人数据交易征税的几个主要障碍。首先，一旦个人数据账户成为个人数据核心载体，借助区块链技术和智能合约技术，个人数据的生成、传输、流转将很容易识别并具有可追溯性，可以确保税务机门准确了解个人数据的访问时间和方式，以及个人数据每次被访问所获得的收益。其次，若信托机构成为个人数据的交易中介，可以向其施加个人数据交易的信息报告义务和税收预扣义务，以此提高税务机关对个人数据交易的征管能力。

2. 原始数据交易的间接税课征规则。在财产类型上，个人数据与无形资产类似，具备无实物形态、收益可能性、可控制性和可独立交易性等基本属性，可以将其作为无形资产的特殊类型之一。[①] 在规范层面，个人数据可归入《增值税暂行条例》中的无形资产，适用"无形资产转让"的增值税规则。个人将自身生成的原始数据让渡给企业，企业支付相应对价，个人获得基于原始数据的增益。这一过程犹如生产企业从上游供应商处购买原材料，通过投入劳动力加工获得商品，并从差价中获利。因此，若企业为开发衍生数据而购入原始数据，则用户应当负担缴纳销售原始数据的增值税义务，相关进项税额可以在企业销项税额中予以抵扣。

3. 原始数据交易的直接税课征规则。从现有规定看，《个人所得税法》对个人数据交易所得的征税依据比较明晰，并对个人转让财产所得、特许权使用费所得均有明确规定。按照交易标的的不同，个人数据交易所得可以归入转让财产所得或者特许权使用费所得的范畴。税法意义上的财产转让是指财产所有权的有偿转移，若用户转让的是个人数据所有权，应当归入转让财产所得的范畴。单纯让渡个人数据的使用权不构成转让财产，所产生的收益不作为财产转让所得。若仅转让个人数据的使用权，授权许可他人使用个人数据所取得的收益，应作为特许权使用费缴纳所得税。[②] 就偶然所得而言，个人的偶然所得税

---

① 傅靖. 关于数据的可税性研究 [J]. 税务研究，2020（8）：54－61.
② 汤洁茵. 数据资产的财产属性与课税规则之建构：争议与解决 [J]. 税务研究，2022（11）：29－35.

率较高，随着个人数据交易日益普及，对个人数据所得设定类似于偶然所得的税率，会增加个人税收负担，对个人数据交易产生负面影响，因此不宜将个人数据收入纳入偶然所得范畴。①

4. 原始公共数据的特殊课税规则。实践中，越来越多的企业以原始公共数据为对象开发数据产品，如基于气象数据开发的墨迹天气、基于城市基础设施仿真数据开发的高德地图等。原始公共数据的产权归国家所有并无争议。根据《意见》第四条，若企业使用原始公共数据开发数据产品，应当向国家支付相应的数据租。征收公共数据租依据的是公共数据的国家所有权，是企业对于国家让渡公共数据使用权所给付的对价。在定价方面，应当建构公共数据使用权的市场出让机制。在此，可借鉴已经比较成熟的土地使用权出让金的实现方式，引入市场竞争机制，优化挂牌、招标、排名和协议四种意定方式，并根据公共数据的类型、使用方式、使用范围和使用期限等因素设置差异化的市场租金。

根据传统资源税制，资源使用者在缴纳资源租后，还会缴纳资源使用税，如国家对出让的土地使用权收取土地出让金后，还会在后续对土地的使用行为征收城镇土地使用税。此种做法的根本理由在于自然资源具有稀缺性，会因为使用而枯竭，但能否适用于数据有待商榷。公共数据资源与传统自然资源最大的不同之处在于，公共数据具有非稀缺性和非消耗性的特点，不会因使用而枯竭。相反，数据作为一种非消耗性资源，使用得越多，其可能带来的经济价值就越大。因此，从促进公共数据使用的角度出发，不宜对公共数据额外征收数据使用税。

（二）衍生数据增值阶段的课税规则

1. 衍生数据的交易模式。实践中，企业收集的海量原始数据往往属于核心商业秘密，为保持竞争优势，其多开放给嫡系企业内部使用，非嫡系企业即便愿意付费也很难被允许使用。对于掌握原始数据的企业而言，其收入多源自基于原始数据开发的各类衍生数据。例如，淘宝掌握着海量用户原始数据，但通常不会将其开放给第三方有偿使用，而是对这些原始数据进行加工处理形成数据产品，如生意参谋，并以此获得收益。

---

① 李香菊，付昭煜，王洋. 基于资产属性视角的数据资产课税制度研究［J］. 税务研究，2022（11）：23-28.

2. 衍生数据交易的间接税课征规则。衍生数据（数据产品）在性质上属于无形资产，对衍生数据交易环节征税可以参照无形资产税制。[①] 在计算税基时，一般可以通过交易合约或会计账簿记录中的衍生数据价值来确定税基，如不存在上述条件，可借助市场评估等方法加以确定。[②] 一般而言，在计算应纳增值税额时，对纳税人购入原材料的已纳税款，应当允许其从当期成品销项税额中予以扣除。为保证增值税抵扣链条的完整性，企业为开发衍生数据而购入原始数据等生产要素负担的进项税额应当允许抵扣。数据服务的税收待遇与数据产品存在差异。根据《财政部 国家税务总局关于全面推开营业税改征增值税试点的通知》（财税〔2016〕36 号）有关销售服务、无形资产、不动产注释的规定，若企业为他人提供数据存储、处理、分析、整合等数据服务，则按增值税意义上的"信息系统增值服务"确定其税收待遇。

3. 衍生数据交易的直接税课征规则。就数据产品的收益方式而言，主要包括出让数据产品所有权和许可使用两种方式。对于企业转让数据产品所有权取得的收入，可以归入《企业所得税法》第六条的"转让财产收入"。对企业许可第三方使用数据产品取得的收入，可以归入《企业所得税法》第六条的"特许权使用费收入"。根据《企业所得税法》第八条，企业实际发生的与取得收入有关的、合理的支出，包括成本、费用、税金、损失和其他支出，准予在计算应纳税所得额时扣除。据此，如企业转让基于原始数据开发的数据产品，则使用原始数据的成本可计入财产原值，从转让收入中予以扣除，扣除后的剩余金额作为应纳税所得额。[③] 若企业有偿转让自有数据，如企业经营数据、机床设备工业数据等，这些数据的产权归属于企业，且其生成无须额外支付使用费用，并无财产原值可以扣除，故转让收入全额计入应纳税所得额。数据的加工处理技术对数据产品的开发至关重要，为了鼓励技术创新，也可以考虑将其视同研究开发费用，允许享受费用加计扣除的税收优惠。[④]

参考文献：

[1] 傅靖. 关于数据的可税性研究 [J]. 税务研究，2020（8）：54－61.

① 傅靖. 关于数据的可税性研究 [J]. 税务研究，2020（8）：54－61.
② 蔡昌，赵艳艳，李艳红. 数字资产的国际税收治理研究 [J]. 国际税收，2020（11）：27－35.
③④ 汤洁茵. 数据资产的财产属性与课税规则之建构：争议与解决 [J]. 税务研究，2022（11）：29－35.

［2］路文成，魏建，贺新宇．数据税：理论基础与制度设计［J］．江海学刊，2022（1）：91－97.

［3］申卫星．数字权利体系再造：迈向隐私、信息与数据的差序格局［J］．政法论坛，2022，40（3）：89－102.

［4］邓伟．数据课税理论与制度选择［J］．税务研究，2021（1）：47－53.

［5］汤洁茵．数据资产的财产属性与课税规则之建构：争议与解决［J］．税务研究，2022（11）：29－35.

［6］李香菊，付昭煜，王洋．基于资产属性视角的数据资产课税制度研究［J］．税务研究，2022（11）：23－28.

［7］蔡昌，赵艳艳，李艳红．数字资产的国际税收治理研究［J］．国际税收，2020（11）：27－35.

作者单位：清华大学法学院

数据资产的财产属性与课税规则之建构：争议与解决

汤洁茵

内容提要： 数据作为新型生产要素，蕴含着巨大的财富，如何对数字资产予以课税已引起学术界的高度关注。然而，对数据资产或其交易开征新的税种，无论是财产税还是流转税，均非明智选择，极可能妨碍数据资产价值创造功能的发挥。数据资产本身具有经济价值、使用价值和交换价值，能够带来经济收益或创造获取收益的机会，可以认定为税收意义上的财产，可将其归入无形资产的类别。因此，现行增值税税制和所得税税制应当对无形资产这一概念的内涵和外延予以适当的调适，将数据资产纳入征税范围，并基于其特殊属性，制定相应的特殊课税规则，以明确其转让行为的税收待遇。

关键词： 数据资产　无形资产　财产税　所得税　数字经济

作为新型生产要素，数据是数字化、网络化和智能化的基础，已融入生产、分配、流通、消费和社会服务管理的各个环节，对经济社会发展产生了重要影响。巨量数据资源的存在与流转蕴含着大量的经济价值，对其是否以及如何课税已引起各国的高度关注。在当前数据大爆炸的时代，是否只有全新的立法才能应对数字经济引发的深刻社会变革，如何对数据课税才能实现征税公平与促进数据发展的双赢，有必要展开深入的研究。

一、数据资产的课税争议：理论与实践的考察

（一）数据资产课税的国际经验与分歧

作为一种新型事物，数据资产目前尚无明确、统一的概念界定。一般而言，狭义的数据资产主要指数字货币，如加密货币、虚拟货币等。不少国家，如美国、加拿大、英国、新西兰、澳大利亚等，将加密货币视为"财产"，适用财产转让、交易或投资的相关课税规则。也有国家，如德国、葡萄牙等，认为加密货币仅为支付手段，并未对其课征增值税或资本利得税。① 广义的数据资产则包括所有资产化的数据资源。借由数据交易的产生和发展，数据实现了从"资源"到"资产"的转化。各国除了探索增值税、企业所得税等传统税制的适度修正外，法国、英国、印度等国家还积极尝试对数据资产开征全新的税种，以保护本国的税收利益，如数字服务税、均衡税等。尽管各国设计的征税方案略有不同，但其基本定位均为流转税、间接税，征税对象主要是"数据服务的提供"，并以流转额或收入额为税基进行课征。尽管多数国家认为有必要对数据资产的征税规则进行一定的调整，但如何进行调整，国际上尚未形成更为一致的意见。

（二）数据资产课税的理论争议

随着数字经济的蓬勃发展，数据资产的交易和流转如何课税同样成为学术界重要的研究议题。不少学者从理论上提出了诸多课税方案，却无法达成基本一致。

就数据资产交易是否课征增值税而言，学术界存在一定的分歧。多数学者认为应将其纳入增值税的征税范围（蔡昌等，2020；王竞达等，2021；傅靖，2020）。但也有学者认为，数据往往由服务接受方自行提供，不存在销售行为，不应当征收增值税（邓伟，2021）。主张课征增值税的学者对其所属的应税项目也存较大分歧，存在数字服务说②、无形资产说③等不同观点。是否适用传统"无形资产转让"的增值税规则，学者们的观点并不尽然相同，有学者即

① 杨志勇. 数字资产税征收的国际实践与我国的政策建议 [J]. 经济纵横，2020（11）：102 – 110.
② 蔡昌，赵艳艳，李艳红. 数字资产的国际税收治理研究 [J]. 国际税收，2020（11）：27 – 35.
③ 傅靖. 关于数据的可税性研究 [J]. 税务研究，2020（8）：54 – 61.

认为适用传统规则将导致其税负过重（杨志勇，2020）。另有学者持有限的无形资产说，除将网络游戏虚拟道具作为无形资产外，其他数据资产的相关交易则被归入现代服务项目。

就数据资产交易是否课征所得税，学术界针对数据资产交易产生收益所属的应税所得项目，存在其他收入说、财产转让所得说、偶然所得说等理论分歧。有学者认为，尽管数据资产转让收入不在《企业所得税法》第六条的列举范围之内，但可以将其归入兜底的"其他收入"项目课征所得税（傅靖，2020）；还有学者认为，应将其纳入财产转让所得或偶然所得的范畴课征个人所得税（王竞达等，2021）。但也有学者以数据资产并不在相关税法条款的明确列举范围之内为由，认为除非有权机关进行扩张解释或明确予以列举，才能将其归入上述所得类型进行课税（邓伟，2021）。

以上观点看似分歧巨大，但争议的焦点主要在于数据资产是否构成一项财产，尤其是无形资产。当前，大多数理论研究仅仅基于现有税法条文的字面含义或是明确列举的财产项目而简单地肯定或否定数据资产的财产属性。这本身即是一种机械化的法条适用方法，与我国当前税法上对财产这一概念缺乏明确的定义亦不无关系。一方面，各税种意义上的无形资产由国务院或国家税务总局在相应的实施条例或规范性文件中予以列举。由于语言表述的有限性，在商业活动纷繁复杂且日新月异的现实背景下，这种列举本身不可能是一种穷尽式的列举，仅仅因为数据资产不在列举的范围之内而否定其财产属性，将其排除于相应的应税所得项目范围之外，无异于否定了税务机关在税收征管实践中对应税事实的自由裁量，更将造成僵化的法条适用而形成新型资产形式与传统财产之间的税负差异，为纳税人利用全新的数据资产形式实现逃避税提供了更大的可能性。另一方面，我国现行税制采取了"一税一法"的立法模式，对财产、无形资产等各税种普遍采用的概念缺少统一的定义，不同的税种法对相关财产类型的内涵和外延确定方法的不一致，也造成了上述分歧。数据资产并非因有权机关的解释或列举而具有财产的属性，而是只有在其具备财产属性的前提下，有权机关才可通过解释或列举的方式进一步明确其是否适用已有规则。因此，数据资产课税的关键在于其是否构成税法意义上的财产以及属于何种财产类型。

二、数据资产课税路径的选择：全新税种抑或传统税制的调适？

税收是国民享受公共物品支付的对价。在数据的开发、流转、使用过程中，不可避免对公共物品有所利用，同样应当承担一定的公共成本，但是否应当以其为征税对象开征新的税种，却不无疑问。

（一）数据资产作为财产税客体之惑

有学者认为，数据资产是一种全新的资产形式，可以作为新的征税客体开征新的税种，如数据税（邓伟，2021）；还有学者认为，随着数据的财产属性日趋凸显、数量日渐增加，有必要对其开征财产税（傅靖，2020）。然而，数据资产能够作为财产税的客体，是值得怀疑的。财产税是着眼于财产所有这一事实课征的税收，是较为古老的税种。财产税形式上以财产本体为征税客体，以其本体价值为税基。但如果课税联结单纯的财产价值，可能导致税收侵蚀财产本体，从而产生"财产没收"的后果。因此，财产税一般仅对经济价值较高且较为稳定，对国民经济影响较大的财产课税，如不动产。① 财产税把握的客体主要是特定财产本体的潜在收益能力，即以财产应有的孳息包括财产尚未实现的增值利益为课税对象。

当前，调节收入分配仅为我国课征财产税的附带目的，而非唯一或主要目的。数据资产课征财产税能否实现这一目的，同样是存疑的。数据是事实的第一次记录和客观反映，并非所有的数据均具有财产的属性，大量的数据具有公共物品的性质。界分财产与非财产的数据本身就存在极大的困难，尤其在相关的确权机制尚未建构的背景下。数据的生产者，通常是数据的初始所有者，所控制的数据的人格要素远远超过其财产的要素，此时的数据可能是无价值或经济价值无法准确估量的。既无收入，更遑论因数据的所有形成收入差距，以财产税的开征对此进行收入调节并无必要。

更重要的是，数据是非物质形态的符号，具有无限复制的特性，且在使用过程中不仅不会发生损耗，甚至可能不断衍生新的数据。因此，数据是不具有独占性的，同一数据可以被多个主体同时事实上占有，并以不同的方式加以利用从而赋予其不同的经济价值。在不同的情境下同一数据的财产价值可能存在明显的差异，加上其价值的不稳定性，进行货币量化和估算难度极大。②

不仅如此，数据的可复制和多重占有的特性决定了其诸项权能的分离是可能且现实发生的。在此情况下，数据所有者可能仅享有人格性的权利，数据所

① 陈清秀. 税法各论 ［M］. 北京：法律出版社，2016：10.
② 文禹衡. 数据产权的私法构造 ［M］. 北京：中国社会科学出版社，2020：92.

有的事实并不产生经济利益，如对其课征财产税，实际上是要求其以数据以外的货币性财产进行税款的缴纳，这将使数据所有者仅因拥有数据而面临财产的"没收"后果，将从根本上违背"资本本身不得课税"① 的财产权保护原则。因此，对数据资产课征财产税，既无益于国库收入的实现，也无助于促进数据产业的发展，亦无法实现收入重新分配的目标，一旦开征征管难度极大、征管成本极高，并不符合现代税制的建构理念。

（二）数据资产交易的流转税课征：增值税以外的全新税制？

法国、意大利等欧盟成员国一直尝试对数据交易课征一种特殊的增值税，即数字服务税。② 根据欧盟数字服务税提案，数字服务税的课征以企业提供用户在价值创造方面居于核心地位的三类应税数字服务的收入总额（不含税）确定税基，具有一定的流转税性质。法国允许数字服务税抵扣增值税或类似税种的税款，且极易向终端用户进行转嫁，因此，数字服务税实际上具备增值税的部分特质。

如果参照这一方案在我国开征新的税种，不同税种将不可避免地发生体系性的冲突。在欧盟提供被纳入征税范围的数字服务，在我国均已纳入增值税的征收范围。如果对上述服务再另行课征数字服务税，重复征税将在所难免，这意味着提供上述服务将承担更高的税负。由于数字服务税的间接税特性，最终税负将转嫁给终端用户和消费者，使其接受数字服务的实际成本增加，从而形成限制消费或使用的效果，并在一定程度上削弱大型平台企业的市场竞争力。

欧盟数字服务税的课征范围相对有限，并未完全涵盖所有数据资源或数据资产的交易。对此，我国有学者建议对能够产生现实的、可计量的收益的数据课征数据税，并在交易和保有两个环节予以课征（邓伟，2021）。按照这一思路，数据税将同时兼具流转税和财产税、间接税与直接税的复合属性。由于尚未进入市场流通，在保有环节负担的税收将不能实现税负的转嫁，从而成为保有、使用数据的企业不可避免的额外税负，从而产生前文所述对数据独立开征财产税的消极后果。不仅如此，作为一种生产要素，数据往往需要与其他生产要素相结合，才能发挥其价值创造的功能。要在企业创造的整体价值中单独分离出可归属于数据使用的价值部分难度极大。在价值内部创造的情况下，也缺

---

① 葛克昌. 租税国的危机 [M]. 厦门：厦门大学出版社，2016：16.
② 由于法国和意大利的数字服务税征收方案深受欧盟数字服务税提案的影响，因此，本文主要围绕后者的征税方案展开讨论。

乏货币量化的基础。同时，在交易和保有环节对数据征税，意味着企业购入数据资产用于经营活动将面临双重的税负，势必对数据资产的价值创造产生消极的限制。

能否仅在流通环节对数据资产课征不同于增值税的商品流转税，值得关注。如果将数据资产交易排除于增值税的征税范围，而对其单独课征流转税（以下简称数据资产流转税），在两税并行的情况下，将导致增值税抵扣链条的断裂，重复征税的问题将无法避免。一方面，企业等市场主体开发、转让数据资产所消耗的投入品中所包含的税收负担（包括购入货物与服务负担的进项增值税税额和购入数据资产负担的数据资产流转税额）将不能得到抵扣。上述主体将不得不面临增值税和数据资产流转税的双重税负。同样，购入数据作为生产要素生产或销售增值税应税货物或服务的经营者，其负担的数据资产流转税也同样无法抵扣，从而导致"税收的阴影"①。另一方面，即使上述主体缴纳的数据资产流转税可以通过收取较高的价格向数据资产的购买者转嫁，经过多个环节层层转嫁并由最终消费者负担，将形成多环节的重复征税。由于税负只能通过提高价格的方式实现隐性转嫁，因此极有可能仅因购买者的谈判能力或竞争能力而导致差异性的转嫁。一旦这一税负无法转嫁，则将不得不成为数据资产生产与转让的成本之一。数据开发者或转让方不得不因此提高价格或自行消化税收成本。这将在一定程度上限制甚至扭曲数据相关经济活动的发展。不仅如此，在两税并行的情况下，区分包含数据的增值税应税项目和作为新的流转税征税对象的数据资产，对于确立各自的征税范围将是极为重要的。然而，数据资产本身是内涵和外延极不明确的概念，两者的区分难度极大。一旦无法准确地区分，一项数据交易可能同时被纳入两税的征税范围，必然导致重复征税进而直接加重数据资产交易的整体税负。数据作为生产要素在经营活动中的使用越频繁、所创造的价值越大，数据资产的规模越大，对其单独课征流转税的消极后果将会越明显。

综上所述，无论对数据资产开征财产税还是开征全新的流转税，在当前鼓励数据相关经济活动发展的大背景下，都不是科学合理且符合经济效率的选择。

---

① 由于负担的数据资产流转税无法抵扣而被计入应税的销售额，因此产生"税上加税"的结果，即"税收的阴影"。

三、数据的财产属性：作为课税前提的本质考察

当前，诸多论述往往将数据服务和数据资产相提并论，但两者是有所区别的。数据服务是将人和一定的知识、技能或设备相结合，分离、开发并最终形成具有价值的数据资源的活动与过程；数据资产是数据服务的成果类型之一。数据服务之于数据资产，正如技术研发之于技术成果、餐饮服务之于食品，可能相互结合作为一项完整的货物，也可能彼此分离从而独立进行交易。独立存在的数据服务属于增值税的应税服务，并无疑义，那么，数据资产的税法属性如何予以认定，这是确定其能否纳入现行税制征税范围的关键所在。

（一）数据资产的"财产"属性之确证：税法意义的考察

财产是税法和民商法通用的概念。尽管税法上财产这一概念的使用极为经常和普遍，但基本采取列举的方式确定其外延，从列举的"财产类别"看，税法意义上"财产"的外延明显较民法上的"物"更为宽泛，且其内涵和外延不是固定不变的，而是随着经济社会的发展变迁，容纳越来越多新型的财产形式。

一般而言，只有一项本身具有经济价值或存在创造新的经济价值的可能性的"物"，才会被纳入税法的评价范围。因此，税法意义上的财产应具备以下要素：①自身具有经济价值，即此项存在物构成一项经济利益，且独立于其他存在物，价值可以进行货币衡量；②此项存在物已现实地创造收益或存在未来创造收益的可能性；③此项存在物既可以是有形的物，如动产或不动产，也可以是积极的财产权利。因此，一项数据是否构成税法意义上的财产，将取决于其自身的经济价值及其创造未来获取收益机会的可能性。

随着互联网的快速发展，数据作为一种资源，重要性日益受到重视，甚至被与黄金、石油等相提并论。数据、由数据萃取的信息、由信息升华的知识，正在成为企业经营决策的新的驱动力，为企业创造了新的价值。数据、数字技术、综合信息基础设施等均是数字经济的关键生产要素，是经济价值创造的重要因素之一。数据本身所蕴含的经济价值，将在企业的经营活动中通过与其他生产要素的结合而被激活并彻底释放。正因为如此，数据逐渐作为一种"商品"或"资产"进入流通领域，通过许可、转让等方式流转给其他主体，具

有带来经济利益的可能性。① 也正因为如此，数据具有一定的财产属性。

但并非所有的数据都可以纳入数据资产的范畴。只有权属清晰、定价明确和可交易的数据资源才能成为一项税法意义上的"财产"。② 数据资产本质上是巨量原始数据的衍生品，其形成过程凝结着大量的人力、物力和财力，是经过长期经营积累，将原本单一、碎片化、价值密度低的数据加以收集、分离并深度分析处理后的劳动成果。③ 因此，数据资产以一定载体形式存在，具有清晰的边界，可以归属于特定主体加以占有、支配、控制和处分。数据的价值创造性必然催生市场需求，从而使其具有交换价值，能够在二级市场进行合法的流转。④ 各个地方的数据交易平台所交易的客体即是数据。随着数据资产交易的常态化和规模化，公开的市场定价也使其价值的货币化衡量成为可能。因此，一项实现"资产化"的数据可以且应当成为税法意义上的"财产"。

（二）数据资产的所属财产类型

由于不同的财产类型具有不同的属性和价值构成，税法针对不同的财产规定了相应的征税规则，税收待遇均存在不同程度的差异。因此，确定数据资产所属的财产类型，有必要予以进一步的关注。

数据资产作为一种虚拟的符号性的存在，一般不将其归入有体物的范畴。但是否属于无形资产，则存在肯定说和否定说两种截然不同的观点。肯定说认为，数据资产完全符合《营业税改征增值税试点实施办法》规定的无形资产的定义（傅靖，2020）。否定说则认为，数据资产不属于列举的无形资产项目，其他权益性无形资产所列举的项目中也不包括数据（邓伟，2021）。上述观点依据同一条文对无形资产的概括式和列举式的定义得出了截然相反的结论，但仅以不在列举范围内即否定数据构成无形资产，是过于僵化和武断。

《营业税改征增值税试点实施办法》和《企业会计准则第 6 号——无形资产》（以下简称准则第 6 号）对无形资产的定义并不完全一致。除无实物形态、经济收益可能性外，准则第 6 号还要求满足可辨认性标准和所有权或控制权标准。数据资产不具有实物形态毋庸置疑，其本身的使用价值和交换价值决定了产生收益的可能性，已如前述。虽然数据能否成为所有权的客体仍有待立

① 文禹衡. 数据产权的私法构造［M］. 北京：中国社会科学出版社，2020：120.
② 朱晓武，黄绍进. 数据权益资产化与监管［M］. 北京：人民邮电出版社，2020：67.
③ 李永明，戴敏敏. 大数据产品的权利属性及法律保护研究［J］. 浙江大学学报（人文社会科学版），2020（2）：26-37.
④ 牟萍. 数据资产运营中的法律问题研究［M］. 北京：法律出版社，2020：26.

法的确认，但这并不能否认数据的可控制性。可控制性要求企业能够依靠人力实现事实上的控制和支配。尽管数据可以被无限复制，但通过技术保护措施、行业自律准则和平台协议等方式，即可实现事实上的控制。[①] 如未经权利人的授权，其他人不能商业性地制造、使用、销售和复制，即可认定控制权的存在。因此，数据资产具备无实物形态、收益可能性、可控制性和可独立交易性等税法意义上的无形资产的基本属性，可以将其作为无形资产的特殊类型之一。

数据资产的权利属性存在诸多争议，存在新型人格权说、知识产权说、"著作权＋数据库"特别权利说、商业秘密说和数据财产权说等不同的理论观点。数据并不天然地自动聚类并产生价值，而是需要相当大的劳动和资本的投入，才能将其"分离"出来并形成特定用途的数据资产，从而赋予其特定的经济价值和社会价值。因此，数据资产实际上是智力劳动创作的产物，将其纳入知识产权保护的范围已形成了一定的共识。由于数据资产极易被复制，一旦公开，其交换价值将彻底丧失，无法为权利人带来预期的经济利益。正因为如此，数据资产的权利人必须采取充分的保密措施以确保独占性和支配力及其由此形成的市场竞争力。就此而言，将数据资产归入知识产权的"商业秘密"，从而确定其税收待遇，具有一定的合理性。

四、数据资产交易的课税规则之建构

（一）数据资产交易的间接税课征规则

在数据资产具备无形资产的基本属性、足以构成一项商业秘密的情况下，随着《民法典》第一百二十三条确认商业秘密构成知识产权的客体，《营业税改征增值税试点实施办法》亦应适时调整无形资产的列举项目类型，将商业秘密乃至数据资产作为特殊的无形资产类型予以明确列举。这符合无形资产的概括式定义，且符合对无形资产课征增值税的规范意旨，不会造成税收法定原则的违反。

如前所述，只有经过一定的加工、处理后具有经济价值和使用价值的数据才能构成数据资产，才可被纳入应税的"无形资产"范畴。因此，是否附着人力的劳动创造，是区分数据应税与非应税的重要标准。原始数据，尤其是包

---

① 文禹衡. 数据产权的私法构造［M］. 北京：中国社会科学出版社，2020：122.

含敏感信息和隐私的个人数据，通常非经加工形成，不在征税范围之内。此外，尽管政务数据经由人力加工形成，但具有一定的公共物品特性，也应属于不征税的数据。

为保证增值税抵扣链条的完整性，转让数据资产同样应当允许进项税额的抵扣。如为开发数据资产而购入机器设备等生产要素负担的进项税额应当允许抵扣，如属于外购的数据资产，购买所负担的进项税额也可以抵扣。值得关注的是，经营性的数据资产往往通过采集用户的个人信息数据进行匿名化和脱敏处理而最终形成。如上述个人数据的采集须向用户支付价款，用户为此发生增值税义务，数据生产者因此负担进项税额却可能面临无法抵扣的问题，因为不具备经营资格的个人用户无法开具增值税专用发票。即使如前所述个人转让数据不予征税，数据生产者看似无须负担进项税额，实质上是本应在上一环节缴纳的增值税税款被转移到数据转让环节，数据生产者整体税收负担不会因此减少，亦无进项税额抵扣的可能。因此，对基于用户个人数据形成的数据资产，应当允许数据生产企业选择采取简易计税的方式，即以转让收入为税基、适用小规模纳税人的征收率，但不允许任何进项税额的抵扣。这一方法应仅限于转让的数据资产可以独立核算的情形。

由于适用税率等方面的差异，作为应税项目的数据资产转让与同样应税的数据服务的提供应当予以区分。虽然数据服务的提供可能最终形成一定的数据资产或资源，但以数据服务的提供为内容的经济活动中，信息的生产、收集、加工、处理、运输和利用等服务，均应按照服务提供方要求的内容和方式提供，产生的数据成果也须符合其预期和要求。而数据资产转让的标的是经过加工、处理后已经形成的数据成果，其生产过程由数据生产者主导、成本自行负担，受让方只关注数据资产的质量、数量是否符合自身的要求，并不关注数据资产的生产过程。在征管实践中应当据此区分数据资产转让和数据服务的提供，进而分别适用不同的税法规则确定税收待遇。

（二）数据资产交易所得的直接税课征规则

如增值税意义上将数据资产定性为无形资产，所得税应当基于同一法律定性确定其税收待遇，即发生数据资产转让时，确认发生"财产转让所得"，而非其他所得或偶然所得，以确保法律秩序的统一与协调。

通常情况下，税法意义上的财产转让是指财产所有权的有偿转移。然而，数据资产之上是否成立财产所有权，仍有待于民商法相关确权制度的建立和完善。① 数据具有无形性、可复制性以及传播不减损价值性，传统"物"的所有权的四项权能，即占有、使用、收益和处分，彼此分离的状态极为普遍。因此，数据资产的"转让"交易，不宜以传统意义上的所有权的变动为标准予以判断。基于数据资产的虚拟性和多重占有性等特点，应当以控制与处分权利的转移确认"转让行为"的发生，即如受让方在交易发生后，可以在任何时间和地点，基于自己的意愿和利益而自主支配、利用或处分数据资产而不受任何限制，可以确认数据资产发生转移。数据资产的控制与处分应同时包含以下权属：第一，排除他人权利主张的可能，任何人包括数据的初始所有人，未经同意，不得随意加以商业性地使用；第二，无须任何人同意，在经营活动中加以使用并保有由此产生的收益；第三，不经任何人同意而自由地改变数据资产的存在形态的权利；第四，承担数据毁损灭失，包括经济价值丧失的风险。如受让人基于交易的发生而取得上述权属，可以认定发生数据资产的转让交易，取得的收益应确认为"财产转让所得"。单纯转移数据资产的使用权或收益权，均不构成转让行为，所产生的收益不作为"财产转让所得"。如仅转让数据资产的使用权，授权许可他人使用数据资产所取得的收益，应作为"特许权使用费"缴纳所得税。

如个人有偿转让自有非私密性信息数据，由于原始数据的生成无须额外发生成本，并无财产原值可以扣除，转让收入全额计入应纳税所得额，按照"财产转让所得"计算缴纳个人所得税。如个人有偿转让购入的数据资产取得收入，则购买成本可计入财产原值，从转让收入中予以扣除，扣除后的剩余金额作为应纳税所得额。

企业转让数据资产，可依据《企业所得税法实施条例》第六十六条的规定确认标的数据的计税基础。采集用户个人信息数据而有偿支付的费用、为采集数据而发生的人员工资或劳务费用等，均可以计入数据资产的计税基础。数据的加工、处理虽并非技术的研究与开发，为了鼓励数据产业的发展，也可以考虑将其视同研究开发费用，允许享受费用加计扣除的税收优惠。

数据资产转让所得应以转让人所在地为所得来源地。如前所述，数据资产的转让以转让人享有控制和处分权为前提。取得上述权利转让人须投入一定经济资源，或者自行开发或者自他人继受，在此过程中对所在国的公共物品均有

---

① 李爱君. 数据权利属性与法律特征 [J]. 东方法学，2018（3）：64 – 74.

所利用，应有必要为此承担一定的公共成本。这与当前经济合作与发展组织（OECD）所主张的无形资产以价值创造地确定来源地的标准亦是一致的。

参考文献：

［1］蔡昌，赵艳艳，李艳红 . 数字资产的国际税收治理研究［J］. 国际税收，2020（11）：27 – 35.

［2］王竞达，刘东，付家成 . 数据资产的课税难点与解决路径探讨［J］. 税务研究，2021（11）：68 – 73.

［3］傅靖 . 关于数据的可税性研究［J］. 税务研究，2020（8）：54 – 61.

［4］邓伟 . 数据课税理论与制度选择［J］. 税务研究，2021（1）：47 – 53.

［5］杨志勇 . 数字资产税征收的国际实践与我国的政策建议［J］. 经济纵横，2020（11）：102 – 110.

作者单位：中国社会科学院大学法学院

数据课税的理论、逻辑与中国方案[①]

孙　正　闵庆汉　朱学易

内容提要：当前，数据已然成为数字经济的核心生产要素，其区别于传统要素的价值创造模式并衍生出了更为多元化的课税需求。厘清其中蕴含的课税逻辑、制定适用于我国数字经济发展的税收治理方案已经成为必然。本文对数据课税的内涵进行深究，从宏观理论层面分析数据要素的核心地位、数据税源类型及数据税制结构，以此为基础梳理出数据课税的逻辑机制，并从完善税法制度供给、优化数据流通路径、逐步塑造数据税制框架、充分利用数据特性推进数字化征管四个方面提出了数据课税的中国方案。

关键词：数据课税　数字经济　税收治理　以数治税

数字经济时代，数据作为核心生产要素发挥着提质增效的"引擎"作用。党的十九届四中全会首次将数据同劳动、资本、土地等并列成为又一具有时代特征的新生产要素。国家对数据要素定义的新坐标、新维度，意味着数据已经成为促进国家现代化发展、提升国际竞争力的核心战略资源。《"十四五"数字经济发展规划》进一步明确要加快构建数据资源体系，充分发挥数据巨大效力，利用数据资源推动研发、生产、流通、服务、消费全价值链协同。这意味着，数据不仅跃升为关键生产要素，而且还将影响价值创造过程，进而驱动生产模式、组织结构和经济业态的变革。数据要素在对经济的影响日益加深的同

---

①　本文系国家自然科学基金项目"'营改增'对生产性服务业与制造业协同融合的影响效应研究"（项目编号：71903143）、中国科学技术协会2021年度高端科技创新智库青年项目"数字经济背景下的税收治理现代化研究"（项目编号：2021ZZZLFZB1207089）以及天津市研究生科研创新项目"数字经济对生产性服务业与制造业协同融合的影响：机制、路径与治理"（项目编号：2021YJSB348）的阶段性研究成果。

时，也对现行税制体系提出了新的要求。税收制度作为我国公共政策的重要一维，能够为数据要素的良性发展提供激励和规制作用，是数据要素市场建设的重要基础、支柱和保障（谢波峰，2022）。因此，基于数据要素课税需求，构建与之匹配的税收制度体系已成为数字经济时代的核心议题。

近年来，随着数据要素的经济价值不断被深掘，其已通过使用、创新、交换、交易等多种途径产生经济利益，深入渗透国民收入循环，广泛参与国家"经济蛋糕"的分配，并由此引致税源在数字经济产业集聚。然而，相比于其他传统生产要素，数据要素的税收回应明显不足，实际负税水平与经济体量严重不匹配，引致税收不公平现象的发生（周坤琳等，2020）。现阶段，已有数据课税研究主要以数据的可税性为逻辑起点探讨数据交易价值课税的问题。数据要素在经济、法律、征管三方面都具备可税性（傅靖，2020；邓伟，2021）。基于此，部分学者以实际征税需求为导向，提出应从税基确定、税目划分、税率选择等数据交易方面进行税制设计（蔡昌等，2020；王竞达等，2021），以满足对数据交易过程课税的需要，但仍未建立起数据税收治理整体框架。因此，有必要从更宏观的视角把握数据课税的要义，以更加全面的理论和实践机理探究数据课税的底层逻辑，助推数字经济进一步发展。

将数据作为征税对象嵌入现行税收体系对于推进数字产业发展、补充数字经济税制内涵、增强税收跨国联结性、完善我国税收管辖权等有着重要现实意义。如何把握数据课税的理论与实践逻辑，并构建起较为完善的税收治理框架，是当下亟须解决的问题。基于此，本文的边际贡献为：一是从宏观理论层面追根溯源，探寻数据税制构建的理论根源，并在此基础上进一步梳理出数据课税的逻辑链条，对数据课税的理论依据与税制选择进行有益补充；二是前瞻性构建数据课税的中国方案，为数据税收治理提供借鉴。

一、数据课税的理论根源

以数据要素为征税对象的数据税收理论研究，不仅是数字经济税收治理研究的重要组成部分，还是促进数据要素发展、数字经济持续繁荣的重要支撑。本部分从生产力与生产关系理论、价值链理论、税负转嫁理论三方面论述数据课税的理论根源，在宏观理论层面阐释数据要素与税制体系构建之间的联系，进而为后续数据课税的实践逻辑与治理研究提供理论指导。

（一）基于生产力与生产关系理论，数据要素是重构税制体系的核心

马克思明确指出，生产力决定生产关系，生产关系又反作用于生产力。数据作为数字经济的主要生产要素纳入生产力范畴，以法律法规形式呈现的相关税收制度从属于生产关系范畴（冯俏彬，2021）。因此，基于这种理论关系，数字经济税制构建中数据要素的核心地位体现在：一直以来，我国税收改革的取向都是对生产要素征税（楼继伟，2006），在农业经济、工业经济时代，土地与资本分别是各自经济环境中生产要素的主体，要素赋能生产形成的动态经济链构成税源基础；当前，数字经济发展迅猛，数据不断资产化、资本化以扩展数据价值途径，强正外部性特征塑造了其在数字经济下的主体生产要素地位，也满足了在税制体系建设中的核心地位。数据要素参与价值创造过程，并不断改变着现有生产方式、产业结构、经济循环机理，与这种变化的经济形式相匹配的税种内容，也将成为税制重塑的重要成分。

具体地，数据要素主要从课税对象、纳税主体、税种三方面影响数字经济税收制度基本形态。首先，数据要素就是课税对象。从国民收入循环角度，数据要素嵌入国民收入循环生产、分配、交换、积累全过程，形成了数据生产资料、数据劳动价值、数据产品消费、数据资本积累的四类征税对象（孙正等，2022）。其次，数据要素的产权归属方为纳税主体。党的十九届四中全会指出："健全劳动、资本、土地……数据等生产要素由市场评价贡献、按贡献决定报酬的机制。"[1] 这意味着将按照贡献大小决定数据要素的市场经济价值。最后，数据要素决定新主体税种。工业经济时代，资本作为主要生产要素嵌入国民收入循环，其价值增值依附于商品的生产和流通过程。与之对应，数字经济时代数据成为主体要素，参与循环的逻辑基础不变，但由于课税对象与要素价值创造机制不同，税种的具体内容也将随之发生变化。因此，应当考虑围绕数据要素的新税种，例如可能征收数据生产税、数据报酬税、数据消费税与数据财产税等数据相关税种的潜在需要，形成数字经济时代的主体税种。

（二）基于价值链理论，数据要素价值化产生多样性税源

价值链理论是用来剖析价值链主体竞争优势来源与价值创造过程的重要经

---

[1] 中共中央关于坚持和完善中国特色社会主义制度 推进国家治理体系和治理能力现代化若干重大问题的决定［EB/OL］.（2019-10-31）［2022-10-28］. https：//www. 12371. cn/2019/11/05/AR-TI1572948516253457. shtml.

济理论（李晓华等，2020）。税源是税收的价值源泉。基于价值链理论可以明晰数据要素价值创造全过程，洞察数据自身以及与其他要素高效协作而产生的不同类型的税源。工业经济时代，生产链中的价值产出被课以生产税，囿于传统生产要素资源的有限性与流向的固定性，价值创造产生的利润多以商品流通过程中可量化的货币化收益呈现，税源形式单一。而数据要素本身具备非竞争、高流转及易复制等特质，企业获取数据的边际成本极低且可以多场景应用，以数据为载体的信息流快速并精准引导物质流在生产内部循环，数据要素价值可以在生产链中被重复化、多元化利用。因此，迥异于传统要素的新税源形式诞生于数据价值链，丰富且多元化的收益内容亟须新税制相匹配。

数据要素本质上不同于传统生产要素的使用方式与价值创造模式，具体体现在传统企业与数字平台企业的生产链中。一方面，传统企业利用数据要素进行产业数字化。数据价值创造过程不仅体现为内部数据的交互，还可以和政府、数字平台等外部部门进行数据交换。数据通过与其他生产要素高效协作并激发创新潜力的过程，实现数据的使用和创新价值；数据交换获得"等价物"的过程体现其交换价值。同时，数据要素协同其他要素价值创造出产品，当数据产品或服务进行交易获得收益时，数据交易价值得以实现。另一方面，数字平台以数据为主生产要素进行数字产业化。尽管数字企业以数据为主生产要素进行价值创造，并且产出品多为纯数据产品和服务，但与传统企业相同的是，二者都是以利润最大化为目标，利用数据优势得到专利项目（如数字化知识、方案）、数据半成品（如脱敏化数据）、数据产成品（如个性化服务数据）等增值产物或收益。总之，数据要素通过发挥其多样化的价值，帮助企业依托多种载体产生货币化收益的同时，在税收层面上，又丰富了税源类别。

（三）基于税负转嫁理论，数据税收呈现双核心结构

税负转嫁是以商品或服务流转为载体，以价格变动为媒介，以税负结果进行转移的厂商经济行为。商品的交易价值是税负发生转嫁的前提。与传统商品一样，在商品交易环节，随着数字商品的流转，"税负"以价格变化在经济主体之间"转嫁"。但数据商品除了具有一般商品"交易价值"的基本特性，还有其自身的特征——"非交易价值"，并且税负转嫁过程强化了这种"非交易价值"。数据商品往往以虚拟数据产品的形式呈现，交易方式主要凭借"点对点"的线上交易模式，很大程度减少了"中间商赚差价"的

环节。再加之数据要素具有较强逐利性且可以快速集聚从而促使数字企业更容易形成垄断，强化了购买方税负痛感，引致部分数据产品的消费积极性降低。对于数据供给方而言，在税负前转难度加大的情况下，会转而发展数据的"非货币交易"，基于数据的保有并使用，进而创造收益（许宪春等，2022）。与之对应，针对数据课税的制度设计也应体现为"双核心"，即针对数据商品流转产生的交易价值征税、针对数据要素保有和使用产生的非交易价值征税。

构建针对数据交易价值与非交易价值的"双核心"税收治理结构。一方面，我国数据要素市场尚处在构建初期，围绕数据交易价值课税是完善数据市场建设的重要方面。数据税负转嫁的直接结果是，很大程度减少数据供需双方进入市场的交易频次与交易规模，引致数据交易市场化发展出现梗阻。因此，针对数据交易过程课税应以引导规范数据交易流程的税制设计为先行目标。在建构初期，将税负厘定为较低层级，通过给予多元化优惠政策充分激发数据交易市场整体活力，加速数据红利赋能经济全领域。另一方面，非交易价值是数据要素区别于传统要素的关键，建立数据非交易价值税制体制是数据课税体系创新的关键。尽管数据以商品或服务形式进行交易，但相比同时段数据已有存量，处于交易环节中的数据无论是绝对数额还是相对比例，体量都相对较低。企业或部门凭借拥有的数据更多地应用在诸如高效生产、定向广告投放和用户个性化服务等内部使用。尽管处在非交易环节中的数据要素正在参与价值创造，并能够获得货币化收益，但是我国现有税制体系在该方面仍尚处于空白阶段，针对数据非交易价值的税收回应亟待更新。

二、数据课税的逻辑机制

当前，世界各国正处在由工业经济迈向数字经济的关键阶段，数据承载着数字经济跃升的内核与价值源泉，而囿于渐进式的税收体系构建引致数据征税与传统税收不匹配，厘定数据课税完整逻辑迫在眉睫。根植于税收中性与税收公平原则，本文认为应从法制约束、流通制度、价值类型、监管机制四个方面递进式厘清数据课税的内在逻辑（见图1），为把握数据税收治理方向与构建税收治理框架提供逻辑证据。

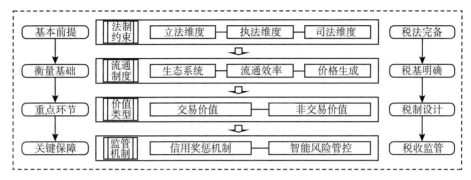

图1　数据课税逻辑

（一）法制约束决定课税基本前提，探寻多主体协同合作的法律规范

完备的数据涉税法律法规是对数据顺利课税的基本前提。法制约束在数据课税方面的要求重点体现在税法层面，即为各经济主体的涉税活动提供基础法律环境。数据税法体系建立过程中应以高效多边协作为主线，进行全面、深入的约束设计。在立法维度，贯彻税收法定原则，立法机关依据数据的价值属性、收益形式以及影响范围等因素把握数据要素层面的税法内核，进行标准化与全面化的立法完善；在执法维度，税务机关依照法律法规对数据涉税经济活动进行严格监督与稽查，同时根据已有法律，就处于"征管无门"的税源内容进行一定程度延伸解释，给予立法缺失部分有益补充；在司法维度，由司法机关进行裁决获得的定性分析结果，也可以作为对类似争议性收益课税的依据。协同合作的同时应着重厘清法制约束的侧重点，遵循以立法为主，执法和司法过程为辅的逻辑。执法与司法阶段的处理结果在一定限制下可以适当补充立法的不足，但体系的构建应着重倾向立法阶段，以立法结果即税法完备作为多边主体协同创新税收体系的关键枢纽，助推税收法定原则的实践应用。因此，我国立法机关应加速完善数据税法内容，将突出堵点纳入考量范畴，为数据要素市场化建设、充分发挥作用以及税收体系完善提供法律保障。

（二）流通制度决定课税衡量基础，厘清影响税基确定的多元化要素

数据课税衡量基础是税基的确定。数据流通制度体系构建能够对税基确定产生决定性影响，因此该过程对政府税收治理有着重要意义。数据流通制度体

系的构成主要体现在以下三方面。一是具备完整的生态系统。流通生态系统的构建可以破除数据流通屏障。当数据供需双方发出交易渴求，生态链这双"无形的手"引导需求主体在体系内部循环流动，自动生成流通路径促成交易达成，税基也在该环节产生。二是流通效率的提升。当区域、行业、部门各主体之间衔接速度升高，可以引致交易匹配加快与沉没成本降低，信息流、物质流、资金流能够迅速且精准实现在各环节间的交互，进而产生更多经济来源内容，无形中扩大了税基广度。三是拥有成熟的价格生成体系。数据买卖双方交易执行的核心在于价格确定，定价模式的厘定促成交易完成的同时，也关乎税务部门对税基确定的最终环节即应税数额的形成。总而言之，把握流通制度构建方向、优化路径、外部效应对税基生成以及扩大广度、追寻深度具有重要作用，也成为畅通数据要素税收治理的关键要道。

（三）价值类型决定课税重点环节，把握税制基本方向

数字经济背景下，数据相关税制设计是数据课税的重点环节。数据不同的价值类型可以产生多种经济利益，差异的货币化收益如何归类为应税收入已成为设计的重点内容。因此，数据价值类型的多样性是税制设计的重要依据。数据价值主要可以分为两大类。一类体现为交易价值。数据产品或服务流转过程是交易价值的实现场景，该环节产生的收益流程清晰、可量化程度高，为其融入现有税制体系提供了必要条件。另一类则是非交易价值，具体内容包括数据的创新、交换、使用等价值内涵，基于数据收集、数据存储、数据分析、数据应用的核心流程，衍生出产生收益的各种路径，但这些过程标准化程度低、场景依附度高，纳入现有税制体系难度较大。这为创设新税制、新税种提出了现实要求。现阶段，数据要素已发展到一定程度并产出收益，创造价值过程大多以营利为目的，同时增值部分已具备"货币化"计量技术基础，其在经济上的可税性条件已然齐全。就应税收入看，数据流转收入、相关主体所得收入以及其他价值创造的收益满足可税性条件，本质上属于应税收入行列，只是并无税制上的明确回应。基于此，在数据应税项目及应税收入等方面给予税制精准设计，进一步提高税制的标准化程度，已经成为厘定数据课税体系的重点内容。

（四）监管机制决定课税关键保障，亟须朝着"以数治税"方向进一步转变

数据课税的关键保障是税收能够被全面监督与稽查。监管机制是税务部门

为保证税收公平与效率，对数据要素相关涉税活动和参与主体进行税务监管的过程。中共中央办公厅、国务院办公厅印发的《关于进一步深化税收征管改革的意见》提出，要建立健全以"信用＋风险"为基础的新型监管机制，为数据税收治理提供了基本方向。具体监管逻辑可以梳理如下。一是信用奖惩机制。在建立健全数据征管过程的信用评定制度、失信行为认定、奖惩标准、异议处理等机理的前提下，对守信主体进行税收优惠等激励，接着在纳税信用互通社会信用的过程中对失信主体设立"信用黑名单"以约束其具体经济行为。二是智能风险管控。基于数据纳税主体的实名办税缴费记录和信用等级划分，利用人工智能等技术手段对其潜在的税收风险进行实时监测与评判，同时智能化给予"保底"行为界限以保证企业涉及数据相关的基本经济和税务活动。无论奖惩机制建立还是智能化风险管控都离不开"互联网＋监管"的基本手段，以数字化、智能化应用进行监管对日趋隐蔽且灵活的数据税收活动尤其重要。现阶段，进一步推动税收征管数字化升级的需求依然亟待满足，进而逐步实现从"以票管税"向"以数治税"分类精准监管的转变。

三、数据课税的中国方案

目前，数据要素本身相关价值产生的涉税问题仍处在初步探索期，税收体系的滞后已成为数字经济时代税制构建的短板。因此，本部分基于上述理论根源与课税逻辑，前瞻性构建数据课税的中国方案，以期进一步完善数字经济税收体系，更好匹配国家发展目标与税源基础。

（一）完善税法制度供给，坚持税收立法、执法、司法统筹并举

税收法律层面的制度供给是治税的根本遵循，而治税需求反过来又影响制度供给的不断完善与调整。税法制度供给可以进一步解释为税收实体法、税收程序法等之间相互衔接、逻辑递进的协同治税过程。现阶段，数据要素税收治理过程中，税法的完善依然是重中之重，与其他法律的协同也是必然趋势。数据来源细节明确与身份核实给予数据交易流程合法保障的同时，也可降低征纳双方争议的频次和税收执法风险等。因此，为了匹配数据税收征纳双方平衡权益和畅通协税护税渠道的理性目标，要构建各法律互联、互通、互助的闭环，从多维度助力法律层面的治税行动。一方面，要进一步补充完善数据垄断企业的法律约束，建立数据开放、共享、交易等流通过程奖励与追责机制，并全方位提供数据信息隐私保护，增强流通时各主体之间的互信程度。另一方面，要

实现税法本身的完备。现行税法内容对于数据要素的定性规定几近于无，增添应税项目、划分应税收入、裁量税率层级已经成为税法完善的当务之急。在完善数据税收征管方面，要强调第三方数据交易平台的联动、协同治税义务，通过《税收征管法》明确平台对数据交易涉税信息的报告责任，以具体细则呈现涉税信息的报告范围与特殊规定。此外，扩大研发费用加计扣除范围，将数据价值化过程视为企业对新基建投资而适用"三免三减半"的税收优惠等。

（二）优化数据流通路径，夯实数据税收治理基础

加快推进数据市场建设是我国数字经济发展的迫切任务之一，数据流通作为其中的关键环节，不仅是夯实税源、明确税基的前提，也有助于实现税收治理与国家发展目标的契合。在生态系统优化方面，构建数据交易所和数据商相分离的流通生态系统，以交易所为枢纽链接数据交易主体与提供数据集成、评估、咨询、交付等服务的第三方数据商主体，破除数据流通的"信息孤岛"，以更加互信、流畅、高效的循环体系进行数据共享与交换。在流通效率提升方面，一是通过供给侧构建数据标准化体系、加强数据来源管理、更新数据分析技术方法，以实现数据高质量供给，不断满足流通过程中迅速评估、提升互信、确定标识、简化程序的效率需求；二是构建数据流通规则体系，配套数据交易中主体合规挂牌、交易安全保障、收益合理分配及市场运营管理等规则体系，以制度规范减少流通过程中的摩擦和内耗成本。

税基最终的确定很大程度取决于数据交易价格的形成。在价格生成方面，一是结合数据产品特征给予差异化评估标准。把数据产品分为原始数据、去隐私化数据、个性化服务数据三类。其中，前两类数据的技术应用水平较低，通常只需要经过整理、加工、清洗、归集过程。因此，数据市场价值的评判主要依赖数据本身的饱满程度，以数据标准度、承载量、集中性等指标进行具体估价。而个性化服务数据是卖方为满足客户的特殊需求专门开发而形成，所需数字技术复杂且参与要素的范围广泛。因此，考虑将供给方的利润价值纳入辅助估价指标具有一定合理性。二是构建数据价格评估要素体系。能够准确识别各类数据来源并进行价值评估的前提是构建完整、系统、准确的评估要素体系，具体可从数据生成成本、质量层级、需求方感知价值、商业价值等多层次、多维度评估，同时结合各类数据产品的专属估价原则进行重点考量与研判，从而确定符合买卖双方与价格规律的公允定价。

（三）把握数据要素参与国民收入循环各环节的经济本质，塑造数字经济税制新框架

生产力层面的变革往往通过多种方式和途径影响生产关系的内涵，现行税收制度框架也应与数据要素的生产力地位相呼应。要从国民收入循环各环节数据要素在其中发挥的经济本质入手，围绕生产、分配、交换、积累四环节进行数据税制建设。总体遵循的原则为：短期提升税制的适配性，将数据价值化产生的税源纳入传统税种的税收范畴，长期突出数字经济税制改革，增加数据要素的政策储备，如数据价值税新税种的开设等创新性改变，以价值产出所得的货币化收益作为数据课税的税基，约束与激励并存，充分发挥数据要素的价值。

1. 在生产环节，进行数据生产税建设。以数据要素为核心生产资料的新经济业态创造出巨大的经济价值。为了尽快满足当下数据交易市场的税收治理需求，增强税制对数据要素的包容程度，可以在我国现行增值税税制体系下扩充"无形资产""服务"等要素的内涵，将数据产品和服务的交易纳入生产税体系。并且，数据的流通呈现国际化趋势，根据"目的地原则"，强调国外跨国企业在我国的纳税义务，规定数据产品和服务的接受方为代扣代缴义务人和跨国企业自行申报的方式来满足税款的征收需求，同步将数据增值税纳入全行业增值税的抵扣链条，逐步建立起符合国内国际双体系的数据生产税税制。

2. 在分配环节，进行数据报酬税建设。厘清数据价值化过程的各纳税主体，尤其是具有"产消者"身份的自然人，建立全面的税务登记制度和自然人纳税申报数据平台，利用税收大数据进行数据涉税主体与税额的精准确认。同时，扩大现有税种征税范围，针对企业和个人获得涉及数据交易的收入，通过正列举的方式明确数据属于财产中的一类，或将数据归属无形资产的一种，以转让财产收入征收所得税。并且，其他收入和偶然所得具有兜底功能，当数据属性无法清晰，其价值产出所得可以归入其中，进而将数据报酬收益纳入所得税体系。

3. 在交换环节，进行数据消费税建设。在推动消费税征收环节后移并下划到地方的改革进程中，重点考虑将数据产品和服务纳入征税范围。由于数字经济中数据要素的逐利性，数据资源更偏好于大型数字企业从而形成垄断，通过设定企业在数据消费过程产生收益的纳税门槛值，以此来实现仅对大型数据垄断企业的数据交易收入的调节作用，从税制供给方面助推企业垄断治理。同

时，数据消费税建设中还要强调消费地原则的课征理念与模式。随着数字经济的发展，数据消费的频次以及数额不断扩大，在现行税收分配的生产地原则下数据消费产生的税收快速涌入企业注册地，进一步加剧了政府间税收横向分配不公。因此，基于"用户创造价值"理念，引入消费地原则有助于完善税收利益横向分享格局、促进区域间财力均衡。

4. 在积累环节，进行数据财产税建设。数据积累的多寡将成为未来企业竞争力的核心。在税制建设上，关注点聚焦于可以产生实际经济价值的数据财产，因此逐步建立起税务机关对于数据财产界定的标准就显得尤为重要，并配套规定数据要素成本核算规范、价值贡献体系等细则以实现其应税数额的最终衡量。长期看，在经济主体利用保有数据进行使用、创新、交换等非交易活动时，可以设计数据财产税类的新税种以满足现实的课税需求，逐步解决数据税源大量流失的问题。

（四）充分利用数据特性推进数字化征管，实现数据税制与征管的良性互动

数字经济时代，数据不仅是税收制度框架下的征税对象，其本身也为税收征管方式革新提供了机遇。因此，从数据要素本身的特性入手，将数据作为链接税制与征管的中介，能够实现以数字化征管推进数据税制与数据征管的互动与平衡。一方面，升级已有第三方平台的区块链技术，将税收征管嵌入数据交易过程。将纳税登记流程嵌入各区域数据交易所或交易中心区块链系统，通过平台进行数据交易主体实名工商登记，确保"不合规不挂牌，应税者尽缴税"。同时，开发适用于数据交易的区块链智能合约，将数据所有者与买方交易条约、征税逻辑等内容均写入分布式区块链网络的代码中，利用数字计算、加密代码对其进行自动履行，当达到所设条件与规则触发点时强制执行约定条款。数字逻辑链条执行具有高标准、高效率、高遵从的特点，在达到约束买卖双方交易目标的同时，又产生了清晰的征税数据，从而节省了税收征管成本和纳税遵从成本。另一方面，结合央行数字货币提高监管效率。在数据非法与模糊交易问题上，交易主体与数额难以监控是关键，而货币数字化可以帮助实现交易溯源。当税务机关怀疑纳税主体存在非法数据交易活动时，可以通过应用软件的数据追溯进行资金流向、数额、时间的盘查以及收款方的信息核对，迅速精准地确定交易活动类型与涉税数额，在提高税收监管效率的同时做到应税收入的"应收尽收"。

参考文献：

［1］谢波峰. 数据相关国际税制评述［J］. 大数据，2022（3）：78 – 86.

［2］周坤琳，李悦. 论数据交易的征税理据［J］. 税收经济研究，2020（6）：78 – 84.

［3］傅靖. 关于数据的可税性研究［J］. 税务研究，2020（8）：54 – 61.

［4］邓伟. 数据课税理论与制度选择［J］. 税务研究，2021（1）：47 – 53.

［5］蔡昌，赵艳艳，李艳红. 数字资产的国际税收治理研究［J］. 国际税收，2020（11）：27 – 35.

［6］王竞达，刘东，付家成. 数据资产的课税难点与解决路径探讨［J］. 税务研究，2021（11）：68 – 73.

［7］冯俏彬. 数字经济时代税收制度框架的前瞻性研究：基于生产要素决定税收制度的理论视角［J］. 财政研究，2021（6）：31 – 44.

［8］楼继伟. 中国税收改革的长期取向：对生产要素征税［J］. 财经界，2006（1）：14 – 15.

［9］孙正，杨素，霍富迎. 互联网零工经济的税收治理：理论、逻辑与前瞻［J］. 财政研究，2022（2）：118 – 129.

［10］李晓华，王怡帆. 数据价值链与价值创造机制研究［J］. 经济纵横，2020（11）：54 – 62，2.

［11］许宪春，张钟文，胡亚茹. 数据资产统计与核算问题研究［J］. 管理世界，2022（2）：16 – 30，2.

作者单位：天津财经大学财税与公共管理学院

数据要素影响税制体系的机理、表现和应对①

杨 昭 杨 杨

内容提要： 税收是国家参与社会产出分配的主要形式，产出多寡依赖于投入的生产要素及其组合效率。数据作为新型生产要素，将深刻影响现代税制体系。本文从税制体系的基本特点入手，重点剖析数据要素影响税制体系的传导机理及其对税制体系带来的影响，并从持续厚植税源、支持数字经济发展、逐步调整现行商品税制度、适度改革现行所得税制度以及积极应对国际税收新变化等方面提出进一步优化完善我国税制体系的对策建议。

关键词： 数据要素　数字经济　税制体系　税收治理

数据是驱动数字经济发展的关键要素。近年来，我国从中央到地方各个层面都非常重视数据要素作用的发挥。2022 年 12 月，《中共中央　国务院关于构建数据基础制度更好发挥数据要素作用的意见》正式发布，标志着我国数字经济全面进入以数据要素作为核心驱动的制度构建新阶段。数据要素与传统生产要素相比既有共性，也极具特殊性，深刻影响资源配置和价值分配。税收以生产要素投入创造的产出价值为根本来源，以政府直接参与社会产出分配为基本方式。传统工业经济时代，劳动力和资本是主要生产要素，税制体系以此为基础得以形塑。数字经济时代，数据要素全面介入工商业活动，受其影响，税制体系既面临着重大机遇，也面临着严峻挑战。我国数字经济发展前景广阔，但数字化背景下的税制建设相对滞后。在这样的背景下，我国税收制度的调整

---
① 本文系 2022 年度国家社会科学基金重大项目"财政政策与货币政策促进高质量就业的协同机制研究"（项目编号：22&ZD091）和 2021 年度贵州财经大学引进人才科研启动项目"我国个人所得税的公平效应分析"（项目编号：2021YJ055）的阶段性研究成果。

既要有助于夯实数据基础制度、鼓励数字经济持续健康发展，也要积极应对数据要素带来的税收挑战。

一、税制体系的基本特点

（一）生产要素配置决定税源

税收是国家参与社会产出分配的主要形式，产出多寡依赖于投入生产要素及其组合效率。农业经济时代，劳动力和土地要素占据主导地位，由于远未达到商品经济阶段，具体劳动很难抽象为一般劳动，因而除直接的劳役外，国家很难抽取劳动力报酬作为税源，而土地作为"财富之母"贡献了主要的税收收入。工业经济时代，劳动力和资本作为核心生产要素共同促成商品经济的快速发展，工商业活动成为财政收入的主要来源。随着市场竞争的激化以及科学技术的进步，高质量生产需要投入更多要素，生产要素的概念不断泛化（洪银兴，2015）。数字经济时代，数据成为新型生产要素并引领商品经济发展进入新的阶段，各类生产要素共同提高生产率，创造大量产出，并决定国家税收收入。

（二）征税集中于价值流转和分配环节

新增社会产出最终分配给相应生产要素是征税的基础。在具体税收实践中，政府既可在价值流转环节征收商品税，如增值税、销售税或消费税等，也可在价值分配环节直接针对生产要素所有者征税，如个人所得税和企业所得税。此外，政府还可对价值持有形成的存量财富征税，即财产税。其中，价值流转和分配是工商业活动的核心环节，最活跃也最稳定，是税收收入的主要来源。对应于各国税收实践，商品和所得则是主要征税对象。从发达国家税制演变历程看：在经济发展的起步阶段，社会总产出有限，剩余价值多用于扩大再生产，分配环节税源积累较少，因而多以商品税作为税收收入主要来源；在经济发展的成熟阶段，各国转以所得税为主要收入来源。发展中国家受制于不健全的要素市场和较低的社会产出，更依赖在流转环节征税，以商品税作为主体税种。在商品税中，增值税仅对价值增值的部分直接征税，避免了对同一纳税对象重复征税，且兼具隐蔽性和易征性，已经成为全球范围内发展最迅速的税种之一（张文春，2000；罗秦等，2022）。

（三）纳税主体以个人或企业为分界

税收征管能力越强，选择纳税主体的空间就越大。发达国家税收征管能力较强，普遍以个人或家庭作为纳税主体。例如：美国个人所得税收入占税收总收入的比重超过50%，经济合作与发展组织（OECD）成员国整体个人所得税收入占比也超过了30%（李文，2017）；美国的州和地方政府直接针对消费者在零售环节征收销售税。出于税收征管效率的考虑，发达国家也普遍对工资薪金所得、利息股息红利所得实行源泉扣缴，扣缴义务人成为税款缴纳的重要协助方。发展中国家税收征管能力普遍偏低，更看重企业的纳税主体地位。在我国，无论是商品税还是所得税，主要税款均由企业直接承担（朱青，2017）。

（四）经济全球化成为税收治理的重要影响因素

征税权是国家主权，具有排他性和独立性。一国税制安排应完全由本国政府和民众依据国家经济社会发展情况自主决定。但随着经济全球化深入发展，国与国之间经济活动深度互联，经贸往来日益频繁，为避免双重征税和双重不征税，各国需要就税权分配等涉税事务进行协商，跨国界的税收治理成为常态。但与此同时，经济全球化也带来了日趋激烈的国际竞争，任何发展滞后或转型失败都可能引发国内经济长时间停滞。与此同时，国际联结异常密切，区域性的经济风险向全球蔓延，一国经济发展的不确定性增加。为应对这些问题，各国政府一方面倾向于通过减税提高本国资本吸引力，进而助力国家经济发展，而这也诱发各国开展税收竞争。税收竞争加大了财政压力，但由于各国利益诉求差异较大，实现广泛税收协作面临很大挑战。另一方面，政府要随时调整各类宏观调控政策。税收既可以作为独立工具发挥"相机抉择"或"自动稳定器"功能，也要配合产业政策、金融政策、财政补贴政策等形成合力以化解经济风险，提高经济韧性。无论发达国家还是发展中国家，税制调整的频率都在加快，推升了税收治理难度。

二、数据要素影响现代税制体系的机理

（一）提高资源配置效率

1. 赋能传统产业。生产要素的每一次"扩围"都代表着人类对自身极限的进一步突破。工业经济时代，机器延伸人的物理器官，提高人类利用自然的

能力，由此创造出丰富的物质文明。但由于信息无法全面流通，生产要素之间无法自行协调，因此生产能力虽然不断增加，但资源错配却始终伴随其中。数字经济时代，数据要素以数字化方式集成知识和信息，延伸了大脑功能，极大提高了人类认识世界的能力。数据要素帮助传统生产要素及市场主体联结成有机整体，传统产业的生产经营因而更加集约有效，产品和服务质量更容易得到改善，协同创新也得以充分实现（徐翔等，2021）。

2. 催生数字产业。数据要素支撑了以数字产品和服务为生产经营目标的数字化产业，这些产业已成为国民经济发展的重要组成部分。与传统资源要素化后的产品多是作为企业再生产的投入要素不同的是，数字产业带来的产品和服务可直接进入消费端，从而拓宽消费边界。数字产品和服务不断满足人类精神和文化需求，逐渐成为普通家庭生活的刚需，催生巨大的消费市场，为消费者直接提供数字化产品和服务的企业则发展势头强劲。以全球最大的社交平台脸书（Facebook）为例，成立至今已经拥有了将近 30 亿的月活跃用户，母公司总市值一度突破 1 万亿美元，远超多数传统制造业企业。①

（二）重塑市场组织形态

1. 平台化组织成为提供数据服务的核心。一是传统市场主体难以独立实现数据的要素化。数据本身广泛存在于自然资源和社会资源中，但只有经过专业搜集、识别、挖掘和分析，且能助力生产和交易的数据才能成为生产要素。这些专业化处理深度依赖信息通信技术和网络信息技术，传统市场主体通过内生信息技术实现数据要素化的成本很高。另外，数据资源具有用户依赖性、使用可重复性和非竞争性，数据要素价值的实现需要具备大体量、快速流通和深度融合等关键要求。对传统市场主体而言，独立进行数据资源整合和数据要素使用存在较高的数据质量壁垒和数据浪费机会成本。二是平台化组织在提供数据要素服务方面具有独特优势。平台化组织依赖网络信息技术联结供需各方，汇聚海量高频交易数据，数据搜集更全面，数据使用更高效，数据运营更集约，这些独特优势使其成为数据要素服务的核心提供方。与传统组织购买专利技术等无形资产需要一次性耗费巨额成本不同，数据要素可点对点切割式提供精准服务，平台可少量多次收费从而降低市场主体获取数据要素服务的成本压

---

① Facebook 用户超过 30 亿，依旧是"社交之王"，微信有机会反超吗？［EB/OL］.（2021 - 07 - 31）［2022 - 12 - 20］. https：// new. qq. com/rain/a/20210731a08gmk00.

力。因此，平台通过提供数据服务迅速成为市场活动的枢纽，借由平台提高效率将成为市场主体的主动选择。数据要素的虚拟性特点又使得平台企业可突破物理空间限制，借助网络效应和资本的大量介入获得巨大信息优势，打造"赢者通吃"的经营态势，客观上也倒逼传统市场主体更加依赖数字化平台。

2. 市场组织极化现象不断凸显。一是数字化市场主体垄断愈演愈烈。在数字经济时代，数据成为核心生产要素，越是具有数据优势的企业越容易巩固并扩大其优势。除数字化平台以海量数据作为核心"原材料"形成垄断外，数字技术的通用性和耦合性以及数字产品的零边际成本性质导致数字技术领域更易出现垄断。技术的更迭和市场优势的建立同样离不开资本助力，数据要素和数字技术不断推迟资本边际收益递减的出现。因此，传统企业数据要素挖掘越充分，数字化转型就越成功，也越容易打造数据资本优势以巩固其市场地位。二是小型化市场更加活跃。数据要素的大规模赋能极大提高生产要素间的匹配效率，企业专享生产要素的机会成本变高。市场主体可采用外包和众包等模式在实现小型化、轻资产化的同时降低成本、提高效率。就市场主体自身而言，大数据算法可部分代替工业经济时代企业家需要具备的计划、组织、协调、控制等综合管理职能，降低"企业家"准入门槛，客观上也为众多小型企业乃至个人进入产品生产销售诸环节并维持竞争力创造有利条件。

（三）改变价值流转和分配

1. 流转环节扁平化。一方面，数字化转型帮助龙头企业不断提高内部信息流通效率，解决了产业链深度整合带来的组织成本攀升问题，产销一体化甚至跨界融合的进程得以加速实现；另一方面，工业互联网和消费互联网平台提供的精准数据服务能够帮助众多中小企业和非企业市场主体降低物流、信息流、商流以及资金流成本，进而压缩价值流转环节并打破价值流通的区域限制，实现点对点直接交易。

2. 市场交易高频化。第一，生产成本的下降和流通渠道的畅通打破了传统商品产销的"二八定律"①，"长尾市场"② 得到充分发展，消费品类别得以更丰富。第二，生产与消费深度勾连，消费者可充分表达其消费偏好并得到及

---

① 二八定律是指生产生活中普遍存在不平衡现象，即如果把主要精力集中在20%重要的事情上，就能达到80%的效果。对应到工商业活动中，二八定律的启示在于，由于企业的主要销售利润来源于热销的少数主流产品，因而应围绕这些产品集中开展产销活动。

② 长尾市场是指单品需求量和销量较低的小众商品市场。这些商品所占据的共同市场份额可聚沙成塔，匹敌主流市场。

时回应，传统从生产到消费的传递渠道被颠覆，由消费者参与抵达生产商的C2M（Customer‐to‐Manufacturer）模式从愿景变为现实，按需生产、个性化定制的经营模式解决了供需匹配难题，提高了交易频次。第三，产业分工更加专业化、精细化，生产环节和工作流程得以拆解，传统企业的内部效应可由外部市场实现，因而同一产品的生产过程激发出数倍于以往的外部交易量。第四，借助互联网平台，大量生活领域的闲置资源被盘活，共享经济发展迅速，生产者和消费者边界逐渐模糊，市场交易的活跃程度激增。

3. 价值分配模糊化。如果数据需求方以购买数据服务的方式获得数据要素或数字产品，支付的价款似乎代表了数据要素分配的收益，但这种分配是极其不完备的。一方面，数据的虚拟性决定了数据要素的价值凝聚和价值创造必须全面渗透到其他生产要素，独立剥离数据价值的难度较大；另一方面，从原始数据资源到数据要素的过程既涉及多方主体，也触及多种要素以及多类别交易，甚至足具动态性和易变性，数据服务供给者获得的收益很难直接以货币方式抵达底层数据资源贡献者。如果数据需求方以自生方式获取并使用数据要素，数据价值核算的难度也很大，其收益分配目前仍然多是以数据服务核心部门人员的薪酬、分红以及企业的资本折旧、利润等方式体现。

（四）影响经济全球化

1. 数字经济全球化成为必然趋势。近些年，贸易保护主义逐渐抬头，逆全球化思潮有所蔓延，但是得益于数据要素的驱动，国际贸易仍保持增长，有效带动了全球经济发展（江小涓等，2022）。数据要素价值实现所要求的数据积累、技术进步以及资本支撑客观上引导全球经济持续开放协作。数据要素流动所受时间空间限制最小，包容性兼容性最强，因此越是依赖数据要素和数字技术的行业，全球化趋势越明显。不仅数字化产品可快速完成跨境交易，数字化过程还在一定程度上突破了传统服务业受到劳动力流动约束而较难实现全球化的限制。物质产品也可通过互联网平台提高跨境生产者、销售者与消费者的沟通效率进而达成交易。

2. 全球数字经济治理难度加大。数据要素参与下的全球经济呈现主体更加多样、对象更加复杂的特点，挑战了工业经济时代以大企业为主导、以实体经营为基础、以物质产品为对象的国际贸易协调规则。各国参与数字经济的时机、环节以及深度有所不同，传统工业经济的产业分工格局逐渐发生变化，数字经济争夺战愈演愈烈。各国维护自身利益的诉求各有差异，碎片化的数字贸易规则形成事实上的"数字壁垒"，强化了数字贸易保护主义。数字经济催生的"巨无霸"跨国企业固化其霸权优势，提高了各国数据垄断治理和数据安全监管难度。另外，国与国之间以及一国内部的"数字鸿沟"逐渐生成，加剧全球不平等，对各国经济发展和社会稳定造成隐患。

三、数据要素影响税制体系的表现

（一）对税制体系基本面的影响

1. 税制体系保持稳定。现代经济以商品生产和消费为主导，税收主要来自于新增社会产出，产出的增加依赖生产要素配置，生产要素配置由分工和交换促成。数据的广泛挖掘和使用使商品经济进入数字经济阶段，传统工业经济主导的生产和交换方式有所变化，但社会分工和自由交换仍是价值创造的源泉，商品经济的本质并未被颠覆。无论数据是否成为普遍的生产要素，价值流转和分配都是商品经济运行的核心环节，因此，税收的征收对象仍以商品和所得为主。数据要素对纳税主体的影响也主要体现为量的调整而非质的颠覆，无论是平台企业、其他垄断性企业还是各类小微企业以及非企业市场主体，一直以来都是商品经济的共同参与者和税负的直接承担者，数据要素并未改变这一点。

2. 税源培育前景广阔。数据是传统生产要素的神经系统，全面参与资源配置过程，极大拓宽产出边界，为国家贡献丰富的税源。联合国贸易和发展会议发布的《2021年数字经济报告（数据跨境流动和发展：数据为谁而流动?）》指出，以数据驱动为核心的全球数据价值链已经形成，虽然目前很难准确测量数据流量的大小，但无论使用哪种方法，其趋势都在急剧上升，表明各国数字化转型进程持续加速。[①]《全球数字经济白皮书（2022年)》显示，2021年，全球47个国家数字经济增加值规模达到38.1万亿美元，[②] 数字经济为全球经济复苏提供了重要支撑。其中：产业数字化规模庞大，是政府加强财源建设培育优质税源的基础；数字产业化潜力巨大，是各国保持税源持续增长的发动机。数据要素和数字化产品成为全新税源，数据要素作用于工商业产品价值流

---

① United Nations. Digital economy report 2021: cross-border data flows and development: for whom the data flow [EB/OL]. (2021 – 10 – 14) [2022 – 12 – 19]. https://unctad.org/page/digital – economy – report – 2021.

② 中国信息通信研究院. 全球数字经济白皮书: 2022 年 [EB/OL]. (2022 – 12 – 07) [2022 – 12 – 19]. http://www.caict.ac.cn/kxyj/qwfb/bps/202212/t20221207_412453.htm.

转和分配，贡献新的税收增长点。

（二）价值流转和分配变化带来的影响

1. 商品税筹资功能凸显，但计税模式受到挑战。第一，从生产要素组合到产品生产、消费及再度商品化的各个过程，市场交易都更加频繁，商品税的收入筹集功能得到强化。第二，增值税与销售税界限逐渐模糊。得益于数据要素的帮助，传统上产品从原材料到产成品再最终流向消费者的流转环节趋于扁平，中间链条被极大压缩，此时的增值税已经明显具有了销售税的特点。数字化产品和服务甚至没有物质产品普遍存在的加工组装环节，增值税和销售税更加趋同。第三，增值税抵扣面临困境。一是在区分行业性质设置多档税率的增值税实践中，数字经济对产业融合的支持会提高增值税抵扣链条断裂的风险。二是数字经济高附加值企业无形资产多，经营模式多样，要么因为抵扣项目过少而税收负担较重，要么因要素投入外包而过多抵扣使增值税接近于可转嫁的企业所得税。

2. 所得税不确定性增强。所有新增社会产出最终都按照生产要素的实际贡献分配给相应所有者，因此劳动所得、资本所得、技术所得和数据所得应该是所得税的主要来源。但是，各类要素联结日益密切，以要素所得为征税对象的所得税面临不确定性，这一点在传统的工业经济时代就有所凸显。就企业所得税而言，由于资本在工商业生产中起着主导作用，不少研究直接将企业所得税的税基归属于资本要素（郭庆旺等，2011）。但数据要素的参与改变了企业利润的性质，尤其是对于深度依赖数据要素的企业，其营业盈余中实际上留存了大量数据要素价值，现行所得税制度不再适应这一趋势。就个人所得税而言，个人贡献的数据要素价值很难被独立剥离以支付相应报酬，传统的劳动所得、资本所得和经营所得的界限也因数据和技术的联结进一步被打破，既有所得税的计征模式受到挑战。

（三）纳税主体结构变化带来的影响

1. 增值税面临征管挑战。目前，各国往往以销售额或企业规模为基础，设定增值税纳税主体的税务注册和征收门槛。数字经济时代，大量小微企业以及非企业市场主体深度参与价值流转，这些市场主体若持续免缴增值税可能造成税款的普遍流失和市场竞争的扭曲。若参照我国做法，在增值税纳税人中分离出小规模纳税人，适用简易计税法，既会破坏增值税抵扣链条，也会使增值税退化为销售税。若将所有市场主体统一纳入增值税抵扣链条，又会增加税收征管难度。

2. 个人所得税的筹资和分配功能得到强化。在价值分配过程中，企业只是"半分配"主体，个人才是价值分配的最终归宿。企业所得税是在"半分配"环节针对未分配给具体生产要素的产出征税。数据要素在一定程度上解构了传统的企业组织，市场主体趋于小型化、专业化，"半分配"环节被压缩，企业所得税征税空间变窄。另外，数字经济造就更强大的企业垄断力量，这些企业凭借高超的税收筹划技巧规避纳税责任，而其数字化特点又给税务稽查带来极大挑战。与之相对应，个人所得税的功能却得到强化。其一，大量非法人主体以自雇者身份参与生产经营活动，产出的价值分配穿透企业直接抵达个体，拓宽了个人所得税税基。其二，数字化过程产生的"数字鸿沟"现象成为拉大贫富差距的重要因素。数据要素对知识、技术的高度依赖以及叠加资本的放大效应还会扩大阶层流动阻滞的风险，进而恶化收入分配。个人所得税直接抽取个人参与市场活动所分配的收益，调节收入分配职能最直接，将会成为数字经济时代缩小贫富差距的重要政策手段。

3. 平台企业为税收征管带来挑战和机遇。一是平台的介入增加了纳税主体的认定难度。例如，个人与组织、企业与非企业、生产者与消费者的边界都变得模糊，产品和服务的直接提供者、消费者、平台之间交易关系日趋复杂，对同一笔交易的纳税对象因涉税各方认知差异而产生分歧。二是数字化平台和数字技术弱化了传统交易对物理连接的依赖，不仅使得销售地难以追踪而引发税款流失，也加剧了税源和税收的背离，恶化区域内税收分配的横向不公（王雍君，2020；杨杨等，2022）。三是平台企业作为联结价值链流转各环节的核心渠道，聚合了大量交易信息，具有监管优势，可成为协助税务部门提高税收征管能力的重要参与力量。

（四）对全球税收治理的影响

数字经济全球化加大全球税收治理难度。近年来，数字经济的国际税收问题已经成为学术界研究重点。经过数年谈判磋商，二十国集团（G20）和经济合作与发展组织（OECD）以"双支柱"方案的形式拟定了应对数字经济全球税收治理困境的包容性框架，目前已在绝大多数成员国达成广泛共识，其重要性不言而喻。但有两点需要特别注意。一是支持"双支柱"方案落地的许多实施细则仍有待进一步谈判，并且"双支柱"方案仅是数字经济税收治理多边协作的开始，还有较大局限性。目前，该方案对税基侵蚀和利润转移的防范主要聚焦于大型跨国企业的所得税，市场主体以及税种辐射范围较为有限，具有明显的修补性特点，并未直面现行国际税收秩序的内在缺陷（洪菡珑，2022）。二是各国在数字经济税收治理方面仍存在明显分歧。部分国家基于用户创造数据价值的理念，已率先开征多种形式的数字税，矛头直指美国互联网巨头。虽然美国的贸易施压和"双支柱"方案的推进使得部分国家承诺逐步放弃数字税，但这一行为是大国博弈的结果，远非分歧的消弭。如何在凝聚最大共识的前提下挖掘数据要素的税源价值并在各国间进行合理分配，仍旧是数字经济国际税收治理面临的重要课题。

四、我国税制体系对数据要素影响的应对

（一）持续厚植税源，支持数字经济发展

推动数字经济健康发展是我国构建新发展格局，构筑国际竞争新优势的必然要求。数据是驱动数字经济发展的核心要素，数字经济的发展要以数据要素价值的全面释放为保障。目前，我国数字经济发展欣欣向荣，但数据要素基础制度的构建仍处于初步探索阶段，数据潜能的激活仍不充分，贸然征税或增税会提高市场主体的数据获取门槛，不利于我国进一步做强做优做大数字经济。因此，短期看，我国针对数据要素的税收问题应秉持审慎原则，持续厚植税源，暂不开征与数据要素直接相关的税种，提高对数据要素的包容程度，减少我国数字经济发展的阻力。另外，完善的制度是数字经济健康发展的基本保障，为配合我国数据基础制度建设，可在数据流转的各个环节实行低税政策，也可在数据产权保障和数据安全管理的探索过程中出台适应性的税收优惠政策。

（二）逐步调整现行商品税框架

基于数据成为生产要素后工商业交易的高度活跃和我国现行税制特点，商品税仍然是税收收入的重要来源。但作为我国第一大税种的增值税对数字经济的适配性恐越来越低。若保持现有的增值税框架，可作如下调整。一是通过收窄小规模纳税人认定范围、简并增值税税率等方式强化增值税抵扣链条的完整性与衔接性。二是完善增值税进项抵扣办法，适度放松并规范"凭票抵扣"原则，从而减轻纳税主体间因抵扣差异而造成的税负不公平。三是适度提高增

值税中央分成比例，通过转移支付的方式应对税源和税收的背离问题，平衡区域间税收权益。另外，税务部门既要善用数字技术和数据资源，也要积极探索与平台企业的税收协同共治机制，全面提高税收征管效率和纳税服务水平。长期看，可将以增值额为征税对象实行"道道征税"的增值税转型为以零售环节征收为主的销售税，从而更好解决价值流转及纳税主体变化带来的增值税制度困境。

（三）适度改革现行所得税制度

为适应数据要素带来的改变，所得税的制度调整应从以下五个方面发力。一是要重视非企业市场主体的税源创造能力。为此，可通过逐步缩小经营所得核定征税范围、探索经营所得成本费用认定机制等方式完善经营所得的个人所得税制度。二是为应对价值分配的模糊化倾向并提高个人所得税的再分配功能，应扩宽个人所得税综合所得的计税范围，逐步将经营所得和资本所得纳入统一的累进所得税框架。三是企业所得税应重点聚焦大型企业，通过清理不合理的税收优惠政策、提高税务稽查水平等方式减少企业恶意避税。四是由于数据要素价值独立分配面临困境，对于归集大量数据要素获得超额垄断利润的大型平台企业，可通过所得税加成方式将数据要素报酬适度转移给国家，并定向服务低收入群体，强化政府的引导作用。五是为配合数据价值创造和价值实现的激励导向，应在所得税框架下积极探索数据要素价值分配的涉税技术处理，鼓励数据收益向数据价值和使用价值的创造者合理倾斜。

（四）积极应对国际税收新变化

在数字经济全球化进程不断加快和国际数字经济竞争日趋激烈的当下，我国应将税制体系的改革置于国际税收规则重构的大背景下予以考虑。一是要持续推动"双支柱"方案落地实施。在"双支柱"方案细则的制定中，我国要主动把握先机（陈志勇等，2022），既要强化理论研究为重构国际税收规则贡献中国力量，也要坚定维护我国数字经济企业的利益以及国家的税收权益。二是要积极开展双边税收治理。为适应数据要素带来的国际税收协调新要求，我国应继续推动与数字经济主要贸易国的税收协作，减轻有害税收竞争，在税权分配、征管互助、情报交换等方面形成共识并积极落实。三是适应性微调税制。一方面，为适应"双支柱"方案落地，配合调整国内税制；另一方面，为适应全球数字竞争日趋激烈的态势，要善于挖掘各类税种和税制要素的工具性功能，协调好税制长期建构和短期调整的关系，从而充分发挥税收的宏观调控作用。

参考文献：

［1］洪银兴．非劳动生产要素参与收入分配的理论辨析［J］．经济学家，2015（4）：5－13．

［2］张文春．增值税的全球化趋势与存在的问题［J］．税务研究，2000（9）：76－80．

［3］罗秦，刘乃铭．立足全球视野　优化我国增值税［J］．税务研究，2022（7）：46－51．

［4］李文．税制结构与我国企业税收负担［J］．东北师大学报（哲学社会科学版），2017（5）：16－24．

［5］朱青．对当前我国税负问题的看法［J］．税务研究，2017（3）：3－8．

［6］徐翔，厉克奥博，田晓轩．数据生产要素研究进展［J］．经济学动态，2021（4）：142－158．

［7］江小涓，靳景．中国数字经济发展的回顾与展望［J］．中共中央党校（国家行政学院）学报，2022，26（1）：69－77．

［8］郭庆旺，吕冰洋．论税收对要素收入分配的影响［J］．经济研究，2011，46（6）：16－30．

［9］王雍君．数字经济对税制与税收划分的影响：一个分析框架——兼论税收改革的核心命题［J］．税务研究，2020（11）：67－75．

［10］杨杨，徐少华，杜剑．数字经济下税收与税源背离对全国统一大市场建设的影响及矫正［J］．税务研究，2022（8）：18－22．

［11］洪菡珑．国际征税权分配规则的二阶反思［J］．税务研究，2022（2）：86－91．

［12］陈志勇，王希瑞，刘畅．数字经济下税收治理的演化趋势与模式再造［J］．税务研究，2022（7）：57－63．

作者单位：贵州财经大学大数据应用与经济学院

数字资产税收治理难点与治理路径创新[①]

王　敏　袁　娇

内容提要： 数字经济时代，与数字技术相伴而生的数字资产交易如火如荼，在为世界各国增添新税源的同时，也给税收治理带来了新的挑战。厘清数字资产与数据资产之间的边界，破解数字资产"是否应该征税""应征什么税"以及"如何征税"三大问题，是有效提升数字资产税收治理效能的基本前提。为打通数字资产税收治理的痛点与堵点，如何对数字资产进行确权与定价以及如何获取数字资产涉税信息是破题的关键。对此，在充分参考国际实践的基础上，本文尝试从税收属性、税制设计以及税收征管三个维度构建现代化数字资产税收治理新路径，创新性提出：建立数字资产管理局，构建基于区块链的数字资产交易系统；成立第三方数据质量鉴定机构，以鉴别有效税源；在兼顾生产地原则和消费地原则的同时，引入"全球最低税"国际税收规则和跨境交易信息交换规则；多元协同构建"核心—边缘"税收监管共治网络，数智赋能打造智慧治理新生态，为数字资产税收治理保驾护航。

关键词： 数字资产　数据资产　税收治理　数字经济

---

① 本文系国家社会科学基金重大项目"'互联网＋'背景下的税收征管模式研究"（项目编号：17ZDA053）、国家社会科学基金青年项目"数字经济下税收治理效能的评估与提升研究"（项目编号：21CJY010）的阶段性研究成果。

一、问题的提出

2022 年 6 月，中央全面深化改革委员会第二十六次会议审议通过了《关于构建数据基础制度更好发挥数据要素作用的意见》。会议明确指出，"数据基础制度建设事关国家发展和安全大局""数据作为新型生产要素，是数字化、网络化、智能化的基础，已快速融入生产、分配、流通、消费和社会服务管理等各个环节，深刻改变着生产方式、生活方式和社会治理方式"。

数字经济时代，数据无处不在，但并非所有数据都可称为资产，只有能创造价值的数据才可称为资产。目前各界对于"数据可创造价值"这一观点已基本达成共识，相关的两个概念——数字资产（Digital Assets）与数据资产（Data Assets）也频繁被提及。但值得深思的是：数字资产与数据资产是否等同？就现有文献看，无论数字资产税收问题（杨志勇，2020；蔡昌等，2020），还是数据资产税收问题（辛浩，2020；邓伟，2021；国家税务总局广西壮族自治区税务局课题组，2021；谢璐华等，2021；肖铮，2021；蔡昌等，2021；王竞达等，2021），直接相关的研究都不多见，而前者则更显贫乏。

2022 年 6 月，国务院印发的《关于加强数字政府建设的指导意见》指出，要"健全完善与数字化发展相适应的政府职责体系，强化数字经济、数字社会、数字和网络空间等治理能力"。数字资产税收治理作为数据基础制度建设的关键一环，其重要性不言而喻。创新数字资产税收治理路径是形成数字治理新格局、实现政府治理方式变革和治理能力提升的重要举措。鉴于数字资产税收治理问题是当前亟待解决的重大课题，因此，厘清数字资产税收治理难点并对其进行有效治理，除具有强烈的现实需求外，对堵住税收漏洞以减少税收流失而言也意义非凡。

二、数字资产与数据资产：概念辨析及特征

（一）数字资产与数据资产的概念辨析

目前，各界对于数字资产和数据资产尚未达成统一认识。数据资产一词于1974 年由 Peterson 首次提及。此后，一些学者将数据资产定义为拥有数据权属、有价值、可计量、可读取的网络空间中的数据集，并指出在大数据背景下，应根据数据的物理、存在和信息三属性，将数据、信息和数字三类资产统一为数据资产。这显然是将数字资产纳入数据资产范畴。但现实中数字资产和

数据资产二者间界限非常模糊，常被混淆使用。因此，当务之急是厘清二者的概念边界。

数字资产的概念首先出现在出版和音像等领域，由 Meyer 于 1996 年首次提及。此后，陆续有学者对数字资产进行界定，但也未达成共识。数字资产是价值的数字表示，是指由经济主体利用加密或其他方式创建的、电子形式的财产，除中央政府发布的加密货币、不可替代代币或其他虚拟数字资产外，还包括自然人和法人以电子方式交易、转移和存储，用于支付、投资和其他用途的数字资源。比较常见的如比特币、以太币等虚拟数字货币以及游戏币等。与其他货币一样，虚拟数字货币形式的资产也可用于采购任何商品和服务，包括网络游戏中的衣服、帽子、装备等虚拟物品和现实生活中的物品。

数据资产是指经济主体（包括政府、自然人和法人）过去的交易或者事项形成的、由经济主体拥有或控制的、预期会给经济主体带来经济利益的数据资源。数据到资产的内在形成逻辑，可从 DIKW（Data – Information – Knowledge – Wisdom）金字塔模型中窥探一二（见图 1）。不难看出，数据能否成为资产并不取决于数据量的大小，而在于有多少数据转化为有用的信息，这些信息又有多少转变为知识，这些知识中又有多少能转化为可定价评估的资产。显然，只有能够形成知识的数据才能最终成为数据资产。

图 1 DIKW 模型

（二）数字资产与数据资产的特征

由前述定义可知，数字资产主要具有如下特征：一是通过加密方式或其他方式生成，主要是利用密码学来验证和保护数字交易，在底层技术中应用加密技术，将交易记录在分布式账本上（如区块链）；二是具有内在价值且带有承诺性质；三是可用作交换媒介、价值存储或记账单位；四是可以电子方式转移、存储或交易。

区别于数字资产，数据资产具有如下特征。一是较难转移。数字资产可以转账，但是数据资产不同，数据虽容易被复制，但很难被转移。数据被复制后，同一份数据可能被双方或多方所占有。二是数据资产可持续产生。数据资产就像是一座矿场，只要持续使用互联网服务，数据就会越丰富，数据价值也越大。只要一个物联网设备在工作，这台设备的数据资产就会不断产生。三是数据资产的价值仅在使用中被体现。不同于数字资产本身就有价值，数据的价值则需要在使用时才能体现，比如一个广告定向活动、一次贷款信用查询、一次 AI 模拟训练。

三、数字资产的类型及其发展新态势

（一）数字资产的类型

就数字资产的分类而言，目前也尚未有统一标准。本文认为，数字资产大致包括两种类型：资产数字化和数据资产化。资产数字化是实物资产通过加密技术转换形成的，而数据资产化则是电子数据经过资产认定形成的，前者包括数字货币、数字化金融资产，后者则包括各经济主体的数据资产。因此，本文认为数据资产属于数字资产范畴。

（二）数字资产发展新态势

自 2009 年以来，加密货币发展迅速，比较流行的有比特币现金、瑞波币、莱特币等。据估计，截至 2022 年 1 月，加密货币已超过 8000 种。目前，印度拥有全球最多的加密货币所有者。[①] 就我国而言，最具代表性的数字资产当属数字人民币。2019 年底，数字人民币开始试点，截至 2021 年末其试点场景已超 808.51 万个，覆盖衣食住行等领域，累计开立个人钱包 2.61 亿个，交易金额达 875.65 亿元。[②] 2021 年以来，自动贩卖机、无人超市、无人货柜等开始普及，这标志着数字货币大舞台已经开启。值得一提的是，2021 年中国国际服务贸易交易会金融服务专题展上，中国人民银行数字货币研究所联合六大

---

① Taxmann. Understand the taxation of virtual digital asset ［EB/OL］. （2022 – 06 – 06） ［2022 – 08 – 29］. https：//www. taxmann. com/post/blog/taxation – of – virtual – digital – asset/.

② 2021 年末我国数字人民币试点场景超 800 万个 ［EB/OL］. （2022 – 01 – 19） ［2022 – 08 – 29］. http：//www. gov. cn/xinwen/2022 – 01/19/content_5669217. htm.

行①及蚂蚁集团、腾讯公司等联手打造的数字金融示范区，开启了数字人民币支付新时代。据统计，截至 2022 年 3 月中旬，已有 129 家银行确认通过"一点接入"平台接入数字人民币互联互通平台，11 家城商行已投产上线。② 目前，在中国国际服务贸易交易会上，六大行已增设了数字人民币展区。此外，支付宝和微信中都有数亿用户，这些数据和银行已对接，将有效助力人民币的国际化。与国际接轨后，在同各国进行贸易结算时，便可使用数字人民币，这也有助于实现"去美元"的愿景。

除数字货币之外，网络游戏中的游戏币等虚拟资产也是数字资产的典型代表。据统计，2021 年中国游戏市场实际销售收入 2965.13 亿元，比上年增加178.26 亿元，同比增长 6.40%。③ 受新冠肺炎疫情的影响，我国网络游戏用户人数于 2021 年春节期间达到 6.67 亿的高峰。④ 由此可见，目前网游的受众在多种因素共同作用下已得到急剧扩张，网络游戏中的虚拟物品交易在刺激经济增长方面具有不容忽视的力量。

虽然加密货币和网游虚拟资产仅是数字资产的一部分，但透过两者势如破竹的崛起趋势，不难预见，随着数字技术的不断发展，数字资产的发展也将势不可当，未来或将成为数字经济时代的"黄金"。

四、数字资产税收治理的关键命题及难点

任何事物都有两面性，数字资产发展给人们生活带来极大便利的同时，也给税收治理带来了诸多难题。数字资产是依托数字经济大环境衍生出来的新产物，因此，与数字经济税收治理一样，数字资产税收治理同样存在以下"三问"，即：是否应该征税？应征什么税？应如何征税？

（一）关键命题

命题一：数字资产是否应该征税？该命题是数字资产税收治理的首要问题。从国际实践看，随着数字资产的快速发展，对数字资产征税的国家已不在少数，不同的是各国对数字资产究竟应征什么税、如何征税等后续问题的认识

---

① 六大行指的是中国工商银行、中国农业银行、中国建设银行、中国银行、中国邮政储蓄银行、交通银行。

② 吕罡. 优化城市金融支付清算服务 [J]. 中国金融，2022（8）：37－38.

③ 《2021 年中国游戏产业报告》正式发布 [EB/OL].（2021－12－16）[2022－08－29]. http：//www. cadpa. org. cn/3271/202112/41479. html.

④ 2022 年 1－6 月中国游戏产业报告 [R/OL].（2022－08－19）[2022－08－29]. http：//www. cgigc. com. cn/details. html？id＝08da81c5－4133－4811－82e2－c78bb821a1f5&tp＝report.

及做法存有显著差异。对数字资产的开放和征税成为一种必然，但应征什么税、如何征税，仍需审慎考量。

命题二：数字资产应征什么税？该命题是数字资产税制设计的逻辑起点，涉及数字资产交易定性的问题。现实中，是应开征"数字资产税"这一新税种，还是将数字资产交易纳入现有税种，无疑是一个值得仔细商榷的问题。目前，各国对于将数字货币认定为财产、数字支付代币、商品尚存较大分歧，对此，各国或选择不对数字货币交易进行征税，或选择不同的税种和税率予以课税，而且在具体条款的设定上，各国的税收规定也存在显著差异。如何就此问题达成一个较为统一的方案，仍需在未来的税收实践中不断探索。

命题三：数字资产应如何征税？该命题是数字资产税收治理的重中之重，涉及数字资产税制要素的设计问题。一旦确定对数字资产征什么税后，接下来就要考虑：在什么环节征税？是在持有环节还是转让交易环节，还是各环节都征税？税基如何确定，税率如何设置，如何征管？目前，对数字资产在持有、出售、交易或支付等环节征税已基本成为国际共识，但现实中，税基、税率、征管等税制要素的设计问题，显然是一个复杂而庞大的系统工程，涉及众多利益主体，因此，需考虑诸多现实因素，以破解税收治理难点。

（二）治理难点

难点一：数字资产涉税信息如何获取？这既是数字资产征税的难点，也是对其课税的前提条件。与实物资产相比，数字资产最大的特点是虚拟性，其虚拟形态决定了相关涉税信息获取较为困难。对于数字资产涉税信息的获取，可分为以下两种情况。一是个人通过数字平台交易的数字资产，税源比较容易追踪。因为平台一般会要求交易者登记相关信息，如此一来，只要加强对数字交易平台的监管，税务机关便可获得征税所需信息。二是个人私下交易的数字资产，税源则很难追踪。当然，具体也要看数字资产的纳税主体是否在税务机关的监管范围之内，若纳税主体在国内，获取涉税信息也有可能，但若其在国外，获取涉税信息则障碍重重。因此，能否获取数字资产涉税信息，是对其征税的前提和关键，倘若这一前提都不能满足，那么讨论数字资产征税问题则没有多大意义。

难点二：数字资产如何确权和定价计量？谈及数字资产税基时，绕不开确权和定价问题。毫无疑问，数字资产中的数据资产必会涉及确权、定价问题，但诸如加密货币这类数字资产，是否也涉及确权、定价则有待商议，因为就数字人民币而言，数字人民币与纸币、硬币等价，所以不存在定价问题，确权问题似乎也不存在。因此，不同类型的数字资产所面临的税制要素设计问题也有所不同，显然不能采取"一刀切"的征税方式。

就数字资产的确权而言，主要涉及两个根本问题：一是由谁来确权，二是对谁确权。"由谁来确权"旨在厘清确权主体，即谁有确权资格，若数字资产仅在国内交易时，确权资格比较容易解决，但倘若数字资产涉及多国跨境交易时，由谁来确权则是一大难题。"对谁确权"旨在追溯确权客体，数字资产的交易多经由网络完成，在确定交易主体方面具备理论上的可溯源特性，但无法保证交易源头是否真实可信。因此，对数字资产纳税主体的追认也存在技术层面的困难。

就数字资产的定价计量而言，数据质量的不确定性是定价难的重要影响因素。对于数据化资产而言，数据的时效性较强，如何确定数据质量则是定价的关键。更为重要的是，数字资产具有虚拟性，若模仿实物资产以金钱为媒介进行交易恐怕欠妥，数字资产交易需要一种独特的交易形态和交易场所。现实中，数字资产的价值并非恒定不变，比如作为交易商品的数字货币就会受到市场广度、深度、应用场景以及市场认可度的影响。此外，即便数字资产初始价值相同，也会因为用户对其需求的不同而产生最终的价值差异。因此，数字资产不仅初始价值确定困难，其折旧率和使用寿命也难以确定，这些都将大大增加对数字资产价值评估的难度，同时也将增加数字资产交易税基的确认难度。

五、数字资产税收治理经验借鉴与路径选择

伴随着数字资产交易活动的增加以及市值的爆炸性增长，如何对其进行有效税收治理以堵住税收漏洞，是数字经济时代税收治理乃至国家治理的题中应有之义。对此，本文尝试从税收属性、税制设计以及税收征管三个方面来回应前述数字资产税收治理的命题及难点，以提升其治理效能。

（一）税收属性：税种选择是治理效能提升的前提

税收属性认定是税种选择的基础。在选择数字资产交易活动所涉税种前，应优先根据数字资产的类型确定其税收属性，据此将数字资产交易嵌入现有税制体系中予以征税，这也是大多数国家的普遍做法。

第一，对于"数据资产化"这类数字资产，诸如政府、企业和个人的数据资产，本身具有商品属性，其与实物商品最大的区别在于数字化与虚拟化的

存在形式。从本质上而言，该类数字资产的交易仍可适用一般的商品交易规则与税收规则，在交易过程中主要涉及流转税和所得税。具体而言，对这类数字资产在交易过程中产生的增值额征收增值税，而对企业或个人出售这类数字资产的所得额征收企业所得税或个人所得税。

第二，对于"资产数字化"这类数字资产，诸如比特币等加密货币，其本身具备货币属性，可视作数字支付代币，如用其支付个人工资薪酬（如挖矿收益）则需缴纳个人所得税（如瑞士、加拿大）。除视为数字支付代币外，也有一些国家将加密货币视为数字金融资产，对其交易征收资本利得税（如巴西、法国）或企业所得税（如英国）。值得注意的是，美国除对挖矿收益等相关数字资产活动征收个人所得税外，对持有不到一年的短期加密资产收益也按个人所得税来征收，但对持有超过一年的长期加密资产投资收益则征收资本利得税。此外，一些国家则将加密货币视为与各类软件产品一样的数字商品，对此征收流转税（如新加坡、韩国）。

由国际实践可知，数字资产通常被认定为商品、数字支付代币、数字金融资产三种税收属性，其交易主要涉及流转税、所得税。就现实而言，一国在选择是否对数字资产征税前，应结合本国数字资产的发展状况，充分研判是否已具备征税的经济条件。

（二）税制设计："确权与定价"双轮驱动打通税收治理堵点

第一，数字资产确权是纳税主体认定的关键。如前所述，确权涉及"谁来确权，对谁确权"两个问题。就"谁来确权"而言，涉及两种情况：一是数字资产仅涉及国内交易，对此可考虑在国家层面建立"数字资产管理局"，赋予其确权的资格；二是数字资产涉及多国跨境交易，对此应加强各国间的沟通交流，考虑成立一个独立于国家间的第三方数字资产监管部门，并赋予其对数字资产确权的资格。就"对谁确权"而言，可考虑引入区块链技术，构建基于区块链的数字资产交易系统，数字资产登记信息和交易记录一旦上链，便不可篡改。这不仅有助于追溯数字资产交易的纳税主体，同时也可为数字资产提供一个安全、高效、智能的交易环境。

第二，数字资产定价是税基确认的基础。如前所述，数据质量的不确定性是定价的堵点，为打通该堵点，可考虑成立第三方数字市场鉴定机构，对数据质量进行认定，同时防止数据信息的外泄。现实中，交易是定价的基础，促进数字资产交易是定价的根本。就数字资产定价而言，可根据应用场景区分为两种情况：一是市场化的数字资产，这类资产通常资料比较完备，可依据经济合作与发展组织《知识产权产品资本测度手册》中的需求侧或供给侧方法估价，或按市场交易价格定价；二是未市场化的数字资产，可采用市场价值法、重置成本法、期权估价法等进行估价。

第三，税率、征税环节和税收优惠的设计思路。数字资产税收属性、确权和定价分别对应税种选择、纳税主体和税基确认问题，且前述均已讨论。加之各国已就数字资产在持有、出售、交易或支付等环节征税达成广泛共识，因此，此处的税制要素设计重点落在税率和税收优惠方面，在设计时应突显税收调节职能。

就税率而言，有以下四种情况。一是流转税应以数字资产交易过程中流转额或增值额为衡量标准，设置相应的比例税率。如韩国规定对网络游戏中的虚拟财产交易征收7%的增值税。二是个人所得税应以数字资产交易所得额度为衡量标准，设置相应的累进税率。如加拿大个人交易虚拟货币所得适用个人所得税制度，税率为五级超额累进税率。然而，对于个人出售数据资产的所得则应以按照财产转让所得实行比例税率征收。三是企业所得税应以数字资产交易所得额度为衡量标准，设置相应的比例税率。如英国就企业对加密货币投资所得征收19%的企业所得税。四是资本利得税应以持有数字资产时间长短和资本利得额度作为衡量标准，设置相应的比例或累进税率。如法国自2019年1月1日起对加密货币资产收益按30%的单一税率征收资本利得税，但对低于或等于305欧元的资产收益免予征税，超过250000欧元的资产收益按照33%或34%的税率征收；美国对长期加密资产投资收益按0、15%和20%三个累进税率征收资本利得税。

就税收优惠而言，可设置一定的免征额以降低纳税人的税收负担。如新加坡税务局规定，企业向新加坡居民出售加密货币时，当企业年营业额低于1000000新加坡元时，免缴税款，但年营业额超过1000000新加坡元时，则必须注册为商品与服务税的纳税人。

（三）税收征管："国内＋国际"双向协同打造"四精"智慧治理新生态

对数字资产征税应采取"低税重管"策略。在税种和各税制要素确定后，数字资产税源能否全部转化为税收收入，对各国税收征管能力无疑是一个巨大的考验。

第一，跨部门、跨境协同是对数字资产精准监管、精诚共治的前提。从国际实践看，多主体联合监管共治已成为趋势。就我国而言，可依托金税工程四期，搭建以税务部门为中心，公安、市场监管、外汇管理等部门以及金融机构、数字资产交易平台为辅助的"核心—边缘"监管共治网络，360度追踪数字资产交易的涉税信息，并要求数字资产交易平台对客户身份进行验证，同时要求交易主体将身份登记信息及交易信息上报税务部门备案。当然，在此过程中，各方要保护纳税人的隐私，防止信息泄露和滥用。这种"核心—边缘"监管共治网络同样也适用于其他国家。就国际而言，为防止纳税主体利用各国税收政策差异进行跨境数字资产税收转移，应加强国际税收征管合作，在兼顾生产地原则（对应数字资产主权国）和消费地原则（对应数字资产交易国）的同时，引入"全球最低税"规则和跨境交易信息交换规则，压缩跨境数字资产税收套利空间，切实防范税基侵蚀和利润转移风险。

第二，数智赋能是对数字资产精细服务、精确执法的保障。当前，可依托区块链、大数据、云计算、人工智能等新技术，秉承互联网思维，以业务云化为主线，为数字资产纳税主体提供自动化、智能化个性服务，压缩办税时间和成本，提升纳税主体获得感，提升征管效率。此外，还应及时修订完善《税收征管法》《反洗钱法》等法律法规，确保数字资产税收征管有法可依，加大对数字资产偷逃税行为的打击力度，规范数字资产市场秩序。同时，考虑到数字资产交易是数字经济衍生的新产物，对其征税尚处初期阶段，应以问题为导向不断提升税务执法精确度，在征税同时确保数字资产高质量可持续健康发展。

参考文献：

［1］杨志勇．数字资产税征收的国际实践与我国的政策建议［J］．经济纵横，2020（11）：102–110．

［2］蔡昌，赵艳艳，李艳红．数字资产的国际税收治理研究［J］．国际税收，2020（11）：27–35．

［3］辛浩．数字经济下税收管辖权划分研究：基于数据资产权属转移的视角［J］．税收经济研究，2020（4）：71–79．

［4］邓伟．数据课税理论与制度选择［J］．税务研究，2021（1）：47–53．

［5］国家税务总局广西壮族自治区税务局课题组．政府涉企数据"还权"

及要素化路径研究：以区块链技术实现中小微企业税务数据资产化及流通为例 [J]. 税务研究，2021（1）：59 – 66.

[6] 谢璐华，阮烨翔. 数字平台经济下税源管理：基于数据资产权属转移视角 [J]. 福建商学院学报，2021（5）：8 – 14.

[7] 肖铮. 数字经济时代数据资产税收治理研究 [J]. 上海立信会计金融学院学报，2021（6）：92 – 103.

[8] 蔡昌，赵艳艳，李梦娟. 区块链赋能数据资产确权与税收治理 [J]. 税务研究，2021（7）：90 – 97.

[9] 王竞达，刘东，付家成. 数据资产的课税难点与解决路径探讨 [J]. 税务研究，2021（11）：68 – 73.

[10] PETERSON R E. A cross section study of the demand for money: the United States [J]. The journal of finance，1974（1）：73 – 88.

[11] MEYER H. Tips for safeguarding your digital assets [J]. Computers & security，1996（7）：576 – 588.

作者单位：云南财经大学

云南财经大学财政与公共管理学院

数据公益捐赠所得税扣除的理论证成与制度构想①

曲君宇

内容提要： 数字经济的高质量发展需要以数据的充分共享作为支撑。而数据公益捐赠所得税扣除作为我国对数据共享路径的新探索，可以利用信息工具理论、正外部性理论和税收公平原则分别从数据应当被共享、公益捐赠应当被激励以及所得税扣除应当公平三个方面实现理论证成。针对数据公益捐赠所得税扣除在沿用传统公益捐赠所得税扣除基本制度框架时因要素特性差异而产生的实践困境，可以通过厘清客体范围、制定评估规则、优化利用机制、革新监管机制等方式加以克服，继而确保其制度构想更具可行性。数据公益捐赠所得税扣除的提出既是为了从生产正义的维度促进数据资源的物尽其用，也是为了从分配正义的维度加快数据红利的公平分享，进而助力共同富裕在我国的早日实现。

关键词： 数据　公益捐赠　数据共享　所得税扣除　共同富裕

一、数据公益捐赠所得税扣除的提出

数字经济的蓬勃发展使作为其核心驱动力的数据开始受到社会的广泛重视。为回应其价值性，党的十九届四中全会已将数据列为重要生产要素。然而，数据不同于其他生产要素，具有数量庞大、时效性强、价值密度低等特点。单个数据或数据孤岛并不能实现社会应用，发挥其价值的基础在于共享。

---

①　本文是国家社会科学基金重点项目"人工智能研发与应用风险治理的财税法协同机制研究"（项目编号：21AFX021）和西南政法大学成渝地区双城经济圈公共法律服务人才培养协同创新团队专项课题"数据公益捐赠所得税抵免问题研究"（项目编号：TDZX－2021009）的阶段性研究成果。

但有利益就有纷争，"大数据作为一种核心经济资产，能为企业带来显著竞争优势并驱动创新和增长。为取得或维持竞争优势，企业将拥有强烈的激励去限制竞争对手访问和分享该等数据集，乃至反对威胁其数据竞争优势的数据可移植性政策"①。事实上，目前我国企业对于数据的争夺已经愈演愈烈，对数字经济的高质量发展造成了严重威胁。为破除阻碍数据自主有序流动的体制机制障碍，全面提高其协同配置效率，国务院印发的《要素市场化配置综合改革试点总体方案》专门提出要"探索建立数据要素流通规则"，而这也意味着促进数据共享已成为我国亟待解决的问题。

针对该问题，学术界已提出诸多对策。如通过健全交易机制促进数据共享，② 利用必要基础设施原则打破数据垄断，③ 采用国有化方式消除数据共享的权属障碍，④ 等等。但这些对策或因理论基础稍显薄弱，或因实践方案略有瑕疵，均不足以完全破解数据共享难题。除此之外，有些学者从税收角度出发，建议通过数据课税解决因数据要素分配不均引发的市场竞争失衡问题。笔者认为，作为国家干预经济的重要方式和宏观调控的重要手段，税收不仅承担筹集公共财政收入的功能，也兼具调节资源分配和引导产业发展的职责。而且相比其他方式，其手段更为间接、柔和，能最大限度地避免对市场机制的破坏。具体到数据课税，数据作为能产生经济利益的稀缺资源具有经济上的可税性，⑤ 且其能够被控制者占有并用以收益，具有法律上的应税性，⑥ 所以对其课税合理。然而，数据课税之功效重在"收益分配"而非"共享引导"，以至于其增加的税负既可能给数据控制者造成压力并间接促进数据的共享，也不排除导致数据控制者变本加厉地独占数据以攫取价值。因此，为避免激化市场矛盾而对新经济、新业态造成负面影响，⑦ 数据课税尚须缓步实施。

数据课税的暂缓无碍于对其运用财税工具进行破题之思路的肯定。有鉴于此，笔者在其基础上提出，通过数据公益捐赠所得税扣除的方式，激励数据控制者进行数据共享不失为一条可满足多方主体各自需求的共赢之道。所谓数据

---

① 斯图克，格鲁内斯. 大数据与竞争政策［M］. 兰磊，译. 北京：法律出版社，2019：48 - 49.
② 徐玖玖. 数据交易法律规制基本原则的构建：反思与进路［J］. 图书馆论坛，2021（2）：77 - 88.
③ 孙晋，钟原. 大数据时代下数据构成必要设施的反垄断法分析［J］. 电子知识产权，2018（5）：38 - 49.
④ 张玉洁. 国家所有：数据资源权属的中国方案与制度展开［J］. 政治与法律，2020（8）：15 - 26.
⑤ 傅靖. 关于数据的可税性研究［J］. 税务研究，2020（8）：54 - 61.
⑥ 周坤琳，李悦. 论数据交易的征税理据［J］. 税收经济研究，2020（6）：78 - 84.
⑦ 杨志勇. 数字资产税征收的国际实践与我国的政策建议［J］. 经济纵横，2020（11）：102 - 110.

公益捐赠所得税扣除，是在沿袭传统公益捐赠所得税扣除的基础上，结合数据的复用特性以及释放数据要素潜力的国家工作目标修正而来，指数据控制者复制备份自己所占有的数据，一份留为己用，一份捐赠并使其为社会所共享，国家根据受赠数据的经济价值给予相应的所得税扣除以示鼓励和支持。与数据课税相比，其优势在于可以直接对数据处分行为作出引导，因而要素配置功能更加显著，而且其强调"赋权"而非"限权"，所以更易被数据控制者所遵从，毕竟在行为塑造方面，激励比惩罚更有效果。然而，由于该制度构想之前未曾被提出过，因此有必要对其正当性和可行性加以更严格论证，以确保其"预设"契合实践之需要。

二、数据公益捐赠所得税扣除的理论证成

任何制度都不能凭空出现，而要有扎实的理论基础为其提供正当性依据。数据公益捐赠所得税扣除也不例外，其理论证成如下。

（一）信息工具理论对数据公益捐赠所得税扣除的证成

信息工具是规制机关用于提供和筛选信息以改善各方主体决策质量的一系列规制措施的总称，[①] 其分为直接型和间接型两种，二者功能各有侧重，因而选择适用类型时应充分考虑信息公益程度、各方主体态度等多重因素，以避免适得其反。回归到以数据公益捐赠所得税扣除作为信息工具化解信息失灵的正当性问题上，首先应明确，数据是数字时代信息最重要的载体，对数据的规制就是对信息的规制。此后应分两步进行考察。

第一步，判断是否要在数字经济市场中适用信息工具。对此，随着百度、阿里巴巴、腾讯、字节跳动（BATT）等平台流量分发通路格局的形成，数据向平台型企业集中的现象在我国已日趋严重，因而利用信息工具增加数据供给以破除数据壁垒，进而提升行业竞争活力是有必要的。

第二步，探究数字经济市场中应选择何种信息工具。数据的经济价值虽大，辅助决策能力虽强，然而获取和占有的成本也很高昂，若采用以强制为主的直接型信息工具规制，势必遭到数据控制者的抵触，进而导致数据产出减少。况且数据流通与否在多数情况下并不关涉竞争公平以外的公益，而此类工

---

① 张效羽. 互联网分享经济对行政法规制的挑战与应对 [J]. 环球法律评论，2016（5）：151 – 161.

具对竞争公平造成的影响却尚在两可之间。相比之下，数据公益捐赠所得税扣除作为间接型信息工具以激励引导为主，数据控制者可以自主决定是否捐赠，只是当其捐赠时可以享受相应的税收优惠，避免了规制失灵风险，所以是更优选择。数据公益捐赠所得税扣除充分发挥了间接型信息工具的优势，不仅可以在尊重市场规律的同时破解信息不对称难题，还有助于提升小微市场主体的竞争能力，从而形塑具有充分竞争和公平竞争氛围的数字经济市场。

（二）正外部性理论对数据公益捐赠所得税扣除的证成

正外部性是外部性的一种，指某一主体的行为给予了其他主体以无须补偿的收益，其意味着"权利主动或被动的'让渡'且未附加任何义务"①。而这种权义失衡不符合基本的伦理和法律认知，若不及时调整，既会导致正外部性"供体"怠于履行额外义务，也可能造成正外部性"受体"轻视来之过易的权利。通过涵摄可以发现，数据公益捐赠行为正外部性显著。因为数据控制者本可以自主处分数据并由此获得不菲收益，故而当其基于"道德人"而非"经济人"立场捐赠数据时，虽然使社会整体受益，但自身利益会遭受实质性损害。而"法律的目的是平衡个人利益与社会利益，实现利己主义和利他主义的结合"②，并"为人们提供将外部性较大的内在化的激励"③，所以国家对此予以激励是为理性应然。

选择所得税扣除方式激励数据捐赠，是由于通过"庇古税"调节私人成本与社会成本的差距以消弭正外部性在国内外已经较为普遍。它规避了强制性捐助可能带来的灾难性后果，促使行为人聪明地行善。而所得税扣除正是其中应用较为成熟的一种。另外，相较于财政补贴，所得税扣除环节少，操作简便，可以使捐赠者更灵活地控制捐赠的规模、种类等。数据公益捐赠所得税扣除通过精神肯定和物质弥补矫正了"供体"与"受体"间失衡的权义关系，实现了对公益正外部性行为的有效激励，有助于快速提升我国公益事业的规模，并在大众心中扎下公益"种子"，使公益正能量得到广泛传递与弘扬。

（三）税收公平原则对数据公益捐赠所得税扣除的证成

税收公平是现代税法的基本原则，其具有"衡""纵"双重内涵。前者指

---

① 萨缪尔森，诺德豪斯. 经济学：第16版［M］. 萧琛，等译. 北京：华夏出版社，1999：263.
② 张文显. 二十世纪西方方法哲学思潮研究［M］. 北京：法律出版社，2006：108.
③ 科斯，等. 财产权利与制度变迁：产权学派与新制度学派译文集［M］. 刘守英，等译. 上海：格致出版社，2014：序4.

对处境相同的纳税人施以平等的税负，后者指以纳税人的真实处境作为衡量其税负多寡的依据，[①] 二者侧重点不同，但皆强调"缴其应缴"。税制改革只有确保对二者允执其中，才能契合纳税人的价值共识进而获得其自愿遵从。具体到数据公益捐赠所得税扣除而言，一方面，将公益捐赠所得税扣除扩展到数据领域促进了税收横向公平，因为其使捐赠了不同形式财产的纳税人获得了同等对待，毕竟数据内蕴的经济价值不仅证明其可税，也意味着其可用作"扣税"。对此可能的疑问是数据"课税"的暂缓是否影响"扣税"的公平性。笔者认为，"暂缓"是指我国暂未对数据征收财产税以及未变现时的所得税，但对其在流通和处理中变现的收益一直是正常课税，而捐赠使数据控制者丧失的收益属于后者，因此二者在公平性上并无本质冲突。另一方面，给予实际处境发生恶化的数据捐赠者以优待符合税收纵向公平。在税基理论中，公益捐赠享受税收优惠是因为捐赠主体无须为不享有的财产缴税，该理论在捐赠客体具有排他属性时可以直接适用。但用于证成数据公益捐赠所得税扣除的可能反驳点在于数据具有复用性，使得捐赠主体的权益并不因捐赠完全丧失。然而由阿罗信息悖论可知，稀缺性支撑数据价值，[②] 捐赠造成的数据稀缺性丧失势必导致捐赠主体的权益有所减损，国家因此便有理由通过所得税扣除的方式对私人损失加以部分补偿。数据公益捐赠所得税扣除拓展了公益捐赠所得税扣除的广度与深度，使数据捐赠者可以获得"一视同仁"的对待，并得以"量能负担"地纳税，促进了税收体系公平性的进一步提升。

上述论证分别从数据应被共享、公益捐赠应被激励以及所得税扣除应当公平三个方面为数据公益捐赠所得税扣除提供了正当性基础。这意味着在理想状态下，数据公益捐赠既可以为"良心"企业减负，使其轻装上阵，为社会创造更多财富，也可以为"求数据而无门"的企业排忧解难，向其提供公平的市场竞争机会，还可以将受赠数据创造的收益用于公益以消除经济上的两极分化，因而对共同富裕目标的实现具有多重意义。当然，对数据公益捐赠所得税扣除更深层次的顾虑在于其作为一种税收优惠若不加节制，可能造成"数据捐赠越多，所得税收入越少"的风险。该顾虑并非"杞人忧天"，因为即使"放水养鱼"也要符合拉弗曲线规律。因此，若想在发挥其优势的同时化解其潜在风险，就需要提出切实可行的制度构想。

---

① 胡元聪，曲君宇. 数字人民币对税收正义的影响研判及因应对策：以涉税信息利用为切入点 [J]. 税务研究，2021（5）：54 – 62.

② 郑佳宁. 经营者信息的财产权保护 [J]. 政法论坛，2016（3）：165 – 175.

三、数据公益捐赠所得税扣除的实践困境

数据公益捐赠所得税扣除作为传统制度之拓展，虽然可以当然地沿袭其基本制度框架，但捐赠客体的要素特性差异导致制度移植过程中可能会面临以下实践困境。

（一）受赠数据的具体范围不清

数据公益捐赠所得税扣除的特异性在于其捐赠客体是数据而非传统财产，这意味着并不是捐赠任何数据都可以享受所得税扣除。因为数据类型不同，捐赠所产生的社会效果也不同，只有益于社会的捐赠才应获得相应的税收优惠，而对此作出判断的关键在于受赠数据有无可捐赠性。可捐赠性包括法律上的可捐赠性和经济上的可捐赠性，前者指捐赠客体在法律上被允许捐赠。由于《民法典》已规定"人格权不得放弃、转让或者继承"，而个人数据又属于人格权的范畴，① 所以此处主要涉及个人数据能否捐赠的问题。后者指捐赠客体的经济价值足以被社会所认可。这一点在捐赠客体是货币时无须考察，而即使是捐赠传统的非货币财产，由于其流通较为广泛，价值认定也会相对直观。② 但当捐赠客体为数据时情况却大不相同。一方面，有些数据本身因无意义而不具有经济价值，如写满乱码的电子文档。当然这只是极少数，更多则是虽然在"质"上具有经济价值，但从"量"上又甚是微小，以至于需要形成"大数据"后才能清晰体现。③ 另一方面，数据的种类繁多，④ 市场需求度却各有差异，而捐赠应限于被社会所急需的数据类型。但目前我国的数据质量标准尚不统一，相关市场建设也不完善，⑤ 导致筛选需求的难度偏大。因此，推行数据公益捐赠所得税扣除的首要步骤就是根据可捐赠性标准对受赠数据的具体范围进行厘清。

---

① 数据与信息具有通约性，相互之间可以进行概念上的互换使用，联合国《数据保护指导原则》、英国《数据保护法》以及《美国—欧盟的隐私安全港原则与常涉问题（FAQ）》中均采用了这种方式。

② 葛伟军．公司捐赠的慈善抵扣美国法的架构及对我国的启示［J］．中外法学，2014（5）：1337－1357.

③ 高富平．数据流通理论数据资源权利配置的基础［J］．中外法学，2019（6）：1405－1424.

④ 根据最新统计，我国数字经济产业共计可分为9个大类、43个中类，而其中涉及的数据种类则显然更加数不胜数。参见：吴翌琳，王天琪．数字经济的统计界定和产业分类研究［J］．统计研究，2021（6）：18－29.

⑤ 何玉长，王伟．数据要素市场化的理论阐释［J］．当代经济研究，2021（4）：33－44.

（二）受赠数据的价值评估困难

由于不同数据之间所蕴含的经济价值差异明显，以至于受赠数据的价值评估难题会对所得税扣除税额的认定造成巨大障碍。毕竟捐赠客体不同，所得税扣除的流程也有所区别，其中包括数据捐赠在内的非货币捐赠需要先评估其经济价值再根据认定数额给予捐赠者税收优惠。[①] 此时评估机制一旦失灵，就会给不法投机者创造套利空间。事实上，这在部分国家时有发生。正如有报告曾指出，1982 年美国联邦纳税申报单上报告的非现金慈善捐款比实际价值高估了 9% 。[②] 为此，这些国家也采取了各种措施以确保评估的准确性，但由于该项工作具有复杂性，这些措施的成效仍有待判断。

相比于其他非货币财产，数据的价值评估更有难度。一方面，我国尚未给数据订立明确的价值评估标准，实践中对市场标准、成本标准、收益标准的运用相对混乱，以至于评估结果千差万别，公信力较低；另一方面，由于捐赠者对受赠数据的备份保留乃至再次共享会导致其权益的不完整，进而阻滞对其价值的正确评估。受赠数据估值的失灵不仅会导致税收不公，还可能造成其他负面影响：若估值过高，不仅税收收入会受损，捐赠者也将获得不当税收利益；反之，捐赠者将享受不到合理的税收优惠，继而导致制度所预期的激励目标无法达成。因此，推行数据公益捐赠所得税时应着重解决受赠数据的价值评估难题。

（三）受赠数据的利用机制模糊

提出数据公益捐赠所得税扣除的初衷是为了促进数据共享，所以对受赠数据不能接收了事，而应合理利用以使其在实现公益性目的的同时为社会创造更大效益。但这并非易事，因为在利用机制的设计上可能面临两点争议。一是谁才是适格的受赠人。我国公益捐赠中的适格受赠人有三类，即公益性社会团体、公益性非营利事业单位、县级以上人民政府及其部门。对于利用相对简单的传统受赠财产，这几类受赠人大多都能胜任合理利用之职责。然而，他们是否有能力合理利用受赠数据？毕竟对数据的利用需要具备一定的专业性，而这恰恰是多数受赠人所不具备的。而如果由不具备专业能力的受赠人决定受赠数

[①] 周波，张凯丽. 促进慈善捐赠的企业所得税政策探析 [J]. 税务研究，2020（5）：49 – 55.

[②] MCLAUGHLIN N A. Increasing the tax incentives for conservation easement donations a responsible approach [J]. Ecology law quarterly, 2004（1）：1 – 116.

据的利用，就可能导致明珠蒙尘。二是受赠数据应采用何种模式入市。受赠数据需要重新投入市场才能发挥价值，但采取何种模式入市仍有待商榷。通常认为，由于公益事业具备非营利性特征，所以受赠数据应无偿共享给有需要的市场主体使用。① 然而，数据捐赠之公益性的本质不仅在于其将受赠数据无偿共享给了公共主体，使具体的公共利益增加，更在于其通过促进数据共享保障了市场机制的良性运行，提升了抽象的公共利益。但如果将受赠数据无偿投向市场，可能会使许多市场主体"不劳而获"，形成"公地悲剧"，进而损害市场竞争的公平性，这样反而与公益目的背道而驰了。因此，我国应当审慎设计受赠数据的利用机制。

（四）数据捐赠的监管机制失效

任何制度都有漏洞，所以需要通过监管查漏补缺。然而，数据捐赠的监管机制中存在几个可能导致其失效的实践难题。首先是监管机制的构建难题。世界各国对于公益组织的监管机制选择一般可分为统一监管和分散监管两种，我国原采用后者，即由民政部门和公益组织的业务主管部门进行双重监管，但因其运行低效已逐渐淡出历史舞台，目前主要由民政部门单独负责公益组织监管。这样虽然提高了监管效率，却也导致了监管部门的专业性不足及执法能力较弱，② 尤其是数据捐赠中可能会涉及个人数据侵权、商业秘密侵权、骗取税收优惠等诸多领域的复杂问题，进一步加剧了统一监管的难度。其次是监管工具失灵难题。我国对公益组织的监管主要是通过行政许可、行政命令等依靠政府强制力发挥作用的刚性监管工具，其具有反应快、执行坚决等优点，但也会引发权力寻租、效果不佳等"监管失灵"现象，因此应尽量避免对其的高度依赖。最后是法律责任负担难题。虽然我国已通过设置重补偿的私法责任和重惩治的公法责任形成了对公益捐赠的监管威慑，但这些传统法律责任对法律的教育功能略有轻疏，存在"以罚代教"。数据捐赠作为新鲜事物，在现实中难免会有部分捐赠者会因对数据权属、价值认识不清，对税收优惠政策理解不到位等原因违背监管要求，此类捐赠者主观恶性较小，若损害了第三方权益，要求其作出损害赔偿是应有之义，但通过严厉的公法处罚予以威慑却并无必要，反而会挫伤

---

① 单飞跃，范锐敏. 公益法律本质论 [J]. 江淮论坛，2012（6）：103–109，193.
② 胡小军.《慈善法》实施后慈善组织监管机制构建的挑战与因应 [J]. 学术探索，2018（4）：70–75.

其捐赠积极性。① 因此，我国应当为数据捐赠构建行之有效的监管机制。

四、数据公益捐赠所得税扣除的制度构想

上述实践困境说明，数据公益捐赠所得税扣除不能教条式地移植传统公益捐赠所得税扣除的制度设计，而应根据新的现实需要对其作出针对性修正。具体制度构想如下。

（一）厘清受赠数据的具体范围

数据的范畴过于庞大，应以可捐赠性为主要考量，兼顾税收征管成本等因素，对受赠数据的具体范围进行逐步厘清。

一是要将受赠数据限缩在匿名化数据的范围内。② 此种考虑是，若具有人格权属性的个人数据不得放弃、转让或者继承，那么捐赠作为转让形式的一种自然也在禁止之列。这既是对法律所划定之不可逾越红线的严格执行，也是对尊重与保障人权理念的深入贯彻。对此可能的争论是数据的各项权能可以适度分离，故而可以仅捐赠个人数据的处理权而非所有权。《民法典》第九百九十三条有关"民事主体可以将自己的姓名、名称、肖像等许可他人使用，但是依照法律规定或者根据其性质不得许可的除外"的规定为此观点提供了依据。但即便如此，个人数据又该由谁捐赠并享受税收优惠呢？如果由其所有者即个人进行捐赠，则捐赠的数据过于零散，难以形成有效的利用集合，不完全符合经济上的可捐赠性，同时还会导致税收征管成本高昂。如果由其控制者（如企业）进行捐赠，则不符合法律上的可捐赠性，③ 同时还会违背经济实质原则，造成税收优惠的受益人与真实捐赠者不一致。因此，将个人数据排除在受赠数据范围之外较为合理。

二是要制定动态的受赠数据目录。针对国家难以精准筛选社会所需数据的现状，有效举措是将筛选的权力归于社会，即国家通过民主程序向广大市场主

---

① 需要解释说明的是，在数据公益捐赠所得税扣除中，捐赠者与国家必然形成交互，但未必会与其他私主体交互。因此，捐赠者违反监管要求的捐赠行为未必涉及私法责任，但必然涉及公法责任。

② 此处的匿名化数据指与个人数据对应的非个人数据。《个人信息保护法》第四条规定："个人信息是以电子或者其他方式记录的与已识别或者可识别的自然人有关的各种信息，不包括匿名化处理后的信息。"

③ 根据《财政部关于加强企业对外捐赠财务管理的通知》（财企〔2003〕95号）第四条规定："企业生产经营需用的主要固定资产、持有的股权和债权、国家特种储备物资、国家财政拨款、受托代管财产、已设置担保物权的财产、权属关系不清的财产，或者变质、残损、过期报废的商品物资，不得用于对外捐赠"，个人数据属于企业不得对外捐赠之列。

体征集意见，将其所需的数据类型进行归总，并据此结合自身需要制定受赠数据目录，以确保受赠数据具有经济上的可捐赠性。同时，在此基础上引入动态调整机制，即通过规定适当的动态调整时限使目录可随着社会需要的变化作出灵活调整。

三是要出台统一的受赠数据质量标准。受赠数据能否用于所得税扣除最终要由相关公益组织经筛选和识别决定，这项工作过于繁杂，为了提升税收征管效率，防止滥竽充数，有必要由国务院标准化行政主管部门统筹，国家税务总局、工业和信息化、相关企业和科研院所多方参与，为受赠数据出台统一的质量标准，以创建数据协同效应。这不仅有助于对受赠数据进行价值评估、所得税扣除和再投放，也能从侧面推动全数字经济市场范围内数据标准的统合。总之，通过厘清受赠数据的具体范围，可以避免捐赠者利用不具可捐赠性的数据享受税收优惠，并最大限度地开发受赠数据之利用潜力，使数据公益捐赠所得税扣除更加契合我国数字经济高质量发展之需求。

（二）制定受赠数据的评估规则

破解受赠数据价值评估难题需要以域外成熟经验为借鉴，通过剖析数据特性及研判市场反应，制定有针对性的评估规则。在评估标准选择方面，建议我国渐次采用公允价值标准、存货成本标准对受赠数据进行价值评估。美国评估公益捐赠存货是根据"较小原则"按公允价值标准和存货成本标准中估价较小者给予捐赠者所得税扣除。[①] 这样做固然为国家节省了税式支出，但鉴于数据捐赠具有扩大公益事业和促进经济发展的双重正向效果，所以从社会整体损益而言，我国应摒弃"较小原则"以强化对捐赠者的制度激励。优先采用公允价值标准是因为根据认知分散理论，没有人能确切知道某一财产该如何定价，只有尊重市场规律才能更真实地反映受赠数据的市场价值。另外，获取数据所付出的价格往往低于数据的市场价值，而公允价值标准将这部分价值差额归于捐赠者，故而契合纳税人权利保护之精神。适用公允价值标准时应沿用"视同销售"所规定的市场价格参考顺序，[②] 以维护税法内部逻辑的统一。而

---

① 黄凤羽，刘维彬. 个人非货币性资产捐赠的税收政策：美国借鉴与中国实践 [J]. 税务研究，2017（10）：36－43.

② 虽然根据《营业税改征增值税试点实施办法》（财税〔2016〕36 号之附件 1）第十四条之规定，公益捐赠不属于视同销售，但笔者认为可以此评估受赠数据的公允价值，即先根据捐赠者自己最近时期交易同类数据的平均市场价格估价，没有时再按其他市场主体最近时期交易同类数据的平均市场价格估价，但不采用组成计税价格。

当市场价格缺失时，采用存货成本标准是因为该标准虽然不能使捐赠者享受较高的所得税扣除，但至少为其覆盖了数据获取成本，保障了其基本税收权益，故而可被视为次优选择。

在数据非完整性权益捐赠评估规则的设计方面，由于捐赠者可以备份受赠数据留为己用，所以建议按评估价值的部分比例给予捐赠者所得税扣除，并设置对外共享的补缴规则。首先应明确，允许捐赠双方分别享有数据权益既是应然选择，也是"无奈之举"。因为数据的复制较为方便，以至于在相关技术突破前，"完整捐赠数据权益"根本不具备实践可操作性。针对类似情况，美国的做法是捐赠知识产权"不可分割的部分权益"将被允许获得相应份额的所得税扣除。[1] 该做法为非完整性权益捐赠获得所得税扣除提供了经验参考，但将其运用于数据捐赠中需要注意两个问题：一是捐赠者对受赠数据的备份会减损其稀缺性，所以为了确保税收公平，捐赠者不能按评估价值全额享有所得税扣除，至于具体的折价比例则要经实证分析后确定；二是捐赠者原则上只能自行利用备份的数据，若要将其共享给其他市场主体，应主动向税务机关申报，并酌情补缴被扣除之税额，以防止捐赠者借机避税。通过制定受赠数据的评估规则，可以最大限度地发挥市场在数据资源配置中的优势，降低评估失灵风险，使数据公益捐赠所得税扣除得以实现激励人性之"善"与抑制人性之"恶"的兼顾。

（三）优化受赠数据的利用机制

判断受赠数据是否得到"善用"的标准可归纳为两条：一是"有效利用"，即受赠数据是否共享给了有需要的主体；二是"公益利用"，即受赠数据带来的收益是否被用于公益。以此为参照，在适格受赠人的确定方面，建议我国在数据捐赠中设立一个专门的公益性非营利事业单位作为唯一适格受赠人，由其独自承担受赠数据的接收、评估、共享等职责。首先，只保留一个适格受赠人是因为这更符合数据捐赠的实践特点，既有助于降低重复性数据的筛选和监管难度，规避重复扣除风险，也有利于数据融合以提升受赠数据价值。其次，设立一个配备大规模数据存储设备、具有高效数据处理能力、高速数据传输能力的受赠人，可满足"有效利用"受赠数据之要求。最后，将适格受

---

① WILLIAM A D. Charitable donations of intellectual property： the case for retaining the fair market value tax deduction ［J］. Utah law review，2004（4）：1045 - 1154.

赠人确定为公益性非营利事业单位，是由于其相较于作为公权力机关的县级以上人民政府及其部门而言，不存在适用情形及处分受赠财产等方面的限制；① 相较于自发组织的公益性社会团体而言，又具备更有力的政府背书，因此易于获得社会的普遍信任。

在受赠数据的入市方式选择方面，建议我国采用市场化的公益模式，即受赠数据有偿共享，所获收益用于公益事业。事实上我国对此已有所尝试，如慈善超市、扶贫超市等。虽然该模式正处于探索阶段，尚存在公信力弱、营利困难等问题，但若将其应用于数据捐赠中，这些问题可以通过强化监管、促进与相关机构如北京国际大数据交易所、上海数据交易中心的合作等方式解决。市场化的公益模式相比"无偿共享"虽然增加了运营环节，但这是由于受赠数据并非大众普遍消费的纯公共物品，而是特定群体消费的准公共物品。② 该特定群体并非需要公益救助的弱势群体，向其无偿共享受赠数据不符合受益原则，可能引发马太效应。相反，"有偿共享 + 所得用于公益"则实现了效率与公平的并重。另外，捐赠者虽然只能将数据捐赠给特定受赠人，但应赋予其就受赠数据所获收益在公益范围内自主指定用途以及支配者的权利，③ 以加深激励。总之，通过优化受赠数据的利用机制，可以在提升受赠数据的利用效率的同时，增加受赠数据利用中的普惠程度，使数据公益捐赠所得税扣除得以促进科技成果在全社会的公平分享。

（四）革新数据捐赠的监管机制

数据捐赠有效监管的实现，需要我们摒弃强调命令、控制的"统治型"监管理念，转而树立以联合、协作为主导的"治理型"监管理念，并在其指引下对监管机制进行革新。

首先在监管体制选择方面，建议我国在数据捐赠中建立多方共治的慈善监管委员会以实施统一监管。目前对公益捐赠实施统一监管在全世界范围内已经成为主流趋势，我国可以借鉴其中慈善事业起步早且成熟、监管疏漏较少的英国体制，建立由民政、税务、工业和信息化、市场监管等部门抽调人员与行业

---

① 《公益事业捐赠法》规定，县级以上人民政府及其部门只有在发生自然灾害或者境外捐赠人要求时才能接受捐赠，其只能将受赠财产转交公益性社会团体或者公益性非营利事业单位或按照捐赠人的意愿分发或者兴办公益事业，但是不得以本机关为受益对象。

② 刘水林. 论税负公平原则的普适性表述 [J]. 法商研究，2021（2）：173 – 186.

③ 由于受赠数据变现所获的收益是现金，因此这里的支配者可以是《公益事业捐赠法》所规定的三类传统受赠人。

协会、媒体、具备专业知识的公民志愿者组成的专门针对数据捐赠进行监管的慈善监管委员会。这样既可以通过集中权力减少监管重叠与真空，降低制度转换及部门沟通成本，进而提高监管效率；① 又可以通过保留各原监管部门相应的执法权限及骨干人员，克服专业性不足与执法能力不够的缺陷。除此之外，通过吸收部分"非公职人员"进入，还可以增强监管公信力以及推动公共事务的全民参与。

其次在监管工具更新方面，建议我国在合理运用刚性监管工具的同时，引入激励型、指导型等柔性监管工具。数据捐赠的特殊性决定了许多刚性监管工具已无法满足相关监管之需要，如只保留一个适格受赠人将使行政许可难以发挥作用。只有通过改造、淘汰等方式对刚性监管工具加以辩证运用，才能确保其功能的实现。另外，我国还可以引入财政补贴分档、薪酬标准分级等激励型监管工具，以及行政协助、标兵推荐等指导型监管工具，以引导适格受赠人自觉降低运行成本并帮助被监管主体规范行为，通过"刚""柔"结合提升监管效能。

最后在法律责任承担方面，建议我国创新法律责任形式，并以主观态度为界限确保传统公法责任与新型法律责任的灵活适用。为了强化法律的教育功能，我国可以在数据捐赠的监管过程中设计一些新型法律责任，如约谈、诫勉、信息披露强化、纳税信用惩戒等以对传统公法责任形成部分替代。至于哪些违法行为可以适用新型法律责任，应以捐赠者的主观态度为界限，因为其决定了捐赠者是否有意为"恶"。捐赠人故意违法的，不适用新型法律责任；过失违法的，应在其积极承担可能存在的私法责任后适用新型法律责任，此时违法情节显著轻微的可以不予承担传统公法责任，否则仍应同时承担传统公法责任，但可以酌情减轻。通过革新数据捐赠的监管机制，能够在填补制度运行漏洞，化解监管失灵风险的同时，促进监管主体与被监管主体间的良性互动与博弈，使数据公益捐赠所得税扣除的制度初衷得以圆满实现。

五、结语

习近平总书记指出："共同富裕是社会主义的本质要求，是中国式现代化的重要特征。"② 数字经济时代，我们既要优化生产关系，提升生产效率，以

① 李政辉. 慈善组织监管机构的国际比较与启示［J］. 北京行政学院学报，2016（1）：45－53.
② 习近平. 扎实推动共同富裕［J］. 求是，2021（20）：4－8.

实现共同"富裕"，也要调整分配关系，促进分配正义，以实现"共同"富裕，而这都离不开对数据这一新型生产要素的合理配置。数据公益捐赠所得税扣除的提出是对目前我国存在的数据共享困境的破解与回应，其具备理论上的正当性与实践上的可行性，既可以反映出我国利用税收工具适度干预经济以维护良好市场竞争秩序的决心，也可以体现出我国力促公益事业进步以形成共建共治共享社会的诚意。诚然，数据公益捐赠所得税扣除虽然可以从效率与公平两个维度促进社会整体效用的提升，但也只是对数据共享路径所作出的一种新探索，并不意味着其能够独立解决我国在推进数据共享过程中所面临的全部难题。然而笔者相信，数据公益捐赠所得税扣除所具备的优点已经足以使其成为我国数据共享体系建设中的关键一环。"不积跬步，无以至千里"，该探索也会继续激励更多数据共享路径被后来者加以拓掘并用于助力共同富裕在我国的早日实现。

参考文献：

[1] 张群，吴东亚，赵菁华. 大数据标准体系 [J]. 大数据，2017（4）：11 – 19.

[2] 邓伟. 数据课税理论与制度选择 [J]. 税务研究，2021（1）：47 – 53.

[3] 应飞虎，涂永前. 公共规制中的信息工具 [J]. 中国社会科学，2010（4）：116 – 131，222 – 223.

[4] 胡元聪. 正外部性的经济法激励机制研究 [M]. 北京：人民出版社，2021.

[5] 庇古. 福利经济学 [M]. 朱泱，张胜纪，吴良健，译. 北京：商务印书馆，2006.

[6] 葛伟军. 公司捐赠的慈善抵扣美国法的架构及对我国的启示 [J]. 中外法学，2014（5）：1337 – 1357.

[7] 刘磊，张永强. 中美慈善捐赠抵免个人所得税制度研究 [J]. 国际税收，2017（12）：67 – 70.

[8] 蒋建湘，李沐. 治理理念下的柔性监管论 [J]. 法学，2013（10）：29 – 37.

作者单位：西南政法大学经济法学院

加密资产国际税收治理：
缘起、现状与展望①

冯　静

内容提要： 基于区块链技术的加密资产因去中心化、信息不可篡改等独特优势在多国得到认可和应用。但新技术支撑的新资产形式以及延伸发展的相关业态尚不能被现行税制体系与管理框架所完全覆盖，引发了税收流失、新旧资产税负不公、税源监管困难等风险，受到国际社会高度关注。本文试图在技术创新与税制变迁的历史演进线索中，梳理加密资产对现行税制的影响，总结各国加密资产治理框架与税收政策，并对经济合作与发展组织（OECD）正在推进的加密资产统一报告标准和框架，以及后续的改革路径进行评述和展望。

关键词： 加密资产　区块链技术　国际税收　税收治理　税收遵从

　　加密资产具有去中心化、不可篡改、匿名性等特点，使得其在国际汇兑市场、金融支付、艺术投资等领域有着广泛的应用场景。以加密货币②为例，互联网协议产生的价值在几分钟内便能转移到世界任何地方和任何人，并且安全、平等、成本低。可以预期，随着技术的不断完善，交易流动性和交易多样性增加，加密资产被大众和国际资本市场接受的程度将进一步提升。同时，作为一种新兴资产形式，在与商品、服务可交换性不断增强，与传统资产以及更

――――――――――

　　① 本文是中国社会科学院财经战略研究院创新工程课题"加快建立现代财政制度研究"（项目编号：2018CJYA02）的阶段性研究成果。

　　② 根据 OECD 的定义，加密货币属于加密资产的一种类型。参见：OECD. Crypto - asset reporting framework and amendments to the common reporting standard ［EB/OL］. （2022 - 03 - 22）［2022 - 07 - 14］. https：//www. oecd. org/ctp/exchange - of - tax - information/oecd - seeks - input - on - new - tax - transparency - framework - for - crypto - assets - and - amendments - to - the - common - reporting - standard. htm.

广泛的资本市场之间相关性日益加大的背景下，加密资产将被越来越多的机构投资者纳入资产配置池，进入个人、企业资产负债表，成为财富的一种存在，推动现有收入与财富分配格局的重新调整。但不容忽视的是，当前各国对加密资产的监管仍然有限，包括税制在内的现行法律与治理体系无法完全覆盖这类新型资产（货币），造成新的监管盲区。2020 年，OECD 发布《虚拟货币征税：税收处理概述与新出现的税收政策议题》，认为"虚拟资产，尤其是虚拟货币正处于快速发展期，但税务决策部门对其可能带来的深远影响与意义考虑不足。尽管税收政策和逃税影响是整体监管框架的一个重要方面，但迄今为止，并未得到广泛和深入的探究"①。随着加密资产造成税收流失、新旧资产税负不公、税源跟踪监管困难、税收要素不确定性加大等问题的出现，多国政府和相关国际组织都把加密资产税收治理提上日程。

一、加密资产：定义与发展

2008 年，源于对传统金融中介不信任，实现民主与去中心化理念，中本聪描述了一种被其称为"比特币"的电子货币及其算法。② 2009 年，加密货币——比特币诞生。在经历原始萌芽、平稳增长、疯狂炒作、收益急剧波动等阶段，加密资产种类日渐丰富，规模逐渐扩大，衍生出非同质化代币、去中心化金融、分布式自主运营组织等应用场景，外延与内涵不断得以扩展。

（一）定义加密资产：从分歧尝试走向共识

自产生起，加密资产定义就存有分歧，各国界定范畴并不完全一致。不同时期、不同应用场景，加密资产名称也不尽相同。2014 年之前，多称为虚拟货币，比特币几乎是其代名词。2014 年，加密货币和数字货币的提法小范围传播。2017—2018 年，虚拟资产、数字资产和加密资产频繁出现在政府官方文件中。部分国家使用"加密货币更准确界定具有支付和交换功能的代币，使之与效用型和证券型通证相区别"（Blandin 等，2019）。也有的国家使用通证统称各类加密资产。术语多样性凸显各国对加密资产的认知差异，也折射出区块链技术推动的加密资产形式与功能的快速演变。

---

① OECD. Taxing virtual currencies：an overview of tax treatments and emerging tax policy issues ［R］. Paris：OECD publishing，2020：7 - 38，41 - 45.

② SATOSHI NAKAMOTO. Bitcoin：a peer - to - peer electronic cash system ［EB/OL］. （2008 - 10 - 31）［2022 - 07 - 14］. https：//bitcoin. org/bitcoin. pdf.

近些年，部分国际组织试图推动全球层面加密资产认知共识的形成与推广。作为国际税收政策制定与协调的重要机构，OECD 在《加密资产报告框架和对共同报告的修订（公众咨询稿）》中使用"加密资产"提法，并提出"只要依赖密码学和分布式记账方法，特别是区块链技术，无须依赖传统金融中介和中央管理者，以去中心化方式实现发行、记录、转移或存储的"① 都可认定为加密资产，其中包括加密货币和加密通证。上述定义强调"资产"性质。分布式记账、去中心化、匿名性构成加密资产区别于其他资产的核心要件。

（二）从加密货币到加密资产：扩展的不仅是资产形态

如果说发端于国际金融危机的比特币发掘了加密资产支付功能，那么，基于区块链技术的以太坊的出现则为加密资产开发与上链提供了基础平台，加速了传统资产上链和代币化过程，极大丰富了加密资产品种。自此，我们可以沿着两条相对清晰又有所交叉的线索来理解加密资产的发展路径。

一条是延续以实现货币支付、价值尺度功能为核心的路径。这类通证拥有自身的区块链平台（Bal，2019），将区块链技术和分布式记账作为底层技术，在特定生态系统中，凭借共识性供给机制确保相对稳定的内在价值，用特殊的工作量认证和传导机制实现去中心化管理和价值传导，其本质是货币发行的非国家化。② 这种通证即为加密货币，以比特币、以太币等为代表。随着认可度提高，加密货币支付功能得到多国政府承认，尽管并不被认定为法定货币。一些大型数字企业如脸书（现更名为元宇宙）以及多国央行开始介入这一领域，出现以一篮子法定货币、商品、证券、算法或其他加密货币等为底层资产的稳定币。至此，分散的货币发行权再次走向中心化或被纳入政府监管视野。

另一条路径以 2014 年以太坊诞生为标志，产生大量基于分布式记账技术，具有投资和效用功能的通证，并逐渐成为加密资产主流。③ 这得益于第一条集成智能合约公链——以太坊，以完全去中心化的底层共识搭建了金融基础设施。此外，权益证明与工作量证明等共识机制并行，扩展通证功能，更高效和低成本实现包括复杂金融产品交易、游戏开发、资产上链、艺术品交易等传统

---

① OECD. Crypto-asset reporting framework and amendments to the common reporting standard［EB/OL］. (2022 – 03 – 22)［2022 – 07 – 14］. https：//www. oecd. org/ctp/exchange – of – tax – information/oecd – seeks – input – on – new – tax – transparency – framework – for – crypto – assets – and – amendments – to – the – common – reporting – standard. htm.

② 哈耶克. 货币的非国家化［M］. 姚中秋，译. 海口：海南出版社，2019：22 – 27.

③ 尽管加密货币在市值规模上占比较高，但证券型和消费型通证发展迅速，种类和形式多于加密货币。

互联网和金融的功能（HashKey Captial，2022）。这类通证类似于"加在实体资产上的面纱"，以数字化方式代表资产权益或消费主张，记录底层资产或权益转移，从而被称为证券或消费型加密资产。初始代币发行加速加密资产项目融资，推动基于区块链技术的众筹模式推广，带来加密资产二级市场及其衍生产品繁荣。加密资产流动性和认可度逐渐增强。

功能差异发展加速加密资产实操层面沿着属性分化，支付型、效用型、证券型通证①三层分类监管模式渐趋明朗。但与此同时，部分加密资产复合功能以及生命周期中，特征可转化性使得清晰分类并非易事，治理与监管难度加大。

二、基于区块链技术的加密资产特征及对现行税制带来的影响

技术变革对包括税收关系在内的社会契约挑战始终存在，这是生产力与生产关系矛盾的永恒体现。新技术以创造性破坏方式完成革新，在提升生产力的同时，改变原有社会生产关系，这其中涉及但不限于生产经营模式改变、利益相关者协作关系调整等，致使曾经以旧技术而设的旧规则无法与革新后的经济社会关系相匹配，也打破了基于现有法律契约关系下税收要素、税收关系的确定性，税制需要随之调整。基于民主与去中心化理念产生的加密货币以及演化形成的加密资产，将匿名性和去中心化视为"灵魂"。上述特征对现行税收制度带来以下几个方面的影响。

（一）创造、价值确认和转移等有别于传统经济活动，难以被现行税制所覆盖

现行税制在规范加密资产（尤其是加密货币）价值产生、确定、转移等税收义务时遇到挑战。问题集中在定价、隐匿性、特殊的价值创造活动等方面。因投机因素，加密资产买卖价格往往在短期内呈现出高波动性，价格追踪、准确记录以及以此为基础确认税收义务存在困难。另外，以空投、挖矿等算法机制形成的加密资产，因服务和对价缺少关联而有别于传统交易模式，难以纳入现行流转税征税范畴。软分叉、硬分叉等特殊的价值创造方式以及工作

---

① 支付型通证是基于区块链技术产生的字符串，凭借特定生态系统下的共识机制实现类似于法定货币一样的功能，如商品或服务交换工具、价值存储以及记账单位。效用型通证（消费型通证）是为促进特定商品或服务的交换或是使用权限的证明。证券型通证是基于区块链技术，并以投资为目的的可交易资产。

量证明、权益证明等差异化共识机制折射出不同的权责义务关系，让加密资产的归类、税收义务认定纷繁复杂。各国现行税制无法完全应用于加密资产。

（二）税源的追溯存在较大困难

技术上讲，底层区块链技术所赋予加密资产点对点跨境价值传输，以及基于密码技术实现的匿名化，让跟踪定位纳税人和与线下真实身份比对更为困难。另外，加密资产尤其是加密货币在底层基础设施建设过程中，完全体现去中心化理念，并不在时下政府监管范围之内，这给税源追溯造成技术层面的困扰与障碍。更为关键的是，基于互联网无形的数据传输，没有国境和边界之分，这种税源流动性的大大增强所带来的影响是全球性的。因此，解决加密资产税收征管难题显然不是一个国家或地区所能及。

（三）挑战传统税收体系的法律基础与治理框架

作为正式契约的一种形式，税收制度实质上是一套规范国家与市场之间社会产品再分配关系的规则体系。税制落实，包括应税行为产生、应税收入确定以及由此涉及和体现的各利益相关者的经济关系，最终都需要法律和治理框架作支撑，特别是物权法的确认。

作为一种智能契约，加密资产颠覆传统的价值产生、转移、确权过程。[①]通过区块链技术，价值转移以分布式账户中所有节点的确认实现，无须依赖传统法律框架与现行金融、会计等中介系统确定权责义务关系，是一个自洽过程，那么，相应的应税收入、增值确认也非现有税收体系自动覆盖。例如，依据现行税法，部分税收义务确认需要以所有权转移为前提。此时，持有人有效签名是关键。但上述结论并不适用于加密资产。在加密资产转移过程中，有效签名只是证明私钥持有人发起交易，即允许分布式记账体系发起一个反映所有权变化的账户记录。只有当对应的私钥将公钥加密信息解码，并得到链上所有节点确认，特定加密资产与特定使用者的公钥相关联，账户升级，新的区块链形成，价值转移过程才真正完成。加密资产托管也与传统直接代客持有资产的托管概念不同（Blandin 等，2019）。而以分布式自主运营组织（DAOs）运营模式为例，基于区块链技术、以加密资产为融资媒介而实现的去中心化运营业

---

① 纳拉亚南，贝努，费尔顿，等. 区块链：技术驱动金融［M］. 林华，王勇，等译. 北京：中信出版社，2018：3 – 25.

态打破传统企业有形边界，颠覆现有法人实体、纳税主体等基本概念。这意味着加密资产及延伸发展的业态无法依循现行法律框架界定其权责义务关系，对应的个人与企业的收入实现与税收义务确认出现困难。

（四）带来新的公平问题

阿吉翁等研究证明，创新会导致社会顶层收入不平等加剧，[①] 这样的结论在数字经济时代尤为适用。区块链技术应用于加密资产，带来了交易成本降低和创新租金。随着加密资产逐渐被社会认可，并进一步与传统资本市场交融，创新租金变现，使得加密资产发明者、市场前期进入者跨越收入阶段，甚至进入顶层收入阶层。另外，新技术对旧技术的替代也将摧毁原有创新者租金。区块链支撑的加密资产正是以去中心化方式，推动"个人数据价值"以技术手段转化与变现，并延伸出"微经济"、自我雇佣等新经济模式，打破传统中介和中心机构的连接与背书。可以预期，未来"免费使用私人数据"的中心化平台经济将面临巨大挑战，社会财富分配格局或将因此而重新调整。

此外，新模式下，相关利益主体形成的权责关系无法完全沿用现行税制在内的法律框架进行约束与规范。部分新资产形式也未全部纳入课税范围。新经济与传统经济、新旧资产之间税负不公问题随之产生。因此，如何通过税收手段抚平与纠正社会财富重新分配造成的不平衡鸿沟问题，从而一方面鼓励创新，确保创新者收入财富水平趋于合理区间，另一方面推动创新收益实现社会共享，恐怕是加密资产发展带给现行税制的另一亟待解决的议题。

（五）未来对税制的影响具有不确定性

区块链技术及加密资产最具挑战之处在于，作为一种尚处于创新初期的新技术，我们目前无法完全预测其发展潜力以及可能对经济社会产生的颠覆性冲击与变革。理论上，基于区块链技术开发的加密资产所带来的去中心化权威不仅会带来制度层面的影响，还会产生强烈的心理冲击。依赖复杂算法实现信任的去中心化将引发异常剧烈的变革，尤其是根深蒂固的旧观念，应用区块链技术后，信任最终依赖数学家和基础设施，而不是政治家和可辨识的个体中间机

---

① 阿吉翁，安托南，比内尔. 创造性破坏的力量：经济剧变与国民财富［M］. 余江，赵建航，译. 北京：中信出版社，2021：80-88.

构。这不仅会带来政治和技术挑战，而且对政府存在都提出质疑。① 未来，经验性知识体系极可能会被现代科学工具产生的精确性知识所替代。这是否意味着包括税收体制在内的现行契约规则都将面临失效与重构的风险呢？技术的发展看不到边界，唯一确定的是，这种必然性与偶然性触发的技术变革对包括税收制度在内的政府规制体系造成的冲击与影响具有极大的不确定性。

三、应对加密资产税收风险，各国税收实践呈现共性趋势

面对加密资产导致的新的不公平、税基侵蚀等共同风险与挑战，各国展开积极的税收实践，加强治理与合作。加密资产国际税收治理理念、政策出现一些共性趋势。

（一）出台适配性税收规则，兼具法律可行性和技术可及性

目前，除少数国家专门制定加密资产的监管法律外，多数税收管辖区和国际组织倾向于将加密资产纳入现行法律框架加以监管，这其中也包含对现有税收制度的适应与遵从。

1. 依循"实质重于形式"原则，尝试纳入现有税收法律框架。这种思路体现国际通行"实质重于形式"的税收原则与理念，同时也基于以下事实，即部分区块链上通证只是传统协议或契约的一种新展现形式，尽管区块链技术内嵌了价值转移机制，导致其背后底层资产本质和后续法律义务发生变化（Blandin 等，2019），但交易和事件的经济实质才是最终确认和测算税收义务的决定因素（Sixt 等，2019）。因此，沿用现有税收法律框架规范加密资产似乎合情合理。例如，2014 年，美国国内收入局颁布《美国国内收入局通知第2014 - 21 号》，规定现行税收原则适用于可兑换虚拟货币（包括加密货币）参与的各类交易。英国皇家税务与海关总署 2014 年发布《有关比特币和其他类似加密货币的税收处理》，明确涉及比特币及其他加密货币的经济活动产生的收入服从所得税和资本收益税的一般原则。② 包括丹麦、法国、德国、列支敦士登、卢森堡、泰国等在内的国家都将加密资产纳入所得税征税范畴（尽管具体细节存在差异），而把加密资产有关活动排除在增值税征税范畴之外。③

---

① 施瓦布，戴维斯. 第四次工业革命：行动路线图打造创新型社会 [M]. 北京：中信出版社，2018：110 - 112.

② HMRC. Cryptoassets Manual [EB/OL]. (2021 - 03 - 30) [2022 - 07 - 14]. https://www.gov.uk/hmrc - internal - manuals/cryptoassets - manual.

③ PwC. PwC annual global crypto tax report 2020 [R]. Hong Kong：PwC publishing，2020：3 - 14.

2. 现行税收政策考虑了技术可及性。事实上，加密资产涉税政策往往滞后于行业发展。例如，比特币诞生于 2009 年，直至 2014 年，美国、英国、法国等国家才相继发布加密资产税收指南。目前，各国加密资产涉税政策大都集中在加密资产买卖形成的资产收益税，工作量法挖矿收入的直接税和间接税，支付型、效用型和证券型通证的间接税，初始代币和通证发行税收。部分国家尝试对硬分叉、空投等加密资产独特分配机制制定税收政策。[①] 而针对当下兴起的加密资产借贷、分布式金融、通证化资产、权益机制挖矿收入以及跨国境分布式自主运营组织等新兴资产形式、交易方式和经营模式，各国都尚未出台明确适用的税收政策。

这种兼顾法律可行性和技术可及性的税收治理理念，一方面是政府现有监管能力无法及时跟踪并应对加密资产行业快速迭代更新以及由此带来的社会经济层面革新所致；另一方面源于只有当加密资产规模、交易接受程度与现实经济关联度发展到一定程度，监管政策才有落地实施的意义（Omri Marian，2013）。所以，适配性加密资产税收政策是各国政府在尚未完全厘清并判断加密资产未来发展方向与前景背景下，基于不打击创新，同时增加财政收入、公平税负所采取的折中方案。

（二）趋同于分类征税的思路

实践中，与加密资产功能分化发展相对应的三层分类监管模式正趋向共识（Blandin 等，2019）。OECD 调研的 43 个税收管辖区中，30 个国家和地区已采取三层分类监管模式，并在税收领域应用。[②] 加密资产特征决定需要应用现行哪类税收法律对其进行约束和规范。效用型通证代表未来接受商品或服务的一种权益，被归入商品和服务的预付手段规范；证券型通证为持有者提供现金或其他金融资产的合同权益证明，多被定性为金融资产，依据现行税法金融资产项加以规范。政策分歧集中在具有支付功能的加密货币（支付型通证）。除比利时、意大利、科特迪瓦、波兰等少数国家之外，多数国家和国际组织都认为加密货币并不满足法定货币具有的基本属性，不认定其为法定货币，而依据现行税法规定归入一般所得（如美国、新西兰、阿根廷、英国等）或资本收入（如芬兰）征税。

① PwC. PwC annual global crypto tax report 2020 ［R］. Hong Kong：PwC publishing，2020：20 – 23.

② OECD. Taxing virtual currencies：an overview of tax treatments and emerging tax policy issues ［R］. Paris：OECD publishing，2020：7 – 38，41 – 45.

（三）依赖第三方中介机构的税收监管体系，一定程度解决税源追踪问题

政府跟踪、监控去中心化加密资产存在技术障碍，这给高度依赖自我评估申报的传统税收征管体系带来了极大挑战。事实上，从加密资产涉税项目看，除挖矿、分叉等独特活动外，包括加密货币交换、加密货币与法定货币交易、加密资产衍生品交易等都可通过新型中介机构（如加密钱包提供商、加密资产交易商）完成，这一点与传统金融市场行为类似（Blandin 等，2019）。这为监管机构依赖中间商为重点对象的税收监管思路提供了可行性支撑。因此，延续第三方中介机构作为加密资产涉税信息交换方或代扣代缴义务人的政策是既节约税收征管成本，也保证技术可及性的方案。2021 年，为支持拜登政府《美国家庭计划》融资配套出台的《美国家庭计划税收遵从议程》，就将第三方信息报告机制覆盖加密资产交易商、保管商。① 2020 年，韩国颁布新规要求本地交易所对所有加密货币交易收益征收 20% 的预提所得税。欧盟反洗钱法案（AML）将报告义务归于加密货币交换和数据钱包服务提供商。包括 OECD 在内的国际组织也计划或逐步引入第三方中介报告机制。

四、加密资产税收政策全球性协调与合作：治标不能治本

除各国的税收实践外，以 OECD 为代表的国际组织也提出全球化方案，尝试推动加密资产税收政策走向全球性的协调与共识。

（一）OECD 推行的加密资产全球统一报告框架是现有监管能力下的次优选择

早在 2018 年，OECD 就对加密资产市场兴起可能侵蚀当前全球税收透明度改革取得的成果表示担忧。2020 年发布的《虚拟货币征税：税收处理概述与新出现的税收政策议题》进一步指出，加密资产在形态与功能上具有广泛异质性。缺少中心控制、匿名、定价困难、兼具金融工具和无形资产的混合特性以及快速更迭的底层技术等天然独特性使得税源隐匿性、流动性大大增强，给政策制定者构成挑战。在此背景下，税源全程跟踪、监管以及分配显然不是一

---

① U. S. Department of the Treasury. Treasury releases report on the american families plan's tax compliance agenda［EB/OL］.（2021－05－20）［2022－05－24］. https：//home. treasury. gov/system/files/136/The－American－Families－Plan－Tax－Compliance－Agenda. pdf.

个国家或地区可以实现的。另外，作为国际化的经济行为，若加密资产认定、税收处理存在较大的国别差异，不仅会造成财务报告信息混乱、数据缺乏可比性、给投资人带来困扰、不利于行业发展，更可能为价值以数字方式存在、流动、转移的加密资产提供巨大的避税空间。加密资产极可能替代传统避税地成为下一个"超级避税天堂"（Marian，2013）。上述理由为全球实施统一的加密资产税收政策提供了理论支撑。

为打击税基侵蚀和利润转移（BEPS）行为，OECD 推进的 BEPS 行动一直把跟踪所得税源的立足点放在金融信息提供方，[1] 相同的监管思路被套用至加密资产。2022 年 3 月，OECD 在《加密资产报告框架》（CARF）的征求意见稿中强调加密资产中介机构作为报告方，需承担类似于传统金融机构的披露义务，试图将加密资产纳入现行全球统一的税收监管框架。那么，这一方案是否可行？

事实上，现行金融信息交换与报告体系已累积了较丰富的税源管理经验。以此为基础扩展形成加密资产全球统一信息交换与报告框架，其有效性的关键是技术可及性。传统监管模式依赖"以中心化账本存储大量数据的中介机构"，并基于"中介金融机构全面掌握交易和资金流动信息"的假设。这一前提是否适用加密资产中间商恐怕是第三方报告机制提高税收遵从度的核心。现实中，尽管加密资产中介机构业务（包括加密资产钱包、交易商等）涉及加密资产二级市场、衍生品市场、加密货币之间以及与法定货币、商品交易等，但无法囊括全部加密资产的所有活动。对那些不依赖于中间商，仅存在于链上的加密资产，尤其是加密货币，以及链上点对点交易行为等，中间商和政府现有监管手段仍然无法企及，追踪、确权与征税自然难以实现。因此，推行针对新型中间商的信息报告和交换机制，实属基于现行监管能力的妥协方案。

（二）加密资产统一治理理念与监管框架的缺乏是征税问题难以解决的根本

涉税信息交换和共享只是加强加密资产税收治理的一个前置条件。实践中，国际统一的税收治理理念与监管框架的缺失依旧是加密资产税收遵从风险高发的"温床"。

---

[1] 2014 年，OECD 颁布《共同报告标准（CRS）》规定，金融机构每年应向纳税人居住国自动交换其离岸金融资产信息，以推动交易、所得信息的透明化跟踪和发现税源。

全球化的经济需要全球化的治理、全球化的对话以及全球化的解决方案。国际经济由浅度融合的有限度全球化延伸至深度融合阶段，从有形商品的跨境流动演进至互联网时代可复制数据与信息的传输与交易，并因加密资产的兴起步入了价值传输阶段。包含信息与价值的数据流动打破国境边界概念，具有典型的全球性特征，推动全球化在虚拟网络层面深度融合。相应地，只有一个突破国别界限、在世界范围内更深度合作的税收治理体系和监管框架才能与之匹配适应，以应对和解决虚拟化加密资产带来的税源流动性增强、价值无边界传输以及对经济社会运行模式的革命性变革。

但从目前各国税收实践看，由于数字经济发展水平、金融市场成熟度、经济韧性以及社会文化差异等因素，要形成加密资产国际共识性税收政策与共同监管框架，并最终转化为各国国内法落地实施，还存在较大分歧与现实障碍。

1. 缺乏达成全球一致性税收共识的治理前提与法律基础。各国监管立场和态度达成基本共识是构建加密资产全球统一税收监管体系的基础。但现实中，各国在加密资产治理理念上并未达成一致。如加密资产创始国美国，传统金融中心英国、新加坡等对加密资产采取包容态度，尝试在维护金融稳定、打击非法交易和鼓励金融创新之间获得平衡。玻利维亚、伊拉克、摩洛哥、尼泊尔、俄罗斯、沙特阿拉伯、孟加拉国、伊朗和巴基斯坦等国全面禁止加密资产的买卖和支付用途。治理理念存在较大差异使得当前全球加密资产真正形成能够落地实施的统一税制缺乏一个先验性前提。

即使将加密资产纳入政府监管范畴，并以现行税法规范，各税收管辖区也因法律传统、惯例等差别造成具体税收政策措施，如类别解释、具体归类、税收处理上的不一致。以加密货币为例，美国联邦层面将加密货币视为"财产"纳入所得税征税范畴。美国国内收入局 2014 年颁布的《虚拟货币指南》规定，加密货币与商品、服务交易以及挖矿所得等应该按照交易当时市价计入一般收入或资本收益征税。[①] 阿根廷、哥伦比亚、日本、南非、英国等国将挖矿所得的加密货币纳入所得税应税收入。克罗地亚、捷克、法国、波兰等在处置加密货币时才课税。部分国家，如瑞士、新加坡，以加密资产的用途作为征税标准。可见，各国加密资产税收实践活动纷繁复杂，莫衷一是。如何弥合由于各国底层法律基础不同带来的加密资产税收义务的界定差异将是税制统一面临

---

① IRS. Internal revenue bulletin：2014 – 16 ［EB/OL］．（2014 – 04 – 14）［2022 – 07 – 14］. https：//www.irs.gov/irb/2014 – 16_IRB#NOT – 2014 – 21.

的一大挑战。

2. 现行三层分类管理的税收治理框架无法与加密资产完全匹配。实践中，尽管基于实质大于形式原则对加密资产进行分类管理大大降低了加密资产认定、确认和课税难度，一定程度上消除了税收不确定性，但简单三层分类监管模式并不能完全涵盖加密资产所有类型，其间既存在交叉也有遗漏。加密资产自身的复杂性、多样化使得一些加密资产无法对应归类，部分复合功能定性模糊。即使是同一通证，生命周期中不同时期也可能发生"经济实质"的转变，导致会计和税务义务发生调整。此外，区块链技术延伸发展的新业态模式尚未得到深入的研究与关注，税收政策难以覆盖这些领域，这都增加了统一管理与协调的难度（Blandin 等，2019）。

3. 加密资产课税涉及的不仅仅是单纯的税收问题。目前，多国政府以及国际社会尝试将加密资产纳入包括现行税收体系在内的治理体系与框架中，更多是从技术层面解决技术创新带来的制度冲击，并未触及这一问题的本源。实际上，随着私人数据权利意识觉醒、大型跨国数字企业成为国际社会博弈主体等，全球社会经济力量以及治理格局发生变化，社会治理权力（包括货币发行权、征税权）的分享与争夺以及治理格局的失衡和再平衡，才是政府面对挑战的核心与关键。所以，政府只有对社会治理权力分配机制有一个明确的思路与做法，才能奠定后续解决法律、税收等具体治理工具与机制框架的基础。例如，在加密资产发展早期，政府可通过法律禁止加密资产使用，或通过中央银行赎买方式收归政府所有，或雇佣一定规模计算力量挖矿，将比特币最终剔除流通。这事实上就是从社会治理本源上解决加密资产管理及后续涉及的法律、税收问题。当然，这一极具"理想化"的方案，其落地实施的可行性值得推敲，更为关键的是，快速更迭的创新会推动产生新的价值创造模式、新的交易形态，对包括税收规则在内的规制挑战以及带来的不确定性将是常态化的，而这或许已经超越了税制设计所能及的范围。

参考文献：

[1] BLANDIN A, CLOOTS A S, HUSSAIN H, et al. Global cryptoasset regulatory landscape study［R］. Cambridge：Cambridge centre for alternative finance reports，2019.

[2] BAL A. Taxation, virtual currency and block chain［M］. Netherlands：

Kluwer law international，2019.

　　［3］Hashkey Captial. 区块链与加密资产投资指南［M］. 香港：商务印书馆，2022.

　　［4］SIXT E，HIMMER K. Accounting and taxation of cryptoassets［J］. Social science research network electronic journal，2019：12 – 15.

　　［5］MARIAN O Y. Are cryptocurrencies "super" tax havens？［J］. Michigan law review first impressions，2013（112）：38 – 48.

　　［6］XU WANG，邬展霞. 加密货币属性认定及其相关税务处理探析：以比特币为例［J］. 税务研究，2020（12）：136 – 139.

作者单位：中国社会科学院财经战略研究院

加密资产税收政策的国际经验
及对我国的启示①

陈　宇　牛恺玥

内容提要： 近年来，加密资产发展迅猛，在国际汇兑市场、金融支付、艺术投资等领域应用广泛。随着现代信息技术的革新和经济发展模式的转变，作为元宇宙和 Web3 基础设施的加密资产的重要性日益凸显，但也对传统税收体系产生了较大冲击，越来越多的国家和国际组织不断推出针对加密资产的税收政策，以实现对加密资产的系统化、法治化监管。本文梳理分析了目前部分国家和国际组织针对加密资产出台的较为成熟的税收政策，总结了国际经验，并结合我国国情提出了可能的政策建议。

关键词： 加密资产　加密货币　税收政策　税收监管

根据经济合作与发展组织（OECD）的定义，加密货币属于加密资产的一种类型。② 近年来，加密货币随着区块链技术的迅猛发展，数年内发展出了多种形式的加密资产，并迅速成为科技金融领域中一股不可忽视的力量，引发了各国政府和国际组织的高度关注。加密资产可分为同质化通证（Fungible Token，FT）和非同质化通证（Non‑Fungible Token，NFT）两类，具有去中心化、不可篡改、匿名性等特点。基于区块链技术的加密资产更是因去中心化、

---

① 本文系国家社会科学基金项目"税收情报交换协定及其对我国企业跨境避税的抑制作用研究"（项目编号：20BGL066）、中央财经大学"青年英才"培育支持计划项目"我国企业跨境避税与税收情报交换：规模、机制与治理"（项目编号：QYP202101）的阶段性研究成果。

② OECD. Crypto‑asset reporting framework and amendments to the common reporting standard［EB/OL］.（2022‑03‑22）［2022‑11‑06］. https：//www. oecd. org/ctp/exchange‑of‑tax‑information/oecd‑seeks‑input‑on‑new‑tax‑transparency‑framework‑for‑crypto‑assets‑and‑amendments‑to‑the‑common‑reporting‑standard. htm.

不可篡改等独特优势在多国得到认可和应用。但由于加密资产天然具备的匿名性、去中心化等特点，其也为灰色资金逃避资本监管、洗钱、恐怖组织融资等犯罪场景提供了一定便利。因此，加大对各类加密资产的监管力度是当前各国政府和国际组织的政策导向，出台针对加密资产的税收政策几乎为各国政府和国际组织的通行做法。

一、部分发达国家和国际组织针对加密资产实施的税收政策

由于加密资产规模的快速增长，许多国家和国际组织已经意识到将加密资产纳入税收体系之中能有效避免对税基的侵蚀，同时也有利于税收公平并有助于完善对加密资产的监管，因此加快了研究制定针对加密资产实施相关税收政策的步伐。

（一）美国：不断完善加密资产税收政策体系，加强对加密资产的税收征管

1. 完善加密资产性质认定及相关税收政策体系。美国对加密资产的监管起步相对较早。2013 年，美国发布了《关于公布申请管理、交换、试用虚拟货币的规定》[①]，标志着从国家层面认可了加密货币的存在与发展。2014 年，美国国内收入局（IRS）发布 21 号公告[②]，首次将加密货币税务属性正式认定为金融资产，同时否定其货币属性。21 号公告规定，持有比特币的用户需要按年度主动上报加密货币交易产生的实际损益情况，并缴纳个人所得税。2019年，IRS 对加密货币的概念和性质界定再次进行完善，进一步明确了加密货币在初始取得阶段的相关收入也应纳入应纳税所得进而缴纳相应的税款，并同时规定加密货币的赠予及加密货币在同一所有者的不同数字钱包间转移不属于应税行为。2020 年，美国推出了《2020 年加密货币法案》，成体系地规定了加密货币交易中涉及的金融监管问题，同时明确了税务部门的责任，促进了加密货币市场的合规化发展。[③]

---

① United States Government. Application of finCEN's regulations to persons administering, exchanging, or using virtual currencies [EB/OL]. (2013 – 03 – 18) [2022 – 11 – 06]. https：//www. fincen. gov/resources/statutes – regulations/guidance/application – fincens – regulations – persons – administering.

② Internal Revenue Service of the United States. IRS notice 2014 – 21 this notice explains how existing general tax principles apply to transactions using virtual currency [EB/OL]. (2014 – 04 – 14) [2022 – 11 – 06]. https：//www. irs. gov/irb/2014 – 16_IRB#NOT – 2014 – 21.

③ U. S. Congress. Crypto – currency act of 2020 [EB/OL]. (2020 – 03 – 09) [2022 – 11 – 06]. https：//www. congress. gov/bill/116th – congress/house – bill/6154.

2022 年以来，美国再次加快了对加密货币相关法规的完善与优化。2022年 2 月，美国众议院提出《虚拟货币税收公平法案》，提议对个人的加密货币交易收益设置 200 美元的免税额，以确保加密货币经济的良性发展。① 2022 年3 月，美国总统拜登正式签署《确保负责任地发展数字资产》（Ensuring Responsible Development of Digital Assets），首次发布了加密资产及其基础技术的风险研究对应文件，明确了对包括区块链、中央银行数字货币（CBDC）、加密货币、稳定币在内的加密资产的监管框架。2022 年 4 月，美国发布 2023 财政年度绿皮书，建议将加密资产信息纳入《海外账户税收合规法案》（Foreign Account Tax Compliance Act，FATCA）框架，并要求金融机构与加密资产交易代理人提交信息报告，同时要求纳税人申报境外加密资产账户。此外，FATCA框架还修订了以市值为计价方法的核算方式，使其可适用于加密资产；修订了证券贷款免税规则，使其可适用于加密资产。②

此外，2022 年以来，美国多个地区亦对加密货币的税收政策予以了完善，针对加密资产的地方税体系正在逐步构建。例如：新泽西州发布公告，强调将加密货币视为财产，相关交易必须在支付或收到之日以公开市场价值作为个人所得税的申报税基；③ 亚利桑那州针对加密货币和 NFT 数字产品的税收待遇进行了明确，规定通过具有促销性质的方式取得的加密资产应当作为受赠项目并按其价值缴纳个人所得税。④ 此外，美国还有多个州尝试建立了 NFT 等加密资产的销售税规则。

2. 持续加强对加密资产的税收监管。2021 年 11 月，美国出台《基础设施投资和就业法案》（Infrastructure Investment Jobs Act，IIJA），进一步明确了包含加密货币在内的加密资产概念，将加密资产定义为"记录在加密安全分布式账本或其他类似加密技术上的任何价值的数字表示"，并规定相关加密资产持有人若不遵守此法案要求进行税款申报，将根据《国内收入法典》第 6724 条受到处罚。⑤ 此外，IIJA 还规定，只要纳税人在相关交易中收到超过相当于

① U. S. Congress. Virtual currency tax fairness act of 2022 [EB/OL]. (2020 – 03 – 09) [2022 – 11 – 06]. https：//www. congress. gov/bill/117th – congress/house – bill/6582/text? r = 2&s = 1.

② U. S. Department of the Treasury. General – Explanations – FY2023 [EB/OL]. (2022 – 03 – 15) [2022 – 11 – 06]. https：//home. treasury. gov/system/files/131/General – Explanations – FY2023. pdf.

③ IBFD. New Jersey clarifies its tax treatment of virtual currency [EB/OL]. (2022 – 03 – 24) [2022 – 11 – 06]. https：//research. ibfd. org/#/doc? url = /data/tns/docs/html/tns_2022 – 03 – 24_us_10. html.

④ State of Arizona. House bill 2204 [EB/OL]. (2022 – 03 – 20) [2022 – 11 – 06]. https：//www. azleg. gov/legtext/55leg/2R/bills/HB2204H. pdf.

⑤ U. S. Congress. Infrastructure investment & jobs act [EB/OL]. (2021 – 11 – 15) [2022 – 11 – 06]. https：//www. congress. gov/bill/117th – congress/house – bill/3684/text.

1 万美元现金的加密资产，就必须在纳税申报表中向 IRS 报告此交易并留存交易票据。

美国对加密资产交易平台的管理也较为严格，强制要求相关中介机构向政府上报加密资产用户信息，实行"了解你的客户"或尽职审查（Know Your Customer，KYC）和反洗钱（Anti－Money Laundering，AML）协议。这在一定程度上降低了加密资产交易平台的保密性，使加密资产能够得到必要的合规性监管。

值得关注的是，加密资产交易情况已经直接体现在美国个人所得税纳税申报表（1040 表）上，1040 表中有一栏特别询问纳税人是否存在上一年度接收、出售、发送、交换或以其他方式获得任何虚拟货币的任何经济利益。这一情况于 2019 年首次出现在 1040 表的附表中，2020 年以后则被列在 1040 表第一页的突出位置。这一措施体现了美国税务部门对加密资产税收问题的进一步关注。

（二）英国：探索提高加密资产税收体系竞争力

2014 年，英国皇家税务与海关总署发布公告，将加密货币认定为类似金融资产的属性，将加密货币的相关交易行为认定为投资，与传统股票、债券等投资行为类似，需要缴纳资本利得税。但在这一时期，英国政府并未实现对加密货币交易情况的掌握，仅依靠交易主体自行申报纳税，以至于实践中加密货币的灰色监管事实一直存在，应税主体隐瞒交易实际的情况频发，相关应税主体甚至以虚假申报的方式降低应纳税所得额，导致英国政府并未实现预期的税收监管效果。2018 年，英国皇家税务与海关总署、英国金融监督管理局以及英国中央银行联合发布了加密货币征税指南，进一步明确了加密货币的征税细则：在取得环节，通过"挖矿"取得的加密货币应当视为收入缴纳所得税；在兑换环节，用加密货币兑换商品或服务的视同收入缴纳所得税，并进一步明确兑换时采用平均成本法计算初始取得成本，以准确计算相关所得。此外，英国皇家税务与海关总署开始与英国国内几个大型加密货币交易中介机构进行信息沟通，从交易中介平台获取加密货币的交易信息，并通过引入第三方报告降低隐瞒交易或虚假申报的可能性。

2022 年 4 月，英国政府宣布，英国财政部将监管稳定币，并且采取一系列措施规范和利用加密货币，包括比特币等代币，还将与皇家铸币厂合作推出 NFT，并将探索提高英国税收体系竞争力的方法，以鼓励英国加密资产市场的进一步发展，实现使英国成为全球加密资产技术和创新中心的最终目标。①

（三）法国：逐渐降低加密资产适用税率以促进行业发展

作为最早提出数字服务税的国家之一，法国对加密资产实施的相关政策与规范起步同样较早。2014 年，法国最高行政法院国务委员会公布相关条例，将加密货币的收益所得归类于工业和商业利润或非商业利润。这一阶段的加密货币属性界定较为模糊，相关规定也并不完善。直到 2018 年 11 月，法国最高行政法院国务委员会明确将加密货币认定为财产属性，将交易加密资产取得的相关收益视为动产，并征收所得税和资本利得税。2019 年 4 月，法国正式通过首个加密货币监管框架，为加密货币发行方和交易商方颁发许可证，并规定在法国注册的加密货币公司进行代理服务取得的所得以及收取的交易手续费所得，均需纳税。

（四）德国：认定加密资产具有货币和财产双重属性

德国对于加密资产的态度十分开放。早在 2013 年，德国财政部就已经开始关注加密货币的发展问题，并发布了相关的政策文件。可以说，德国实际上是世界范围内第一个官方承认比特币等加密货币交易合法的国家。在税收政策方面，德国将加密货币界定为具有货币和财产双重属性的特殊产物，并明确规定：个人投资者买卖加密货币可以适用免税政策，但若是用于经营等商业目的进行加密货币买卖，则需按规定缴纳所得税和资本利得税。

（五）日本：对加密资产的认可度较高，税收监管机制较为完善

日本对于加密货币的交易及其发展有着较大程度的包容性。2016 年，日本政府通过《数字货币监管法案》，将加密货币纳入税收监管体系，并在这一法案中部分认可了加密货币的货币属性，将其界定为"法定货币的类似品"。2017 年，日本政府修订《支付服务法案》，正式将比特币作为虚拟货币进行税收监管，承认其作为支付手段行使购买力的合法性，推动了比特币等加密货币在日本的发展。日本还将加密货币的税务属性认定为财产，将与加密货币交易相关的个人收入按照 15% ~ 55% 的税率征收个人所得税。此外，日本还对

---

① UK Government. Government sets out plan to make UK a global crypto – asset technology hub ［EB/OL］. （2022 – 04 – 04）［2022 – 11 – 06］. https：//www. gov. uk/government/news/government – sets – out – plan – to – make – uk – a – global – cryptoasset – technology – hub.

《消费税法》进行了更新，规定在使用加密货币作为支付手段购买商品或服务时，取消税率为 8% 的一般消费税的征收。

（六）国际组织：加密资产税收政策的协调

1. 欧盟：持续完善加密资产税收政策。欧盟对加密资产实施的税收政策首先体现在增值税上。在 Skatteverket 诉 David Hedqvist 案中，欧盟法院将兑换环节的加密货币认定为金融资产属性，相关中介行为认定为金融服务。在案件结束裁决后，欧盟又根据此案就其他情形下的加密货币增值税处理进行了进一步的解释说明，即对于"挖矿"环节、储存环节、兑换环节中涉及的加密货币交易所得，均属于增值税应税范围。但"挖矿"环节、兑换环节可以根据欧盟增值税指令第 135 条第（1）款的相关规定适用免税政策。对储存环节而言，第三方中介平台收取的数字钱包使用手续费，可以适用金融服务免税条款，除此之外的其他中介所得应当缴纳增值税。更进一步地，欧盟委员会还提议，未来将对包括加密货币和 NFT 在内的加密资产的销售收益征收 30% 的统一税。①

此外，欧盟也极为关注加密资产的监管和情报交换工作。早在 2019 年，欧洲银行管理局就起草了一份强化加密资产监管建议的报告。在此基础上，2021 年，欧盟委员会还出台了《欧盟行政合作指令（第八版）》，规定通过帮助监管部门自动交换关于加密资产和电子货币的税务信息等方式，实现对使用加密资产、电子货币和其他数字产品的投资、支付和收入的精准税收监管。

2. OECD：持续推动将加密资产纳入税收情报交换体系。2020 年 10 月，OECD 发布《虚拟货币征税：税收处理概述与新出现的税收政策议题》，全面梳理了加密货币的概念、分类及性质，总结了 50 多个司法管辖区关于加密货币所持有的征税理论与征管实践的异同规律，致力于推动世界范围内针对加密货币税收征管问题形成共识，呼吁各国政府关注加密货币问题，加强对加密货币的税收监管，同时防范加密货币对全球金融稳定可能造成的潜在危害。② 2022 年 10 月，OECD 发布了《加密资产报告框架和对共同报告标准的修订》（Crypto – Asset Reporting Framework and Amendments to the Common Reporting

---

① European Central Bank. Virtual currency schemes ［EB/OL］. （2021 – 01 – 27）［2022 – 11 – 06］. https：//www. ecb. europa. eu/pub/pdf/other/virtualcurrencyschemes201210en. pdf.

② OECD. Taxing virtual currencies：an overview of tax treatments and emerging tax policy issues ［EB/OL］. （2021 – 01 – 27）［2022 – 11 – 06］. https：//www. oecd. org/tax/tax – policy/taxing – virtual – currencies – an – overview – of – tax – treatments – and – emerging – tax – policy.

Standard，CARF）报告，规定以标准化的方式报告加密资产交易的税收信息，以便每年与纳税人居住辖区自动交换此类信息，主要内容包括规定加密资产的范围、从中介机构收集的报告数据类型、定义需要报告的交易以及尽职调查程序等。① CARF 报告的发布表明，OECD 在关注加密资产税收政策的基础上将重点放在加密资产交易相关的情报信息方面。该政策的实施有望进一步提高加密资产的全球税收透明度。

二、国际经验总结

总结梳理前述国家和国际组织针对加密资产出台的税收政策可以发现，由于经济和加密资产行业发展状况的不同以及税收体系的差别，各国政府和国际组织针对加密资产实施的税收政策存在较大差异，但总体而言仍有以下四个共同点。

（一）大部分国家将加密资产定性为财产，相关税收政策体系不断完善

从对加密资产的定性看，美国、英国、法国等国家都将加密资产的税务属性认定为一项金融资产或财产，在征税上借鉴了传统股票、债券投资的相关模式，根据加密货币交易时的市场公允价值，减除初始取得加密货币的原始成本，按照这部分价差确认应纳税所得额，并根据各国实际情况征收个人所得税或者资本利得税。也有部分国家如德国，将加密资产界定为具有货币和财产双重属性的特殊产物。

总体而言，随着加密资产的迅猛发展，越来越多的国家和国际组织已经意识到对加密资产进行市场监管以及从税收角度进行规制的重要性，针对加密资产实施的各类法律法规、政策文件、规范标准正在持续完善和不断发展。近期，随着更多加密资产类型如 NFT、稳定币乃至元宇宙、Web3 等新概念、新技术的兴起，各国政府和国际组织针对加密资产实施的相关税收政策密集出台，监管体系不断得以完善。

---

① OECD. Crypto－asset reporting framework and amendments to the common reporting standard.［EB/OL］.（2022－10－10）［2022－11－06］. https：//www. oecd. org/tax/exchange－of－tax－information/crypto－asset－reporting－framework－and－amendments－to－the－common－reporting－standard. pdf.

（二）从不同交易环节出发，确定相关税种

从各国政府和国际组织出台的税收政策看，主要结合加密资产本身特质及现有的税收制度综合进行考量后设计。以加密货币为例，其不同的交易环节均可能形成经济收入，各国主要从取得（挖矿）、储存持有、出售或兑换三个环节出发，确定加密资产的征税方式。例如：美国、英国、法国在取得、出售或兑换环节均将加密资产收入计入收入总额，投资者个人需申报缴纳个人所得税，相关中介交易机构需申报缴纳企业所得税；日本除在取得、出售或兑换环节征收所得税外，还在储存持有环节将加密资产作为私人财产的组成部分征收遗产税；此外，部分国家还针对加密资产的相关所得征收资本利得税（如英国、法国和德国）。欧盟则将加密资产的取得、储存持有、出售或兑换三个环节都纳入增值税应税范围，但部分情况可适用金融服务免税条款。

（三）针对加密资产的税收监管及信息追踪能力得到提升

加密资产作为科技发展的产物，基于区块链的分布式记账技术决定了其具有去中心化、匿名性等特性。这种特性使得加密资产易被滥用于洗钱、诈骗等违法犯罪活动中，而难以被税务部门识别并进行有效监管。因此，各国政府均积极探索从税收监管的角度降低加密资产的高保密性，以有效获取加密资产的相关交易信息。综合而言，各国主要采取的信息追踪方式为政府间接获取信息。如美国、英国等国家，在信息追踪方面采取强制上报的基本模式，并从供给和需求两侧同时进行监管，如要求加密资产交易中介、加密资产交易平台严格执行 KYC 和 AML 协议，要求加密资产所有人或使用人在纳税申报单中主动填写虚拟货币相关交易信息。这有助于从源头上对加密资产实现信息追踪，从而有效促进包括税收监管在内的整体监管体系的不断完善。

（四）信息交换机制逐渐建立，国际互通合作加强

由于加密资产具有较强的跨国流动性，基于区块链技术的相关交易信息具有较高的保密性，使得加密资产信息隐匿的问题被各国政府和国际组织高度关注。OECD 和欧盟均对将加密资产纳入国际信息交换体系提出了新的要求，并表达了以加密资产的税收问题研判进一步推动国际协作的愿景。

三、对我国的启示

加密资产诞生至今，已经历了十余年的发展与创新。随着市场的逐步完善，越来越多投资者开始加入其中，形成了万亿元级别的交易规模。同时，由于加密资产本身具有较高的跨国流动性，相关交易不受国界限制，伴随新的加密资产类型及应用不断衍生发展，对加密资产的税收监管问题需引起足够的重视。

（一）适时考虑将加密资产定性为财产，纳入税收监管体系

2021 年以来，我国本着对人民负责的态度，对加密货币的"挖矿"、炒作等行为发布了系列禁令，有力打击了加密货币相关违法犯罪活动，保护了人民群众的财产安全。然而，随着加密资产概念内涵和外延的不断扩展，元宇宙、Web3 等领域持续创新以及相应资产规模的不断增长，加密资产对当前资产体系的替代和侵蚀不容小觑。有鉴于此，在当前做好防范和处置加密货币"挖矿"、炒作等行为的同时，应密切关注各国和国际组织针对加密资产出台的一系列相关税收政策，综合研判国际国内相关局势，待时机成熟时，可将加密资产定性为财产，纳入税收监管体系，通过税收手段加强对加密资产的监管。这不但有利于促进税收横向公平和纵向公平，也有助于完善跨部门综合金融监管体系，防范治理洗钱等非法金融交易，进一步规范财富积累机制。同时，可结合美国和欧盟针对加密资产的相关经验，对个人或某些特殊环节的加密资产交易免税或设置一定阈值，以利于相关政策的平稳有序推进。

（二）从交易环节出发，结合我国税制相机确定征税方式

在具体的政策设计环节，可积极借鉴国际经验，结合加密资产的取得、储存持有、出售或兑换三个交易环节的经济实质以及我国现行税收制度，审慎确定加密资产的征税方式。

对于取得环节的收入，在条件成熟时可考虑将其纳入所得税和增值税的征税范围，根据取得的加密资产公允价值，扣除相应成本费用，通过汇算清缴的方式计算缴纳企业所得税、个人所得税以及代理服务的相关增值税。

对于储存持有环节的收入，暂不纳入征税范围。基于持有人的所有权和支配权，这部分价值波动实际上是属于持有人所属财产的价值波动，因而部分国家将这部分收益纳入财产税、遗产税征收范围。当前，我国尚未对金融资产开

征财产税或遗产税，因此，在储存持有环节，可暂不将加密资产纳入征税范围。

对于出售或兑换环节，可以考虑比照其他财产纳入所得税和增值税征税范围。大部分国家将加密资产认定为财产性质，并将其纳入适用于传统资产交易的相关税收政策之中，并与传统股票、债券等投资性资产同等考虑。对加密资产在出售环节获得的收益课征所得税、增值税，已经开征资本利得税的国家还会征收资本利得税。就我国而言，在出售环节可将加密资产与其他资产统一处理，征收所得税和增值税。在加密资产的兑换环节，应当根据加密资产兑换标的不同予以区分。使用加密资产兑换法定货币，应当视同资产处置出售，按照兑换时的实际公允价值所得确认收入。同时，相应的原始取得成本及相关费用应当允许在收入中进行扣除。如果使用加密资产兑换其他商品或服务，应当进行视同销售处理，适用"以物易物"及非货币性资产交换的相关处理准则。

（三）加强监管，推动建立加密资产信息追踪机制

在对加密资产开展监管的诸多环节中，将会存在各类困难与挑战。但亟须关注的是如何解决因加密资产的高保密性、匿名性等特征而无法对其交易信息进行有效追踪与获取问题。对于此类问题，可借鉴国际经验，在合适的时机强化 NFT 等加密资产的监管，规定交易平台以及各交易主体履行强制上报义务，要求加密资产交易中介、加密资产交易平台执行 KYC 和 AML 协议，要求加密资产所有人或使用人在纳税申报或汇算清缴中主动申报加密资产的相关交易。通过对交易双方上报信息的交叉稽核，从源头上对加密资产的交易信息进行追踪、防范错报、少报、漏报和偷逃税等问题的发生。同时，还要加强市场准入制度，加强加密资产市场的规范化管理。

（四）纳入信息交换体系，加强国际互通合作

加密资产存在较强的跨国流动性，推动实施针对加密资产的国际信息交换机制十分必要。当前，欧盟已出台《欧盟行政合作指令（第八版）》，将加密资产和电子货币纳入国家间自动信息交换。OECD 已发布新的全球税收透明度框架，以标准化的方式自动交换加密资产交易的税务信息，同时也在对共同申报准则（Common Reporting Standard，CRS）进行一系列修正，将新的金融资产及相关的中介机构纳入。作为 CRS 参与国，我国应积极关注并参与 CARF 和 CRS 的制订和修改，完善相关国内法，实现对加密资产全球化监管体系的

逐步构建，进一步防范通过加密资产跨国交易等方式实现资产转移、隐藏真实交易等非法行为。

此外，加密资产作为数字经济的一部分，在税收管辖权分配上可能存在争议。因此，要加强与各国间的良性沟通，努力构建双边、多边合作机制，通过完善税收协定等方式共同解决因加密资产等新兴资产带来的税收管辖权冲突。例如，可通过明确所得来源地的认定方式，保障来源国的合法征税权，并对加密资产所有者居民国的征税权予以详细规定，从源头上防止出现双重征税或双重不征税问题。

参考文献：

[1] 冯静. 加密资产国际税收治理：缘起、现状与展望 [J]. 税务研究，2022（9）：119-126.

[2] XU WANG，邬展霞. 加密货币属性认定及其相关税务处理探析：以比特币为例 [J]. 税务研究，2020（12）：136-139.

[3] 杨志勇. 数字资产税征收的国际实践与我国的政策建议 [J]. 经济纵横，2020（11）：102-110.

[4] 王寰. 比特币引发的国际逃税避税问题及其法律应对 [J]. 税务研究，2018（1）：81-87.

作者单位：中央财经大学财政税务学院
腾讯科技（北京）有限公司

基于资产属性视角的数据
资产课税制度研究

李香菊 付昭煜 王 洋

内容提要： 在数字经济的发展历程中，数据起到核心和关键作用。作为一项新的生产要素，数据在产业链各环节的价值创造中的地位逐渐提升。但现实应用中，数据资产权属划分、定价机制、分类标准、治理方式等还不完善，其与传统经济活动之间的本质差异也导致现行税收制度出现了不适应之处。基于数据资产的资产属性，从经济实质、价值创造、确认计量三方面考察数据资产的可税性，可以确立对其进行税源管理的基础。数据资产课税制度应遵循我国数字经济发展趋势，基于匹配价值创造贡献与所得归属、显著经济存在、实际受益人应承担税负等原则，明晰数据资产纳税主体、税基、税率等税制要素，建立信息化、智慧化的税收征管制度，实现多部门、多层级的税收信息共享，充分释放数据资产的潜在经济社会价值。

关键词： 数字经济 数据资产 税收治理 税收制度

当前，全球经济增长动能减弱、不确定因素增加，但各国数字经济快速发展，数据驱动的新业态和新商业模式不断涌现，数据交易规模不断攀升。随着数字经济时代的到来，数据的价值也不断被发掘，已经深刻改变了社会生产、生活方式与治理模式，在价值创造和科技创新中发挥着越来越重要的作用。数据是数字经济时代的"石油"，是第四次工业革命的核心要素，以数据为基础形成的数据资产逐步成为不可或缺的战略资源，也是企业核心竞争力的重要组成部分。党的十九届四中全会第一次将数据作为生产要素。2020年3月，《中共中央 国务院关于构建更加完善的要素市场化配置体制机制的意见》指出，要加快培育数据要素市场。《中华人民共和国国民经济和社会发展第十四个五年规划和 2035 年远景目标纲要》提出，要建立健全数据要素市场规则。2022 年 6 月，中央全面深化改革委员会第二十六次会议审议通过的《关于构建数据基础制度更好发挥数据要素作用的意见》，强调要加快构建数据基础制度体系。同时，国务院印发的《关于加强数字政府建设的指导意见》也突出了建立健全数据治理制度和标准体系的重要性。

数据资产是由数据形成的一类特殊资产，其产生与价值创造方式等与传统资产差异较大。数据资产可以带来经济价值，当符合产权明晰和可计量条件时，则具备可税性。建立在工业经济基础之上的传统税制与数据资产的特征和发展趋势不相适应，主要表现在：一方面，数据资产与传统生产要素间税负差距明显；另一方面，产生了数据资产税收流失。同时，税收制度作为重要的制度环境，对数据资产的发展能起到激励与规制作用。数据资产是否已具备课税条件、应在哪些环节征税、税制要素如何确定、怎样对其进行税收征管、怎么保障税负公平、如何培育新税源等，已经成为数字经济时代税制改革亟待研究的重要问题。

一、文献综述

数据要素并不天然形成数据资产。蔡昌等（2020）研究认为，数据资产化将数据与资产两个概念聚合，价值通过数字形式体现，在社会经济中衍生出成本更低、效率更高的资产配置模式。何伟（2020）提出数据通过促进业务效率提升发挥其潜在价值，可以实现数据资产化，其本质是数据驱动业务变革。

关于数据资产课税问题，国内学者从数据资产的可税性、课税难点、具体税收制度等多角度展开研究。数据资产是否具有可税性是首要问题。傅靖（2020）从经济、法律和征管三个方面分析了可税性标准，数据资产在经济和征管上具备可税性，形成了确定征税对象的起点和基础，但当前税收体系中法律依据还不甚明确，未来应在理论、制度、管理等方面进行深入研究。王竞达等（2021）指出，数据资产的可交易性、价值创造性和收益性奠定了对其征税的基础。

然而，相对于传统资产，法律角度的权属划分和市场角度的价值评估问题一直是数据资产税收治理的难题。数据资产确权是其估值的基础。王桦宇等（2020）认为，明确数据资产未来能够产生价值收益的前提下，法律逻辑上需要首先明确数据资产的权属。熊巧琴等（2021）提出，数据资产的权属界定不清已成为促进数据要素市场化发展的重大制度障碍之一。杨庆（2020）的研究表明，数据资产的形成和投资更多依靠新型商业模式，其实质都是信息技术应用和社会主体联结的创新，但具体业务完成前难以估计其价值，缺乏明确定价，数据资产的税制要素需要在制度和机理层面进行全新设计。还有一些学者对传统资产价值评估方法进行改进，以期获取数据资产的公允价值。李永红等（2018）深入研究市场法，指出其评估方法的缺点，认为可以采用层次分析法和灰色关联分析法量化数据资产价值的影响因素，取得更为准确的数据资产价值。李秉祥等（2021）通过改进 B－S 模型，利用用户数、点击量、数据资产所有权产生的价值等因素对数据资产进行估值。

还有一些学者对数据资产税收治理方案提出了建议。杨志勇（2020）认为，对数据资产课税是数字经济发展的必然产物，我国应宽容制定税收政策，避免课税过甚对新业态造成负面抑制影响，此外，各国对待数据资产税收处理方法差异较大，应密切关注国外动态，有选择地借鉴吸纳。蔡昌等（2020）分析了数据资产的内涵特征、产权归属与价值创造过程，指出数据资产税制设计需要明确纳税主体、税基和税率三个关键问题，并从国际税收治理规则与区块链框架下的征税体系等视角提出数据资产的税收治理方案。邓伟（2021）聚焦于数据资产课税的税基确定问题，认为数据的数量或价值计算存在明显不足，以其收益计算更具合理性，我国现阶段可以对数据资产暂时征收直接税，待各方面条件成熟后相机征收间接税。王竞达等（2021）指出，我国在现阶段没有必要专门开征新税种，可将对数据资产征税嵌入现行税制体系，合理确定税基，制定相应税收优惠政策，采用现代信息技术加强征管。

通过对既有研究进行梳理后发现，现有文献主要关注数据资产的可税性、产权和估值等问题，对于数据资产税制要素的确定以及如何进行税收征管等方面的研究较为薄弱，对数据资产的资产属性、由此产生的课税难点和征管路径选择等尚未进行深入研究。鉴于此，本文拟结合数据资产的资产属性，从其经济价值、可计量性与所有权属三方面入手对数据资产税收制度问题进行探讨，以期对数据资产的课税及治理规则等提供有益的政策启示。

二、数据资产课税制度存在的问题与挑战

（一）数据资产权属认定和价值评估办法不完善

数据资产应具备资产的基本属性与可税性，这两方面特征是对其进行税源

管理的必要条件。从会计角度考察，资产是因企业过去交易或事项形成、由企业拥有或者控制、预期会给企业带来经济利益的资源。企业对生产经营活动中产生的或从外部渠道获得的数据进行收集、整理、分析、加工、处理，挖掘出数据资源价值，并在市场上流通交易，给使用者或所有者带来经济利益，这就是数据资产化的过程。这些活动来源于企业过去的交易或事项，企业对数据资产进行控制或形成所有权，且优化了资源配置，一般均可实现价值增值。因此，数据资产具备了资产的构成要件。数据资产可以再作用于企业的生产经营活动。数据生产是数据资产赋能的第一步，数据首先产生于用户利用网络生成并传播的图片、文字、音频、视频等以及用户利用网络发布的行为。大数据时代几乎所有电子设备的记录都成为数据源。大量数据涌入企业，按照特定目的对其进行收集、整理、清洗、归集，筛选出有价值的数据，这就是数据的生产。但原始数据一般不能直接进行逻辑推演和运算分析，数据资产的形成离不开数据挖掘，经过汇集的数据还要进行分析才可能成为具有决策指导价值的数据资产。数据分析是一种高层次劳动。通过运用算法深度加工特定对象信息，从中提炼客观规律，企业最终将出售数据或者提供数字服务，实现市场价值。数字产品和原始数据存在推断、推演或衍生关系，实现了数据的应用价值。

随着数据交易规模的扩大，数据产业有望成为新的重要税源。数据资产可以带来经济利益、能计量评估、存在价值增值的特点，使得其具备可税性，奠定了对其课税的起点和基础。以上对数据资产形成过程的分析，构建了数据资产的形成逻辑：数据资产并不是简单的直接变现，而是在特定的商品生产、服务、消费场景中的价值再创造，各个环节共同服务于数据资产的价值创造和分配。厘清数据资产的不同赋能主体和阶段有助于确认其纳税主体和税基，但是目前数据资产的确权制度不健全。此外，只有数据资产的经济收益能够被会计确认和计量，才能准确识别税源。目前，数据资产的价值虽然能够部分确认，但评估方法还很不完善。区别于传统资产，数据资产更具灵活性和时效性，资产评估使用的成本法、收益法、市场法、层次分析法等均存在局限，实际应用时需创新数据资产定价机制和资产评估方法，真实反映数据资产的经济价值。

（二）数据资产的税制要素难确认

1. 数据资产确权制度缺位，难以准确识别纳税人。现行法律中数据要素确权制度仍以原则性条文为主，在实际生产经营中占据重要位置的商业信息的相关法律法规欠缺。数据资产和其他商品相比，物质形态和性质存在较大差别，其基本属性和权利归属更为复杂，相应地更难以界定产权。我国针对数据权利和安全的法律制度还处于不断完善和探索阶段，先后出台了《数据安全法》、针对个人信息的《个人信息保护法》和《电信和互联网用户个人信息保护规定》、关于政府信息的《政府信息公开条例》、针对企业信息的《工业数据分类分级指南（试行）》。目前出台的法律法规更多的是界定基础分类标准、信息保护原则等，对个人信息和政府公开信息有较为明确的概念和保护规范，但对商业信息的界定不够完整清晰。

此外，数据资产的价值创造存在不同环节，现行法律仅对数据搜集、储存环节有较明确的规定，但对更重要的体现流通价值的数据交易环节的权利主体和义务还未形成统一定论。数据资产不同环节间权属划分不清晰，不同产权主体在数据资产价值构成中的比例不明确，无法合理确定相关主体的利益分配。在无法划分产权和受益对象的情况下，企业、用户、平台的参与和贡献难以公平客观地反映到税收制度中，导致难以准确识别数据资产的纳税人。

2. 数据资产估值机制尚未完善，难以真实反映税基。税基是计算应纳税额的依据和基础，确定合理的税基对于数据资产课税至关重要。从数据类型看，数据资产可具体分为外部获取的数据资产、主动研发的数据资产、随生产经营等产生的伴生数据资产。大部分数据是企业生产经营的伴生数据，而非专门主动研发而来，在会计确认及价值评估时，成本、收益与一般性业务的分离难度较大，存在价值低估的风险。

就数据交易的特点而言，数据资产多以非货币性资产交易为主，缺乏合理有效的计量方法，无法准确计算数据资产的税基。数据资产的价值既有数据采集、分析、处理中的价值增值，还包括了用户参与创造的动态价值。用户在接受企业数字服务时，是企业数据要素和用户数据要素深度互动、共同融合的再生产过程，经历资产化的数据或来自用户本身，或曾被用户加工、使用过。虽然用户接受服务或数字产品的过程达到了为数据资产赋能的效果，但实际上用户的定价权很难实现。用户既是数据的使用方，又是数据的供给方，这种供需界限模糊可能导致税基低估。

数据资产交易还呈现用户多、频次高等特点，数字要素的价值会随着数据加工次数的变化而发生改变，也可能因用户的异质性产生价值差异等。税务机关自主评估数据资产交易的价值存在困难，其获取的数据资产税源监管信息大多由纳税主体自主提供，企业可能提供虚假信息进行利润转移，而且采用传统估值方法难以对数据资产的真实价值进行科学合理的评估与调整。此外，数据资产大多产生于关联企业之间，数字关联交易显然不能使用传统的转让定价制度。

3. 数据资产交易类型界限模糊，难以合理设定税率。要确定数据资产税率，首先应分析数据资产是按直接税还是按间接税征收。若将数据资产并入传统增值税征收范围，应按现代服务业课税，一般税率为6%，但是在增值税进行进项税额抵扣时，数据资产加工过程中价值增值比较复杂，进项税额难以确定，导致难以合理确定增值额。若将数据资产简单当作无形资产交易处理，二者交易频率差距较大，数据资产由于交易更频繁将面临较重的税负，不利于促进数据资产交易发展。在考虑对用户征税时，随着个人数据资产交易的普及化，若还沿用较高的个人偶然所得税率显然会增加税收负担。数据资产的税率设计是一项要考虑多方面因素的难题，对数据资产究竟设置较低税率鼓励其发展，还是设置累进税率以实现税收公平目标，体现着不同发展时期对于数据资产的政策导向，还应进行深入探讨。

（三）传统税收征管方式与数据管税新要求不匹配

获取有效的涉税信息是税收精准征管的基础。传统的税收征管方式和技术手段与数字经济下新兴的商业模式和数据资产治理要求不相匹配。数字经济时代信息规模十分庞大，数据仓库等传统的储存方式难以满足海量涉税信息的存储需要。数字经济下自然人税源增加，无法沿用针对企业"抓大放小"的征管模式。以数据为中心支持税务机关内部决策的管理模式尚未有效推行，税务机关仍依赖于和严格的流程传递信息进行管理决策，但实际上大量的业务依靠大数据的分析与挖掘即可在本层级完成。此外，税务机关虽然掌握了企业财务、银行资金交易、货物运输等多源海量涉税数据，但没有深入挖掘其价值，数据管税的效率不高。而且，数据资源的整合效果也有待提升，当前税务部门与其他部门尚未实现数据的高效联动，没有形成良好的合作机制。

三、完善数据资产课税制度的政策建议

数据资产是数据要素市场发展的核心，其利用效率的提高不仅可以直接带动企业利润增加，又能优化社会资源配置。但目前数据资产仍面临权属确定规则不明晰、资产定价体系不完善等问题，基于数据资产属性的视角，其价值创造过程和确认计量比较复杂，这都是制约对数据资产课税的因素。当前，我国的税收制度中仅有少量数据要素的课税规则，远远不能实现对数据资产的科学

税收治理。为进一步释放数据资产的发展潜力，实现赋能实体经济的目标，应聚焦数据资产的理论体系、技术体系和制度体系，完善其确权和分配制度，建立健全数据资产税收治理规则，合理确定纳税主体、税基、税率等税制要素，加快推进其税收治理的现代化、智慧化进程。

（一）构建数据资产税收治理规则

1. 兼顾公平与效率原则，加快研究数据资产课税制度。数据资产的税收制度设计要根据产业发展形势和社会效应，可借鉴和吸取欧美发达国家的最新税制改革方案，推动建立以产权转移为基础的数据资产税收制度。应对数据资产交易的课税对象和税基的确定作出明确规定，满足税收公平原则；同时，采取积极的数据资产税收优惠政策，如设置优惠税率、提高免征额、给予所得税减免等。短期内建议以宽松的课税制度为主，鼓励数据资产交易，促进我国数字经济持续健康发展；中长期再根据数据资产产业发展阶段和国际竞争形势进行调整。在处理跨国数据资产交易时，通过国际税收协定加强对境外数据资产所得分类征税，既要建立对数据资产权属转移来源地和消费地创造所得课税模式，又要建立相关配套制度避免双重征税，扩大税收饶让范围，避免企业刻意避税。

2. 采用"显著经济存在"和新联结度规则，保障市场国税收利益。数字经济时代，经济运行方式和商业交易模式发生巨大改变，数字交易不再依赖实体常设机构，取而代之的是虚拟联结，因此，对数据资产征税不应再采用传统的"物理存在"规则。经济数字化突破了传统工业经济活动对实体机构场所、业务交易时间与地域等方面的常设机构规则认定。在国际税收新规则重建过程中，经济合作与发展组织的"显著经济存在"规则和欧盟的虚拟常设机构的新联结度规则逐渐得到广泛认可。引入"实质性存在"认定标准或"数据存在"原则，使非实体存在也能够被认定为常设机构，应新增"市场活跃度"和"持续地大规模参与"作为原有税收联结点的补充。"显著经济存在"显然更适宜作为新联结度的认定标准，一旦数据资产相关业务满足此标准，数据资产的来源国就获取了对其产生收入征税的权利。

3. 遵循实质重于形式原则，确保实际受益人合理承担税负。在建立数据资产税制时，还需要考虑受益程度不同的纳税人税负承担的合理性问题。应加快制定出台数据确权的相关法律法规，推动数据资产分级分类，遵循经济实质重于形式的原则，考察数据资产交易中权属转移情况，明确价值创造过程中不同产权主体作出的价值贡献，判定实际受益人，并根据合理的计量和价值评估方法，制定差异化的权益配置方案，以此为根据进行课税，使实际受益人承担相应税负。

4. 厘清数据资产交易性质，适配相应税种课税。一是对数据资产的交易征税。数据资产交易增值税可以适当借鉴消费地征税原则。由于生产数据的企业和使用数据的用户都参与创造价值，可将一定比例的征税权配置给用户所在国或地区的税务机关。二是对数据资产的所得征税。转让数据资产取得的收入可以纳入企业取得的应税收入范围，形成数据资产的所得税制度。用户对数据资产的赋能增加了数据资产的价值，因此征收所得税时可采取用户参与价值创造的原则。三是对数据资产征收财产税。随着数字经济的发展，数据资产作为财产的特性越来越明确，在财富分配中的占比越来越高，也可以设立数据资产的财产税制度。

（二）建立健全数据资产相关的税制要素

1. 完善数据资产确权的相关制度，明确数据资产的纳税主体。要实现数据资产纳税主体的准确认定，首先要全面建立数据资产治理的制度体系，加快制定数据资产确权的相关法律法规，推动数据资产的分级分类。对企业、个人、公共数据进行差异化管理，可以参考不动产权制度，对数据资产权利人进行权属确认与登记，分别授予持有权、加工使用权、经营权等产权，在法律上明晰数据的权利属性、权利主体以及权利内容。此外，明晰价值创造不同环节的主体，遵循实际受益人承担相应税负和经济实质重于形式的原则，根据其价值贡献比例、主体之间的相互作用关系、数据资产权属转移情况，设计科学合理的评价体系，结合实际资金流向，考虑受益程度不同的纳税人税负承担的合理性，确认数据业务中不同价值创造环节的纳税主体。

2. 针对数据资产价值评估方法，确定数据资产的税基。首先，对于不同来源的数据资产，在识别税基时可以根据数据的性质区分直接费用和间接费用，按照经济业务活动赋予数据资产所产生价值的比例，分别进行成本核算。如数据采集成本、应用信息技术进行分析处理的费用，虽然都是企业运用数据资产开展经营活动的重要环节所产生的，但应按重要性采取不同的分摊比例。其次，在"用户参与价值创造"理念下，用户贡献成为动态衡量数据资产价值的重要组成部分，一般可以通过智能交易合约或会计账簿记录中的数据资产价值来确定税基。如不具备上述条件，可借助市场评估等方法加以修订。最后，税基确定还要综合考虑用户和市场进行价值创造的影响，税务机关可以提取区块链和隐私计算等先进技术构成的数据资产交易系统的数据流、现金流、发票流记录，确保数据资产价值的准确衡量，体现价值创造贡献与税基之间的匹配性。

3. 促进数据资产交易，合理设定数据资产的税率范围。数据资产的纳税人和税基确定后，税率选择也非常关键，税率范围的设定体现了对数据资产交易的促进或抑制效果。未来数据资产在经济发展中的作用越来越重要，促进数据资产交易有助于发展经济、培育新税源。当前应该选择较低的税率对数据资产交易过程及其所得征税，合理测算并设立差别化税率，有效推动数据资产的蓬勃发展，促进数据资产交易，发挥其对经济数字化的引领和驱动作用。

（三）打造数据资产相关数字化税收征管新模式

1. 布局现代技术应用，实现动态实时监控。第一，税务机关可以借助区块链技术，使企业纳税行为可追溯、不可篡改，企业纳税信息可实时共享，实现对企业相关涉税信息的全面精准掌控。可以利用区块链智能合约，保证纳税人身份准确、交易信息完整，确认相关纳税人的纳税义务，并借助系统实现自动计算纳税人应纳税所得对应的应纳税额。区块链技术还可以实现自动扣税，有效避免税款流失和重复纳税等问题。第二，提高大数据技术的使用频率，由传统人工稽查向现代化精准稽查转变，提高纳税人数据申报的真实性，防止偷逃税行为的漏判，实现高效监管。第三，加速布局云计算技术的应用，借助云计算技术强大的运算能力和存储功能拓展税收数据资源，将原本杂乱无章的大量税收数据通过云计算技术的超级分析能力进行处理，形成强大的跨区域税收治理网络。

2. 消除数字信息鸿沟，多方共建共享数字平台。随着数据资产各项制度规范健全，应转变市场主体认定规则，用主体事实确认制取代税务登记制，合理划分纳税人、企业、平台之间的责任。应确立相关税收治理的法律法规，明确平台对税务机关的披露和报送义务，保障税务机关可以及时获取平台交易双方的身份信息和纳税信息。积极推动构建电子税务局、电子化缴税、电子化票据凭证等管理体系，进一步提高税收治理的智能化、智慧化水平。各级税务机关的税收征管系统中应增加数据资产征管模块，提高税务数据的流通效率，实现税收征管的专业性和便捷性。实现内部和外部涉税信息交换互动机制，构建包含财政部门、市场监管部门、金融交易机构等在内的多部门、多层级数据共享大平台，打破"数据壁垒"，打通"信息孤岛"。切实加强数据信息的安全保护力度，提高信息传输过程的安全性和可靠性，全面提升数据共享、资源汇聚、安全保障的一体化水平。

参考文献：

［1］蔡昌，赵艳艳，李艳红．数字资产的国际税收治理研究［J］．国际税收，2020（11）：27 － 35.

［2］何伟．激发数据要素价值的机制、问题和对策［J］．信息通信技术与政策，2020（6）：4 － 7.

［3］傅靖．关于数据的可税性研究［J］．税务研究，2020（8）：54 － 61.

［4］王竞达，刘东，付家成．数据资产的课税难点与解决路径探讨［J］．税务研究，2021（11）：68 － 73.

［5］王桦宇，连宸弘．税务数据资产的概念、定位及其法律完善［J］．税务研究，2020（12）：53 － 60.

［6］熊巧琴，汤珂．数据要素的界权、交易和定价研究进展［J］．经济学动态，2021（2）：143 － 158.

［7］杨庆．数字经济对税收治理转型的影响与对策：基于政治经济学和治理理论分析视角［J］．税务研究，2020（10）：56 － 62.

［8］李永红，张淑雯．数据资产价值评估模型构建［J］．财会月刊，2018（9）：30 － 35.

［9］李秉祥，任晗晓．大数据资产的估值［J］．会计之友，2021（21）：127 － 133.

［10］杨志勇．数字资产税征收的国际实践与我国的政策建议［J］．经济纵横，2020（11）：102 － 110.

［11］邓伟．数据课税理论与制度选择［J］．税务研究，2021（1）：47 － 53.

作者单位：西安交通大学经济与金融学院

数字技术与税收管理篇

智慧税务的逻辑建构：
一个组织社会学视角①

周志波

内容提要： 智慧税务是人类社会智慧治理在税收领域的自然延伸和范畴拓展。从组织社会学视角看，智慧税务作为一个建构的概念，其生成逻辑包含价值性要素、动力性要素、规则性要素和结构性要素。现阶段，智慧税务的发展与进化仍面临诸多挑战与困境，突出地表现为善治的价值理性遭遇前所未有的冲击、技术的工具理性面临善恶分化的风险、规则的制度理性面对实体虚拟规制困境、结构的组织理性存在三重失衡的隐患。未来，应当重塑智慧善治的治理价值，建立激励包容的动力机制，强化法治规制的治理秩序，重建结构平衡的组织理性，推进智慧税务包容性发展、进化与嬗变。

关键词： 智慧税务　税收治理　税收现代化　组织社会学

近年来，智慧税务备受社会各界关注，成为应对数字经济挑战的前沿阵地。理论界和实务界虽然都对智慧税务展开了深入探索，但解读角度稍显分野：前者注重税收治理应当如何应对数字化复杂性社会的挑战，将技术治理作为了现代税收治理的核心，甚至有偷换概念的普遍倾向，将"智能税务"② 等技术治理的具体实践视作智慧税务；而后者则更加关注税收治理如何应用现代

---

① 本文是国家社会科学基金重大项目"基本公共服务均等化建设中的地方财政体制改革研究"（项目编号：18ZDA096）和重庆市国际税收研究会 2022 年重点税收科研课题"智慧税务的理论建构研究"（项目编号：18ZDA096）的阶段性研究成果。

② 所谓智能税务，是指借鉴人脑工作机制，充分利用现代信息技术，将人工智能技术应用到税收治理实践，形成强大的税收生产能力系统，进而提升税收治理能力和治理效率。

信息技术提升治理效率，尤其注重现代信息技术在税收管理和服务具体场景中的应用问题。考察既有研究成果发现，二者对智慧税务的解读和阐释都存在一个共同问题，即停留于浅层的现象拆解，而缺乏深刻的创新洞见，智慧税务的基础理论建构处于缺位状态。

笔者认为，智慧税务是人类社会智慧治理在税收领域的自然延伸和范畴拓展。从本质上讲，智慧税务是人类智慧注入税收治理实践后，在治理现代化的高级阶段所建构的一种税收治理生态。这种治理生态源自税收治理现代化进程中所形成的一系列制度集簇，并抽象地表达为一种治理有效的税收治理秩序。本文将以此为逻辑起点，基于组织社会学理论，建构智慧税务的内在逻辑，指出智慧税务进化面临的困境，并提出智慧税务发展的未来方案。

一、智慧税务"四位一体"的建构逻辑

从哲学上讲，智慧税务是一种"自为的存在"，而非"自在的存在"，即智慧税务是一个建构的概念。如此，智慧税务的内在逻辑又是怎样的呢？这就涉及智慧税务的逻辑建构问题，即智慧税务包含哪些要素，以及这些要素之间如何发生关系而形成一个有机的整体，使智慧税务成其为"智慧税务"。智慧税务作为税收治理的高阶状态，是一种治理生态、制度集簇和治理秩序，从组织社会学视角看，其内在的生成逻辑包含四个层面的要素：①价值性要素，即价值理性，善治是智慧税务的治理目标和价值追求；②动力性要素，即工具理性，技术是智慧税务产生和进化的根本动力；③规则性要素，即制度理性，规则是智慧税务良好运行和成长完善的运行规则；④结构性要素，即组织理性，结构为智慧税务其他要素之间良性互动提供了支撑保障。

（一）价值理性：善治

价值理性，就是智慧税务的价值取向或价值追求，即智慧税务最终要实现的目标。就当下的社会语境而言，智慧税务的价值理性就是实现"善治"。

税收的"善治"，包含三个层面的含义。第一，良好的政府组织尤其是良好的税务组织，采用良好的税收治理手段，推进税收治理现代化向更高级的形态发展。第二，智慧税务的演化发展，需要多元主体的积极参与，形成"共建共享共治"的税收治理共同体。这一点强调的是在智慧税务这一高阶的税收治理形态中，不再是税务组织"唱独角戏"，而是呼唤纳税人与其他利益相关方共同参与税收治理实践，推动税收治理能力、效率和效益的同步提升。第三，

智慧税务的发展，将始终坚持"以人民为中心"的发展思想，在税收治理实践中，通过科学的管理方式和高效的服务手段，让税收治理进程成为一个所谓的"寻求公共利益最大化"的过程。

价值理性为智慧税务的发展和演化提供基本的价值指引，让智慧税务在不断发展的进程中始终拥有方向感、目标感与归属感。善治的价值理性是智慧税务最终要实现的目标，这一目标内含于"以人民为中心"的发展思想和"以人为本"的发展理念。换言之，善治的价值追求，既规定了智慧税务在税收治理实践中不断接受检验，反复经历"肯定—否定—否定之否定—再肯定"的嬗变演化路径，还内嵌了"一切为了人民、一切依靠人民、一切服务人民"的政治智慧，体现了"人"作为物质世界发展主体的地位。善治的目标始终激励和引领智慧税务"从实践中来、到实践中去"，通过不断的自我学习、自我革命、自我完善、迭代升级、嬗变进化，达到税收治理现代化的更高形态，形成更加健康良好的税收治理生态，增进更加高效合理的税收治理秩序。

（二）工具理性：技术

智慧税务的工具理性，集中表现为税收治理的技术，为智慧税务的税收治理效能提供根本动力。事实上，智慧税务是科学技术驱动社会治理发展的鲜活案例，智慧税务在本质上就是由于技术发展到一定水平之后而倒逼社会上层建筑变革的产物，技术是促进税收治理模式由"以票管税"到"信息管税"再到"以数治税"的智慧税务嬗变演化的根本动力，并在根本上保障了智慧税务的治理效能。从抽象的意义上讲，技术包含两个层面的含义。第一，作为税收治理工具和手段的技术，直接应用于税收治理实践，为税收治理现代化和智慧化服务，促进智慧税务持续迭代升级。第二，作为税收治理思维和方法论的技术，直接指导税收治理的决策过程，对智慧税务中的各种关系进行干预和调整，促进税收治理与技术思维的深度融合，并最终使技术方法论和技术性思维成为智慧税务的内生性要素。进言之，直接催生智慧税务这一"自为的存在"的技术，主要是以大数据、云计算、人工智能、区块链等为代表的现代信息技术。

技术不仅因超越物理时空的要素整合而孕育了智慧税务，还成为驱动智慧税务发展演化的内生动力，为其"自然进化"提供源源不竭的动力源泉。技术之于智慧税务的功能与作用，犹如"孕育"和"哺育"。技术就像一个母体，既赐予智慧税务生命，又滋养智慧税务成长。技术孕育智慧税务这一过程，经历了信息管税、数字税务、智能税务三个中间阶段，当越来越多、越来越高级的人类智能应用于税收治理场景，"以人为本"的发展理念和"以人民为中心"的发展思想融入税收治理实践，税收治理在智能税务高度成熟之后，智慧税务便应运而生。但智慧税务只是税收治理现代化的高级形态，其本身是一个不断自我学习、自我完善、自我成长、自我进化的事物，会凭借技术的进步随着国家治理和社会治理情境的发展而持续嬗变。换言之，智慧税务是一种具有社会价值判断和自我学习能力的税收治理模式，而技术则是驱动其进化演变的动力之源。

（三）制度理性：规则

智慧税务的制度理性，实际上就是智慧税务演化发展所依赖、所遵循的规则体系，为智慧税务的税收治理效能提供秩序保障。制度经济学理论认为，制度是规范人类行为的可以重复使用的一整套规则体系（柯武刚等，2018），制度的功能就在于形成秩序。[①] 在现代信息技术与人类智慧加持的智慧税务领域，至少有两种制度理性（或规则体系）发挥着重要的规制作用：一方面，以算法为核心的现代信息技术通过技术化自我赋权，酝酿、设计甚至建立了一些"非正式规则"，这些"非正式规则"在融入税收治理实践的过程中逐步显化为"正式制度安排"，从技术的"混沌"中建构了一种新的技术性税收治理秩序，并为智慧税务的进化发展提供遵循轨迹；另一方面，以情感价值为核心的人类智慧通过价值化跨域介入，引导、构建一些"价值性原则"，这些价值性原则在推动税收治理现代化的进程中，逐步转化为刚性的制度安排，并在智慧税务的进化过程中体现为"以人为本""以人民为中心"的宗旨和追求。

制度理性为智慧税务的运行和治理效能提供秩序保障，这是从制度理性的功能角度而言的。但智慧税务为何需要制度理性，或者说智慧税务为何需要规则体系作出制度化约束安排呢？在税收治理领域，制度理性之于智慧税务的必要性在于，智慧税务是在技术的驱动下基于一定的技术规则和实体制度安排而产生的，技术本身与智慧税务并不具有与生俱来的耦合性，智慧税务成长进化的过程需要规则体系对其发展路径进行"基本的框定"和"刚性的约束"。

---

① 汪丁丁认为，"制度是（正式）规则中的秩序和秩序中显出来的（正式）规则的整合"。参见：汪丁丁，韦森，姚洋. 制度经济学三人谈［M］. 北京：北京大学出版社，2005：16.

（四）组织理性：结构

智慧税务的组织理性，集中地体现为税收治理的结构，为智慧税务的税收治理效能提供有力的支撑。智慧税务的组织理性主要体现为三种结构。一是权力结构。权力结构是智慧税务组织理性的核心结构，体现的是智慧税务治理实践中参与主体各方的权力结构。无论税收治理主体之间的话语力量对比，还是各自参与税收治理实践的具体方式，在很大程度上都可以视为各方权力结构的具象化体现。二是话语结构。话语结构是智慧税务组织理性的双向互动因素，体现的是税收治理主体之间的互动关系。在这种互动中，观点看法和理念原则得到交流，权力和权利诉求得到表达，外部信息和内部数据得到共享，共同利益和关切得到回应，等等。三是行动结构。行动结构是智慧税务组织理性最为能动的结构化要素，体现的是各类治理主体履职责任的分配和分布情况。①

智慧税务的组织理性，通过权力结构、话语结构和行动结构等组织逻辑，带来税收治理体系的更新与重塑，并在税收治理实践中与国家治理形成联动效应、扩散效应和转化效应，助力国家治理体系与治理能力现代化。就联动效应而言，集中体现在智慧税务为国家治理现代化提供结构化的助力和税收保障。一方面，智慧税务作为国家治理现代化的题中之义，在顶层设计上与国家治理战略相互联动、相得益彰；另一方面，智慧税务作为社会治理和国家治理的一个方面，与公共事务的其他治理工具之间横向联动、良性互动。② 就扩散效应而言，集中体现在国家治理体系和治理能力现代化对智慧税务的政治吸纳、资源下沉和组织创新过程。智慧税务作为税收治理现代化的一种高级形态，在自身不断发展的过程中，通过治理资源的下沉和治理手段的创新，会加速推进国家治理现代化在其他领域的实现，并在更大的社会范围内扩散。③ 就转化效应而言，集中体现在智慧税务对税务部门乃至其他政府公共管理和服务部门组织

---

① 从大的方面讲，智慧税务的行动结构涉及三个层面的责任分布。一是作为占据税收治理主导地位的税务部门的责任分布，通常情况下体现为比较严格规范的组织程序、管理规范和问责机制等。二是作为传统的税收治理对象（当然也是税收治理主体）的纳税人的责任分布，总体上呈现出"权利不断扩大、责任不断缩小"的态势。三是作为税收治理第三方（如纳税服务第三方平台、其他政府组织机构等）的责任分布，总体上呈现由契约式向法定式方向发展的趋势。

② 此外，智慧税务还与政府—企业关系的重塑过程联动，推进国家治理结构由封闭状态逐步走向开放状态。

③ 同时，智慧税务以技术进步为驱动力量，能够有效避免科层制惰性和体制改革的路径依赖问题，以比较积极稳健的技术性组织创新推动税收治理乃至国家治理的转型升级，并为追求治理现代化目标的政府所接受。

变革的推进作用。在智慧税务发展的过程中，税务部门内部的组织架构和职责进行了同步优化调整，同时，税务部门与其他政府部门之间也搭建了数据、信息和业务的流通共享通道，形成了税收治理组织的网络化、智能化、智慧化，实现了税收治理组织体系与智慧税务技术的耦合协同。

二、智慧税务进化嬗变的多重困境

以现代信息技术的发展和应用为标志的第四次科技革命，将人类带入网络化、数字化、智能化的新时代，国家治理和社会治理面临前所未有的复杂境遇（苗梅华，2020）。随着新技术革命的广泛影响，智慧税务的成长与进化亦面临多重困境。

（一）善治的价值理性遭遇前所未有的冲击

善治是智慧税务的价值理性和追求目标，其核心要义有三点：一是"以人为本"，即智慧税务的发展和进化最终指向"以人民为中心"的社会共同价值追求；二是"共建共享共治"，即智慧税务需要税务机关、纳税人和第三方主体的共同参与；三是"自我学习"，即智慧税务本身是一个不断自我学习、自我改进、自我进化的税收治理形态。当下，智慧税务建设如火如荼，在较短的时间内实现了迭代升级，尽管有效地提升了税收治理的效率和效益，但也给善治的价值理性带来三大冲击。

第一，代码规制的税收治理秩序导向可能侵害"以人为本"的价值追求。在智慧税务的治理实践中，税收管理和纳税服务日渐自动化、智能化、智慧化，原来很多由人脑决策的事项让位于机器决策，但机器决策或者说人机结合的决策，最终需要由一系列的编程代码所表征的指令来完成。"软件代码常常可以更高效地组织各方行动"①，代码于是就摇身一变成为智慧税务治理实践中的"立法者"，异化为一种可以规划税收治理秩序的权力。如此，代码设计者、编写者的价值偏好可能被嵌入智慧税务的治理技术，纳税人和其他社会公众的隐私等权利很容易受到"规则性侵犯"（苗梅华，2020）。

第二，权利开放不足与技术知识垄断阻碍形成"共建共享共治"的税收治理格局。智慧税务作为现代国家治理之一隅，仍然处于努力构建权利开放型

---

① 凯什，艾尼.数字正义：当纠纷解决遇见互联网科技［M］.赵蕾，赵精武，曹建峰，译.北京：法律出版社，2019：68－69.

税收秩序①的进程当中，但智慧税务自诞生之初即遭到权利开放不足与技术知识垄断双重障碍。一方面，在传统税收治理中占据主导地位的税务机关尚未完全做好权利开放的组织心理准备，在一些领域和部分事项仍然表现出集权和单向叙事的行政思维方式；另一方面，在现代税收治理中占据技术优势地位的治理技术提供者和合作者，在大量收集、处理和运用税收大数据的过程中，往往以一种技术垄断者的身份和形象出现，甚至在某些方面对社会形成"技术绑架"。

第三，技术主导的税收治理模式忽略了人类智慧最本质的"自我学习"能力。智慧税务是有别于智能税务的税收治理新形态，二者的本质区别就在于，是否融入人类智慧基因，进而具备"自我学习"的进化能力。在智慧税务诞生之初，技术仍然是这一税收治理形态中的主导性因素。技术因其直接孕育了智慧税务而被赋予过度的权重，存在将技术迭代升级本身视为智慧税务进化过程的倾向。殊不知，忽视了作为智慧税务本质特征的"智慧"因素，更难关注人类智慧所特有的自我学习和自我进化能力。

（二）技术的工具理性面临善恶分化的风险

智慧税务借助人工智能等现代信息技术，辅之以人类智慧中的价值元素，充分运用大数据与逻辑计算能力，全面描述税收治理对象的特征，为税收治理效率的提升奠定了坚实的基础。但技术发展得太快，以至于我们还没有来得及考虑如何规制和引导技术更好地为人类的福祉服务，原有的技术已经被新的、更高级的技术取代。这就带来一个比较严重的问题，即技术作为驱动智慧税务发展进化的力量源泉，就像嵌入税收治理领域的一把"双刃剑"，面临着"好与坏""善与恶"的分化风险。这带来了至少两个方面的风险。

一方面，技术赋权与编码秩序带来了技术自由与技术控制同步增长。格雷厄姆等指出，"自计算机产生起，技术改变的核心问题是权力的转移"。② 现代信息技术为数据的抓取、收集、挖掘、计算提供了强有力的工具，并为行为跟踪和社会监控创造了可能。在这样的背景下，智慧税务在深度应用技术的过程

---

① 诺思等认为，"在整个人类历史中，出现过三种社会秩序。第一种是觅食秩序，即以狩猎者—采集者为特征的小型社会群体。第二种是权力限制秩序或自然国家的社会，产生于第一次社会革命期间。第三种是权利开放秩序，产生于第二次社会革命。"参见：诺思，瓦利斯，温格斯特. 暴力与社会秩序 [M]. 杭付，王亮，译. 上海：上海格致出版社，2013：36–39.
② 格雷厄姆，达顿. 另一个地球：互联网＋社会 [M]. 胡泳，徐嫩羽，于双燕，等译. 北京：电子工业出版社，2015：49.

中，如果缺乏有力的价值引导和规则约束，可能导致技术自由与社会控制同步增长。这种技术控制在极端情形下可能成为"监控国家"和"黑箱社会"的发轫之地。① 这些都是智慧税务必须进行前瞻性考量的潜在技术风险。

另一方面，数据鸿沟和算法黑箱加剧了社会分化（苗梅华，2020）。驱动智慧税务发展的现代信息技术存在显著的门槛效应，只有具备相当程度的教育经历和专业知识，才能对这种技术的运行规则与原理有一个比较理性的认识。但事实上，这些技术为少数群体所垄断，可能被一些机构和平台所利用，或者为了谋求商业利润，或者为了创造新型经济业态，但更可怕的是这些技术被用于非正当目的。一旦出现此类问题，传统的价值观、公平观和正义观将遭受极大挑战。

（三）规则的制度理性面对实体虚拟规制困境

制度理性是智慧税务治理生态良好运行的规则保障，为智慧税务的发展、进化框定基本的轨迹范围，并在这一演化过程中对税收治理主体的行为进行规制，保证智慧税务价值追求的实现。制度理性在本质上是一种实践理性，是在丰富的社会实践中，由多种可选制度方案相互之间"自由竞争"而形成的"自发秩序"。但是，在当下的社会情境中，技术以前所未有的速度加速变革、迭代升级，智慧税务也以以往税收治理形态从未有过的速度演化发展，完全超越了传统制度理性作出适应性调整的反应速度。如此，智慧税务在进化过程中，就面临严重的规则滞后困境。

一方面，智慧税务的技术性实体规则缺位。在传统的税收治理乃至社会治理领域，所有与技术相关的法律、制度和规范的建立，都需要经过长期的实践积累。可以说，制度源于实践，规则赖于经验。智慧税务源于技术，成于技术。但这种技术的应用和进步速度如此之快，以至于传统的社会治理主体——政府，尚未来得及考虑如何建立相应的规制制度，社会公众面对一些与技术相关的复杂问题也变得无所适从。当下，智慧税务的发展面临的一大挑战就是，如何将智慧治理相关的文本规范嵌入既有的法律规范之中，以适应和促进智慧税务的演化。技术性实体规则对法律制度的"嵌入"，需要以政府（税务机关）和整个社会公众对人工智能、智慧治理等相关技术的实体及其所应用的环

---

① 帕斯奎尔. 黑箱社会：控制金钱和信息的数据法则［M］. 赵亚男，译. 北京：电子工业出版社，2015：78.

境有充分的共识性认知，然而，这种社会共识目前仍有较长的一段路要走。

另一方面，智慧税务虚拟规范滞后。传统上，作为法律规范的正式制度规则，其适用过程十分苛刻，不仅需要将抽象而笼统的法律规定进行具象化解释，还需要充分运用互补性知识对简单机械的文本进行深度分析，进而弥合自由裁量空间对法律精神的扭曲。当然，这一过程需要人类将碎片化的知识转化为总体性的知识，同时有意识或无意识地融入人类的价值判断和价值追求，体现人类的价值理性。但在智慧税务的治理语境下，基于算法、代码的各类智能技术，只能对税收大数据进行关联度分析，却不能识别因果关系，更无法对治理的手段、方式和过程进行价值理性层面的判断。因而，驱动智慧税务发展的技术因为缺乏人类智慧所特有的价值判断，无法解决公平正义等深层次的治理伦理问题，从而无法在虚拟规范的适配方面进行及时有效的调整。

（四）结构的组织理性存在三重失衡的隐患

前文述及，智慧税务的组织理性主要体现为权力结构、话语结构和行动结构。当前，智慧税务的发展面临组织理性结构失衡的隐患，主要体现在以下三个方面。

第一，泛技术化可能引发权力结构失衡。智慧税务的发展进化将衍生出一种新的权力——以数据权力为代表的科技衍生权力，[①] 这种权力的产生会带来税收治理中权力结构的失衡风险。[②] 在智慧税务的语境下，税收数据权力成为一种关键权力，但这种权力逐渐向税收治理技术的提供者和支配者所倾斜。这一方面将涉税数据权力向技术提供方集中，另一方面又将数据权力由政府向社会分散，其结果是直接弱化了政府（税务机关）在税收治理中的主导性权力，纳税人也面临个人信息被不当运用的风险。

第二，技术语言可能强化单向叙事的话语结构（吕童，2021）。在传统的税收治理语境下，政府与社会对话的形式更多的是一种单向度的独白通告，[③] 纳税人往往处于被动接受税务机关的义务通知或告知，较少出现税收征纳双方的双向意义建构，更少出现多元税收治理主体共同参与的多方意义建构。在推

---

① 智慧税务的进化与发展以现代信息技术的深度应用为前提和动力，需要对大量的涉税信息进行广泛收集、深度处理和跨域共享，并在各类税收治理场景中加以运用。这一进程将衍生一种新的技术权力。当然，这一过程会将特定社会发展阶段、特定文化传统下的人类价值标准和价值追求纳入考量，甚至内化为制度性规则。

② 在传统的税收治理语境下，税务机关主导着税收治理的权力，而纳税人处于"行政相对人"的被动地位，税收治理第三方（如第三方涉税机构）则处于一种从属地位。

③ 贝克.世界风险社会［M］.吴英姿，孙淑敏，译.南京：南京大学出版社，2004：45.

进税收治理现代化的进程中，税务机关为了弥补这一缺陷，作出了艰苦卓绝而富有成效的努力，① 但这并不能完全杜绝智慧税务发展进程中技术语言固化单向叙事话语结构的风险。

第三，行动结构耗散可能带来"有组织的不负责"问题。② 在智慧税务的税收治理话语体系下，行动结构将由官方单向主导向政府、纳税人、第三方主体实行多元化开放，③ 形成一种所谓的"权利开放秩序"。但权利从来都是与义务相伴而生的，只有履行了义务才能享受相应的权利。税务机关、纳税人和第三方主体，其组织行动原则、逻辑和程序是有区别的。税务机关的行动有明确的组织规则，并且十分注重法定程序。纳税人作为市场主体，其行为规则通常遵循"理性经济人"的商业逻辑。参与智慧税务治理实践的技术合作方（第三方主体），尤其是作为私有组织的技术合作方，缺乏政府组织机构那般严格的决策和行动程序，也很少面临政治问责压力和社会舆论风险，并未相应承担其技术行动中潜在的风险隐患。

三、智慧税务未来延展的逻辑进路

智慧税务所处的现代社会情境下，技术革命正在猛烈冲击既有的社会治理秩序。我们必须树立前瞻意识、风险意识，在对未来的理性预见中，积极应对价值理性、工具理性、制度理性和组织理性所面临的冲击与挑战，推动智慧税务沿着有序的轨迹发展进化。

（一）重塑智慧善治的治理价值

未来，智慧税务的建设与发展，首要的是解决价值理性遭受冲击的问题，重塑智慧善治的治理价值。第一，要坚持"以人为本"的发展理念和"以人民为中心"的发展思想。智慧税务是在社会发展与技术进步的背景下产生的税收治理生态和治理秩序，其发展必须"以人为本"。无论技术发展到何种地步，都是人类智慧的产物，只能接受人类的"驾驭"而不能"凌驾"于人类价值与意志之上。因此，必须推动技术道德化，将人类的情感价值和道德伦理

---

① 其中，最重要的治理手段就是将纳税服务作为与税收管理同等重要的治理任务对待，在管理中体现服务、在服务中进行管理，形成税务机关、纳税人与第三方主体共建共享、多方互动的税收治理生态。

② 贝克. 世界风险社会［M］. 吴英姿，孙淑敏，译. 南京：南京大学出版社，2004：97.

③ 智慧税务不同于传统的税收治理形态的一个重要方面就是，税务机关、纳税人和第三方主体广泛参与税收治理，纳税人和第三方主体在税收治理实践中享有更加广泛的权利。

嵌入技术的产生、应用和改进全过程，让技术真正服务于"人"，在智慧税务中体现"人"的主体性地位。第二，要完善权利开放型治理秩序，构建更加包容的税收治理共同体。一方面，税务机关要基于简政放权的社会大共识，继续向纳税人和社会公众开放税收权利，让全社会享受更加充分的知情权、服务权、保障权和参与权；另一方面，纳税人和第三方主体要积极配合政府的权利开放进程，主动参与税收治理实践，与税务机关形成利益攸关的税收治理共同体。① 第三，要形塑自我学习的发展机制，推动智慧税务不断自我进化。当下，智慧税务的发展解决了人工智能嵌入治理体系的主要问题，未来需要重点关注人类情感价值对税收治理实践的嵌入。特别是要妥善处理好人机合作中的能与不能的关系，以及禁忌、代码与元规则的关系，让智慧税务具有理解力、学习力、创造力和进化力。

（二）建立激励包容的动力机制

智慧税务在解决价值理性背离问题的基础上，还需要从技术上建立激励包容的智慧税务发展动力机制。一方面，要建立包容性、法治化的技术进步激励机制。智慧税务以其先进的治理技术实现了超越物理时空的要素整合、技术赋权和代码规制导向，是一种具有去中心化、多元化、包容性发展特征的税收治理形态。激励治理技术包容性发展进步，是智慧税务发展的内在要求。因此，未来应当按照"共建共治共享"的战略目标，坚持包容性发展、法治化规制，积极探索多方主体"共建共治共享"的技术规制模式，积极应对算法模型塑造、自由与控制同步增长、去中心化和在中心化等智慧税务风险问题。如此，既能保障智慧税务治理技术变革升级的积极性和创造性，又能符合"共建共治共享"的规制要求，让智慧税务发展的公共治理红利为全社会所共享。另一方面，要建立人机合作的技术伦理规范，为技术的发展和应用设置禁止性和限制性的元规则。技术的进化和应用必须符合人类的价值理性。但人自身的价值至今没有形成一个协调一致的系统，相反，许多价值之间是相互冲突的，甚至某些价值内部也存在致命的漏洞。② 如此，要将技术道德化就存在很大的障碍。

---

① 就第三方主体而言，要在服务或合作开展税收治理的过程中，遵守既有的制度性约束，避免技术走向"为善"和"为恶"的二维分化，导致"技术垄断""技术绑架"等问题。就纳税人而言，要在享受智慧税务所带来的服务效率提升红利基础上，积极地行使税收治理权利开放所赋予的各项权利，有效监督第三方主体在技术赋能等税收治理环节的行为，推动技术伦理规则"道德化"，确保技术性公平正义。

② 王锋. 从人机分离到人机融合：人工智能影响下的人机关系演进 [J]. 学海，2021（2）：84 – 89.

在这样的背景下，我们应该做的、所能做的，是要综合考量国家的历史文化传统，将一些在全社会具有强共识的基础价值理念和规范内化于智慧税务的治理技术手段。更具体地，我们要为智慧税务的技术应用设置基本的伦理规范，建立一套技术应用的元规则。这种元规则的核心就是禁止性规则和限制性原则。

（三）强化法治规制的治理秩序

在价值问题和技术问题之外，智慧税务还需要解决制度问题，即通过立法等正式制度方式对智慧税务本身进行规制，完善立法规制的税收治理秩序。第一，要加快完善新技术领域立法，有效规制治理技术。要在遵守国家宪法等相关法律的前提下，立足网络化、数字化、智能化、智慧化的技术发展规律和税收治理共同体中各方的利益诉求，综合考量国家战略需要、社会历史文化传统等因素，紧跟时代潮流，加快推进新技术领域立法进程，为智慧税务的稳健发展提供法治保障。同时，在立法过程中，要充分发挥法律、税收、技术各领域专家和社会公众的积极作用，充分听取各方的意见建议。第二，要构建技术风险控制和应对机制。驱动智慧税务发展的现代信息技术，在客观上带来了分权与赋权的功能强化，这必然会打破原有的利益格局，在一些领域甚至产生新的不公平问题。因此，要在推进新技术立法的同时，建立与智慧税务发展相适应的技术风险控制规则体系，加强前瞻性风险预警工作，确保智慧税务治理技术安全、可靠、可控。

（四）重建结构平衡的组织理性

在解决了价值、技术和制度三个维度的问题之后，智慧税务的发展还需扫除结构失衡的组织理性问题。第一，重构权力结构，向纳税人和社会赋权。要持续深化权利开放改革，扩大纳税人和社会公众对税务机关相关税收政策执行和税收治理决策的监督权，以及对第三方主体在税收治理技术方面的质询权和监督权。同时，第三方主体也要结合技术性规制制度的完善，自觉遵守相关法律、技术、伦理规范，保障税务机关和纳税人的合法权利。第二，畅通双向话语结构，增进多方主体间的对话沟通。未来智慧税务发展的一个重要任务就是，进一步畅通双向甚至多向话语结构，税务机关在向纳税人和第三方主体传达信息的同时，应当接受相应的信息反馈，形成政府与社会之间的双向话语结构，为智慧税务的发展进化提供社会智慧。此外，纳税人与第三方主体之间也需要建立双向的话语结构，确保第三方主体提供的治理技术和治理服务就是纳税人和社会公众所需的公共服务。第三，完善"负责任的"行动结构，规范治理主体行为。在社会治理领域，存在一种比较奇怪的现象，即制度越多发现的漏洞越多，出现的问题也越多，这就是"有组织的不负责"行为的一个重要根源。因此，智慧税务的发展，一方面要依靠完善制度，另一方面则需要完善行动结构，让多方主体在"共建共享共治"的税收治理共同体中"有组织地负责"。

参考文献：

[1] 柯武刚，史曼飞，贝彼德. 制度经济学：财产、竞争和政策 [M]. 北京：商务印书馆，2018.

[2] 苗梅华. 智慧治理的时代面向与挑战 [J]. 国家检察官学院学报，2020（1）：103 – 112.

[3] 凯什，艾尼. 数字正义：当纠纷解决遇见互联网科技 [M]. 赵蕾，赵精武，曹建峰，译. 北京：法律出版社，2019.

[4] 诺思，瓦利斯，温格斯特. 暴力与社会秩序 [M]. 杭行，王亮，译. 上海：上海格致出版社，2013.

[5] 格雷厄姆，达顿. 另一个地球：互联网 + 社会 [M]. 胡泳，徐嫩羽，于双燕，等译. 北京：电子工业出版社，2015.

[6] 帕斯奎尔. 黑箱社会：控制金钱和信息的数据法则 [M]. 赵亚男，译. 北京：电子工业出版社，2015.

[7] 吕童. 技术、结构与制度：智慧治理能力建设的优化路径探讨 [J]. 城市问题，2021（11）：53 – 60.

[8] 贝克. 世界风险社会 [M]. 吴英姿，孙淑敏，译. 南京：南京大学出版社，2004.

[9] 潘欣欣. 现代治理视域下智慧税务的逻辑建构 [J]. 税务研究，2022（3）：107 – 114.

[10] 波斯曼. 技术垄断：文明向技术投降 [M]. 何道宽，译. 北京：北京大学出版社，2007.

作者单位：重庆发展投资有限公司

税收大数据服务经济分析的应用研究

——以税收经济发展指数的构建和应用为例

李俊坤　薛广涛　黄建军　汪　豫

内容提要： 坚持新发展理念，在质量效益明显提升的基础上实现经济持续健康发展，是"十四五"时期经济社会发展的重要目标之一。在此背景下，需要更加综合全面地测度宏观经济的运行情况，及时准确地了解经济发展情况。本文使用合成指数法，充分发挥税收大数据的独特优势，从经济的规模扩张和质量提高两个角度出发，构建了税收经济发展指数，并基于上海市的税收大数据对其进行了验证和应用。该指数不但能够从税收角度对经济发展情况进行系统性的分析，而且能够聚焦重要经济议题进行专项分析。同时，税收经济发展指数具有较强的复制性和拓展性，对税收大数据的深入挖掘与应用具有重要的参考价值。

关键词： 税收大数据　税收经济发展指数　经济分析

一、引言与文献综述

党的十九大报告作出中国经济"已由高速增长阶段转向高质量发展阶段"的重大论断以来，经济增长质量已成为经济发展的主题。坚持新发展理念，在质量效益明显提升的基础上实现经济持续健康发展，也被列为"十四五"时期经济社会发展的六大目标之一。在推动经济高质量发展的大背景下，匹配高质量发展阶段特征，更加综合全面准确地测度宏观经济运行情况，越发显得重要。2017年12月，习近平总书记在主持中共中央政治局第二次集体学习时强调，要运用大数据提升国家治理现代化水平，建立健全大数据辅助科学决策和社会治理的机制。① 2021 年 3 月，中共中央办公厅、国务院办公厅印发的《关于进一步深化税收征管改革的意见》指出，要加强智能化税收大数据分析，不断强化税收大数据在经济运行研判和社会管理等领域的深层次应用。可以说，用数据说话、用数据决策、用数据管理、用数据创新已成为国家治理的重要原则和手段。

税收数据是税务部门在税收征管过程中所形成的各类数据资源的统称（任东飚等，2015）。税收数据具备全面性、及时性、细致性、准确性等特征。全面性是指数据涵盖范围广泛，包括纳税人申报数据、纳税人生产经营信息、税收征管数据、税收调查统计数据等（樊勇等，2021）。及时性是指数据时效性较强。增值税和企业所得税等税种的月/季（预）缴以及税收征期的规定，使得税务部门能够及时地获得月度和季度频率的税收数据。细致性是指数据颗粒度细。数据是具体到纳税人层面的数据，纳税人又包括法人纳税人和自然人纳税人，这意味着可以按照纳税人的类型、行业、地区等各个特征提取不同层面的税收数据，有利于从上而下地对经济水平进行系统性分析。准确性是指数据准确性较强。税收征管的严谨性决定了税收数据的准确性较强，税收治理和征管水平的提高，也为税收大数据的准确性提供了保证。

近年来，随着税收现代化建设的推进和税收信息化水平的提高，税收数据的范围、数量和集中程度都有了显著提升，税收数据逐渐体现出规模大、动态性强、范围广泛等特征，税收大数据初步形成。金税三期系统的上线和后续升级进一步提高了税收大数据的系统化和标准化程度。税务部门如何充分利用税收大数据，服务经济发展，是一个值得思考的问题。

国内对于税收大数据的应用，目前已有的研究大部分都集中在利用税收大数据来服务税收治理，如提高管理效率、加强风险管控、改善纳税服务等（王长林，2017；柳光强等，2019；王葛杨，2020）。也有少数学者关注税收大数据在经济分析中的作用。例如：孙存一等（2017）指出，运用税收数据的核心是对税收大数据进行分析，从而服务于政府决策；樊勇等（2021）认为，可以运用税收大数据来编制经济景气指数以反映经济情况，因其能够克服传统经济景气指数数据种类受限和计算方法相对滞后的不足；国家税务总局重庆市税务局课题组（2021）使用税收大数据构建了用于评价产业链质效的指标

---

① 习近平主持中共中央政治局第二次集体学习并讲话 ［EB/OL］.（2017 – 12 – 09）［2022 – 07 – 20］. http：//www. gov. cn/xinwen/2017 – 12/09/content_5245520. htm.

体系。

本文将在前人研究的基础上，探索构建税收经济发展指数，将税收大数据用于分析经济运行情况，从而为政府决策提供参考。本文可能的边际贡献在于：第一，本文构建的税收经济发展指数既包括了对经济规模扩张的考察，也考虑了经济质量，测度视角更为全面；第二，本文构建的税收经济发展指数不但能够从总体来评估经济趋势，还能够对经济中存在的问题和经济特征进行深入分析，证明了税收大数据在经济分析中能够起到重要作用；第三，本文构建的税收经济发展指数具有较强的复制性和拓展性，不仅能够推广至更大的范围，还能够对重要的经济议题进行专项分析。

二、税收经济发展指数的构建方法

自二十世纪三十年代凯恩斯开创宏观经济学以来，如何测度宏观经济运行情况便成为广泛关注的问题。凯恩斯的现代宏观经济学分析范式明确经济总量是经济社会行为结果的总和，主要以国民总收入衡量。1944年布雷顿森林会议之后，GDP增速成为世界各国衡量宏观经济的主要指标。随着经济活动的日益活跃以及经济发展中出现的一系列问题，如环境污染、产业失衡等，人们开始思考如何从更多的角度测度宏观经济运行情况：一方面从单一经济指标转向构建综合经济指数；另一方面在经济增长速度之外也逐渐增加了对经济增长质量的关注。

（一）编制方法选择

起源于基于经济周期理论的经济景气法是监测宏观经济运行情况的一种重要方法，其认为经济周期的波动会导致经济指标的波动，因此可以构建出一个经济景气指数，通过追踪景气指数来监测宏观经济的运行状况。可以说，经济景气法的核心在于经济景气指数的构建。

合成指数法（Composite Indicator，CI）是一种经典的景气指数编制方法，具体做法是选取一系列具有代表性的经济指标，对具体指标的数值进行标准化处理之后，进行加权综合编制为总指数，通过追踪指标的趋势和变化率，来分析经济的趋势和波动幅度。合成指数法不但能够反映经济发展趋势，还能反映经济波动幅度，因此被广泛应用。二十世纪七十年代开始，美国国家经济研究局（National Bureau of Economic Research，NBER）和哥伦比亚大学国际经济周期研究中心合作使用合成指数法建立了西方七国经济监测指标体系。1978年，经济合作与发展组织（OECD）开始基于增长循环的概念，对其成员国的经济周期进行研究，开发了去除趋势的经济景气指数。中国国家信息中心同样使用合成指数法，开发了中国宏观经济景气指数。

本文使用合成指数法，在梳理税收大数据内容的基础上，设计一组具有代表性的指标，根据税收大数据计算出具体指标值，经过一系列处理之后，合成为税收经济发展指数，并对税收经济发展指数进行追踪以监测宏观经济的运行情况。

（二）维度设计

经济增长是经济规模的数量扩张和经济增长的质量提高的有机统一，这是如何全面测度经济增长有关研究的一个重要共识。我国目前正处于推动经济高质量发展的大背景下，因此不仅要关注经济增长的速度，还需要关注经济增长的质量。

对于经济增长质量的研究，始于 1977 年卡马耶夫出版的《经济增长的速度和质量》一书，此后经济学界正式将经济发展的质量纳入宏观经济发展的研究体系。在对经济增长质量的考察中，一种观点狭义地将经济增长质量理解为经济增长的效率（钞小静，2009）；另一种观点则从广义的角度把经济增长数量以外的各种因素都归入经济增长质量，包括人口指标、环境指标、健康指标、收入分配差距、基础设施建设、宗教环境以及政治制度等各方面的因素（Martinez 等，2013）。党的十九大之后，国内学者更多地聚焦于中国的经济高质量发展，对经济高质量发展和经济增长质量两者的概念进行明晰，从不同的角度对经济高质量发展的内涵进行了归纳概括，进而构建经济高质量发展水平测度体系（魏敏等，2018；黄庆华等，2019）。

本文在前人研究的基础上，从经济的规模扩张和质量提高两大维度出发，构建税收经济发展指数，以从更加综合全面的角度测度宏观经济的运行情况，及时准确地了解经济发展情况。

（三）构建原则

税收经济发展指数的构建至少应该遵循系统性、科学性以及数据可获取性等原则。系统性原则指各经济现象是相互联系而又相互制约的，在建立税收经济发展指数体系时，既要考虑指标体系的完备性，以全面描述整体经济状况，也要顾及指标间的相关性，防止出现无关项对指数准确性的影响。科学性原则指税收经济发展指数的设计以经济学理论分析为支撑，使指标体系的构建具有科学性。数据可获取性原则指为了指数的稳定性，选择生成指标的基础数据在相应时间序列上必须是完整可获取的，在未来期间也是可持续的，在此基础上优先考虑基础数据的及时性，以保证指标可验证、未来适用性和及时性；同时，注重考虑数据的准确性，以保证指标在准确反映市场主体生产经营信息的基础上准确反映宏观经济运行情况。

三、税收经济发展指数的构建

（一）税收经济发展指数的指数内涵

税收经济发展指数立足税收大数据，所使用的底层数据全部来源于税务部门在税收征管过程中形成的税收大数据，包括发票数据、纳税申报数据、市场主体生产经营数据等。在指标设计上，结合税收大数据的特征，税收经济发展指数从经济规模和经济质量两个维度构建指标，以贯彻新发展理念。在指数运用上，税收经济发展指数以指数值评估经济运行情况，指数的基准值为100，①若当期指数值超过100，表示经济呈增长趋势；若指数值低于100，则表示经济呈下行趋势（见表1）。

表1 税收经济发展指数的指数值与经济含义

指数值	经济含义	指数值	经济含义
100～110	经济处于"上升"期	90～100	经济处于"收缩"期
110～120	经济处于"景气"期	80～90	经济处于"低迷"期
大于120	经济处于"繁荣"期	小于80	经济处于"紧缩"期

经济的规模扩张是经济增长在数量上的体现，经济的质量提高是经济增长在质量上的体现。在经济规模的测度中，根据凯恩斯和萨缪尔森经济学理论中关于经济规模的描述，以及经济增长理论中柯布－道格拉斯生产函数的内容，以生产要素投入规模（以下简称投入规模）、经济产出规模（以下简称产出规模）两个维度评价经济总体规模；在经济质量的测度中，根据多恩布什、托马斯等经济学家对经济发展质量内涵的阐述，以经济主体活力（以下简称主体活

---

① 在对指标值进行无量纲化处理时，取各指标原始数值的同比变动再乘以100为指标值，若当期无变动，指标值为100，所以指数基准值为100。

力）和经济主体质量（以下简称主体质量）两个维度衡量经济质量。

（二）税收经济发展指数的指标体系

由上可知，税收经济发展指数包括经济规模和经济质量两个一级维度，又由投入规模、产出规模、主体活力、主体质量四个二级维度组成。本文基于四个二级维度的内涵，考虑税收大数据的可靠性、可获得性、及时性和准确性，设计出13个具体指标（见表2），从而构建了税收经济发展指数。

表2   **税收经济发展指数的指标构成**

维度		指标		数据来源
		指标名称	指标说明	
经济规模	投入规模	员工人数	工资薪金和劳务报酬个人所得税申报人数	个人所得税纳税申报数据
		土地、不动产投入总额	土地契税计税依据与增值税发票"不动产"和"建筑劳务"购入金额之和	契税申报数据
		设备工器具投资总额	增值税发票"设备工器具"购入金额	增值税发票数据
	产出规模	商品和服务开票总额	增值税发票开具总额（含出口销售额）	增值税发票数据
		企业购销差额	增值税发票开票和受票差额	增值税发票数据
		税收收入总额	剔除新增减税降费因素影响的全部税收收入	税收入库数据
经济质量	主体活力	新登记纳税人户数	金税三期系统税务登记信息中，当期新开业设立的纳税人数量	金税三期系统税务登记信息
		正常纳税人户数	金税三期系统税务登记信息中，登记状态为"正常"的纳税人数量	金税三期系统税务登记信息
		开票纳税人占比	当期有增值税发票开票记录的纳税人占登记状态为"正常"的纳税人数量比例	金税三期系统税务登记信息
		有税纳税人占比	当期有税款入库的纳税人占登记状态为"正常"的纳税人数量比例	金税三期系统税务登记信息

续表

维度		指标		数据来源
		指标名称	指标说明	
经济质量	主体质量	人均产值	企业购销差价÷员工总人数，表示人工生产率	1. 增值税发票数据 2. 企业所得税纳税申报数据 3. 个人所得税纳税申报数据
		单位用电费用产出率	企业购销差价÷电费总金额，表示能源（增值税发票购入的电费）产出率	增值税发票数据
		高新技术企业占比	高新技术企业开票总额占商品和服务销售总额	增值税发票数据

1. 经济规模。经济规模是经济发展在数量上的体现，本文以投入规模和产出规模两个二级维度共同来测度经济增长在数量上体现，从而使得税收经济发展指数对于经济规模的度量更为系统和全面。在投入规模和产出规模，本文基于经济投入和经济产出的内涵，以及税收大数据的特性，分别设计了三个具体指标。

（1）投入规模维度。根据柯布－道格拉斯生产函数，劳动力和资本是决定产出的两大要素投入。对于劳动力投入水平，以企业进行个人所得税代扣代缴的员工人数来代表；对于资本投入水平，本文借鉴孙琳琳等（2005）的做法，从建筑和设备两个方面对资本投入水平进行衡量，建筑投入根据土地、不动产投入总额测算，设备投入根据设备工器具投资总额测算。

员工人数。该指标为当期申报工资薪金、劳务报酬个人所得税的员工人数。中国的个人所得税实行全员全额扣缴申报制度，不论员工是否达到个人所得税纳税标准，企业都需要向主管税务机关进行申报，因此可以根据企业每月申报工资薪金、劳务报酬个人所得税应税收入的员工人数变动情况来衡量劳动力水平的变动。

土地、不动产投入总额。该指标用当期入库的土地交易的契税计税金额与纳税人收到的不动产和建筑劳务发票之和，表示资本要素中的建筑要素投入情况。目前，我国土地均通过招拍挂形式投放，土地投入情况未反映在增值税开票系统中，因此采取了土地契税计税依据来表示土地作为要素的投入情况。纳税人收受的不动产发票和建筑劳务发票能计量各经济体除土地投入外的不动产投入。

设备工器具投资总额。该指标抽取当期纳税人收受的设备工器具增值税发票金额，表示资本要素中的设备要素投入情况；通过抽取发票明细属于设备工器具范围的受票情况，描述当期企业的设备投资规模。

（2）产出规模维度。经济产出指的是社会生产的成果，包括物质产品和各种服务。本文基于经济产出的内涵，使用税收大数据中的增值税商品和服务开票总额、增值税企业购销差额、税收收入总额三项指标来对产出规模进行测度。

商品和服务开票总额。该指标抽取当期所有纳税人开具的增值税发票额。2016年全面实行"营改增"后，全部应税生产经营行为均纳入了增值税范围，增值税开票额能比较准确地反映当期各经济体取得的收入总额。

企业购销差额。该指标抽取当期所有纳税人增值税开票销售收入减去收受发票的采购成本，能够大致衡量各经济体在当期中所创造的价值。

税收收入总额。该指标抽取剔除减税降费因素影响后的当期税收收入总额。税收收入是基于全民财富的再分配，可以反映经济总量的增长，但也容易受到政策变化的影响。因此，在剔除减税降费影响后，计算出在同样政策维度下的税收收入值。

2. 经济质量。经济质量是经济发展在质量上的体现，本文基于前人的研究，充分发挥税收大数据的优势，在主体活力和主体质量两个维度共设计了七个指标来对经济质量进行测度。

（1）主体活力维度。经济主体是经济活动的参与者，经济主体的活力是经济增长质量的重要内涵（李金昌等，2019）。本文以税收大数据的法人纳税人作为经济主体的代表，运用纳税人户数的变动来测度经济主体活力。

新登记纳税人户数。该指标抽取当期内新开业的纳税人户数。新开业纳税人体现出新产生经济行为的群体趋势，是主体活力的体现。

正常纳税人户数。该指标抽取当期状态为正常的纳税人。状态为正常的纳税人比例反映出实际活跃的纳税人比例。

开票纳税人占比。该指标抽取当期内有过开具发票行为的纳税人占登记状态为"正常"的纳税人户数比例。发票开具是交易行为的必要流程。开票纳税人占比越高，经济体活跃程度越强。

有税款入库纳税人占比。该指标抽取当期缴纳过税款的纳税人占登记状态为"正常"的纳税人户数比例。税款缴纳是经济行为为经济体带来增值的结果，体现主体活力。

（2）主体质量维度。对于经济主体的质量，本文使用人均产值、单位用电费用产出率、高新技术企业收入占比三个指标，分别从经济效率、绿色生态、技术水平三个方面进行测度。

人均产值。该指标以当期所有纳税人购销差额除以员工人数，计算出单位员工产出。经济效率体现经济质量，人均产值的提高意味着投资效益和资源利用率的提高，衡量出本地经济的发展效率。

单位用电费用产出率。该指标以当期所有纳税人购销差额除以取得的电费发票金额，计算出单位用电费用产出。高质量发展要求转变"高投入、高消耗、高污染"的传统生产方式，倡导清洁生产和适度消费，以减少对环境的破坏。这里用电力能源这一生产要素来体现单位能源投入的产出能力。

高新技术企业收入占比。该指标抽取当期高新技术企业开具增值税发票金额占所有纳税人开具的增值税发票金额的比例。高新技术企业的发展为经济发展提供强劲动力，体现经济发展的技术"含金量"。这里用高新技术企业收入的增速反映新兴产业和转型升级为经济发展带来的潜力。

（三）税收经济发展指数体系的权重设置

对指标设置权重是使用合成指数法编制经济指数的一个重要步骤。税收经济发展指数中每个指标在评价宏观经济运行中的重要性是不同的，因此需要对每个指标赋予其对应的权重。

本文采用德尔菲法和均权比例法相结合的方式来设置指标权重。德尔菲法又被称为专家咨询法，是一种邀请多名专家根据其专业知识和相关经验进行各自独立判断、最终综合各位专家意见的权重设置方法。德尔菲法可行性强，并且具备一定的科学性和客观性，因此自 1946 年面世以来就得到了广泛应用。本文采用德尔菲法对四个二级维度打分，确定经济产出规模、投入规模、经济主体活力和主体质量占比分别为 30%、20%、30% 和 20%。然后，本文采用均权比例法，对二级维度内的指标分别进行权重设置。

四、税收经济发展指数的计算

（一）无量纲化处理

由于税收经济发展指数中 13 个指标所对应的原始数据，在量级和单位上都存在较大的差异，不能直接计算加总，因此首先需要对原始数据进行无量纲化处理，以消除指标之间的量纲差异，具备可合成性。本文借鉴以往研究，对原始数据取同比增长率来进行无量纲化处理。

$$h_i = \left(\frac{x_i}{x_{i'}} \right) \times 100 \tag{1}$$

式（1）中，x_i 表示第 i 个指标的原始取值，$x_{i'}$ 表示第 i 个指标在上年同期的原始取值，h_i 表示无量纲化处理后第 i 个指标的取值。

（二）总指数的计算

在对原始数据进行无量纲化处理之后，根据各个指标的取值和权重计算税收经济发展指数的总指数值。

$$TEDI = \sum_{i=1}^{n} r_i h_i \tag{2}$$

式（2）中，$TEDI$ 表示税收经济发展指数（Tax Economic Development Index），r_i 表示第 i 个指标的权重，h_i 表示无量纲化处理后第 i 个指标的取值。

（三）指数值的分类

税收经济发展指数分为当期值指数和累计值指数，当期值指数是根据当期的原始数据计算出来的指标值，累计值指数是根据从年初到当期末的原始数据计算出来的指标值。若为当期值指数，则

$$TEDI_j = \sum_{i=1}^{n} r_i h_{i,j} \tag{3}$$

式（3）中，$TEDI_j$ 表示税收经济发展指数（Tax Economic Development Index）在第 j 期的当期值指数，r_i 表示第 i 个指标的权重，$h_{i,j}$ 表示无量纲化处理后第 i 个指标在第 j 期的取值。同理，可以得到累计值指数。

（四）税收经济发展指数的验证

税收经济发展指数是一个对宏观经济运行情况进行测度的综合指数，目前尚无权威的同类型指标可与之拟合验证。为保证指数的科学性，本文根据上海市 2018—2021 年的税收大数据，计算出上海税收经济发展指数的经济规模维

度指标值（以下简称经济规模指数），将其与上海 GDP 指数①进行拟合，采用相关系数法和图形匹配法对上海税收经济发展指数评价经济规模的科学性进行了验证。

1. 相关系数验证。相关系数是用来度量两个变量之间相关关系密切程度的一个统计指标。考虑到以季度的时间序列公布，本文计算了根据 2018—2021 年历史数据计算得出的各季度经济规模指数，计算其与上海各季度 GDP 指数的相关系数。

$$相关系数 = \frac{\sigma_{x,y}}{\sigma_x \sigma_y}$$

上述 $\sigma_{x,y}$ 表示经济规模指数与 GDP 指数之间的协方差，σ_x 表示经济规模指数的方差，σ_y 表示 GDP 指数的方差。计算得出经济规模指数与 GDP 指数之间的相关系数为 0.94，即两者高度相关（见表 3）。

表 3 上海税收经济发展指数—经济规模指数与上海市 GDP 指数的相关性

时间	税收经济发展指数—经济规模指数	GDP 指数
2018 年 3 月	112.0	113.6
2018 年 6 月	109.4	111.9
2018 年 9 月	107.9	109.4
2018 年 12 月	107.9	108.4
2019 年 3 月	99.6	105.7
2019 年 6 月	99.1	105.5
2019 年 9 月	100.8	107.2
2019 年 12 月	101.7	106.0
2020 年 3 月	85.1	94.6
2020 年 6 月	94.3	105.8
2020 年 9 月	98.7	107.7
2020 年 12 月	102.2	101.4

① 上海同期 GDP 指数的计算方法与国家统计局"国内生产总值指数（上年同期＝100）当季值"指标的计算方法一致，指数值＝当期 GDP÷上年同期 GDP×100。根据第四次全国经济普查后国家统计局对各地区 2018 年生产总值初步核算数的修订结果，2018 年上海市生产总值修订为 36011.82 亿元，比初步核算数增加 3331.95 亿元，增加幅度为 10.2%。根据国家统计局反馈的统一核算数据，以修订后数据为基数，2019 年上海市生产总值 38155.32 亿元，按可比价格计算，比上年增长 6.0%。表 4、图 1 中 2019—2021 年 GDP 的数据均以上述修订后数据为基数，但 2018 年数据未作调整。

时间	税收经济发展指数—经济规模指数	GDP 指数
2021 年 3 月	126. 3	120. 4
2021 年 6 月	118. 5	115. 8
2021 年 9 月	113. 7	113. 0
2021 年 12 月	110. 9	111. 7
经济规模指数与 GDP 指数的相关系数	0. 94	

2. 图形匹配度验证。本文将 2018—2021 年的经济规模指数和 GDP 指数进行图形拟合，来观察经济规模指数和 GDP 指数的变化趋势，可以看出两者变动趋势基本一致（见图 1）。

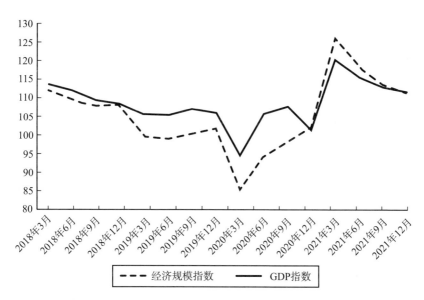

图 1　上海税收经济发展指数—经济规模指数与上海市 GDP 指数拟合情况

五、税收经济发展指数的应用——以上海为例

在使用上海市的数据对税收经济发展指数的科学性进行了验证之后，本文使用 2021 年上海市税收大数据，对 2021 年上海市的税收经济发展指数进行了测算，并运用其来分析上海市的经济运行情况。从上海市税收经济发展指数的应用中可以看出，税收经济发展指数不但能够从总体来测度经济发展趋势、综

合反映经济发展规模和经济发展质量，还能够按照指标维度、经济类型、各个行业等划分标准向下分解，聚焦重点关注领域、展现经济发展特征，从上而下地对经济进行系统性分析。

（一）从上海税收经济发展指数看上海市总体经济情况

2021 年，上海市经济高质量发展态势持续稳固，税收经济发展指数（TE-DI）达到 109.8。其中，经济规模指数为 110.9、经济质量指数为 108.6，说明全市经济规模和质量稳中有进。在具体指标中，商品和服务开票总额分项指数为 117.6，恢复性增长态势继续保持（见表 4）。

表 4   2021 年上海市税收经济发展指数

TEDI 指数值	一级维度	指数	二级维度	指数	具体指标	指数
109.8	经济规模	110.9	投入规模	106.3	员工人数	98.5
					土地不动产投入总额	104.6
					设备工器具投资总额	115.9
			产出规模	115.5	商品和服务开票总额	117.6
					企业购销差额	112.0
					税收收入总额	117.0
	经济质量	108.6	主体活力	109.9	新登记纳税人户数	118.6
					正常纳税人户数	112.8
					开票纳税人占比	100.5
					有税纳税人占比	107.7
			主体质量	106.6	人均产值	119.5
					单位用电费用产出率	101.3
					高新技术企业占比	99.0

（二）从上海税收经济发展指数看上海市消费、投资和出口情况

1. 消费需求稳定释放，线上线下消费火热，文旅消费快速回升。2021 年，

上海市疫情防控平稳有序，消费市场稳步恢复，消费行业 TEDI 指数达到 112.8，[①] 有力支撑了全市经济发展。文旅消费需求快速回升，住宿业、餐饮业、文化艺术业和娱乐业 TEDI 指数分别为 117.6、129.9、122.7、127.3。其中，文化艺术业和餐饮业在线下演出和沉浸式体验需求的带动下，TEDI 指数已超过疫情前水平。

2. 投资稳步提升，民营投资活力迸发，企业设备投入快速增长。2021 年，在以政策确定性应对外部环境不确定性的思路指引下，全年投资保持在合理增长区间。企业全年"土地不动产投入总额""设备工器具投资总额"两个分项指数分别为 104.6、115.9，反映企业投资信心比较稳定，意愿比较强烈。

3. 出口持续向好，出口企业采购高速增长，设备制造表现突出。2021 年，全球经济逐步复苏，海外需求增加，叠加部分国家疫情反复，使得订单向我国转移，助推上海市外贸出口快速增长。出口企业采购高速增长，全年出口企业国内"购进设备和服务"分项指数为 124.9。从行业看，涉及出口的 735 个细分行业中，约八成行业实现增长。其中，机械设备制造表现尤为突出，电工机械设备、新能源汽车制造和医疗设备制造等行业的国内"购进设备和服务"分项指数均超过 140。

（三）从上海税收经济发展指数看上海市制造业情况

2021 年，上海市工业 TEDI 指数为 107.9，平稳增长态势得以保持。集成电路、生物医药、人工智能三大先导产业 TEDI 指数为 112.4，其中，集成电路 TEDI 指数为 111.0、生物医药 TEDI 指数为 114.0、人工智能 TEDI 指数为 111.9，继续保持齐头并进，领先发展态势。设备制造表现良好，受益于制造业投资和出口火热等因素，仪器仪表、设备制造、电气机械相关行业 TEDI 指数分别为 116.6、114.8 和 111.6。汽车制造基本盘较稳，TEDI 指数为 101.4。原材料行业增速较快，钢铁、石化行业 TEDI 指数分别达到 114.9、124.0。

（四）从上海税收经济发展指数看上海市服务业情况

2021 年，全市服务业 TEDI 指数达到 110.8，好于总体水平。创新策源功能快速强化，科学研究和技术服务业 TEDI 指数为 118.2。其中，科技推广和

---

① 相关数据根据税收经济发展指数按照指标维度、经济类型、各个行业等划分标准向下分解得出，限于篇幅，计算过程省略，下同。

应用服务、研究和试验发展服务、专业技术服务"商品和服务开票总额"TE-DI 指数分别达到 124.4、119.6 和 114.4。数字赋能效应显现，数字核心产业发展 TEDI 指数为 111.6。

六、税收经济发展指数的拓展及进一步讨论

税收经济发展指数的构建不但是税收服务经济社会发展的重要实践，也为税收大数据的进一步发展和应用提供了思路和方向：一方面，税收经济发展指数具备较强的可复制性，可以推广至更多的地区或更大的区域；另一方面，税收经济发展指数具备较强的可拓展性，可以根据不同的分析需求将税收经济发展指数应用于不同的分析主题。

（一）税收经济发展指数的复制性

税收大数据的标准化使得税收经济发展指数具有较强的复制性，可以在各个地区使用，各省市的税务机关都可根据本地的税收大数据，构建各地的税收经济发展指数，分析本地的经济情况，服务本地的经济决策。税收经济发展指数也可以推广至更大的区域，在更大的范围内进行使用，如基于长三角其他省市的税收数据，形成长三角区域税收经济发展指数，以对长三角地区的经济运行情况进行测度。类似地，还可以构建珠三角税收经济发展指数、京津冀税收经济发展指数。甚至可以在全国范围内构建中国税收经济发展指数，与国家统计局的各项宏观经济指标进行呼应。

当然，税收经济发展指数不但可以横向复制和向上复制，也可以向下复制，编制下辖各区县的税收经济发展指数，来关注下辖区域的局部经济状况。税收经济发展指数的向下复制，有利于发掘本地的经济潜力，及时发现辖区可能存在的风险，也有助于把握区域内的经济均衡发展。

（二）税收经济发展指数的拓展性

税收大数据的多维度使得税收经济发展指数具有较强的拓展性，若是对现有的指标体系进行拓展，则可以运用税收经济发展指数来分析更为具体的经济问题。

具体而言：一方面，可以按照经济主体的不同进行分类，如产业分类、行业分类、经济类型等，构建产业发展指数、行业发展指数、经济类型发展指数，以分析不同产业、不同行业、不同经济类型的经济发展情况；另一方面，

对于重点关注的经济议题，如新兴产业、数字经济、绿色经济等，可设置专项税收经济发展指数，以分析专门问题。

总之，税收大数据作为税务部门在税收征管过程中形成的数据，由于其来源的特殊性，天然具备适合于经济分析的独特优势。本文采用合成指数法，从经济增长的数量和质量两个角度出发，构建了税收经济发展指数，并使用上海市的税收大数据对税收经济发展指数进行了验证和应用。研究表明，使用税收大数据编制的税收经济发展指数不但能够用来对经济的发展趋势和波动幅度进行分析，还能通过对税收经济发展指数的挖掘对经济发展问题进行深入探讨。

由于税收经济发展指数具有较强的复制性和拓展性，可以探索构建各区域、各省市的税收经济发展指数，在更大的范围内进行推广和应用，以税收大数据服务地方经济发展，也可以在现有指标体系的基础上构建出专项税收经济发展指数，对国家重大发展战略和地方经济社会发展重点关注方向开展针对性分析研究。同时，税收经济发展指数不囿于对税收大数据的使用，还可使用外部数据，如统计数据、财政数据等。将税收大数据与外部数据结合使用，可以弥补税收大数据的不足，对税收经济发展指数进行丰富和完善，使得税收经济发展指数能够更加全面、准确地分析经济发展情况。

参考文献：

［1］任东飚，费铭海，袁明昌. 税收数据在大数据中的利用探析［J］. 税务研究，2015（10）：25-28.

［2］樊勇，杜涵. 税收大数据：理论、应用与局限［J］. 税务研究，2021（9）：57-62.

［3］王长林. 税收大数据服务国家治理的路径和措施研究［J］. 税务研究，2017（10）：98-101.

［4］柳光强，周易思弘. 大数据驱动税收治理的内在机理和对策建议［J］. 税务研究，2019（4）：114-119.

［5］王葛杨. 关于运用大数据推进税收治理现代化的思考［J］. 税务研究，2020（11）：140-143.

［6］孙存一，谭荣华. "互联网＋税务"推动税收大数据分析的路径选择［J］. 税务研究，2017（3）：9-13.

［7］国家税务总局重庆市税务局课题组. 基于产业链分析的税收大数据

应用指标体系研究［J］. 税务研究, 2021（11）: 103 – 109.

［8］钞小静, 惠康. 中国经济增长质量的测度［J］. 数量经济技术经济研究, 2009（6）: 75 – 86.

［9］MARTINEZ M, MLACHILA M. The quality of the recent high-growth episode in Sub-Saharan Africa［EB/OL］.（2013 – 02 – 01）［2022 – 07 – 20］. https: //ssrn. com/abstract = 2233755 or http: //dx. doi. org/10. 2139/ssrn. 2233755.

［10］魏敏, 李书昊. 新时代中国经济高质量发展水平的测度研究［J］. 数量经济技术经济研究, 2018（11）: 3 – 20.

［11］黄庆华, 时培豪, 刘晗. 区域经济高质量发展测度研究: 重庆例证［J］. 重庆社会科学, 2019（9）: 82 – 92.

［12］孙琳琳, 任若恩. 中国资本投入和全要素生产率的估算［J］. 世界经济, 2005（12）: 3 – 13.

［13］李金昌, 史龙梅, 徐蔼婷. 高质量发展评价指标体系探讨［J］. 统计研究, 2019（1）: 4 – 14.

作者单位: 国家税务总局上海市税务局
上海交通大学电子信息与电气工程学院
国家税务总局上海市税务局
上海财经大学公共政策与治理研究院

"以数治税"税收征管模式的基本特征、基础逻辑与实现路径[①]

刘和祥

内容提要：数字经济背景下，随着我国纳税人数量的快速增长，税源的隐蔽性和流动性日益增强，涉税信息获取难度增大，传统的税收征管模式很难适应数字经济的发展，全面推进税收征管数字化升级和智能化改造，构建"以数治税"税收征管模式，不断提升税收征管质量和效率，是实现税收征管数字化转型的关键。本文从"以数治税"税收征管模式所呈现的特征入手，在探讨"以数治税"基础逻辑的基础上，以税收现代化"六大体系"建设为背景，提出了构建"以数治税"税收征管模式的实现路径，以期对我国税收征管数字化转型有所裨益。

关键词：以数治税　税收征管　数字化转型　税收现代化

一、"以数治税"税收征管模式呈现的基本特征

2021年3月，中共中央办公厅、国务院办公厅印发的《关于进一步深化税收征管改革的意见》（以下简称《意见》）把"以数治税"理念贯穿税收征管全过程，为新时期税收征管模式创新指明了前进方向。当前，面对广大纳税人缴费人日益多样的个性化服务需求，税务部门通过构建"以数治税"税收征管模式，不断推进税务执法、服务、监管、共治的理念、方式、手段的变革。"以数治税"税收征管模式呈现如下基本特征。

---

①　本文系国家社会科学基金重大项目"'互联网＋'背景下的税收征管模式研究"（项目编号：17ZDA052）的阶段性研究成果。

（一）执法方式从"经验执法"到"科学执法"转变

当前，税务部门创新行政执法方式，持续深化落实"三项制度"①，推动建立"四个有人管"② 风险管理机制，拓展"首违不罚"清单事项，进一步推进税务执法质量智能控制体系建设。一方面，税务部门深入推进严格规范执法，通过建立健全税收收入质量监控机制，实现精准靶向执法，依法依规征税收费；另一方面，税务部门积极探索非强制性执法，在行政执法方式上更加注重运用说服教育、约谈警示等非强制性执法方式，让执法既有力度又有温度，切实做到宽严相济、法理相融。税务行政处罚"首违不罚"事项清单的推行，防止了粗放式、选择性、"一刀切"式执法。对一般性涉税违规行为，税务部门利用税收大数据持续健全动态"信用＋风险"监管体系，强化精准监管，提高执法效率；对高信用且低风险的纳税人不打扰或少打扰，对低信用且高风险的纳税人严管理和严监督。《意见》提出，到 2023 年，要基本建成"无风险不打扰、有违法要追究、全过程强智控"的税务执法新体系。目前，税务部门通过不断加强税收征管能力建设，着力建设德才兼备的高素质税务执法队伍，使得执法方式实现了从"经验执法"向"科学执法"的转变，不断提高税法遵从度和社会满意度。

（二）税费服务从"无差别化"到"精准主动"转变

传统的"无差别化"纳税服务供给模式在一定程度上存在与纳税人的真正需求和迫切需求相脱节的问题。《意见》提出，要运用税收大数据智能分析识别纳税人缴费人的实际体验、个性需求等，精准提供线上服务。当前，税务部门积极探索运用税收大数据做好精细服务，不断提升税收治理水平，以纳税人缴费人需求为导向，利用税收大数据算法，精准推送纳税缴费服务，既为纳税人缴费人提供了优质、高效、智能、便捷的纳税服务，又进一步提高了纳税人缴费人的税法遵从度，实现了"精准主动"有效供给。此种依托税收大数据切实优化纳税服务的智慧管理方式，改变了以往落实政策"撒网式宣传、等企业申请"的被动模式，使得税费服务实现了从"无差别化"服务向精细化、

---

① 即行政执法公示制度、执法全过程记录制度、重大执法决定法制审核制度。参见：《优化税务执法方式全面推行"三项制度"实施方案》（税总发〔2019〕31 号）。

② 即风险该发现没发现有人管、发现后没及时推送有人管、推送后没及时处置有人管、处置后没及时改进有人管。

智能化、个性化"精准主动"服务的转变。

（三）监管模式从"以票管税"到"以数治税"转变

"以数治税"是对现有税收征管体系的一次技术革新。《意见》提出，到2023 年，要实现从"以票管税"向"以数治税"分类精准监管转变。近年来，税务部门按照科学化、专业化、精细化的要求，打通数据孤岛，让税收数据从点到线再到面，使得监管模式从"以票管税"进化到"以数治税"。税务部门综合应用大数据、云计算、区块链、人工智能等现代信息技术并与税收征管深度融合，通过数据的捕获和充分流动，及时感知执法、服务、监管等领域的业务需求并灵敏作出反应。例如，"以数治税"税收征管实践已在我国个人所得税汇算清缴中实现了成功尝试，税务部门自行开发的自然人税收管理系统（ITS）利用算法模型实现了自动提取涉税数据、自动计算应纳税额、自动生成申报表，经纳税人确认或补正后即可线上提交。同时，该系统还为全国纳税人建立了"一人涉税数据档案"①，基于身份信息实时实名认证，并与其他政府部门共享数据，可为纳税人提供个人所得税年度对账服务和量身定制的提醒服务，解决了纳税人信息匮乏的问题。

（四）治理主体从"单兵作战"到"协同共治"转变

税务部门负责的税费征收管理工作不仅涉及其他众多政府部门，还涉及市场主体、社会组织以及公民个人。税费征收的复杂性和特殊性决定了在"协同共治"过程中，不能仅靠税务部门"单兵作战"，必须广泛凝聚各方合力，不断扩大税收治理"朋友圈"，确保税收共治更优化、更高效。《意见》提出，要推进精诚共治，持续深化拓展税收共治格局。构建税收共治格局，就是要以共建优化税收征管，以共治促进纳税遵从，以共享实现跨部门协作。因此，税务部门要汇聚各方力量，积极加强情报交换、信息通报和执法联动，不断推进跨部门协同监管。近年来，税务部门积极融入经济社会发展大局，苦练内功，不断加强自身税收征管能力建设，致力于服务党政决策，当好政府的参谋助手，不断提升"以数治税""以数资政"的水平，充分利用税收大数据开展分析，积极向各级党政领导提供决策参考，不断增强共治意识、构建共治格局、

---

① 牛军钰. 个税年度汇算推进税收治理数字化的中国实践［N］. 中国税务报，2021 – 12 – 24（A2）.

提升共治水平。

二、"以数治税"税收征管模式的基础逻辑

"以数治税"既是观念创新也是税收征管制度和实践创新，是税收治理优势转化为国家治理效能的"税务贡献"。我国经历了将近四十年的税收信息化建设，在征管制度、协同共治、信用支持、科技手段、安全保障等方面为"以数治税"税收征管模式的建立奠定了重要基础。

（一）"以数治税"的制度基础

数字经济背景下，纳税主体的虚拟化使得虚拟空间与实体交易不再统一，纳税主体的组织体系架构和业务方式不再遵从传统经济模式。因此，跨地区征税、来源地税收管辖权方面存在的挑战给税收征管带来巨大冲击，我国税收征管制度需要及时进行修订。2021 年 3 月，市场监督管理总局颁布的《网络交易监督管理办法》将"直播带货""社交电商"等新兴业态纳入监管范畴，明确了新业态发展的法制框架。这不但有利于引导新业态的健康有序发展，而且能够引导数字平台经营管理者认真履行对平台内经营者进行涉税信息收集、核验和登记等义务，鼓励数字平台经营管理者定期向税务部门提供平台内所有经营者的涉税信息。未来，税收相关法律制度的制定应适应数字经济运行所带来的税制和征管方面的一系列挑战，重构当前的税收法律义务关系，以符合当前新经济、新业态、新模式的运行特征，引导优化税制及分配关系的建立，强化先进技术手段在税收征管实践中的应用，为"以数治税"税收征管模式的建立奠定完整的制度基础。

（二）"以数治税"的共治基础

政府部门间的税收征管协作是实现"以数治税"的共治基础。2017 年 4 月，国家税务总局联合海关总署、国家外汇管理局共同签署了《关于实施信息共享开展联合监管的合作机制框架协议》。在该框架协议的推动下，我国大部分省、自治区和直辖市建立健全涉税信息共享交换机制，不断推进跨部门的信息互换。2017 年 5 月，国务院办公厅印发《政务信息系统整合共享实施方案》，紧紧围绕政府治理和公共服务的改革需要，以最大程度利企便民，让企业和群众少跑腿、好办事、不添堵为目标，加快推进政务信息系统整合共享。当前，推动"以数治税"离不开政府部门间的税收征管协作，各部门之间要

明确责任和义务，逐步形成协调配合的税收征管协作机制，奠定"以数治税"的社会共治基础。

（三）"以数治税"的信用基础

纳税信用作为纳税人履行纳税义务的直接反映，客观体现了纳税人对社会以及对国家的信用，是衡量企业是否合法合理经营的重要指标。2014 年 6 月，国务院印发的《社会信用体系建设规划纲要（2014—2020 年）》提出，在税务信用建设领域，要建立跨部门信用信息共享机制，开展纳税人基础信息、各类交易信息、财产保有和转让信息以及纳税记录等涉税信息的交换、比对和应用工作。近年来，税务部门充分发挥纳税信用在社会信用体系中的基础性作用，进一步完善纳税信用等级评定和发布制度，加强税务领域信用分类管理，发挥信用评定差异对纳税人的奖惩作用，并持续推进税收违法"黑名单"和联合惩戒制度，充分运用税收大数据，建立纳税人诚信档案。并通过加强部门间信用信息共享，建立健全守信联合激励、失信联合惩戒长效机制，推进纳税信用与其他社会信用联动管理，共同构建"守信者一路绿灯，失信者处处受限"的信用奖惩格局，不断提升纳税人税法遵从度。

（四）"以数治税"的技术基础

2015 年 7 月，国务院办公厅印发的《关于运用大数据加强对市场主体服务和监管的若干意见》提出，要充分运用大数据先进理念、技术和资源，加强对市场主体的服务和监管，推进简政放权和政府职能转变，提高政府治理能力。当前，税务部门通过对海量税务数据资源进行深入分析，并将相关结论和建议应用于税收风险管理、违法线索识别和"以税资政"等方面，有效提升了税收征管的实际效能。例如，在一些涉税案件中，税收大数据分析在初始发现、关键节点识别、证据记录和过程回溯等环节发挥了重要的执法和监管功能，也对行业税务违规行为和失序状态造成了"警示性"压力，督促纳税人和相关市场主体严格遵守税收法律法规，自觉依法纳税。

（五）"以数治税"的安全基础

随着数据作为生产要素的价值不断显现，数据安全已成为事关国家总体安全的重要方面，是数字政府的生命线。具体到税务领域，数据安全问题也是税收数据管理工作和"以数治税"的前提和底线。当前，税收大数据在税务机关执法、监管和服务过程中的作用越来越重要，税收数据库中拥有纳税人缴费人的大量交易信息和涉税费信息，涉及诸多个人隐私和商业机密。为保障数据的安全使用，税务部门要在保障税费信息的使用安全性与纳税人缴费人信息披露的边界之间保持平衡，要不断完善税收信息保护机制，以填补税收征管法律法规中的漏洞。2021年9月正式施行的《数据安全法》，就是为了规范数据处理活动，保障数据的安全，促进数据开发和利用，保护个人和组织的合法权益，维护国家的主权、安全、发展利益而制定的专项法律。目前，税务部门以《数据安全法》为导向和牵引，不断提高数据准备、共享、应用等工作的规范化、标准化建设，不断完善税收数据安全相关制度规范的建设，及时填补制度空白，修复管理漏洞，杜绝税收数据安全隐患，并与保密工作相协同，推动数据安全保密一体化落实。

三、"以数治税"税收征管模式的实现路径

依托数字化驱动税收征管方式变革，是实现税收治理现代化的必由之路。伴随现代信息技术的持续应用和"以数治税"理念的不断深入，近年来，税务部门提出并不断充实完善了税收现代化"六大体系"①的具体目标内容，并把构建"以数治税"税收征管模式贯穿于税收征管改革全过程，积极探索"以数治税"税收征管新模式、新路径，实现"以数治税"税收征管模式与"六大体系"建设目标的深度融合发展。

（一）构建"以数治税"税收征管模式下的党的领导制度体系

《意见》提出的工作原则中，第一条就是坚持党的全面领导。税务机关首先是政治机关，必须旗帜鲜明地讲政治。这要求税收工作必须坚决维护党中央权威，健全总揽全局、协调各方的党的领导制度体系，把党的领导落实到当前税收征管数字化转型改革的各个环节，做到税收征管改革推进到哪里，党组织就覆盖到哪里。构建"以数治税"税收征管模式下的党的领导制度体系，可将党建、党务、纪检、组织、宣传、内审、财务等部门相关数据"一盘棋"统筹，构建税务行政管理大数据融合分析平台，通过跨平台数据共享，打通党

---

① 2013年12月26日，全国税务工作会议提出税务部门到2020年基本实现税收现代化总目标，并将其细化为"六大体系"。2021年1月8日，全国税务工作会议进一步完善拓展新发展阶段税收现代化新"六大体系"，即党的领导制度体系、税收法治体系、税费服务体系、税费征管体系、国际税收体系、队伍组织体系。"以数治税"税收征管模式的实现路径依托于新"六大体系"。

建、综合办公、数字人事、绩效管理、财务管理、采购管理、内控监督、学习兴税、税收宣传等税务系统行政服务数据链条，深化业务协作，深挖数据潜在价值，提升数据应用效能，实现系统的共融共通。实现党务政务系统与税收业务系统相对接，切实做到税务干部信息"一员式"归集、税务部门情况"一局式"汇总，为党务政务工作提供决策情报和业务大数据支撑。

（二）构建"以数治税"税收征管模式下的税收法治体系

当前，数字经济的蓬勃发展，对传统税收征管带来巨大挑战，而我国现行的税收法律法规并未跟上数字经济的发展步伐。数字经济背景下的税收法治体系要求法律规定明确、固定、操作性强，运行平稳高效，顺畅有序。当前，构建经济数字化转型背景下的税收法治体系，需要对数字经济时代的《税收征管法》《个人所得税法》《企业所得税法》等相关法律及时作出修订和完善，同时，司法机关要强化对法律条文的解释，作出具体的解释和执行标准，保证国家税收不流失，解决基层税务机关在具体执行之中的无法可依难题。未来，税收法律法规和征管制度可按信息化、数字化、智能化管理标准进行修改，设计从"以票管税"到"以数治税"、纸质到数据的系列涉税管理制度，实现"交易即开票"，推行数据驱动的后台无感监管新模式，涉税强监管，无税不打扰。税法设计要充分体现税收中性原则，税收监管制度设计要更加合法、合理，符合数字化、电子化操作管理要求，以实现公平、公正、公开和精确执法。

（三）构建"以数治税"税收征管模式下的税费服务体系

构建"以数治税"税收征管模式下的税费服务体系的意义在于，不让纳税人缴费人围绕税务部门的岗责划分和工作流程来回跑、分段办。《意见》提出，到2023年，要基本建成"线下服务无死角、线上服务不打烊、定制服务广覆盖"的税费服务新体系，实现从无差别服务向精细化、智能化、个性化服务转变。一方面，税务部门要以现代信息技术为支撑，将大数据、云计算、人工智能、区块链等现代信息技术与办税缴费业务相融合，建立智能感知、智能引导、智能处理的多元化办税缴费方式。因此，要探索"以数治税"征管模式下的办税缴费服务体系，建立按需定制、因需而变的需求诉求实时协调响应机制，运用税收大数据智能分析识别纳税人缴费人的实际体验、个性需求等，加强与纳税人缴费人的交流互动，全面采集纳税人缴费人在办税缴费过程中的需求、问题、意见和评价，对纳税人缴费人开展数据和行为分析，精准定位纳税人缴费人诉求，精准提供线上和线下服务。另一方面，纳税人缴费人满意是税费服务的直接动力，纳税人缴费人的需求也促进了税费征管与服务的创新。因此，要通过创新征纳双方的互动模式，实时回应并精准识别纳税人缴费人的具体需求，制定个性化服务模式，加强线下和线上服务模式的相互衔接，主动提升办税缴费新体验。构建"以数治税"征管模式下的税费服务新体系，要求税务部门要始于纳税人缴费人需求、基于纳税人缴费人满意、终于纳税人缴费人遵从，切实推动税费服务向精细化、智能化、个性化转变。

（四）构建"以数治税"税收征管模式下的税费征管体系

税费征管体系是税费征收管理活动中各要素相互联系和制约所形成的整体系统。税费征管体系应以"以数治税"为导向，在推进理念方式手段变革中更加优化高效统一，围绕智慧税务建设目标，着力推进"两化、三端、四融合"① 建设，形成税费征管新格局，实现税费征管数字化转型。

1. 实施数字化升级和智能化改造。《意见》把"全面推进税收征管数字化升级和智能化改造"摆在各项重点任务的首位，体现了科技创新在推进税收现代化建设中的关键作用。在数字化升级方面，要通过智慧税务建设，围绕纳税申报、税款征收、税收法治等重点方面进行税收征管数字化转型升级，并以发票电子化改革为突破口，将各类业务标准化、数据化，让全量税费数据能够根据应用需要，多维度适时化地实现可归集、可比较、可连接、可聚合。在智能化改造方面，要不断推进大数据、云计算、人工智能、区块链等现代信息技术与税收征管的深度融合，并对数字化升级后的税费征管系统进行智能化改造，将人工智能嵌入税费征管流程，且将税收征管重心前移，从"重治疗"转向"重预防"，实现税收风险管理由"事后处理"向"事前、事中精准监管"转变。此外，还要通过反映现状、揭示问题、预测未来，更好地服务纳税人缴费人，更好地防范化解征管风险，更好地服务国家治理。

2. 推进"三端"平台建设。为贯彻落实《意见》要求，可建成全国统一的纳税人端服务平台、税务人端工作平台、决策端指挥平台，全面推动税收征管数字化转型。在纳税人端，要通过打造法人税费信息"一户式"、自然人税费信息"一人式"税务数字账户，依托税务数字账户进行"一户式"和

---

① 深化亚太税收合作　共绘数字发展蓝图：王军局长在第 50 届 SGATAR 年会上的发言［EB/OL］．（2021－11－18）［2022－09－03］．http：//www.chinatax.gov.cn/chinatax/n810219/n810724/c5170676/content.html.

"一人式"归集，通过自动归集交易双方数据，帮助纳税人自助办理相关涉税事项，并向其提供基础数据服务。"一户式"和"一人式"数字账户正在成为纳税人在税务机关的数据资料"保管箱"，数据将成为连接征纳双方的新纽带。以数据驱动业务，可实现法人税费信息和自然人税费信息智能归集，实现对同一企业或个人不同时期、不同税种和费种之间，以及同规模、同类型企业或个人之间税费匹配等情况的自动分析监控。在税务人端，要通过打造"一局式"和"一员式"应用平台，实现税务系统所有单位和人员信息可分别进行智能归集，并按照税务人员所处层级、部门、职务、岗位、业务范围等进行标签化和网格化管理，智能推送工作任务，进行个性化考核评价，从而大幅提升内部管理效能。在决策人端，要通过打造"一览式"应用平台，实现对征纳双方、内外部门数据，可按权限在不同层级税务机关管理者的应用系统中进行智能归集和展现，为管理指挥提供一览可知的信息，促进提升智慧决策的能力和水平。

3. 实现"四个融合"。一是要实现算量、算法、算力的有机融合。税收大数据的特征是数据规模大、类型多、颗粒度细。要以税收大数据为算量，借鉴国际先进经验，创造先进算法标准，持续加强算力建设，从而构建一个超级算量、智能算法、强大算力的"智慧税务大脑"，通过对涉税数据的捕获和流动，充分感知执法、服务和监管等各方面的业务需求，并敏捷地进行应对。二是要实现技术功能、制度效能、组织机能的有机融合。要充分发挥现代信息技术和税收大数据的驱动作用，实现制度规范、业务流程等方面的融合升级和优化重构，推动税务组织体系横向集约化、纵向扁平化，使税务部门的组织职能划分更加明晰、岗责体系更加科学、人员配置更加合理，从而更好地适应现代化税收征管和服务的需要。三是要实现税务、财务、业务的有机融合。在"以数治税"征管模式下，要将税收规则、算法、数据直接融入纳税人的经营业务之中，使税务、财务和业务有机融合，企业的每一次交易活动，均可自动计算应纳税额，降低遵从成本，提高征管效率。四是要实现治税、治队、治理的有机融合。要按照"制度加科技、管队又治税"的思路，坚持"以数治税"与"以数治队"联动，全面上线内控监督平台，将内控监督规则、考核考评标准渗入业务流程，融入岗责体系，嵌入信息系统，实现过程可控、结果可评、违纪可查、责任可追的自动化联动监控，不断拓展"以数治税"乘数效应，大幅增强带队治税的税收治理效能。同时，还要通过深化税收大数据分析应用，为宏观经济和社会管理及时提供决策参考，更好服务国家治理现代化。

（五）构建"以数治税"税收征管模式下合作共赢的国际税收体系

在"以数治税"税收征管模式下，构建合作共赢的国际税收体系。一是加强国际税收合作。我国要积极参与数字经济背景下的国际税收规则和标准制定，主动参与国际谈判，在新规则制定中抓住先机，努力将中国智慧、中国经验、中国方案、中国主张融入全球税收治理体系中。要提升话语权和影响力，做数字经济相关规则制定的参与者、制定者和引领者。要全面深入参与税基侵蚀和利润转移（BEPS）行动计划，构建数字经济背景下反避税国际协作体系。要完善"一带一路"税收征管合作机制，帮助发展中国家和低收入国家提高税收征管能力，继续引领广大发展中国家积极参与全球税收治理。二是打造优质便捷的国际税收服务体系。要以当前的智慧税务建设为契机，打造优质便捷的国际税收服务体系，依托信息化手段切实提升国际税收征管精准度。三是构建国际税收分析体系。要用好税收大数据，打造指标完备、标准规范、分析智能、监控精准、方法科学的国际税收分析体系，加强申报管理及跨境利润水平监控系统等数据的应用，挖掘案源信息，聚焦重点行业、重点领域，有针对性地开展打击国际逃避税，维护我国税收利益。

（六）构建"以数治税"税收征管模式下的队伍组织体系

进一步深化税收征管改革，必须建设一支"以数治税"税收征管模式下的高素质干部队伍。《意见》描绘的改革蓝图，覆盖了"带好队伍、干好税务"为主要内容的新时代税收现代化建设总目标，要求完善"带好队伍"体制机制，打造忠诚担当的税务铁军。一是要结合深化税收征管改革发展需要，推进"以数治队"的现代化队伍组织体系建设，配强人员和力量，进一步破除部门间管理联动壁垒，打造高效协同的组织管理体系，提升税务人力资源配置效能。二是要实施人才支撑战略，健全以税收战略人才、领军人才、专业骨干和岗位能手为主体的"人才工程"体系，着力培养塑造适应大数据、云计算、人工智能等现代信息技术应用，更具国际化、专业化、年轻化的高素质税务人才队伍，满足"以数治税"税收征管模式下的税收工作要求。三是要在《意见》落实过程中，不断提升干部队伍的"改革能力"和"用数能力"，强化"用数"意识、增强"用数"能力，依法依规"用数"、科学"用数"，对《意见》落实中的难点、重点问题要想方设法竭力求解、努力化解、合力破解。四是要探索实行团队化管理模式，将既有的优秀人才组成专业团队，通过在税收征管改革中的实战化锻炼，发现人才、培养人才，形成一批专业型业务骨干。五是要结合"以数治税"税收征管实际，对难度大、涉及面广的复杂事项，组建跨层级、跨部门、跨区域风险应对专业化团队，实施"专业化＋跨区域"团队式应对，在实战中提升本领、锻炼干部。

参考文献：

［1］胡立文．深化以数治税应用　强化税收风险防控［J］．税务研究，2021（6）：12－17.

［2］国家税务总局深圳市税务局课题组．新时代税收管理现代化问题研究［J］．税务研究，2020（7）：121－126.

［3］高金平．"以数治税"背景下加强税收风险管理的若干建议［J］．税务研究，2021（10）：127－132.

［4］董蕾，王向东．"管数制"税收征管模式创新研究［J］．税务研究，2017（3）：110－114.

［5］于子胜．变革税务执法、服务、监管理念　提升税收治理能力［J］．税务研究，2021（6）：18－24.

［6］王丽娜．数字经济下税收征管数字化转型的机遇与挑战［J］．国际税收，2021（12）：65－70.

作者单位：国家税务总局税收科学研究所

智能画像技术和服务推荐技术在电子税务局中的应用场景探讨

单伟力 张晗 李丹

内容提要：推荐服务已经融合到我们生活的方方面面，个性化服务是其为用户服务的最终目标。电子税务局作为"智慧税务"体系中服务纳税人的首要门户，急需突破传统服务模式，融合智慧化功能，为纳税人提供专属个性化服务，以大幅提升纳税人报税体验。本文旨在探索基于电商普遍使用的用户画像技术（persona），结合多年积累的报税数据，运用贝叶斯网络协同过滤推荐技术，分析不同纳税人与现有电子税务局的互动过程，从中寻找纳税人的报税习惯和办税需求，读懂纳税人的"性格"和"爱好"，最终实现提供与纳税人需要的税款缴纳、预警提示、政策指引等精准关联匹配的个性化服务。

关键词：电子税务局 用户画像 推荐算法 智慧税务 税收征管

随着经济社会不断发展，信息化已加速融入经济社会各领域，智慧化已经成为当今信息化发展的鲜明特征。2021 年 3 月，中共中央办公厅、国务院办公厅印发了《关于进一步深化税收征管改革的意见》，将智慧税务建设作为征管改革的重要任务进行部署。2021 年 9 月，王军局长在《深化税收征管改革顺应人民群众期盼》一文中进一步明确了智慧税务的发展方向："深化数据分析应用。智慧税务将如同一个拥有数据生命的'智慧人'，能够及时感知各方需求并自动灵敏地作出反应，为纳税人缴费人提供精细化、智能化、个性化服务，智慧税务将通过'算法'准确识别个性化需求并精准提供优质服务，就像在网上买了一双鞋，系统就自动推送袜子信息一样，纳税人缴费人通过信息系统了解某一方面的税收政策，系统就可以向其推送与之相关的政策及操作信息。"[1] 为了尽快达成智慧税务建设目标，电子税务局作为面向纳税人服务的第一窗口，需依托最前沿的技术，摒弃传统理念，侧重于关注纳税人个体特征、行为偏好、操作习惯，从后台进行数据化处理、智慧化分析、个性化感知，精准识别纳税人特性，做到功能自动推送、信息自动关联、政策定向匹配，装上"智慧"的大脑，以精准服务满足个性化需求，大幅提升纳税人使用体验。

一、用户画像及推荐技术研究现状

交互设计之父库伯（Cooper）提出了用户画像（persona）的概念，他认为用户画像是真实用户的虚拟代表，是一种建立在真实数据上的用户标签模型。[2] 近年来，国内学者对用户画像技术的研究和应用也取得不小的成果。李佳慧等（2019）从电子商务角度研究了以 RFM 模型 K-means 聚类算法用户画像的构建，杨晓梅等（2021）从互联网金融角度研究了使用 K 均值算法构建用户画像技术，陈昊等（2021）动态实时地对不同用户建立能反映该用户权限、职能、角色的可被计算机理解的用户画像。推荐技术是以"推"为关键，利用知识发现、数据挖掘、人工智能等方法为用户主动提供智能化、个性化服务。推荐技术的核心是推荐算法，根据推荐策略的不同，目前主流的推荐算法可分为协同过滤推荐、基于内容的推荐和组合推荐三类。

现阶段，电子商务商品推荐是画像和推荐技术应用最广泛的领域。以京东、淘宝等为代表的电商平台对网购行为带来的海量数据通过筛选后，通过画像技术对用户行为进行数据分析，构建虚拟用户形象、偏好与需求，通过手机 App 为用户提供个性化的产品与服务。近年来在用户中广泛流传的电商平台年终消费总结等即是依托用户画像技术推出的个性化服务的典型代表。各大电商平台还会根据消费者的消费行为和消费习惯推送符合消费者喜好和需求的产品。除此之外，音乐平台、网约车、外卖等消费平台也都在发展过程中广泛使用了用户画像和推荐技术。

运用画像技术提炼纳税人典型特征，对纳税人数据实施标签化管理，可有效提高服务精准化、差异化和管理高效化，能够有效克服现阶段电子税务局存

① 王军. 深化税收征管改革 顺应人民群众期盼 [J]. 中国税务，2021（10）：7-11.
② 库伯. 交互设计之路 [M] //Chris Ding，译. 北京：电子工业出版社，2006.

在的便捷性欠缺（查找难度较大）、针对性不强（难以实现信息服务精准推送）、智慧化水平较低（对纳税人数据挖掘和应用存在欠缺）等问题。与其他行业相比，画像技术在税务系统的应用尚处于尝试阶段。展望当今政务平台的发展方向，电子税务局在大数据、人工智能的大趋势下必将有所作为，寻求突破。精准、优质的服务，是新形势下更高层次的税务信息化服务应当实现的目标。构建纳税人动态画像及推荐技术模型的本质是实现纳税人特征可视化和动态化，即从海量数据中发现数据间的关系和关联规则，并通过挖掘这些对应关系，将定性分析转变为定量分析并直观地展现出来。

二、纳税人画像构建过程分析

纳税人画像的构建过程主要是通过采集、分析与处理纳税人在办理涉税事宜过程中的基础数据和行为数据，采用合适的画像算法有效地运用这些数据，充分释放这些数据的潜在效应，找出各项业务办理的共性规律，进而构建纳税人行为标签库，以纳税人行为标签库为基础对纳税人进行个体与群体的粗略画像，实现对纳税人需求的精准预测和个性化纳税服务的精准推送。后期收集纳税人评价反馈信息，对推荐列表中的信息是否满足需求进行统计分析，进而根据反馈数据重新画像并推送新的服务列表，循环反复直至推荐服务与纳税人的实际需求相契合，最终确定纳税人的精细画像。

图1是一个纳税人的初始画像，后续需不断关联纳税人的动态行为数据对画像进行完善，并在画像的整个生命周期内进行动态更新管理，从而更加准确地分析和识别纳税人的办税偏好。纳税人画像的构建过程主要包括以下几个步骤。

（一）数据获取

数据获取是指通过获取实时变化的纳税人数据，实现纳税人画像持续更新。如图1所示，纳税人画像是刻画纳税人基本属性、直观展现纳税人数据的工具，其中有些是原始数据源，有些数据是通过数据统计挖掘后形成的二次加工的数据。因此对于一个纳税人来说，其信息可划分为静态信息和动态信息两大类。

1. 静态信息获取。纳税人画像需要获取的静态信息，主要包括纳税人名称、社会信用代码、企业性质、注册资金、从业人员、税费种认定等基本信息，这些数据的特点是长期固定、变化率低。

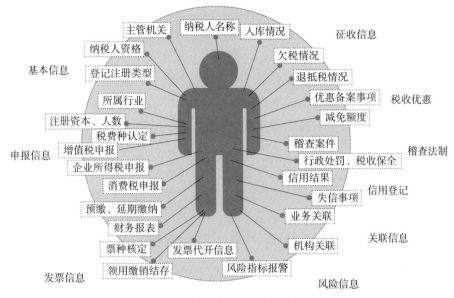

图1　纳税人初始画像及特征信息展示

2. 动态信息获取。纳税人被纳入电子税务局正常管理后,其申报征收,发票开具,违规行为处理,电子税务局网页信息浏览、点击、搜索,业务办理渠道等不断累积的纳税行为数据属于动态数据。这一类数据通常是非结构化的,需要通过后台对用户的数据进行收集处理后进行存储。

（二）数据预处理

完成数据获取后,电子税务局需要将采集到的纳税人数据存储到专属的数据库中,并对数据展开预处理。由于数据获取过程采集到的纳税人网络数据大部分为网络日志的形式,数据预处理需要先对数据进行整理,获取网络数据中完整的数据,再去重、去异常数据,使用数据分析手段提取数据特征字段,最后精简数据,留下更多的有效数据。

（三）建立标签体系

构建标签体系对构建纳税人画像具有至关重要的作用,甚至可能极大影响纳税人纳税行为和纳税偏好的分析结果。标签体系设计既要立足业务领域,也要贴合纳税人画像。标签体系的构建流程主要包括标签定义、标签分类、标签生产、标签更新、标签管理等环节。标签体系中包含的纳税人标签按照数据提炼的维度可以分为事实标签、模型标签、预测标签等。事实标签包括纳税人的所有原生属性和派生属性，多以基础信息和基础属性为主；模型标签是描述个体或群体的规律性标签，往往是凭经验产生；预测标签是根据基本属性、模型属性和过去特定时间段的行为状态，预测纳税人未发生或即将发生的行为所定义的属性。对应这三种类别的标签，建立标签的过程也由浅入深分为三步：第一步是梳理纳税人的基本属性建立事实标签；第二步由业务熟练人员根据经验提炼规则，得到模型标签；第三步是选择合适算法对前两个阶段整理的标签进行分析、建模，构建预测标签。本文结合电子税务局用户的相关特征，采用按上述处理完成的原始纳税人特征数据作为标签体系构建的基础数据，将纳税人画像标签体系按照事实标签、模型标签、预测标签三种类别维度进行分级管理，初步建立了包括纳税人属性、行为习惯、企业特征三个维度的纳税人标签体系。如图 2 所示。

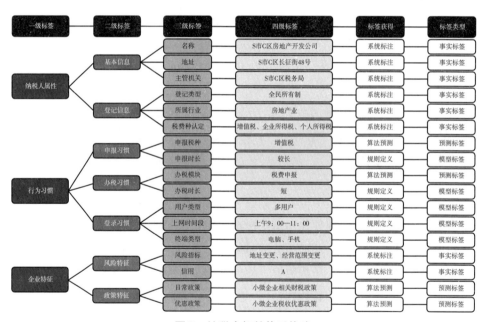

图 2 纳税人标签体系构建

其中：纳税人属性是纳税人的基本特征，在纳税人设立登记之时便在系统产生，由系统自动标注，是静态的；行为习惯和企业特征是对纳税人上网习惯、兴趣特征进行分析和提取，根据算法预测纳税人的偏好形成的标签属性，是动态的。围绕这两个维度进行的标签管理也是动态的，即根据纳税人信息和偏好变化，通过不断迭代和优化已有标签的方式完成实时画像更新。

在实际应用中，可以根据业务领域选取特定角度的标签集合进行逐级细化和展现。比如，可以调用纳税人属性和行为习惯标签，识别出纳税人的办税能力、年龄层次、心理特征、纳税遵从度等信息，然后有针对性地进行服务推送和提升，后期在新政策推行时选取遵从度高的纳税人试点。又如：可以调取企业特征识别纳税人的业务范围、兴趣偏好等信息，根据算法预测，精准向纳税人推荐符合纳税人偏好的税收政策、优惠政策及业务办理模块；还可以建立稽查法制、信用风险等维度的标签，针对不同维度所代表的特征识别纳税人不同方面的偏好从而更加精准地服务纳税人。

三、服务推荐技术研究

服务推荐技术能够基于前述纳税人动态标签所构建的画像，选取合适的算法将标签数据定量分析预测纳税人的需求偏好，补充画像信息，并实时跟踪纳税人的需求更新情况，主动为其提供智能化、个性化的服务。服务推荐过程的核心主要是推荐算法，如前所述，目前主流的推荐算法包括协同过滤推荐、基于内容的推荐和组合推荐三种。

（一）协同过滤推荐算法

现阶段常用的主流推荐技术为协同过滤推荐技术，它的优势在于对推荐对象没有特殊要求，并且能处理非结构化的复杂对象。基于协同过滤的推荐系统主要立足用户需求，自动从用户日常办税业务模式或浏览行为等隐式信息获得数据，不断累积并分析用户行为，主动为用户推荐可能适合自己兴趣的信息。目前，协同过滤推荐算法中比较常用的是基于模型的协同过滤推荐算法。基于模型的协同过滤推荐算法主要是通过学习用户的有效信息，建立各类用户的喜好模型来进行推荐。基于模型的协同过滤推荐算法主要包括基于贝叶斯的协同过滤推荐算法、基于矩阵分解的协同过滤推荐算法、基于神经网络的协同过滤推荐算法等。本文以基于贝叶斯的协同过滤推荐算法为例，对基于模型的协同过滤推荐算法的主要原理进行说明。贝叶斯模型是一种生成模型，通常用于分类，贝叶斯网络是将贝叶斯概率论与图形化模式相结合而发展起来的模型表示方法，它研究客观的多个因素之间相互依赖的关联关系和因果关系，不仅可以通过有向无环图（网络结构）来定性表示变量间的依赖关系，而且能够通过条件概率分布（网络参数）来定量刻画变量对其父节点的依赖关系。

（二）基于内容的推荐算法

基于内容的推荐算法是利用用户兴趣和信息内容的匹配相似度来过滤信息的，主要包括以下四个部分：一是构建用户网上信息浏览数据库；二是建立用户兴趣模型，描述用户对不同属性信息的喜好程度，并将这些属性集合表示为用户向量；三是提取信息的内容属性，形成特征向量；四是将用户的兴趣模型和所有信息的特征矩阵进行相似度比较，将相关系数较高的信息定向推荐给用户。基于内容的推荐算法的主要原理如图 3 所示。

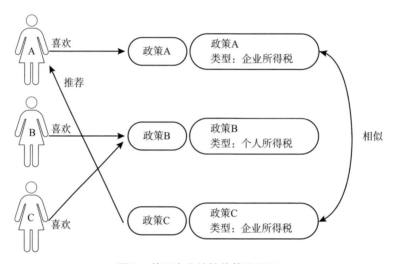

图 3　基于内容的推荐算法原理

由于基于内容的推荐算法以各类信息之间所特有的相似性为依托，对于文本类信息的推送往往有着极佳的推荐效果。以税收政策为例，基于内容的推荐首先围绕政策属性进行建模，将政策属性设置为某税种政策。纳税人 A 的兴趣模型是政策 A，纳税人 B 和纳税人 C 的兴趣模型是政策 B，而政策 A 的特征提取为企业所得税，政策 B 的特征提取为个人所得税，政策 C 的特征提取为企业所得税。基于内容的推荐算法主要是通过匹配用户兴趣模型和计算政策的特征矩阵的相似度，可以发现纳税人 A 感兴趣的政策 A 和政策 C 同属于企业所得税类别，因此当系统发现纳税人 A 喜欢政策 A 的时候，根据基于内容的推荐思想，系统就会自动认为纳税人 A 是对企业所得税兴趣，进而将政策 C 推荐给纳税人 A。

（三）组合推荐算法

组合推荐算法又称混合推荐算法，能够集成多种算法优势，弥补不同算法间缺陷，是一种实用性极强的推荐技术。混合推荐有一个非常重要的原则：通过组合两种或两种以上的不同推荐策略以在应用场景中弥补单一推荐方法的不足或缺陷，达到推荐效率、推荐精准度最大化的目的。组合推荐算法按照组合方式可以分为加权、级联、特征扩充、混合等。

由于纳税人在企业开办后一段时间内办税过程反馈信息有限，并不会对所有服务都进行评价和反馈导致业务数据样本稀疏。同时，电子税务局用户众多，用户需求差异明显，传统的协同过滤算法难以满足推荐要求。因此，本文推荐采用将改进后的基于贝叶斯的协同过滤推荐算法和基于内容的推荐算法相融合的推荐模式，可以有效解决部分业务采样数据稀疏问题，提升算法效率，解决新用户登记注册后的冷启动问题。

组合推荐算法的核心是利用纳税人特征和纳税人兴趣模型，对传统协同过滤推荐列表进行改进，筛选纳税人真正感兴趣的需求，提高需求推荐的精确性。一是采用规则定义和平均填充来减少纳税人数据的稀疏性。二是以纳税人画像的标签为特征节点，定义节点间联系，以纳税人特征为例构建贝叶斯网络，如图 4 所示。三是利用公式（1）计算各节点的概率，形成如图 5 所示的节点条件概率结构及概率表，计算每个特征属于每一个分类的概率，选取概率最大值作为分类结果。四是基于兴趣模型加权考虑基于内容的推荐算法对目标纳税人进行推荐，使用皮尔逊相关系数计算相似性，通过相似性对纳税人需求进行协同过滤操作。选择前 M 个相似性较大邻居得到推荐列表。其中内容文档的特征表示成如下的特征属性空间向量：$T(t_1, t_2, t_3, \cdots, t_n)$，其中 t_n 表示文档的特征词。通过贝叶斯算法学习挖掘纳税人兴趣，建立纳税人兴趣模型，并对纳税人进行分类，当纳税人信息更新时，贝叶斯模型会根据信息的变化关联关系从而调整概率，更新纳税人兴趣模型。

$$P(X) = \prod_x P(x \mid P_a(x)) \tag{1}$$

其中，$P(X)$ 表示目标节点的概率，$P_a(x)$ 表示概率节点的父节点概率。

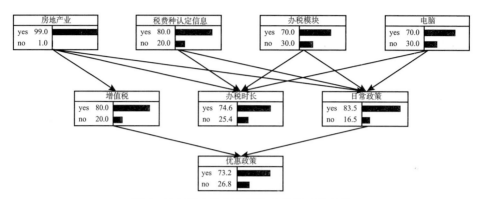

图4　以纳税人特征为例构建的贝叶斯网络

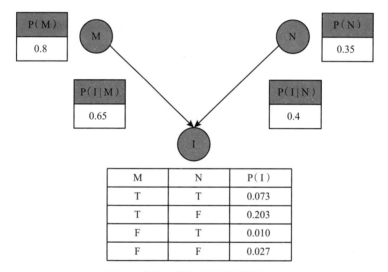

图5　节点条件概率结构及概率表

四、智能画像技术和服务推荐技术在优化电子税务局中的应用

引入推荐服务有利于细化电子税务局业务分类，通过提取纳税人特征数据和兴趣偏好的方式形成直观动态的纳税人画像，在清晰描述纳税人关键需求的基础上，进行有效的信息和服务推荐，提升纳税人的使用体验感。本文认为，引入智能推荐服务能够从以下几个方面优化电子税务局的服务模式。

（一）提高界面智能化水平

1. 对网页版电子税务局，引入推荐服务能够在延续原有整体风格的基础上，提高界面智能化水平。由于需要综合考虑电子税务局服务功能、政府门户网站的形象宣传作用和国家税务总局相关政策要求，网页版电子税务局页面整体风格方面仍延续现有页面结构。可在纳税人登录后，系统后台自动加载其画像标签数据，在主体界面最下方新增个性化信息推送区域，自动推送个性化的办税任务、政策信息、风险处理等提示信息，提醒并引导纳税人直接办理，避免重复查找相关模块，降低纳税人查找涉税业务的难度，有效缩短办税时间。

2. 对手机 App 电子税务局，引入推荐服务能够打破其原有界面风格，更加贴合纳税人实际，提高纳税人使用体验。电子税务局手机 App 可不受政府门户网站要求限制，依托推荐服务技术大胆打破原有的功能模块和界面风格，主界面以画像技术加工后的纳税人画像为展示主体，借鉴电商平台界面布局的先进经验，主要业务模块以小图标固定模式展现，界面主体以经过画像技术加工的纳税人办税需求为主，以更丰富的图片、动画推送提示信息，吸引纳税人的注意力，增强纳税人办税意愿。

（二）改进税收政策查询和推送方式

由于相关法规政策较为庞杂，纳税人查询相关政策往往难度较大。画像技术的应用能够精准预测纳税人服务需求，帮助纳税人及时获得政策的个性化推送服务，提高电子税务局政策服务的效率。税务机关可依托现有政策法规库，对各级政府部门发布的政策文件进行采集加工和精细化拆解，对关键词提取特征进行精准描述和智能化扩展，实现通过后台系统快速、便捷识别政策热词，提高纳税人查询相关政策文件的效率；还可依托画像技术重点提取纳税人特征，对符合税收优惠政策条件的纳税人有针对性地推送其可能感兴趣的税收优惠政策，帮助纳税人依法依规享受税收优惠。同时，还可在法规政策智能推送的基础上，在电子税务局系统后台关联纳税人学堂中视频、课件等图文学习资料，与政策文件一并进行推荐，为纳税人提供更为形象化的学习场景。另外，还可开发依托纳税人的位置信息，动态精准推荐办税地图和办税指南，方便纳税人就近办税，提高纳税人的满意度和获得感。

（三）优化办税业务智能推送

1. 可通过画像技术，识别纳税人基本的登记信息，区分纳税人性质、注册规模、所属行业、经营范围等信息，预测纳税人所需办理的业务，向纳税人推荐基础业务综合办理、增值税一般纳税人登记套餐、发票票种核定及领用套餐、发票验领套餐、跨区域经营套餐等不同的办税套餐服务，快速完成企业开办事项，及时将纳税人纳入正常管理。

2. 申报类信息智能推荐。申报类信息推送主要结合征期日历、税费种认定和纳税人历史填报数据，系统记录纳税人每次的申报情况，根据纳税人的填报喜好，在下一个征收期自动推送纳税人上一征收期填报的报表。同时根据画像技术分析和归类纳税人申报的相似点，定向精准推荐增值税附加税联合申报套餐、消费税附加税联合申报套餐等多种申报服务。还可通过分析办税特征相似度较高的同质类纳税人的办税情况，实现对纳税人可能遗漏的数据项或者申报表进行智能提醒的服务，依托画像技术的多角度辅助，为纳税人推送完整的申报服务，帮助纳税人完整、准确、快速完成纳税申报。

（四）完善发票业务推荐和提醒

税务机关可依托画像技术和推荐服务，向纳税人推荐其能够申请使用的发票票种、数量及限额，并根据实际情况推送调整建议。在对领票人身份进行识别的基础上，结合办税大厅情况，为领票人推荐领用发票的时间和地点、开票专用设备的领用和维修地点等。还可通过对发票开具、缴销、结存情况进行统计和分析，并结合往期申报信息，对纳税人推送发票风险提示和预警等相关信息。

（五）做好注销业务智能推荐

税务机关可通过调用纳税人后台数据信息，依据既定的注销规则，对符合即办注销和承诺制注销即时办结。对于一般注销流程，合并纳税人后台注销条件判定信息，归类整理出注销未办结事项套餐服务，通过画像技术和推荐服务推荐给纳税人，指导纳税人完成注销前各类事项的办理，提升企业退出市场的便利化程度。

（六）实现信用等级及风险类信息智能推送

通过画像技术对信用等级不同的纳税人进行精准描述，对影响信用等级的违法违规行为进行归类匹配。对信用等级高的纳税人，既要主动推送优惠政策，让纳税人享受遵从红利，鼓励纳税人积极遵法守则，又要主动推送信用降级风险，提醒纳税人积极应对，防止工作疏忽引起信用降级。对信用等级低的纳税人，应当依法依规推送纳税信用修复指引，引导纳税人主动纠正失信行为，增强依法诚信纳税意识。同时，还应实现重大税收违法失信案件的信息和当事人名单动态管理，并向存在违法行为的纳税人和可能存在重大涉税风险的纳税人推送最新的公告、信用修复等相关信息，引导纳税人采用正确的信用修复途径，规范市场主体健康发展。

（七）优化涉税风险防控指标体系和预警机制

结合税收大数据分析和风险指标扫描体系，实时提供风险预测、预警提醒等服务。对存在税收违法风险的纳税人进行"全链条"风险扫描，通过画像技术构建"潜在"税收违法风险特征，对有可能涉及违法违规的纳税人进行"潜在"风险预警，将工作重心由事后管理向事前引导转移，实现"风险 + 信用"的数据双驱动监管模式，逐步探索建立和谐双赢的税务监管新体系。

用户画像及推荐技术在电子税务局应用后，能够通过综合电子税务局获取的各类数据，从纳税人基础特征、办税需求、任务关联、用户偏好等角度构建纳税人画像，综合分析纳税人兴趣信息，实现信息的精准识别和个性化服务推送。本文只考虑了电子税务局内部数据，未来可以综合分析纳税人在互联网上的各类有效行为，比如各类手机 App 的政务信息，以及纳税人在社交网络、商务活动等留存的信息，在保证纳税人权益和隐私的情况下预测其办税兴趣爱好，同时进一步对算法进行优化提升，对内容的粒度进行有效过滤，提升定向兴趣推荐的精准度和有效性。

参考文献：

［1］李佳慧，赵刚 . 基于大数据的电子商务用户画像构建研究［J］. 电子商务，2019（1）：46 – 49.

［2］张建，张瑞琰，李玲 . 运用"画像"思维促进税收征管方式转变［J］. 税务研究，2017（12）：104 – 107.

［3］杨晓梅，郭文强，张菊玲 . 基于大数据的互联网金融用户画像技术研究［J］. 现代电子技术，2021（2）：159 – 163.

［4］王晓东，陈波，陈增伟，等 . 运用涉税大数据为纳税人贴标画像的探索［J］. 税务研究，2017（12）：112 – 114.

［5］陈昊，赵斐，王世珠，等 . 一种基于用户画像的态势信息精准推荐技术［J］. 火力与指挥控制，2021（2）：143 – 149.

［6］杨志春. 用户画像和智能推送技术的研究与应用［D］. 重庆：重庆大学，2018.

［7］徐璐瑶，姜增祺，黄婷婷，等. 基于大数据的用户画像系统概述［J］. 电子世界，2018（2）：64 –65.

［8］刘勇，吴翔宇，解本巨. 基于动态用户画像的信息推荐研究［J］. 计算机系统应用，2018（6）：236 –239.

［9］曾子明，孙守强. 基于用户画像的智慧图书馆个性化移动视觉搜索研究［J］. 图书与情报，2020（4）：85 –91.

［10］张汉宁，苏斌，廖野. 智慧税务服务体系的构建与实践［J］. 财会学习，2019（10）：174 –175.

作者单位：国家税务总局河北省税务局

人工智能在税务领域应用中的风险及规制①

杨小强　王　淼

内容提要： 人工智能等现代信息技术在提高税收征管效率的同时，也可能面临技术赋能、技术应用和技术伦理方面的困境。因此，有必要对人工智能在税务领域的应用予以法律规制。考察人工智能在税务领域应用中风险的形成机制，我国亟须划定人工智能技术在税务领域的适用边界并完善涉税数据和算法的管理机制，具体包括数据治理、算法透明以及应用边界等方面的制度构建，以实现人工智能和依法治税的深度融合。

关键词： 人工智能　技术风险　法律规制　税收治理

现阶段，人工智能在税务领域的应用越来越广。"税收征管3.0"即是人工智能技术在税务领域的最新应用状态，旨在实现征管各环节的无缝衔接和零摩擦并减轻税收遵从负担。② 我国在执法、服务、监管等税务场景中都有关于人工智能的辅助应用，税务算法也从机器学习模型向多层神经网络等复杂模型升级。伴随着人工智能深度嵌入经济社会治理等领域，世界各国纷纷就人工智能风险的规制问题进行了针对性的立法与实践探索。其中，欧盟的《一般数据保护条例》和德国的《德国税收通则》等对人工智能在税务领域的应用边界及使用条件作出了限制，并引起了学术界的高度关注和广泛研究。相比之下，

---

① 本文系国家社会科学基金项目"现代税法中的税基评估理论研究"（项目编号：18BFX140）的阶段性研究成果。

② Forum on tax administration. Tax administration 3.0: the digital transformation of tax administration [EB/OL]. (2020 - 11 - 26) [2022 - 12 - 17]. https://www.oecd.org/tax/forum - on - tax - administration/publications - and - products/tax - administration - 3 - 0 - the - digital - transformation - of - tax - administration.pdf.

我国对人工智能在税务领域应用的风险研究多停留在宏观层面。有鉴于此，本文在剖析人工智能在税务领域应用方面存在的主要风险与问题的基础上，从法律层面与技术层面探寻风险的形成机制，并通过考察域外经验，提出规制上述风险的法律因应之策，以避免人工智能技术的异化风险。

一、人工智能在税务领域应用中的风险

从技术上讲，人工智能应用的本质是数据驱动和算法支撑，包括"数据处理"与"模型运用"两个阶段。随着人工智能参与税收治理广度和深度的不断提升，一系列实践经验表明，人工智能技术带给我们便捷和高效的同时，其在实践层面还潜藏了诸多风险。具体表现在数据管理风险、"技术鸿沟"风险与应用伦理风险三个方面。

（一）赋能层面：数据管理风险

1. 数据质量难以保障。数据是一把"双刃剑"。人工智能技术的应用依赖于海量数据的"投喂"，各国在人工智能应用初期往往以拓宽数据量为主要任务。随着数据挖掘和大数据分析技术的发展，数据量已经不再是阻碍人工智能应用的重要因素。相反，受数据来源泛化以及缺乏可验证性等因素影响，数据质量的高低将直接决定人工智能应用的准确性。当前，数据质量并没有统一定义。从科学决策的目的看，税收数据并非没有瑕疵，具体可以分为客观存在的数据瑕疵和填报错误导致的数据瑕疵。一方面，纳税人的错误申报、数据的重复采集以及缺漏会影响税收数据的质量。目前，我国各个税种之间尚未实现"一个平台式申报"。由于各部门之间的数据壁垒尚未完全消除，在数据共享并不理想的情况下，有碍于不同税种数据的融合，影响数据的准确性，进而影响税收决策的正确性。另一方面，数据的内生偏见也会影响数据质量。数据偏见来源于多种因素，如数据样本量的不平衡、数据受到污染等。在数据交换更加普遍、及时的人工智能时代，使用低质量、过时、不完整或不正确的数据，会加速导致不良的预测和评估，最终可能侵犯纳税人的基本权利。

2. 数据隐私受到威胁。有学者预测，在未来 25 年内世界会出现一个"税收监控系统"，人工智能技术应用下税务部门权力的扩张使得纳税人隐私保护

变得更加迫切。① 隐私权是数据主体的一种信息自主权，强调控制政府机关和私人实体收集并处理个人数据。一方面，数字化背景下，税务机关为实现精准监管而拓宽了数据来源，不可避免地扩大了对纳税人数据的收集和处理，由此引发了纳税人对隐私的担忧；另一方面，由于税收数据具有较高的实用性与延展性，正成为数据泄露的重要领域。据美国国内收入局（IRS）报告，每当纳税节点临近，黑客侵入税务部门网络的风险将会增加，以获得纳税人的申报信息。② 当前，我国涉税信息系统和平台较多，各个平台信息的管理标准尚不统一，可操作性不够强，无形中增加了数据的遗失或被篡改风险。

（二）应用层面："技术鸿沟"风险

1. 加剧征纳双方信息不对称。机器学习、神经网络等算法的发展，简化了纳税程序，跨越了物理空间的束缚，营造了一种高效、快捷的税收征管场景。然而，新一代人工智能技术在税务领域的进一步推广应用加强了税务机关与纳税人之间天然的信息不对称。人工智能时代，正当程序理论与时俱进，形成了"技术性正当程序"理论。技术性正当程序要求算法公开、透明和可问责。然而，税务算法关涉国家征税利益，保密性要求不利于纳税人获取算法信息。以纳税人风险检测为例，税务机关通过对同类纳税人数据进行对比分析，发现其中的"异常值"，并根据纳税人的异常情况采取进一步的税务稽查或预防措施。为了避免算法披露会不利于税收征管活动，税务机关通常不会公开风险检测算法的运行规则。即使税务机关欲将算法决策依据及规则告知纳税人，也因算法复杂等技术原因而导致客观不能。

2. 减损纳税人救济权。随着数字化进程的高速推进，纳税人所面临的专业化壁垒比传统信息化决策时代高得多。一方面，由于纳税人无法了解和还原税务机关作出决策的内部运行机制，纳税人质疑决策结果的能力将会分化，进而影响其救济权的实现；另一方面，囿于人工智能的不透明，税务干部自身对智能系统的设计原理、运行逻辑、决策依据等内容也无法深入理解，难以评估决策的准确性与可靠性，加之对人工智能的过度依赖，只能选择采用智能决策的结果，而无法向纳税人解释输入数据和输出结果之间的因果关系。

---

① HATFIELD M. Taxation and surveillance：an agenda［J］. Yale journal of law and technology，2015：319.

② Taxpayer info at risk from cyberattacks as tax day nears？［EB/OL］.（2016 – 04 – 28）［2022 – 12 – 17］. https：//www. foxnews. com/politics/taxpayer – info – at – risk – from – cyberattacks – as – tax – day – nears.

（三）结果层面：应用伦理风险

1. 影响税收公平。鉴于人工智能在税收征管领域的高效应用，越来越多的税收征管活动开始借助人工智能辅助决策。然而，在提高税收征管效率的同时，人工智能决策也会使税收决策趋于"一致化"或"规范化"并忽略对税收个案中情景因素的考量，以致对个别纳税人作出不公正决策。例如，澳大利亚税务部门利用人工智能自动向纳税人收取所得税。纳税人因更换工作而在系统中登记了两个雇主，但现有技术无法自主识别两个雇主之间的关系，并错误地作出要求纳税人缴纳两次税收的结论。① 如果税务机关完全依赖和信任人工智能决策，缺乏个案情景考量，则会削弱税务机关的主体地位，导致不公正的税务执法，损害税收程序的统一性和合法性。

2. 影响责任认定。在传统税务执法中，税务机关应当为决策错误承担责任。算法辅助税务机关作出决策，实质上仍然属于具体行政行为。然而，自动化决策由人工智能作出，并由税务机关发送，很难确定税务机关与算法产生的偏见或错误之间的因果关系。若长期缺乏自动化决策的详细规则，不明确自动化决策的效力，当人工智能作出错误评判时，税务机关和人工智能设计主体之间可能会因责任承担发生争议和推诿。

二、人工智能在税务领域应用中的风险成因

（一）规范层面：现行规定难适用

1. 数据治理规则模糊。大数据时代，涉税数据管理主要体现在信息收集和信息保护两个方面。一方面，信息收集质量标准和范围的模糊阻碍了人工智能在税务领域的深度应用，也增加了税务机关违反比例原则、超出必要限度收集信息的风险。我国《个人信息保护法》确立了信息收集的最小化原则，并提出政府机关应当在法定职责范围内收集数据。最小化和法定职责旨在强调信息收集的必要性。同时，《个人信息保护法》《网络安全法》等法律也对信息收集质量进行了原则性规定，强调个人信息处理者需要保证信息的有效性，以免信息不完整、不准确。但信息质量标准具体为何，尚无明确规定，而且各个

---

① KNAUS C. Internal centrelink records reveal flaws behind debt recovery system ［N］. The guardian, 2017 – 01 – 13.

领域的数据质量也难以得到有效统一。这种模糊性阐述在"数据赋能"背景下显得"捉襟见肘"。《税收征管法》第六条强调了税务机关与政府其他管理机关的信息共享制度，与之相对应的纳税人数据收集标准的规定则尚付阙如。人工智能时代，数据挖掘技术的发展扩大了数据的收集范围，不仅传统意义上的纳税申报单、政府数据库、金融数据系统等包含在数据收集范围，社交媒体、电商平台等第三方机构也在数据收集范围内。涉税数据收集标准不明无法有效规制政府收集信息的行为。另一方面，纳税人信息保密范围不清，不利于涉税数据的安全管理。《税收征管法》第八条构成了税务机关保护纳税人信息的基本法律来源。根据《税收征管法实施细则》第五条，保密信息包括纳税人、扣缴义务人的商业秘密及个人隐私。但对于商业秘密和个人隐私各自包括哪些内容，《税收征管法实施细则》未作具体规定。不同的是，《民法典》第一千零三十九条强调，国家机关及其工作人员应当对工作过程中获得的隐私和个人信息数据保密。基于该条款，税务机关及其工作人员的保密内容除隐私外，也包括个人信息数据。保密范围规定的冲突，加大了税务机关实践中对数据保密的自由裁量权，不利于纳税人数据信息的保密。

2. 算法解释规则不清。我国税务领域的算法解释受到《个人信息保护法》《税收征管法》以及《国家税务总局关于纳税人权利与义务的公告》（国家税务总局公告 2009 年第 1 号）等法律文件的约束。不过，我国算法解释规则仍然非常模糊。一方面，我国《个人信息保护法》第二十四条规定，对于对个人权益有重大影响的算法自动化决策，个人享有要求说明的权利。这成为数据主体有权要求信息处理者解释算法的直接法律依据。同时，《个人信息保护法》明确规定该法适用于政府机关处理个人数据的行为。然而，《个人信息保护法》并未就政府机关的解释内容划定范围。另一方面，《政府信息公开条例》和《国家税务总局机关政府信息公开工作规程（试行）》奠定了公开涉税信息的基础。算法作为税务机关进行税收征管的工具，也应当属于政府信息公开范围。同时，《税收征管法》第八条规定，纳税人和扣缴义务人有权从税务机关了解有关税收法律、行政法规和缴税程序的信息。同时，《国家税务总局关于纳税人权利与义务的公告》（国家税务总局公告 2009 年第 1 号）也明确了纳税人的知情权。但对于权利范围以及行使方式的规定还较为模糊。这使得税务机关在解释过程中拥有较大的自由裁量空间，不利于纳税人知情权、救济权等权利的行使。

3. 纳税人救济规则滞后。人工智能时代，纳税人救济途径主要体现在对算法决策的知情以及质疑算法决策等方面。一方面，《个人信息保护法》第二十四条通过赋予个人拒绝"仅通过自动化决策方式"的权利以保证数据主体不受错误决策的影响。事实上，不论在税务领域抑或是其他社会治理领域，完全依靠人工智能自动化作出的决策几乎不存在。① 对《个人信息保护法》第二十四条"仅通过自动化决策方式"的解释将会影响数据主体救济权的行使。当前，世界各国在认定何为"自动化决策"时都存在困难。例如，德国联邦法院对"自动化决策"采用了限缩解释，认为任何最低限度的人为干预都可排除信息处理者的算法解释义务。不同的是，英国数据保护机构认为，如果人类对算法的干预无关于决策结果，则信息处理者仍然需要解释算法。② 人工介入标准的模糊不利于人类对算法决策结果的审查，使算法潜在隐患变成了实害风险。另一方面，决策结果公布后，纳税人质疑决策的途径、方式并不完善。一般而言，纳税人若对决策结果有异议，可以依据《行政复议法》或《行政诉讼法》提出复议或诉讼的申请。然而，在人工智能赋能税收征管的大背景下，纳税人对数据的获取能力和分析能力明显处于劣势，既无法在充分掌握信息的情况下与税务机关进行陈述、申辩，也无法有效分析税务机关所掌握数据以利用其漏洞维护自身的合法权益，行权方式不明会妨碍纳税人救济权的行使。

（二）技术层面：算法本身不完美

1. 算法偏差困境。与人类决策行为不同的是，人工智能基于大数据和算法作出的分类、预判可以避免人类决策的自身情感与局限性。然而，算法在司法、警务、社会信用评价等领域的自动化实践已经表明，算法决策同样具有偏差，而且比人类决策更加隐秘。一方面，算法的相关性思维容易对某些纳税人群体产生偏见，进而影响税收公平。传统人工决策下，解释论证体现在法律与事实之间的因果推演。在算法辅助决策下，人工智能重在把握特征 A 与结果 B 之间的相关性，利用相关性对未来结果作出判断。问题在于，相关性不是因果性，仅从相关性推断因果关系可能会给纳税人贴上群体化标签。若仅基于"大

---

① EDWARDS L, VEALE M. Enslaving the algorithm: from a "right to an explanation" to a "right to better decisions"? [J]. IEEE security & privacy, 2018, 16 (3): 46 – 54.

② What else do we need to consider if Article 22 applies? [EB/OL] [2022 – 12 – 17]. https://ico. org. uk/for – organisations/guide – to – data – protection/guide – to – the – general – data – protection – regulation – gdpr/automated – decision – making – and – profiling/what – else – do – we – need – to – consider – if – article – 22 – applies/.

概率如此"便认定具有相关性，则可能会忽略数据统计不到的例外情况，从而对部分群体产生歧视。另一方面，算法模型的数据选择、因素权重等会受到设计人员价值取向的影响。如果不加以有效评估控制，设计者的错误或偏见便容易嵌入算法模型之中。美国威斯康星州法院曾广泛使用的 COMPAS 算法仍是典型例证。实践中，COMPAS 算法被用来预测刑事案件中被告再次犯罪的可能性，但因其过度依赖过去案件裁决而对部分被告作出了有偏见的预测。①

2. 算法黑箱效应。Berman（2018）较早考察了政府部门使用机器学习等人工智能技术导致算法黑箱的问题。算法黑箱是指，算法自动化产生了对人类有实质影响的决策，但由于算法运算规则和决策过程不为公众所知，从而影响了利益相关者的权利救济。广义上讲，算法黑箱既包括因技术瓶颈而产生的黑箱也包括因维护国家征税利益而形成的技术黑箱。一方面，随着算法在税收治理领域的深入运用，其模型日渐复杂。在监督性算法无法应对复杂的经济社会环境时，诸多国家的税务部门已开始在识别偷逃税领域使用无监督算法。② 无监督算法模型不受传统数据样本集的限制，可以自主升级、自主革新，使得编制算法的程序员也难以解释模型产生及运作的机理。另一方面，实践中，由于算法在税务领域的应用涉及税收职能的履行，考虑到公开算法后会导致纳税人与算法系统之间的不当博弈，税务机关通常不会向纳税人公开算法。例如，《德国税收通则》第八十八条第五款明确限制了纳税人对税务机关自动化决策的知情权，原因是税务机关认为公布算法信息可能危及税收的统一性和合法性。算法黑箱不仅使得纳税人无法直接参与税收决策的形成过程并获得决策结论的合理解释，也使得税务机关客观上无法有效质疑自动化决策，并容易受到自动化决策的控制和影响。③

三、人工智能在税务领域应用中的风险规制

法治具有固根本、稳预期、利长远的作用，是规制风险的重要手段。在类型化分析了人工智能在税务领域应用中的风险及其形成机制后，法律规制的落脚点便一目了然，即数据治理规则、算法透明度规则以及人工智能适用规则。

---

① Would you trust an artificially – intelligent expert? ［EB/OL］. （2017 – 10 – 25）［2022 – 12 – 17］. https：//www. natlawreview. com/article/would – you – trust – artificially – intelligent – expert.
② MILNER C，BERG B. Tax analytics artificial intelligence and machine learning – level 5 ［EB/OL］. ［2022 – 12 – 17］. https：//www. pwc. no/no/publikasjoner/Digitalisering/artificial – intelligence – and – machine – learning – final1. pdf.
③ RICH M L. Machine learning，automated suspicion algorithms，and the fourth amendment ［J］. University of pennsylvania law review，2016（4）：871 – 930.

因此，必须通过法律对技术风险进行及时有效的回应，进而提高人工智能辅助税收治理的层次和效能。

（一）构建以纳税人为中心的数据治理规则

当前，在数据治理方面，有权利话语模式和外部监管模式两种进路。《欧盟基本权利宪章》将个人信息保护规定为欧盟层面的一项基本权利，并在第八条明确规定任何人都享有保护自身个人信息的权利。2018 年，欧盟实施《一般数据保护条例》，通过赋予纳税人对数据使用的同意权、访问权、删除权、知情权等广泛的个人权利，以实现对数据全生命周期的保护，构成了税收数据治理的法律基础。整体而言，欧盟强调个人对数据的权利和信息处理者的义务，重在让公民控制自己的数据，并采取跨国行动防止数据滥用。[①] 税收数据治理实质上是通过赋予纳税人数据权利以为税务机关划定边界。与欧盟不同，美国的数据治理模式更注重外部监管，通过在法律中明确纳税人、税务机关以及第三方机构的责任，加强数据治理。美国没有像欧盟一样，制定统一的数据权保护法律。但就税收数据治理而言，美国联邦和州两级政府颁布的数百条法律都可以适用。我国在数据治理方面偏于注重数据的外部监管，如建立涉税数据质量全周期监控机制、设置数据质量管理员等。为进一步提升依法行政和执法水平，可以更多地从纳税人权利角度加强数据治理。

1. 建立数据质量标准。要在统一数据平台和数据质量标准的基础上，实现数据的交叉检查和共享。现阶段，我国数据质量规则不足，需要我国以单独的"数据质量法"明确数据质量标准。美国国内收入局根据《数据质量法案》制定了涉税信息质量指南，允许纳税人查阅报税单、缴税记录以及公开税务案件的工作文件等，同时由财政部税务管理监察长（TIGTA）负责审计国内收入局是否符合《数据质量法案》的执行标准。[②] 通过监督机构支持数据质量管理，有助于扩大和维持数据质量标准执行，提高数据成熟度。美国通过立法形式明确数据质量标准，是保证数据质量的有效方式，值得我国借鉴。数据质量标准包括获得性、可用性、可靠性、相关性以及表现性等多个方面。数据标准的统一可以促进各数据平台的整合。与美国不同的是，欧盟的《一般数据保护条例》以数据主体和信息处理者对数据质量进行双重验证的方式保证数据的准

---

① 参见《一般数据保护条例》第十二条至第十四条、第十五条以及第二十条。
② IRS. Routine access to IRS records［EB/OL］.（2022-02-25）［2022-12-17］. https：//www. irs. gov/privacy-disclosure/routine-access-to-irs-records.

确性和时效性,① 并通过明确数据主体对个人信息的知情权和修改权, 及时修改、更正错误的数据。同时, 大数据分析证明, 这项操作不仅不会增加税务机关在纳税人数据质量合规方面的实质性负担, 还可以在一定程度上提升数据的准确性。我国可以借鉴欧盟做法, 在定期开展数据质量监管检查之外, 发挥纳税人对数据信息的核查、修改作用, 以保证数据的有效性。

2. 完善数据隐私保护。面对数据隐私泄露事件频发, 相关国际组织和部分国家为纳税人提供了诸多救济途径。例如: 欧盟《一般数据保护条例》第三十四条明确了信息处理者应将个人数据泄露事件告知数据主体; 美国则通过在国内收入局官网公布纳税人隐私政策, 利用隐私影响评估、隐私投诉机制、隐私保护年度报告等方式促进税务部门在保护纳税人隐私方面的合规性。我国《税收征管法》第八十七条规定, 对违背纳税人信息保密义务的主管人员和其他直接责任人员给予行政处分。相较于欧盟的惩罚机制和美国的投诉机制, 我国隐私保障方式还可以进一步完善。《民法典》第一千零三十九条强调, 国家机关及其工作人员对在工作过程中获得的隐私和个人信息必须保密。因此, 税务人员的保密义务具有民事义务的属性。在违反规定的情况下, 纳税人有权要求税务人员承担民事责任。然而, 依据行政法理论, 纳税人不能对税务机关提起民事诉讼, 而只能适用国家赔偿制度来寻求赔偿。当前, 侵犯涉税机密信息的行为不属于我国《国家赔偿法》范围。因此, 可以在法律中明确公共数据侵权的特别赔偿机制。同时, 还可以在《税收征管法》及相关法律法规中明确信息泄露通知制度, 便于纳税人及时跟踪信息安全情况。此外, 还要对税务人员定期进行网络安全培训, 通过发布网络安全指南的方式, 在提高其安全意识的同时, 提升数据安全管理的有效性。

(二) 完善透明合理的算法规则

1. 明确算法决策的解释规则。参与决策的人工智能应该是可解释的、可诠释的, 或者是透明的,② 这有助于缓解征纳双方的信息不对称。但算法透明度与可解释性一直是困扰诸国税务算法实践的问题。欧盟的《一般数据保护条例》通过赋予数据主体算法解释权以提升算法透明度。然而, 同为欧盟法律的

---

① 参见《一般数据保护条例》第六条第 (1) (d) 款。
② HALL P. Predictive modeling: striking a balance between accuracy and interpretability [EB/OL]. (2016 – 02 – 11) [2022 – 12 – 17]. https: //www. oreilly. com/ideas/predictive – modeling – strikinga – balance – between – accuracy – and – interpretability.

《人工智能法案》则以外部监管的方式保证人工智能符合透明度要求。我国《个人信息保护法》第二十四条规定了类似于《一般数据保护条例》的算法透明度要求，但因解释规则不具体而欠缺可操作性。这就要求我国需在法律上进一步细化算法解释的内容。近年来，德国、西班牙等国家都相应调整了税收法典，以应对数字征管的需要。针对税务领域的特殊性，我国可以在《税收征管法》中增设智慧征管的针对性条款。税务算法涉及国家征税利益，算法解释并不要求税务机关对算法决策的技术细节进行披露，只需要在纳税人对算法决策存在异议时，税务机关可以对算法进行事后检查，并向相关纳税人作出合理解释，在确有错误时可由人工进行重新决策。在技术上，算法决策系统可以设置痕迹记录，以保证决策的可追溯性。作为公权力的算法，算法透明并非追求形式上的公开，而是通过公开加强算法决策的公平和正义。

2. 完善算法决策的救济规则。研究表明，由于算法的高效性和内在逻辑的复杂性，人类倾向于支持自动化决策的结果，即使该结果与人类决策有差异。[1] 为了避免算法决策的不利侵害，可以从纳税人质疑算法决策、申请行政复议或诉讼以及第三方监督来保障纳税人权利。首先，对于使用算法辅助决策的决定，必须允许纳税人提出质疑，并可以申请人工干预，这是破除算法"迷信"的有力途径。为了防止纳税人被动接受算法决策，可以进一步明确《个人信息保护法》第二十四条确立的人工干预标准，即第二十四条的"仅通过自动化决策方式……"应包含纯粹形式上的人工干预。换言之，若税务人员仅在单据上签字或盖章，而没有对决策结果进行实质审查，则纳税人可以拒绝此项税收决策，并申请人工干预。其次，传统税收征管中，税务机关、税务人员需要依法接受纳税人的监督。算法时代，"技术鸿沟"的客观存在使得纳税人难以对税务算法系统及其影响进行评估。基于此，可以在行政机关内部设置专门的中立机构或委员会，负责对算法进行定期评估和监测，同时在算法不能提供预期结果时进行调整。最后，要重视行政复议和诉讼环节对算法公平的救济作用。算法辅助税务机关进行税收征管，并未改变税务机关所作决策的性质。倘若算法错误而作出有失公平的决策，相应责任也应由税务机关及其工作人员承担。由于征纳双方信息的天然不对称，加之"技术鸿沟"的客观存在，在举证责任的分配上或者在算法决策的解释上应本着有利于纳税人的角度来进行。

---

① SKITKA L J, MOSIER K, BURDICK M D. Accountability and automation bias [J]. International journal of human-computer studies, 2000, 52 (4): 701-717.

（三）构造公平的人工智能适用规则

1. 加强算法伦理审查。为了保证算法的公平性和合理性，可以在相关法律中明确算法影响评估制度，通过将算法的事后监管与事前评估相结合，避免算法的内在偏见。这可以考虑在算法投入使用前设置纳税人投诉系统或开展简易听证程序，使纳税人能够真正参与到税务算法的论证环节。在算法运行后，可以确定税务算法决策影响评估机构，对算法进行实时监控，统一税务算法模型标准，促进算法的透明与公正。根据《新一代人工智能伦理规范》，可以从算法对经济、社会、政府管理、公民权利等方面的影响对算法进行定期评估和监测。若发现算法不能提供预期结果，则实时进行调整更新，以符合税务执法的需要。此外，还可以设置统一的算法透明度模板，由第三方机构开展算法审计。需要注意的是，在算法决策错误的情形下，责任的承担主体依然是税务机关。人工智能执法是受大数据影响，依据数学逻辑进行的法律适用。税务机关辩证地看待人工智能的决策结果，能够预防机械化的决策结果，最大限度保证个案正义，避免对纳税人的合法权益造成损害。

2. 划定人工智能的引入标准。算法的相关性逻辑无法保障税务领域的"同案同判"，加之算法复杂化下黑箱效应的加剧，导致并不是所有的税务领域都适合使用人工智能。税收确定性是一个良好的税收制度应当具备的重要特征，旨在确保税收制度的明确、稳定和可预期。[①] 人工智能辅助税收征管作为我国新时期税收治理现代化的具体体现，也应当在税收确定性原则的指导下开展。具体地，可以在《税收征管法》或相关法律法规中，明确人工智能的应用标准。当前，无论在立法层面抑或学术层面均没有对人工智能的应用边界达成统一的认识。深圳率先在《深圳经济特区人工智能产业促进条例》中划定了人工智能的产业边界，特别指出应加快人工智能技术在税务领域的融合应用。在翼收银（eKasa）案中，斯洛伐克宪法法院依据税收法定原则，强调了"限制公民基本权利的应用必须由法律予以规定，使其运行可以预测"。[②] 在公共行政领域应用新技术，不能以牺牲公民权利为代价，更不能导致其决策无法解释和说明，这不符合公法上的比例原则。我国可以从是否对公民的权利产生

---

① DEMIN A V. Certainty and uncertainty in tax law: do opposites attract? ［J］. Laws, 2020 (4): 1 – 30.

② The eKasa case ［EB/OL］. ［2022 – 12 – 17］. https://www.uantwerpen.be/en/projects/aitax/publications/ekasa/.

影响、是否对税收公平等原则产生影响等因素考量人工智能的引入领域，同时由独立于税务机关的第三方机构负责人工智能的准入审查。

参考文献：

［1］BERMAN E. A government of laws and not of machines ［J］. Boston university law review, 2018 (5)：1277－1356.

［2］杨志勇. 人工智能、税收政策与税收理论 ［J］. 税务研究，2018 (6)：6－12.

［3］翁武耀，倪淑萍. 人工智能促进税收征管现代化的方式与影响 ［J］. 税务研究，2018 (6)：19－24.

［4］杨金亮，孔维斌，孙青. 人工智能对税收治理的影响分析 ［J］. 税务研究，2018 (6)：24－28.

［5］李训虎. 刑事司法人工智能的包容性规制 ［J］. 中国社会科学，2021 (2)：42－62，205.

［6］倪娟，李彦璋，周睿. 人工智能助力税收管理数字化转型的对策分析 ［J］. 税务研究，2021 (4)：92－96.

［7］刘昊. 人工智能在税收风险管理中的应用探析 ［J］. 税务研究，2020 (5)：79－82.

［8］辛浩. 人工智能时代税收治理面临的挑战与对策 ［J］. 税务研究，2019 (9)：85－89.

作者单位：中山大学法学院

数字技术赋能银税互动：
机理、制约与策略[①]

王水莲　聂　婷　蔡　幸

内容提要：我国银税互动政策依托数据互联共享将纳税信用转化为融资信用，实现了小微企业融资难问题的创新突破。数字技术一方面通过金融科技助力银行建立涵盖银税互动信贷全业务链条的授信决策和智能风控系统，有效控制小微企业违约率；另一方面通过强化税收征管数字化，实现"以数治税"，增强小微企业纳税信用评级的精准性，从而提升银税互动质效。本文在阐述数字技术赋能银税互动机理的基础上，重点分析当前数字技术赋能银税互动面临的问题，并从政府顶层机制、银税交互信息提升、"数字技术＋银/税"深度融合、数据安全和合规等方面提出进一步提升银税互动质效的建议。

关键词：银税互动　数字技术　以数治税　小微企业　纳税信用

小微企业融资难、融资贵问题是全球性难题。我国于 2015 年推出的银税互动政策在缓解小微企业融资难问题上显现出积极成效。通过推动"以数治税"以及加大金融科技在银税信息交互、银行授信决策和风控管理等方面的高效运用，打造形成"互联网＋大数据＋金融＋税务"的发展新模式，可以有效减少银企间信息不对称，提高贷款效率，降低贷款交易成本。数字技术的参与是银税互动的特色和亮点，但其在银税互动领域的应用，还有待深入。数字经济时代，如何进一步提高数字技术赋能银税互动能力，实现银税互动质效不

---

① 本文系广西哲学社会科学规划研究课题"金融支持广西脱贫攻坚与乡村振兴战略衔接研究"（项目编号：20FJY004）的阶段性研究成果。聂婷为通信作者。

断提升，值得深入研究。

一、机理：数字技术参与银税互动的内在逻辑

数字技术赋能银税互动可分为两方面：一是赋能税务部门，推动税收征管的数字化，提高数字经济时代小微企业纳税信用评级的精准性；二是赋能商业银行，基于大数据、人工智能、机器学习等金融科技在小微企业信贷场景下的综合应用，将税务数据转化成信贷数据，辅以其他数据，还原小微企业经营行为、信用水平与风险画像，实现智能化"秒批""秒贷"（见图1）。[1] 数字技术赋能银税互动的参与主体主要有税务部门、银行以及技术服务商和金融科技服务商等，[2] 载体是银税信息数据。数字技术是各主体交互的重要手段，赋能过程主要体现在以下几个方面。

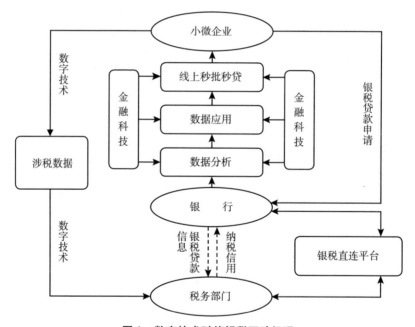

图1 数字技术赋能银税互动机理

---

① 清华大学互联网产业研究院. 金融科技在小微企业信贷中的应用发展研究报告（2019）［EB/OL］.（2021 – 08 – 19）［2022 – 07 – 20］. http://www.iii.tsinghua.edu.cn/info/1097/2759.htm.

② 银保监会也是银税互动重要的参与力量，主要负责数据传递以及监管。本文不将银保监会作为重点参与对象进行研究。

1. 涉税信息收集和纳税信用信息提供。税务部门是涉税信息的收集者和纳税信用信息的提供者，在银税互动中发挥基础性作用。银税互动中，税务部门运用数字技术，提升纳税服务水平，同时高效搜集、甄别和处理小微企业涉税信息，精准评定纳税信用等级，依法推送给银行，并接收银行反馈的相关贷款信息，掌握银税互动开展情况。

2. 银税信贷供给。银行是银税互动信贷的提供者，在银税互动中发挥核心作用。银行通过银税直连平台接收税务部门推送的涉税信息，依托金融科技，结合搜集的小微企业其他外部数据，完成数据筛选、挖掘和大数据分析，研发银税互动信贷产品，提供智能化"秒批""秒贷"线上服务，并按照国家政策规定将信贷信息反馈给税务部门。

3. 银税信贷投放。小微企业是银税信贷资金的投放对象，也是银税互动的主要受惠对象。小微企业在按照税务部门要求诚信纳税并向税务部门提供相关涉税信息、获取良好纳税信用评级的基础上，通过向银行提交银税互动贷款申请，按照纳税等级，可以从银行处获得相应额度的贷款。

4. 数字技术服务保障。银税互动中数字技术的供给可以是税务部门、银行自身，也可以是第三方技术服务商和金融科技服务商。随着银税数据直连政策实施，第三方金融科技服务商参与银税互动基本被叫停。未来金融科技服务商将转向提供银税直连平台开发和技术运维服务、协助银行开展银税互动信贷等方面。

二、制约：数字技术赋能银税互动面临的问题

（一）银税互动受惠企业有限

1. 新冠肺炎疫情收缩了银税互动的政策覆盖度。疫情防控常态化背景下，一方面，小微企业经营风险系数提高，违约概率远远高于大中型企业；另一方面，银税互动贷款缺乏实物抵押，企业违约损失主要由银行负责。因此，银行出于贷款安全的考虑必然会紧缩纳税等级较低的小微企业信贷。同时，疫情之下为了帮助小微企业渡过难关，国家加大对小微企业的税收优惠，使得很多小微企业因享受优惠政策纳税较少，一些处于初创期的小微企业甚至没有纳税记录，无法获得银税互动服务。

2. 银税互动普惠效能执行效果欠佳。尽管 2019 年我国已明确将银税互动贷款的受惠企业申请范围由纳税信用 A 级、B 级拓展到 M 级，但目前来看其

实施效果欠佳。杨龙见等（2021）利用浙江省小微企业月度动态调查数据库，通过实证模型研究发现，银税互动贷款更多流向了 A 级纳税信用企业。2020年 4 月，《国家税务总局办公厅 中国银行保险监督管理委员会办公厅关于发挥"银税互动"作用助力小微企业复工复产的通知》（税总办发〔2020〕10号）下发前，中国大型国有银行中仅建设银行开展了对纳税信用 M 级企业授信业务，大多数银行对拓展银税互动申请企业范围贷款均采取保守态度。我国 B 级和 M 级纳税信用企业数量较多，2020 年，我国 A 级纳税信用企业 275 万户，仅占评价总户数的 8.28%，而 B 级和 M 级纳税信用企业共 2747 万户，占评价总户数的 82.58%。① 银行倾向于向 A 级纳税信用企业发放贷款的金融避险属性使得大量的纳税信用 B 级以下企业无法享受到银税互动政策红利。

（二）银税信息交互机制有待完善

1. 银行获取税务部门推送信息范围较窄。当前，税务部门纳税信用评级标准流程规范，可以掌握小微企业资格审批、财务报表、发票使用、申报情况、催报催缴、稽查结果等相对翔实的情况，但是向银行推送的纳税信用评价清单内容有限，仅有小微企业当年的纳税信用等级、纳税金额、税收缴纳情况等少数信息，无法在企业经营实力、发展潜力、偿还能力等方面给银行提供多维度的信息参考，不利于银行精准勾勒小微企业整体经营状况，判断企业经营风险和精准核定贷款额度，也无法为其进一步筛选客户群体和挖掘客户潜能提供帮助。

2. 税务部门推送的信息存在一定的滞后性。目前，税务部门向银行推送的小微企业涉税信息是对企业上一年度涉税信息的评价，反映的是企业上一年度的纳税信用状况，尽管在前后评价年度期间，如果企业对评价得分计算等有异议，可以结合自身纳税情况进行补评、复评，但补评、复评时间一般跨度较长（一般为每年 4 月税务部门发布纳税信用评价结果至本年度 12 月 31 日之前），导致银行得到的企业纳税信用评价信息具有一定的滞后性，无法及时反映企业纳税信用变化，纳税信用评价结果所体现的企业信用状况与当前企业信用状况可能存在偏差。

3. 银税信息交互不对等。在银税互动中，税务部门向银行推送小微企业

---

① 2021 年纳税信用评价结果显示：我国企业纳税信用稳中向好 ［EB/OL］（2021 – 05 – 15）［2022 – 07 – 20］. http://www.chinatax.gov.cn/chinatax/n810219/n810724/c5164434/content.html.

相关涉税信息，有助于提高银行对小微企业信用评估的精准性和效率。但是，我国多部法律法规明确规定商业银行对客户信息承担保密义务。因此，在银税互动中，银行仅仅向税务部门反馈银税互动贷款信息，不能够向税务部门反馈贷款审批、收回逾期等情况，更不能够向税务部门共享其掌握的企业收支、银行账户对账单、银行信用信贷等级等税源监控急需的涉税信息，税务部门利用银行信息强化税源监控管理的诉求无法得到支持，从而导致互利共赢机制缺失，不利于银税互动的长远发展。

（三）银税部门的数字化能力有待进一步提升

1. 中小银行金融科技能力明显较低。相较我国六大国有银行，中小银行在科技投入、科技人员总数方面明显处于不利地位。2020 年，来自国际数据公司（IDC）的一项调研数据也显示，64% 的区域性银行，其信息科技部门的自有人员数量少于 150 人。[①] 金融科技人才的缺失，反过来又导致中小银行金融科技能力较弱，从而形成恶性循环。当前，很多中小银行的金融科技团队看上去更像是运营队伍，在搭建模型、大数据风控等方面面临较大困难，深入开展银税互动的能力欠缺。体现在银税互动业务中，就是大型银行发挥"头雁效应"，而股份制银行整体参与不足。以广西为例，2019 年广西的 9 家股份制银行银税互动贷款规模在全区占比不足 3%。[②]

2. 税收征管数字化水平不足。数字经济时代，数据正在以惊人的速度增长，给传统税收征管模式带来严峻挑战。加快数字化转型、推进"以数治税"是税务部门应对挑战的不二法宝。尽管随着网上办税、在线咨询、电子发票等的推出，税务部门在税收数字化领域取得了巨大进展，但相较于当前数字经济的快速发展，税收征管数字化进程依然具有一定的滞后性，主要表现为：税务部门收集和处理结构化、半结构化、非结构化的涉税信息，以及进行高度整合、深度分析的能力不强，信息收集处理技术、手段不足，涉税信息利用效率不高；现有的税收征管模式与线上交易平台契合度不高，漏征漏管现象普遍存在；税务部门内部信息化水平不高，不同涉税系统之间缺乏有效互动，内部数据整合力度不足导致数据浪费等。

---

① 京东数科，ICD. 中国区域性银行数字化转型白皮书 [EB/OL]. （2020 – 07 – 07）[2022 – 07 – 20]. https：//www. cebnet. com. cn/upload/resources/file/2020/07/07/115315. pdf.
② 邱超奕. "银税互动"缓解中小企业融资难 [N]. 人民日报，2020 – 04 – 23 （2）.

（四）大量数据沉淀制约银税互动整体效能提升

1. 信息采集难度大导致数据沉淀。数字经济时代，互联网平台大量涌现，企业的收入方式、收入渠道更加多元化，电子交易呈现指数级增长，而数字经济具有的交易虚拟性、非中介性特征，使得各种数字化交易日益脱离"物理存在"，企业的纳税行为更加易于隐藏，具体涉税金额难以评估，税务部门全面、系统、精准和及时地采集企业涉税信息难度加大，从而导致部分电子交易信息数据沉淀。

2. "信息孤岛"的存在导致数据共享不足。当前，银税信息交互主要是在税务部门和银行之间开展，其他部门如海关、生态环境、法院等参与不足，相互之间信息互联、互通、共享、共治难度较大。作为小微企业经营隐患和风险信息重要评估依据的企业报关、环保处罚、行政处罚、法院立案等信息，除非相关部门主动公开，银行和税务部门无法全面搜集，部门之间"信息孤岛"现象严重，一定程度上限制了银税互动整体效能的提升。

三、应对：数字技术赋能银税互动的策略

（一）完善银税互动工作的顶层协调和推动机制

1. 完善协同工作机制。要充分发挥政府对银税互动的统筹和领导，成立省级银税互动工作协调小组，在原有银保监部门、税务部门的基础上，将人民银行、地方金融监督管理、财政、发展改革委、大数据发展、市场监管等相关部门纳入协调小组，统一指导、管理、监督银税互动工作，构建科学有效的"政府统筹、银行主导、税务支持、企业参与、部门配合"的银税互动协同工作机制，共同推动政策稳健执行。

2. 完善"银税互动＋政策性担保"的融资担保机制。要由政府主导建立银税互动专项融资担保基金，或者扩大原有的政策性小微贷款担保基金的覆盖面，将银税互动贷款产品纳入担保范围，构建"银税互动＋政策性担保"的融资担保机制，重点对 M 级、C 级等纳税信用等级较低的小微企业银税互动贷款提供融资担保，推动银税互动政策覆盖更多纳税信用 B 级以下企业。

（二）深入推进银税交互信息扩面提质

1. 拓宽银税"征信互认"。要在现有银税双方各自的信用评价体系中引入对方信用评价结果的同时，进一步扩大双方信息交互范围，探索将银行内部的小微企业贷款违约、财务信息、业务经营情况等信息与税务部门共享，探索引

入人民银行征信系统平台相关数据，便利税务部门将其与小微企业基础税收管理数据进行参照比对和交叉比对，进一步拓宽税务部门税源监控信息，强化税源监控管理。

2. 优化升级银税互动平台。要增加银税互动平台的涉税信息共享内容，在保障个人隐私和合法权利的前提下，在税务、银行信息共享的前提下，推进市场监管、海关、法院、生态环境等政府部门信息在平台实现共享，帮助银行对小微企业进行客户画像、风险识别、额度审批、贷后跟踪，降低银行信息收集成本，推动银税互动的高效化、智能化。

（三）推动"数字技术＋银/税"的深度融合

1. 促进"数字技术＋银行"深度融合。一是要加大银行银税互动全业务链条金融科技运用。二是要以税务共享信息为基础，依托金融科技手段搜集融合互联网、中国人民银行等多维度数据，精准勾勒小微企业综合信用画像，有效提升授信决策能力和效率水平。三是要强化大数据、人工智能和机器学习等科技手段在授信审批和贷后管理环节的运用，建立涵盖贷款审批、放款和贷后管理的授信决策和智能风控系统，实现风险的精准识别、计量、控制和预警，有效降低银行风险。四是要加快提升中小银行科技实力。要鼓励中小银行增加金融科技应用研发和产品采购投入，或者通过创设金融科技联盟、联合研发平台等方式，加快培养一批既了解业务又懂科技的复合型创新人才，主动推进数字化转型，有效提升中小银行科技实力。

2. 推动"数字技术＋税收"深度融合。一是要积极运用数字技术提升税务部门纳税服务水平，努力将尽可能多的纳税业务转到线上办理，不断优化纳税业务线上办理流程，全面降低小微企业纳税成本。二是要针对线上交易数据的指数级增长，加大大数据、人工智能等技术运用，依托精准"用户画像"等工具为小微企业建立动态化、定制化的线上综合纳税服务体系，提升纳税体验，促使其自觉纳税。三是要积极推行电子发票，进一步加大区块链在税收征管中的高效普及和应用，推动信息管税，做到更精准搜集、甄别和更高效处理小微企业涉税信息，降低税务部门监管成本。

（四）重视银税互动信息安全与合规使用

涉税信息是企业和个人的核心商业机密，甚至是国家秘密。开展银税互动，推动实施相关信息共享，必须高度重视信息安全管理。因此，一是要加强相关法律法规体系建设，明确法律边际，打击滥用行为，严格执行《国家税务总局 中国银行保险监督管理委员会关于深化和规范"银税互动"工作的通知》（税总发〔2019〕113号）和《征信业务管理办法》（中国人民银行令〔2021〕第4号）中对银行关于信息共享共用范围和方式、数据信息用途以及保密义务的相关规定。二是税务部门、银保监局、银行要共同加强数据信息共享传输技术保障，完善数据信息采集和共享系统的建设，提升平台、系统安全防护能力，严防个人、企业信息违法外泄，让数据信息增值的使用和数据安全并行不悖。三是要正确认识金融科技的能力边界，建立银行金融科技专项应急预案，完善风险定期排查评估机制，运用敏感性分析、情景分析、压力测试等手段，排查金融科技应用漏洞，评估其风险，对重大风险事件可能造成的损失和影响进行测算，强化清单管控和动态追踪。

参考文献：

［1］杨龙见，吴斌珍，李世刚，等．"以税增信"是否有助于小微企业贷款?：来自"银税互动"政策的证据［J］．经济研究，2021，56（7）：96－112.

［2］吴明理，姜全．激励相容机制下的第三方信用挖掘：光大银行税贷易案例［J］．征信，2017（2）：57－61.

［3］陈彪，罗鹏飞，杨金强．银税互动、融资约束与小微企业投融资［J］．经济研究，2021，56（12）：77－93.

［4］陈果，陈文裕．协同治理视角下的银税互动［J］．税务研究，2017（2）：117－120.

［5］倪娟，李彦璋，周睿．人工智能助力税收管理数字化转型的对策分析［J］．税务研究，2021（4）：92－96.

［6］安然，杨雷鸣．应用"区块链＋银税互动"促进小微企业融资的研究［J］．税务研究，2021（5）：122－128.

作者单位：广西财经学院广西金融与经济研究院
澳门科技大学商学院
广西财经学院广西金融与经济研究院

我国税收征管风险等级测算研究[①]

李 伟 罗伟平 梅思雨

内容提要： 税收征管风险是造成税收流失的重要原因，税收风险管理能力的提高能够有效解决税源监管不力问题。基于此，本文采用2016—2020年度全国31个省级行政区符合纳税信用A级标准的同质类纳税人的纳税申报数据，运用数据包络分析方法找到符合测算要求的遵从度较高的纳税人样本，然后采用该样本结合受限因变量模型（Tobit）建立各地区的税基预测方程，通过对比各地纳税人样本的税基预测值与实际值的差额来测算我国东中西部地区的税收征管风险等级，对我国各区域税收征管风险管理情况进行分析，以期为提高税收征管风险防控质效提供助益。

关键词： 税收征管风险　纳税遵从　风险管理　税收流失

一、引言

　　财政是国家治理的基础和重要支柱，而税收作为财政收入的主要来源，对国家机器的运作具有重要意义。正如马克思所言，"赋税是政府机器的经济基础，而不是其他任何东西"[②]。从影响税收规模与结构的因素来看，一国的经济发展水平是决定税收规模与结构的主要因素。经济发展越好的国家，其税收环境越稳定，税收规模和结构相对也越合理。同时，经济发展水平相同的国家的税收收入规模水平常常存在差异，乃至相去甚远，与此现象密切相关的是各

---

　　① 本文系国家社会科学基金重大项目"'互联网＋'背景下的税收征管模式研究"（项目编号：17ZDA052）的阶段性研究成果。
　　② 中共中央马克思恩格斯列宁斯大林著作编译局．马克思恩格斯全集：第19卷［M］．北京：人民出版社，2006：32。

国税收风险管理水平的差异（胡磊等，2016；乔游，2016）。一国的税收风险管理水平越高，其管理税收资源的能力往往越强，能够通过风险提醒、纳税评估、税务审计、反避税调查、税务稽查等风险应对手段降低总体税收风险，提高纳税人的税收遵从度。而在税收风险管理水平低下的国家，"地下经济"规模庞大且税收流失情况较为严重，这不仅会加大总体财政风险，也在一定程度上弱化了政府的宏观调控能力。

从二十世纪九十年代开始，西方发达国家将风险管理融入税收领域，开始了对税收风险管理的探索。通常认为，税收风险管理包括税收征管风险、税收执法风险、税收廉政风险等，而税收征管风险是税收风险的重要成因。所谓税收征管风险，是指在税收征管的过程中，由于税制设计存在缺陷、税收征管制度不完善、税收道德水平低下等不利因素的影响，导致税收的实际征收管理偏离预期目标，造成税收征管效率下降、税源流失等结果（谷成，2009）。防范税收征管风险是防范税收风险的重要举措（孙开等，2015；Masri等，2019）。已有国内外研究中，税收征管风险等级的测算从最初的单指标测算到多指标测算，再到税收数据基础上的模型测算，测算的方法变得更加广泛和深入。随着税收风险管理理论和实践的日益发展，该测算方法还在不断丰富。在现有文献中，关于税收流失额的测算，主要包括利用 DCE（Detection Controlled Estimators）方法、Tobit 模型建立逃避税额预测方程的两种方法（Feinstein，1991；李选举，2000；郭筑明等，2017）。陈洁等（2013）在上述方法的基础上对我国税收遵从风险的两阶段测算法进行了研究，即首先通过引入数据包络分析方法（DEA）来增强纳税遵从样本的特征，然后再运用 Tobit 模型对我国纳税遵从风险进行测算。

本文采用 DEA 方法筛选出的纳税遵从样本来构建 Tobit 模型以建立税基预测方程，以此测算我国东中西部地区税收征管风险等级。本文可能的创新和贡献包括以下两个方面。一是在借鉴相关文献研究的基础上，在数据处理方法上作了一定的创新和加强。即在使用 DEA 方法进行筛选之前，以往文章选取的样本数据大多为某单一省份同质类纳税人的纳税申报数据，而本研究则在可获得范围内，选取了全国 31 个省级行政区的符合纳税信用 A 级标准的同质类纳税人的纳税申报数据，提高了 Tobit 模型预测的准确性和研究结果的可靠性，进一步完善了税收征管风险的两阶段测算方法。二是对我国东中西部地区的纳税遵从风险进行测算，获得我国东中西部地区的税收征管风险等级，为了解我国各区域的税收征管风险管理情况提供了途径，丰富了我国税收征管风险研究。

本文其余部分内容安排如下：第二部分介绍变量选择与数据来源，第三部分通过对各区域税收征管风险进行测算得出研究结论，第四部分是启示与建议。

二、变量选择与数据来源

（一）数据来源和样本选择

考虑到税收风险等级测算需划区域进行研究，本文选择按东中西部划分①来测算我国税收征管风险等级。为了保证数据的可得性和实效性，以及可得样本数据的大小，本文选取了全国 31 个省级税务机关公布的纳税信用 A 级纳税人信息和国家税务总局官网"纳税信用 A 级纳税人名单公布栏"公布的相关信息。在此基础上，通过相关纳税申报材料齐全且无明显不合理数据、近三年无查补税款的稽查结果、没有因涉税违法行为受到处罚等三个条件筛选出各省级行政区正常经营且纳税遵从度更高的共计 17189 个纳税人样本。②

（二）DEA 方法变量选择

本文认为，税收来源于纳税人的经济运营成果，在我国能体现纳税人经济运营成果的税种主要是增值税和企业所得税。从经济内容角度看，增值税和企业所得税纳税不遵从的特征主要表现为纳税人试图通过隐瞒收入、增加成本费用来减少税基，进行虚假申报。与真实纳税申报数据样本不同，虚假申报数据样本很难在 DEA 模型中落在决策单元（Decision Making Unit，DMU）的效率前沿面上。相反，该样本处于无效率位置的可能性增大。换言之，评价结果落在前沿面在一定程度上反映了纳税人申报的产出真实性。因此，DEA 模型的评价结果能够从一定程度上剔除掉纳税遵从度不高的纳税人样本，获得纳税遵从度高的纳税人样本，使筛选后的样本更好地体现税收遵从度，为对后期预测风险评估提供帮助。本文以纳税人申报的财务报表为基础，针对所选取处理样本的特点，选取合适的财务指标作为产出指标和投入指标，构建 DEA 模型进

---

① 本文东中西部地区是根据经济发展水平来划分，其中：东部地区包括北京、天津、河北、辽宁、上海、江苏、浙江、福建、山东、广东、海南，中部地区包括山西、内蒙古、吉林、黑龙江、安徽、江西、河南、湖北、湖南，西部地区包括四川、贵州、云南、西藏、陕西、甘肃、青海、宁夏、新疆、广西、重庆。

② 由于篇幅有限，此处略去各样本变量选择和数据筛选情况及描述性统计结果，如有需要可向作者索取。

行样本筛选。即分别将筛选后的各省级行政区 A 级纳税人样本通过 DEA 方法的 BCC - I 模型和 BCC - O 模型进行处理，通过线性规划计算得出 DMU 前沿面，挑选出 BCC - I 模型和 BCC - O 模型处理结果都处于前沿面的样本，即选出各省级行政区纳税遵从度较高的纳税人样本。具体而言，投入指标选取纳税人的营业成本、销售费用、管理费用、财务费用、资产总计和所有者权益合计共六个财务指标来衡量。[①] 其中，营业成本、销售费用、管理费用和财务费用采用纳税人申报的利润表记录的指标数据。若纳税人通过增加成本来减少税基进行虚假申报，将会影响相对应的产出指标，导致这四类成本投入指标结果难以全部落在 DMU 的效率前沿面。资产总计和所有者权益合计采用纳税人申报的资产负债表相关数据，使用这两类财务指标作为投入指标来衡量相对应的产出指标即营业收入是否合理，排除通过隐瞒收入来减少税基进行虚假申报的纳税人样本。产出指标则选取利润表记录的营业收入等财务指标数据，若纳税人通过隐瞒收入来减少税基进行虚假申报，则依据相对应投入指标，该产出指标结果将很难落在 DMU 的效率前沿面。

（三）Tobit 模型变量选取

按照研究需要，设定 Tobit 模型如式（1）：

$$y_i^* = \beta^T X_i + u_i$$

$$y_i = \begin{cases} y_i^* & (y_i^* > 0) \\ 0 & (y_i^* \leq 0) \end{cases} \tag{1}$$

其中，y_i^* 是潜在应变量，y_i 为被解释变量，X_i 为解释变量向量，β 为未知参数向量，u_i 为随机扰动项。当 y_i^* 大于 0 时，y_i 能被观测到，此时 y_i 取值为 y_i^*；相反，当 y_i^* 小于或等于 0 时，y_i 不能被观测到，取值为 0。根据纳税申报材料中的财务报表数据，选取利润总额作为被解释变量（y_i），y_i 代表能够体现纳税人真实生产能力的税基，并且不存在纳税个体政策差异的比较局限，剔除了税政因素的影响。根据 DEA 处理结果，处于 DMU 有效面上的纳税人样本的 y_i 能够被观测到（即 $y_i^* > 0$），此时 y_i 即为纳税人样本实际利润总额；相反，未落在 DMU 有效面上的纳税人样本 y_i 不能被观测到（即 $y_i^* \leq 0$），此时 y_i 即为 0。另外，选取纳税人生产经营相关情况指标作为解释变量（X_i），

---

① 数据来源于国泰安数据服务中心 CSMAR 系列数据库公司研究相关板块，由作者整理得出。

其中营业收入、营业成本、销售费用和管理费用分别表示 X_1、X_2、X_3、X_4。上述四个解释变量指标与税基指标（利润总额）密切相关，即在其他指标不变的情况下，营业收入越大，利润总额越大；营业成本、销售费用和管理费用越大，利润总额越小。

三、实证结果

（一）DEA 处理结果

由于 DEA 方法处理需要分地区年份来进行，故将 31 个省级行政区分别进行 DEA 处理。即在规模报酬可变的假定条件下，利用 DEA – Solver 软件计算各省级行政区 2016—2020 年满足条件的纳税人样本，得出纳税人近五年的投入型 BCC – I 效率分析和产出型 BCC – O 效率分析。DEA 处理结果可以得出以下结论。一是在假定规模报酬可变的条件下，利用 DEA 方法中的 BCC – I 模型和 BCC – O 模型来分析同一年份的纳税人样本，得到 DMU 的有效面是相同的。即两种模型分析不影响对 DMU 的效率面评价的结果，但对 DMU 的无效面的测度值可能有所不同。二是从总体上看，数据所选取的五年间关于 DMU 有效面的确定有少许不同。本文取 2016—2020 年处在 DMU 有效面上的纳税人样本，作为 Tobit 模型中采用其实际值来衡量解释变量的样本部分，为后续通过 Tobit 模型得到更好的预测效果奠定基础。

为直观展示各省级行政区在 DMU 有效面的样本情况，本文将 31 个省级行政区处在 DMU 有效面上的纳税人样本数结果进行了汇总，具体如表 1 所示。

表 1 　　　　　　　　　　　　DEA 处理结果汇总

地区	样本数	在 DMU 有效面的样本数					
		2016 年	2017 年	2018 年	2019 年	2020 年	合计
北京	1463	67	70	79	68	75	359
天津	253	26	27	30	31	35	149
河北	287	27	32	35	33	34	161
辽宁	394	37	37	38	36	40	188
上海	1471	54	62	67	68	65	316

续表

地区	样本数	在 DMU 有效面的样本数					
		2016 年	2017 年	2018 年	2019 年	2020 年	合计
江苏	1891	72	47	64	76	63	322
浙江	2013	67	75	76	72	69	359
福建	615	40	35	46	33	45	199
山东	974	63	56	53	55	57	284
广东	2829	71	71	91	98	83	414
海南	164	23	23	22	19	21	108
山西	185	25	25	23	21	27	121
内蒙古	112	8	5	6	9	8	36
吉林	208	24	29	25	26	27	131
黑龙江	186	22	22	25	27	24	120
安徽	521	33	36	42	44	40	195
江西	199	23	19	19	20	18	99
河南	385	30	32	33	32	29	156
湖北	500	36	46	46	48	45	221
湖南	523	46	55	53	44	51	249
四川	581	37	31	32	33	36	169
贵州	116	9	8	6	10	9	42
云南	159	12	11	9	13	7	52
西藏	81	4	4	6	7	5	26
陕西	228	27	23	25	28	24	127
甘肃	162	18	15	15	16	17	81
青海	43	2	1	1	2	3	9
宁夏	50	1	2	3	3	1	10
新疆	169	9	6	7	4	5	31
广西	172	10	8	7	11	9	45
重庆	255	30	30	35	32	31	158

（二）Tobit 模型估计结果

Tobit 模型的特点是被解释变量（y_i）的观测受到了限制，它只能被部分观测到。即当 $y_i^* > 0$ 时，此时观测值无限制，均为实际观测值；当 $y_i^* \leqslant 0$ 时，此时观测值受限制，均取 0 值。利用该特点，采用纳税人的税基指标作为被解释变量（y_i），采用其他与税基有关的指标作为解释变量 X。因此，将通过 DEA 方法筛选处理后的纳税人样本的被解释变量（y_i）当作无限制观测值，取 $y_i = y_i^* (y_i^* > 0)$，其他纳税人样本的被解释变量（y_i）当作受限制观测值，取 $y_i = y_i^* (y_i^* \leqslant 0)$，再运用最大似然估计法，求出估算模型中的参数估计值，再最后根据上述估计结果写出各省级行政区的税基预测方程。

通过 Stata 软件对利用 DEA 结果调整后的样本数据进行 Tobit 模型构建，可以得到以下结论：营业收入与利润总额呈正相关关系，营业成本、销售费用和管理费用与利润总额呈负相关关系。31 个省级行政区中有 25 个省级行政区通过了显著性检验，未通过显著性检验的 6 个省级行政区分别是青海、宁夏、内蒙古、新疆、广西和西藏。由于样本数据获取的有限性，未通过显著性检验的 6 个省级行政区不能进行预测风险的分析，故将其剔除。需要说明的是，将上述 6 个未通过显著性检验的样本地区剔除不会影响整体测算结果的分析。这是因为青海、宁夏、新疆、广西和西藏为经济欠发达的西部地区，内蒙古为经济欠发达的中部地区，这部分样本的缺失可能造成中西部地区税收风险降低，导致中西部地区税收征管风险等级偏低，但低估税收风险等级不会对本文结论产生影响。[①] 因此，仅用通过显著性检验的 25 个省级行政区的结果进行 Tobit 模型预测，从而得到下列各省级行政区的税基预测方程[②]如下：

北京：$Y = 0.011X_1 - 0.009X_2 - 0.007X_3 - 0.025X_4 - 197.004$

天津：$Y = 1.484X_1 - 1.518X_2 - 1.596X_3 - 1.078X_4 - 22800$

河北：$Y = 0.802X_1 - 0.825X_2 - 0.731X_3 - 1.098X_4 - 2672.356$

辽宁：$Y = 0.151X_1 - 0.137X_2 - 0.489X_3 - 0.038X_4 - 1395.407$

上海：$Y = 0.287X_1 - 0.297X_2 - 0.263X_3 - 0.200X_4 - 2489.472$

江苏：$Y = 0.216X_1 - 0.213X_2 - 0.036X_3 - 0.518X_4 - 322.680$

浙江：$Y = 0.152X_1 - 0.152X_2 - 0.114X_3 - 0.228X_4 - 637.638$

福建：$Y = 0.451X_1 - 0.454X_2 - 0.209X_3 - 0.754X_4 - 2747.167$

山东：$Y = 0.149X_1 - 0.135X_2 - 0.015X_3 - 0.425X_4 - 2204.254$

---

① 在对中西部地区低估的情况下，后续结果依然证实地区经济发展水平越高的地区，其税收征管风险等级系数越低，即若无低估该结论必定成立。

② 由于篇幅有限，此处省去各省级行政区的参数估计结果，直接呈现由 Tobit 模型预测的最终税基预测方程。

广东：$Y = 0.270X_1 - 0.267X_2 - 0.149X_3 - 0.543X_4 - 179.230$

海南：$Y = 1.303X_1 - 1.386X_2 - 1.939X_3 - 0.623X_4 - 1573.563$

山西：$Y = 0.523X_1 - 0.527X_2 - 0.461X_3 - 0.964X_4 - 3018.829$

吉林：$Y = 0.612X_1 - 0.600X_2 - 0.771X_3 - 0.821X_4 - 2572.246$

黑龙江：$Y = 0.763X_1 - 0.787X_2 - 0.689X_3 - 0.413X_4 - 178.004$

安徽：$Y = 0.415X_1 - 0.422X_2 - 0.289X_3 - 0.293X_4 - 6220.726$

江西：$Y = 0.486X_1 - 0.494X_2 - 0.197X_3 - 0.542X_4 - 2886.719$

河南：$Y = 0.255X_1 - 0.267X_2 - 0.162X_3 - 0.233X_4 - 2\,597.692$

湖北：$Y = 0.786X_1 - 0.780X_2 - 0.847X_3 - 1.286X_4 - 3247.573$

湖南：$Y = 0.640X_1 - 0.651X_2 - 0.594X_3 - 0.761X_4 - 815.790$

四川：$Y = 0.263X_1 - 0.253X_2 - 0.154X_3 - 0.412X_4 - 1340.719$

贵州：$Y = 0.436X_1 - 0.237X_2 - 0.259X_3 - 0.148X_4 - 1693.387$

云南：$Y = 0.386X_1 - 0.445X_2 - 0.124X_3 - 0.122X_4 - 2354.564$

陕西：$Y = 0.900X_1 - 0.870X_2 - 1.442X_3 - 1.296X_4 - 2447.697$

甘肃：$Y = 0.489X_1 - 0.488X_2 - 0.443X_3 - 0.837X_4 - 2172.017$

重庆：$Y = 0.853X_1 - 0.866X_2 - 0.855X_3 - 0.505X_4 - 12800$

（三）税收征管风险等级测算结果

由于应纳税额是基于税基与税率的乘积，在纳税人无法改变税率的情况下，税基与真实税基的差额基本能够反映税收遵从风险的大小。将待检测纳税人样本的各解释变量实际值代入上述税基方程，即可得出利润总额估算值，再将该预测利润总额与纳税人真实利润总额进行比较，计算两者差额，得出我国东中西部地区税收征管风险等级测算结果（见表2）。

表2　　　　　　我国东中西部地区税收征管风险等级测算结果

区域	测算税基流失额/万元	风险等级	2016 年	2017 年	2018 年	2019 年	2020 年
东部	小于等于 0	0	465	445	497	501	502
	大于 0，不超过 4000	1	10	15	18	13	13
	大于 4000，不超过 8000	2	11	19	13	13	12
	大于 8000，不超过 12000	3	13	17	15	15	15
	大于 12000	4	48	39	58	47	45

区域	测算税基流失额/万元	风险等级	2016 年	2017 年	2018 年	2019 年	2020 年
中部	小于等于 0	0	175	189	183	190	189
	大于 0，不超过 4000	1	10	15	13	14	17
	大于 4000，不超过 8000	2	13	16	15	13	12
	大于 8000，不超过 12000	3	15	19	18	15	14
	大于 12000	4	26	25	37	30	29
西部	小于等于 0	0	68	62	45	55	63
	大于 0，不超过 4000	1	10	9	14	15	9
	大于 4000，不超过 8000	2	15	8	8	10	10
	大于 8000，不超过 12000	3	8	9	6	9	8
	大于 12000	4	32	30	49	43	34

表 2 反映了我国东中西部地区样本纳税人的税收征管风险等级。其中，风险等级被分为了 0～4 级，等级越高的地区税收征管风险越大。根据上述测算结果将各区域的五级风险等级进行加权平均计算，得出我国各区域可比较的地区税收征管风险等级。区域风险等级汇总结果如表 3 所示。

表 3 　　　　　　各区域的加权平均税收征管风险等级汇总

区域	风险等级				
	2016 年	2017 年	2018 年	2019 年	2020 年
东部	0.48	0.49	0.53	0.46	0.45
中部	0.77	0.77	0.92	0.78	0.76
西部	1.44	1.46	2.00	1.77	1.52
全国	0.90	0.91	1.15	1.01	0.91

综合上述实证结果，可根据我国各区域加权平均税收征管风险等级值情况得出以下结论。

1. 金税三期工程上线以来，我国整体税收征管风险相对平稳。根据表 3 数据，在满足数据可得性和 Tobit 模型显著可用的情况下，2016—2020 年全国整体加权税收征管风险等级值始终保持在 1 级上下的低风险等级水平。2016

年 10 月，金税三期工程在江苏、浙江、宁波、深圳四省市顺利上线运行，在重庆、山西、山东三省市完成软件换版，这标志着金税三期工程在全国范围内完成推广上线任务。① 金税三期在前期金税工程的基础上进行了优化升级，通过对数据标准和口径进行统一，起到了强化数据质量管理的作用，不仅实现了税收征管系统优化、加强了税源监管、降低了征管成本，而且促进了更加便捷高效的税收征管软件开发使用。在金税工程不断迭代更新的背景下，我国税收征管风险管理的技术手段将会逐步完善，自动化、智能化识别税收征管风险的能力正在逐步加强，全国整体税收征管风险处在较低水平。

2. 防控税收征管风险的能力存在地域差异，与经济发展水平呈正相关关系。根据表 3 可知，2016—2020 年我国东部地区的加权风险等级值始终最小，西部地区始终最大，说明经济发展水平提高的地区，防控风险的能力随之加强，税收征管风险等级较低。即经济发展水平的差异会影响税收征管风险的大小，该结果与现有研究结论一致（吕伟等，2012；李香菊等，2017）。这是因为各地区税收征管能力和风险防控水平在一定程度上受到当地经济发展水平的影响，较低的税收征管能力又会带来较大的税收风险。我国经济发展水平地区差异较大，各地税收征管能力参差不齐，对税收征管风险防控的能力也不尽相同。在没有统一的税收征管和风险防控技术规范的情况下，各地运用现代信息技术的能力参差不齐。经济相对落后的地区既要面临较低的税收征管能力带来的较大风险，又由于经济发展水平有限往往难以有效运用现代信息技术防控税收征管风险。

3. 各区域加权税收征管风险等级水平的变化趋势基本相同。具体而言，各区域和全国整体税收征管风险等级在 2016 年、2017 年保持平稳，到 2018 年开始有所提高，2019 年和 2020 年又呈下降趋势。主要原因是我国在 2018 年实施了国税地税机构改革，对省级和省级以下税务机构进行了合并。改革带来的领导职务变动、征管人员的安置与磨合、纳税服务调整等因素加大了税务机关面临的征管风险。随着改革磨合期逐渐过去，税收征管资源在国税地税机构合并后实现了有机整合，各地税收征管能力有所提升，风险防控效率稳中有升，因此税收征管风险等级在 2019 年、2020 年再次呈下降趋势。

---

① 陈黛斐，刘嘉怡，黄诗睿，等. 金税三期 鲲鹏展翼：金税三期工程在全国范围内推广上线 [J]. 中国税务，2016（12）：18 – 19.

四、启示与建议

作为现代税收征管体系建设的核心内容之一，税收风险管理一直以来都是税收征管改革的重要领域。完善税收风险管理体系对推进我国税收征管现代化具有重要意义。基于上述研究结果，税务机关应当积极利用现代信息技术提高我国税收征管风险的管理水平，减少税收流失的现象。在此基础上，本文提出建议如下。

（一）加快推进新一期金税工程建设，提高税收征管风险管理技术水平

金税三期工程的上线进一步实现了我国税收征管的现代化和信息化，对提高税收征管信息化水平、运用现代信息技术防控税收风险具有重要意义。为了进一步防控税收征管风险、减少税收流失，税务机关应当加快推进金税四期工程建设。各地税务机关，尤其是经济相对落后地区的税务机关应当重视引进和培养金税工程所需的具有较高操作能力的专业人才，实现税收征管人才培养进程与税收征管信息化建设进度匹配，完善税收风险评估和应对制度，将现代信息技术融入税收风险防控，增强防控和识别税收征管风险的能力，从效率与公平两个方面充分发挥税收征管促进区域经济协同发展的职能作用，降低各地税收征管能力差异，实现区域税收征管水平与经济发展水平同步上升的良性循环。

（二）整合各地征管资源，实现税收征管风险管理全国统筹

税务机关应当进一步将以区块链为代表的现代信息技术与我国税收征管流程深度融合，实施税收征管智慧化改革。在拓宽涉税信息数据来源渠道、提高信息共享效率的同时，加大对专业数据分析和应用方法的推广力度和使用范围，加速形成以"大数据"为依托的全国税收信息网络，将多渠道收集的海量涉税信息运用于税收风险识别、分析和应对等各个环节，在全国范围内建立包括事前预警、事中控制和事后监督三个层次的税收风险防控体系。通过明确划分涉及跨境、跨区域经营纳税人的税收风险管理职责，建立包含风险指标数据库的统一的税收征管风险管理资源集中和共享平台，提高各地风险防控和税收征管效率。

（三）积极总结实践经验，大力推广先进做法

笔者调研发现，各地税务机关在税收征管实践中积累了不少提高税收征管和风险防控效率的先进经验和做法，不仅仅局限于税收征管风险防控。部分地区还建立了依托现代信息技术、全面防控税收风险的内外部协同机制。下一步可从国家税务总局层面收集和整理相关经验做法，吸收先进经验不断完善税收风险防控体制机制设计，将具有较强可操作性的经验做法在全国税务系统广泛推广。通过相互学习和借鉴的方式博采众长，提高税务干部队伍的综合素质和税务机关防控税收风险的能力。

参考文献：

［1］胡磊，何柏林，巫黛春，等."互联网＋"时代下的税收风险管理［J］.税务研究，2016（6）：67-68.

［2］乔游.浅析"互联网＋"背景下的税收风险管理［J］.税务研究，2016（5）：43-46.

［3］谷成.税收遵从的理论模型与政策引申：基于对 Allingham-Sandmo 框架的考察［J］.财贸经济，2009（3）：67-71.

［4］孙开，沈昱池.大数据：构建现代税收征管体系的推进器［J］.税务研究，2015（1）：96-99.

［5］MASRI I，SYAKHROZA A，R WARDHANI，et al. The role of tax risk management in international tax avoidance practices：evidence from Indonesia and Malaysia［J］. International journal of trade and global markets，2019，12（3/4）：311.

［6］FEINSTEIN J S. An econometric analysis of income tax evasion and its detection［J］. Journal of economics，1991（22）：14-35.

［7］李选举.Tobit 模型与税收稽查［J］.统计研究，2000（1）：46-50.

［8］郭筑明，谭荣华，孙存一，等.房地产行业高风险纳税人税收流失测算［J］.税务研究，2017（1）：87-91.

［9］陈洁，吴强.基于两阶段法的纳税遵从风险测算探析［J］.税务研究，2013（11）：65-68.

［10］吕伟，李明辉.高管激励、监管风险与公司税负：基于制造业上市

公司的实证研究 [J]. 山西财经大学学报, 2012 (5): 71 - 78.

  [11] 李香菊, 王雄飞. "一带一路" 战略下企业境外投资税收风险评估: 基于 Fuzzy - AHP 模型 [J]. 税务研究, 2017 (2): 9 - 13.

作者单位: 国家税务总局深圳市税务局
中南财经政法大学财政税务学院

智慧税务的实践属性、现实困境与未来路径①

王婷婷

内容提要： 智慧税务内生于"以数治税"的管理实践之中，是中国新时代税收治理的重大创新。智慧税务建设在具备技术属性的同时，还兼具资源属性和文化属性，有助于高集成功能、高安全性能、高应用效能的税务生态体系形成。当前，智慧税务虽已取得长足发展，但仍在资源统筹规划、技术风险防控、智慧文化理念植入等方面存在局限。未来，应锚定智慧税务建设目标，不断夯实智慧税务基础条件、合理把握智慧税务实施原则、全方位加强智慧税务制度保障，确保智慧税务沿着依法有序的轨道持续完善、升级和进化。

关键词： 智慧税务　现代信息技术　税收治理　以数治税

伴随着现代信息技术的快速发展，智慧税务成为国家技术力量驱动、治理能力升级背景下的一次全新税务实践。继 2015 年国家税务总局在《"互联网＋税务"行动计划》中首次提出智慧税务建设目标后，2021 年中共中央办公厅、国务院办公厅印发的《关于进一步深化税收征管改革的意见》（以下简称《意见》）再次明确要求"加快推进智慧税务建设"。新时期的智慧税务是一项复杂、动态的系统工程，数字化升级是基础，智能化改造是关键，智慧税务生态系统建设是美好愿景。为准确理解和实施智慧税务，有必要对智慧税务的科学内涵、实践属性以及现实困境进行准确揭示和深入剖析，科学设定智慧税务

① 本文是教育部人文社会科学研究项目"长三角高质量一体化发展税收环境优化的政府协同法律机制研究"（项目编号：20YJC820056）和重庆市社会科学规划项目"数字时代零工经济发展的税收保障问题研究"（项目编号：2021NDYB025）的阶段性研究成果。

的基础条件、实施原则与制度保障，确保我国智慧税务建设依法有序开展。

一、智慧税务的内涵与实践属性

（一）智慧税务的内涵解析

根据《意见》确立的目标，我国到 2025 年要基本建成以纳税人缴费人为中心、以发票电子化改革为突破口、以税收大数据为驱动力的具有高集成功能、高安全性能、高应用效能的智慧税务，深入推进精确执法、精细服务、精准监管、精诚共治。不过，学术界对其理解不尽统一。重庆市国家税务局课题组（2017）提出，智慧税务是税务机关主动适应"互联网＋"，运用不断出现的新技术整合税收征管资源，使整个税收活动成为有机系统的过程。郑甫华等（2021）主张，智慧税务是以税收数据要素为基础，以涉税信息智能归集、纳税人缴费人行为精准管理、税务人员履责自动考核、税务决策信息和任务自主分类推送为基本内容，具有安全高效、便利友好特性的税务生态。谢波峰（2021）聚焦智慧税务与智能税务的关系，指出智慧税务是融合代表技术的"数字""智能"和代表业务的"税务"的统一体。王志平等（2021）提出以新坐标、新维度定位智慧税务，将智慧税务认定为以现代信息技术为手段，以推进税务系统内外部涉税信息汇聚联通、线上线下有机贯通为路径，以提高税法遵从度、社会满意度更好满足纳税人合理需求为目的，以实现税务执法、服务、监管与大数据智能化应用深度融合，优化组织体系和资源配置为目标的一种新型税收治理方式。

事实上，智慧税务的产生与国家科技进步、数字经济建设以及税收治理现代化密切关联，其内涵伴随着时代进步而不断丰富。根据 Hartswood 等（2021）对智慧一词的解析，"智慧"意味着创新、社交、移动和技术赋能，其可在众多部门和应用领域互联互通，促进需求与资源的高效协调。Imrecze（2019）则主张，智慧税务是税收决策者在快速变化的全球经济发展和技术创新中对复杂问题作出回应，通过更具确定性和简便性的税收监管，使得纳税人以更有效率、更具竞争力的方式发展并自觉遵守税法合规性的要求。综上理解，本文认为，新时代的智慧税务是以经济社会可持续发展为中心，以纳税人缴费人的合理需求导向为核心，旨在推动新兴技术发展与税务工作深度融合，实现税收资源有机整合、税务治理转型升级、税收服务优化创新、税收征纳关系互动和谐的新型生态体系。

（二）智慧税务的实践属性

在智慧税务的体系构造中，现代信息技术的发展、数据资源的富集以及征纳关系的变迁是最主要的驱动因素，由此建构的智慧税务具有技术、资源和文化层面的三重属性，如图1所示。

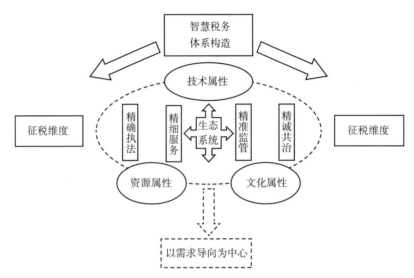

图1　智慧税务应用维度的三重属性

1. 技术属性。在智慧税务建设中，税务机关可运用人工智能、云端运算、机器学习等现代信息技术，全面、快速、准确分析税收征纳工作规律，通过数据的加工与处理，促进税收决策的理性化、标准化、效率化。鉴于此，智慧税务能够运用技术属性实现以下功能。第一，推动"办税咨询"智能系统建设。在智慧税务实践中，各地可运用自然语言处理技术将海量纳税人咨询内容进行分类提炼，形成融合语音问答、智能纳税、虚拟现实等事项的智慧税务应用系统，为纳税人决策提供辅导和咨询。第二，推动"税收征纳"应用系统升级。各级税务机关能够运用"互联网＋"、"物联网＋"、人工智能等新技术，通过在纳税服务窗口设置实体机器人、开发纳税服务应用程序等方式，提供预填式自动涉税单据填写、电子发票开具以及税款缴纳等服务，精简税务人员的重复性工作和税收征管工作流程。第三，助推税收风险监管系统改造。智慧税务通过运用大数据、区块链、5G等现代信息技术对纳税人缴费人行为进行自动分析，实现对市场主体经营活动和涉税风险的监控与预测，同时还可推动对税务人员履职情况的全过程自动考评。

2. 资源属性。智慧税务不仅是一种技术方式，也是对新兴资源的运用与整理。从税收征管角度，无论是资讯采集成本、信息分析能力还是问题决策效率都建立在税收征纳各方拥有充分税收资源的基础上。智慧税务通过对税收资源的整合与重塑，可以实施精准管理。第一，对税源渠道的集中管理进一步拓展了税源。得益于平台经济发展、数字支付手段应用，纳税人无须借助太多硬件或中介即可随时随地完成纳税，但纳税地域依附关系的改变也将带来税源与税收背离问题。智慧税务可通过区块链等技术对税源进行合理引流、分类管理，协调数字经济发达地区与不发达地区的税收利益矛盾。第二，对数据资源的运用打破了"信息孤岛"。智慧税务建设不仅要求税务部门内部的协调配合，推进信息互通、执法结果互认，同时也能促进其他税收征纳信息汇入智慧税务平台，确保相关信息资源互享互补。第三，对票据资源的管理优化了税收服务。对税务机关而言，金税四期等实施有助于对纳税人更好实行分类分级管理，持续改进税收风险管理水平；对纳税人而言，智慧税务对票据资源的优化管理有助于持续优化纳税服务，提高办税效率。

3. 文化属性。智慧税务建设是构建新型税收征纳关系的基础，能够坚持平衡、融合、效能的理念强化需求导向（刘运毛，2021），塑造以纳税人为中心的税收文化理念。第一，能够塑造涉税信息共享理念。智慧税务集合了税务机关、纳税人以及相关职能部门等多方主体，集合了税收业务办理、税收征管执法以及业务风险防控等多项职能，集合了数据整理、数据比对、数据建模等多重技术，能够最大程度实现各类主体、技术、信息等资源的互联互享，减少税收征纳壁垒，提升工作效率和精度。第二，能够塑造税务部门服务文化。《意见》明确要求"建设以服务纳税人缴费人为中心"的智慧税务，意味着我国智慧税务建设应秉持"以纳税人缴费人为中心"的理念，将政府与纳税人关系从既往的"管理关系"调整为"服务关系"，提升服务纳税人的工作水平和服务质效。第三，能够塑造纳税遵从诚信环境。智慧税务建设标志着税收征管体系从"以账控税""以票控税"到"信息管税""以数治税"的转型，要求纳税人通过智能办税平台、绿色办税渠道、"非接触式"数字化形式提供信息，提高纳税遵从效能。同时，税务机关可借助发票电子化、征管智能化、风险扫描电子化加强对纳税行为的约束、监督，防范税收流失风险。

二、智慧税务的现实困境

（一）制度困境：智慧税务的统筹规划尚未建立

1. 智慧税务实施的专门建设规划尚未确立。目标设定是智慧税务建设的第一步，对其体系内容的深度构造则是智慧税务建设的核心内容。目前，我国主要依托《意见》所确立的阶段性目标实施智慧税务工程，但其并非专门的、全国一体化的建设规划，且内容主要涉及智慧税务建设和税收征管体制改革的宏观事项，有关智慧税务的实施主体、具体内容等事项尚付阙如。当前，尽管我国各地陆续发布了落实智慧税务的文件，但有关智慧税务统筹布局和精准实施的内容尚需进一步完善。

2. 智慧税务实施的具体路径尚不清晰。虽然《意见》已经明确智慧税务建设的时间表和路线图，提出要以税收大数据为驱动力，建成具有高集成功能、高安全性能、高应用效能的智慧税务，但对智慧税务实施的具体路径未予明确。放眼域外，新加坡在 2006 年和 2014 年先后启动"智能国家 2015"计划和"智慧国家 2025"计划，其税务部门通过数字渠道推送税务通知等举措，创设了服务纳税人的新渠道和新方法。新西兰国内收入局联合国内事务部共同设计了"开启智慧人生"电子服务计划，通过公私合作提供"以客户为中心"的服务。经济合作与发展组织（OECD）也在《税收征管 3.0》中，提出以智慧税务推动税收征管数字化转型的具体指引。① 相较而言，我国智慧税务建设协同共治的格局目前尚未形成，其他相关部门及第三方主体参与智慧建设的通道尚未完全畅通，可能产生智慧税务"供给"与"需求"的不匹配，制约建设效果。

3. 智慧税务实施的权益保障有待加强。智慧税务能解决税收征纳工作中的违法、低效等难题，但也加剧了权益侵害的风险。一方面，数字弱势群体难以及时了解、接受智慧税务；另一方面，随着人脸识别技术带来的财产转移案件日益增多，如何确保纳税人信息不被非法采集或过度使用也需引起重视。目前，我国《税收征管法》对纳税人保密权规范并不到位，税务部门的涉税信息采集是否需要严格遵守"授权同意"原则以及采集后信息如何使用也未

---

① OECD. Tax administration 3. 0: the digital transformation of tax administration [R/OL]. (2020 - 12 - 08) [2021 - 01 - 15]. https://www.oecd.org/tax/forum - on - tax - administration/publications - and - products/tax - administration - 3 - 0 - the - digital - transformation - of - tax - administration. pdf.

明确。

（二）技术瓶颈：智慧税务的标准平台尚付阙如

1. 智慧税务的应用模式尚待明确。鉴于《意见》以及各地智慧税务实施方案未详细阐述智慧税务的技术标准等核心要素，导致各地实施标准及方式存在差异。例如：在地域上，目前我国智慧税务建设已出现"浙江模式""广东模式""吉林模式""南京模式""黔东南模式"等多种模式，但各地运作平台及实施路径并不统一，使得技术标准衔接困难；在主体上，企业纳税人将智慧税务的建设重心放在电子发票统一管理、纳税申报精准高效、税收筹划依法实施、税收风险有效防控等事项上，而个人纳税人侧重在办税 App、电子税务局、税收优惠等应用和政策的便捷使用上。申言之，尽管智慧税务的不同实践模式丰富了其外延，但建设标准、重心的差异也带来了信息、技术以及资源衔接的障碍。

2. 智慧税务的运行平台尚未统一。智慧税务建设的目标之一就是"高效联动"，但遗憾的是目前我国尚未建立全国统一的智慧税务运行平台。以电子发票为例，早在 2013 年，国家发展和改革委员会就组织在中国电信、中国联通以及中国人保等单位进行了电子发票试点，但迄今我国仍未建立统一的电子发票管理平台。事实上，由于相关电子化治税平台存在直接开发和自行开发的差别，且各平台运行相互独立、数据难以及时共享，智慧税务信息联动和高效推进受到一定影响。

3. 智慧税务的风险监管有待增强。当前，智慧税务倡导的"电子化""非接触式"征纳形式虽极大提高了征管效率，但也可能放大人脸识别技术以及纳税资料电子化技术的漏洞，进而出现伪造数据偷逃税等现象。此外，我国平台经济、共享经济、零工经济等新经济业态发展在丰富市场主体经营方式的同时，也给税收征管带来了新问题。例如，以个人化、分散化、平台化为主导的新兴经济主体是否为合格的市场主体以及采取何种登记注册类型等事项，都需要采用不同的经济规模、税收风险指标予以衡量，而数字化背景下税收违法行为的复杂化、隐蔽化也对税收风险的精准监控提出了挑战。

（三）文化障碍：智慧税务的科学理念尚未生成

1. "自上而下"的建设模式抑制了纳税主体的参与热情。根据《意见》，智慧税务建设应直面纳税人、缴费人的痛点及难点问题。然而，当前我国智慧税务实践却存在较重的"政府本位"色彩，体现为相关制度文件颁布未广泛征求纳税人意见，具体建设形式与内容由税务机关单方主导等问题。因此，智慧税务能否针对性地解决纳税人的现实需求有待实践验证。

2. "相对模糊"的建设内容抑制了参与主体适用能力。智慧税务以现代信息技术为依托，深刻影响着税收征纳主体的行为模式与权利义务。理论上看，最好的智慧税务应当是"可解释的"，即：纳税人应当对智慧税务的内涵、实施方式、具体目标、主要内容以及适用效果有清晰而完整的认知，并以此为据决定是否采用智慧税务技术或接受智慧税务服务。但由于我国智慧税务尚处于探索阶段且对智慧税务建设的宣传和解释力度过小，多数纳税人难以全面知晓智慧税务的应用场域、平台以及相关事项，实施效果也将大受影响。

3. "诚实守信"的智慧税务建设理念尚未有效弘扬。智慧税务建设包括"智慧征税"与"智慧纳税"两个层面，其能够运用大数据等新兴技术助推诚信文化建设。但由于智慧税务的技术规范尚不完备，实践中依然存在不诚信纳税等行为。一方面，从逃税主体看，越是富裕群体越有能力聘请专业人士实施逃税避税行为；另一方面，从"守信者获益"角度，鉴于我国智能信用评估、信用奖惩制度不尽完善，影响了税收征纳诚信文化的形成。

三、智慧税务的未来路径

（一）基础条件

1. 加强智慧税务组织机构协调。当前，尽管我国智慧税务建设由税务部门主导，但该工作同时涉及财政、文旅、商务等职能部门以及广大纳税人缴费人。基于此，建议在中央和地方层面尽快成立"智慧税务建设领导小组"，集中行使以下职能：一是研究制定智慧税务建设的国家方案和地方措施，明确央地之间、地域之间、部门之间的职能与分工，确保智慧税务建设任务有法可依、有章可循；二是协调解决智慧税务建设与实施过程中存在的制度障碍、技术障碍以及机制障碍，加强技术功能、制度效能和组织机能深度融合，确保各项工作顺畅实施；三是加强智慧税务建设主体、实施主体、适用主体、监管主体等各方协调，大幅提升建设效能。

2. 完善智慧税务基础设施建设。一是要推动"智慧税务应用系统"全覆盖。在全国统一电子税务局基础上，打造立体式、网络化、数字化的智慧税务办税服务体系。二是要做好数据资源深入融合，将"以数治税"嵌入税收征管全过程，使税法规则、算法、数据直接嵌入纳税人经营活动中，发挥数据资源的治税价值，减少征管成本，为推进税务"放管服"改革提供决策支持。三是推广应用电子发票服务平台，以全面数字化电子发票为建设目标，实现增值税专用发票及其他发票在全领域、全环节、全要素的电子化。

3. 推动智慧税务信息互联互通。为统一数据口径、打破信息壁垒，智慧税务建设应全面实施数字化管理。一是要依托金税四期工程建设，全面采集纳税人的基本情况、收入来源、经营信息、消费信息、财产保有等涉税信息。二是要推动纳税人信息的跨区域、跨平台互通共享建设，加强数据交换和共享。对此，以智能合约为基础的税务信息自动化可以实现信息存储的高灵活性和拓展性，借助虚拟平台在相关终端之间实现数据的备份、迁移和拓展。三是要加强对涉税信息系统的清理、整合与维护，对错误、失效信息加强清理，对迁移数据、重复数据加强整合，对基础信息和变更信息及时维护，确保"以数治税"的真实性和客观性。

（二）实施原则

1. 坚持合理审慎原则。鉴于人工智能、算法运作的复杂性，智慧税务的设备运行、平台建设、应用开发是否契合其实施目标存在不确定性。因此，应坚持合理审慎原则，通过渐进式推进，不断测试实施效果并及时纠正问题，为智慧税务全面推行奠定基础。同时，考虑到智慧税务建设需要大量资金、技术和设施，对其建设应当做好成本收益考量，不能直接取代传统税收征管模式，最好是分行业、分区域、分主体、分步骤循序渐进实施，并在此基础上做好与传统税收征管模式的有序衔接。

2. 坚持技术非歧视原则。我国经济社会发展存在较大地域差异和人群差异，鉴于智慧税务的建设需要以现代信息技术为依托，偏远地区以及老年人等特殊群体可能成为"被智能技术抛弃"的对象，出现智慧纳税适用障碍。因此，智慧税务建设应坚持"非歧视原则"，财政、税务及其他相关职能部门应通过财政支付转移、对口帮扶等手段确保智慧税务服务和监管平台的"应建尽建"。

3. 坚持比例原则。智慧税务实施要求税务机关依托人工智能技术充分整合大数据信息，综合分析和精准投放监管资源，但"科技至上"主义也容易使技术成为俘获人、奴役人的工具（王小芳等，2019）。因此，智慧税务建设应坚持比例原则，严格遵循信息获取与使用的限度，防止技术滥用对纳税人权利造成侵扰。事实上，根据我国《个人信息保护法》，国家机关处理个人信息不能超出履行法定职责所必需的范围和限度，这就要求税务机关获取和使用纳税人信息时应避免对纳税人权利的过度干预。

4. 坚持安全性和透明度原则。鉴于智慧税务建设存在信息泄露和算法运行风险，税务机关及相关职能部门还应及时开展智慧税务技术测试，全面评估其安全风险并及时进行修正和完善。同时，为保障纳税人的合法权益，我国可出台配套的相关法律法规，赋予纳税人对智慧税务建设中涉及的个人信息享有知情权。

（三）制度保障

1. 构建以数据资源运用为核心的精确执法制度。数据信息的全面收集和合理运用是智慧税务精准实施的重要保障，为提升税务机关执法精度，应着力构建以数据资源运用为核心的执法制度。一是要加强数字信息的整体获取。智慧税务建设应推动税收数据收集与运用的"全景化"，以此为基础助推税务机关由经验式执法向精细化执法转变。二是要强化数据资源的预测功能。智慧税务建设应将精密的算法知识运用到海量税收数据分析之中，对税源信息及涉税风险进行合理预测，提升税务执法工作精度。三是要加强数字资源的相关性使用。具体而言，主要是加强数据关联分析，对来自不同领域、不同类型的数据进行汇集、整理、分析和比对，厘清重点、难点、疑点问题，最大限度发挥税收信息资源的效能。

2. 构建以纳税人体验为中心的精细服务制度。智慧税务既需要税务机关"自上而下"地推进，也需要纳税人"自下而上"地遵从，这就要求智慧税务建设以纳税人为中心，努力塑造智慧税务服务文化。一是要加强智慧税务宣传力度，对智慧税务实施内容加以解释，及时化解纳税人接受智慧税务的知识、信息和技术障碍，解决纳税人反映强烈的"办税难、退税难、注销难"等痛点堵点问题。二是规范智慧纳税服务流程，提高纳税人的办税业务水平。税务机关应当为纳税人经常性地开展有针对性的智慧税务知识培训，帮助纳税人及时掌握智慧办税操作系统，深入了解税务和金融风险，减少涉税违法违规行为，不断提高对智慧税务的接受度和认可度。

3. 构建动态跟踪的智慧税务精准监管机制。基于数字经济背景下纳税人经营行为及类型的不确定性，智慧税务实施需要加强监管力度。一是要建立动态跟踪的税收风险预警机制，利用区块链技术的"分布式记账"方法，对纳税主体及其生产经营情况、发票管理情况进行持续监测和风险评估，动态掌握税收运行状态、风险变化态势等整体情况。二是要加强对"纳税信用画像"的精准刻画，以平台为中心形成事前、事中、事后的全过程智慧信用管理体系，对违法失信和守信的纳税人分别予以惩戒和奖励，形成新型纳税信用管理体系。三是要建立"数智联动"税收监管体系，利用发票电子化的实施、大数据分析筛查、人工智能辅助决策等，推动税务监管数字化、智能化、规范化，降低税务监管成本，实现精准监管。

4. 构建互动参与的智慧税务精诚共治文化机制。一是要加强税务机关与第三方主体的共管共治。智慧税务建设应打造由"党政领导、政府主导、税务牵头、部门协作、社会协同、公众参与、国际合作"的共治格局，提升智能决策能力和水平。其中，税务机关应加强与相关主体对接，建立线上线下融合、内外信息交互的工作联动机制。二是要加强纳税人对涉税事项的主动参与。智慧税务是推动纳税人从"被动遵从"到"主动遵从"到"自动遵从"的过程，这就要求加强对纳税人需求的调研和及时响应，引导纳税人主动参与智慧税务建设，增进纳税遵从。三是要加强智慧税务实施透明度。在智慧税务建设背景下，纳税人应享有充分的信息保密权、知情权和监督权，这些权利不应淹没在绝对的"技术理性"之中，而应通过透明度建设，确保智慧税务在合法合规、有效监督的环境中运行。

参考文献：

［1］重庆市国家税务局课题组．"智慧税务"的基本特征及基层的实践探索［J］．税务研究，2017（8）：108－112.

［2］郑甫华，邓永勤，周超．运用"税务助手"驱动智慧税务建设的思考［J］．税收经济研究，2021（5）：28－32，88.

［3］谢波峰．智慧税务建设的若干理论问题：兼谈对深化税收征管改革的认识［J］．税务研究，2021（9）：50－56.

［4］王志平，张景奇，杜宝贵．新坐标、新维度框架下的智慧税务建设研究［J］．税务研究，2021（12）：124－128.

［5］HARTSWOOD M，GRIMPE B，JIROTKA M，et al. Towards the ethical governance of smart society［M］//MIORANDI D，MALTESE V，ROVATSOS M，et al. Social collective intelligence. New York：Springer，2014.

［6］ IMRECZE F. Smart taxation in a fast – changing global economy ［EB/OL］. （2019 – 10 – 23） ［2021 – 01 – 15］. https：//www. euractiv. com/section/economy – jobs/opinion/smart – taxation – in – a – fast – changing – global – econo-my/.

［7］ 刘运毛. 平衡、融合、效能：构建智慧税务生态系统 ［J］. 税收经济研究，2021 （3）：52 – 60.

［8］ 王小芳，王磊. "技术利维坦"：人工智能嵌入社会治理的潜在风险与政府应对 ［J］. 电子政务，2019 （5）：86 – 93.

作者单位：西南政法大学经济法学院

大数据思维下实现精准税务监管的思考与探索

冯绍伍　江　峰　杨智曾

内容提要： 实施精准监管是强化税务监管效能、提升税收治理水平的重要举措。但传统税收征管模式下的税务监管现状与实现精准监管的目标愿景之间仍存在不小差距。在大数据时代背景下，需要重新审视税务监管在岗责体系、数据基础、方式手段等方面存在的问题。税务机关要进一步提升监管水平，必须运用大数据思维思考和探索优化组织架构体系、夯实数据资源基础、发挥精准分析作用、强化人才队伍建设，力争早日实现对税费管理对象的分类精准监管。

关键词： 大数据　精准监管　税收治理　税收征管

2021 年 3 月，中共中央办公厅、国务院办公厅印发的《关于进一步深化税收征管改革的意见》（以下简称《意见》）明确提出，实现从"以票管税"向"以数治税"分类精准监管转变。2022 年 3 月发布的《中共中央　国务院关于加快建设全国统一大市场的意见》和 2022 年 6 月国务院印发的《关于加强数字政府建设的指导意见》分别提出了健全全国统一市场监管规则、构建全国统一监管平台的目标。要实现上述发展目标，必须全面提高税务监管能力，实现跨地区、跨部门、跨层级协同监管，以加强各类监管的衔接配合。在此背景下，无论出于深化税收征管改革的客观需要，还是从提升税收治理效能、融入国家治理体系的全局角度出发，加快实现精准税务监管都具有现实性和紧迫性。而大数据时代，实现精准监管的基础和核心在于对税费数据的深入分析和有效应用，必须进一步应用现代信息技术加强对税费数据信息的归集共享、分析应用、提前预警、及时发现和分类处置，提高税务监管精准化水平。本文选择运用大数据思维，结合当前税务监管实践中存在的突出问题，探索实现精准监管的方法和路径，以进一步提升税收治理效能。

一、新发展阶段推进精准税务监管的要求与特征条件

税收治理的目的是确保税法执行，为税收职能作用的有效发挥提供良好的经济税收秩序保障，最终服务于国家治理大局。作为税收治理能力的集中体现，精准监管是防范与打击涉税违法行为、提高税收遵从度、维护社会公平正义的关键举措，也是确保税收征管体系得以平稳有序运行的重要保障（邓力平等，2022）。

结合《意见》提出的"既以最严格的标准防范逃避税，又避免影响企业正常生产经营"的要求，可以将精准监管概括为两个层面。一是"无处不在"。主要体现在监管范围上，即最大限度地、广而全地将税费管理对象的涉税涉费行为纳入监管范围，开展系统分析和动态监控，及时分析、防控和应对风险。二是"无事不扰"。主要体现在分类应对上，即基于分析监控结果，有的放矢地对税费管理对象采取针对性的管理手段和服务措施，在减少打扰市场主体正常生产经营活动的前提下，对异常涉税涉费行为进行分类管理和应对处置，推动税务管理差异化、智能化、精细化。要达成精准税务监管的目标愿景，还需要满足以下特征条件。

（一）监管向"全"拓展

在提高税收治理效能的过程中，无论采取税权扩张性的强力措施，还是进行自抑性的柔性服务，都要以对纳税人缴费人实行全面、系统的监管为前提。换言之，税务部门要推进税收治理现代化，实施精准监管是必由之路，推动监管覆盖够"全"、拓展够"广"是实现精准税务监管的基础和保障。

在健全全国统一市场监管规则、构建全国统一监管平台的目标指引下，为确保税务监管更好地服务于国家治理大局，实现精准税务监管应当将监管范围拓展至全领域、全税种、全环节、全链条，同时让监管贯穿从登记到注销、清算的全过程。既要充分考虑以往涉税行为，也要将时下持续获取的数据信息纳入分析。针对社会保险费和非税收入，税务机关应当通过加强征收环节监管和部门协同监管，确保监管到位，从而建立起全方面、多层次、立体化的监管体系。这种"无差别"、广而全的监管，有利于帮助税务机关聚焦监管重点，分类开展管理和服务。

（二）分析向"统"集成

税费管理对象的涉税涉费行为具有整体性。如纳税人的涉税行为，本质源自其经济行为，但一个经济行为并非只产生一种特定的涉税行为，也并非只涉及一个主体、一个税种和一种涉税后果。税务机关要实现精准税务监管，必须将税费管理对象的全部涉税涉费行为归集为一个整体进行分析，再依据宏观层面总结提炼的不同特征税费管理对象合集的普遍性规律，根据在分析过程中所找到的单一管理对象及关联管理对象的特征、异常指标，对纳税人采取针对性的管理措施。精准税务监管的改革目标，是在"监管统筹运作、处置整体实施、部门依职而为"模式下，最终实现由表及里、单一到整体、辖区到跨区域的税务监管，即实现超越税收管辖权的涉及户籍、税基、各税种单项管理之上的综合性、集约化税务监管。

（三）手段向"智"提升

形成管理闭环是提升管理质效的保证。但管理对象、管理目标和管理事项并非一成不变，若管理模式和系统不具备自适应能力，无法根据变化调整自身达到适应或至少兼容的状态，税收管理便容易陷入发现—纠正、再发现—再纠正的被动循环境地，使得各种问题重复发生，得不到彻底解决。理想状态的精准税务监管是一种智慧化的"自适应"管理，其施行在人工干预最少化的条件下进行，具备"机器学习"和数据挖掘等功能。随着智慧税务建设深入推进，涉税涉费信息化系统将进一步优化，尤其是税收知识库、税收征管信息库、涉税涉费信息共享平台、电子发票服务平台等的建立，法人税费信息"一户式"、自然人税费信息"一人式"智能归集的实现，能够将大数据、云计算、人工智能等信息技术高效运用于对税收大数据的智能分析，再加上各类模型和指标体系的进一步完善，使建立"自适应"管理模式成为可能。

（四）应用向"效"驱动

传统的税费管理模式是"因果式"的管理，即从税费管理对象的行为结果入手，分析判断其遵从度，进行论证后采取纠偏性的纳税评估、纠错性的稽查等管理措施。相较于传统税费管理模式，精准税务监管是具有前瞻性和预见性的监管，出于可能性考虑，从特定管理对象的既往涉税涉费行为、与其行为活动关联的纳税人缴费人、相同或相似特征行为的纳税人缴费人等角度切入，分析其可能存在的涉税风险，研判税务机关应当采取的管理手段和服务措施，为精确执法提供案源和依据，为精细服务指明具体对象与需求，为精诚共治确定共治方向和着力点。

在对应处置过程中，税务机关可按照分类处置原则，根据风险等级，对低风险管理对象进行提醒、跟踪，将中风险管理对象推送至税源管理部门进行核查，将高风险且达到移交案件标准的管理对象移交给税务稽查部门立案检查，着力提升税务执法的时效性，最大限度防范和化解风险。同时，各部门应将应对处置的结果信息，及时回传或进行跨系统跨部门共享，使其更好地应用于完善信息、健全机制、堵塞漏洞等方面，推动形成真正意义上的管理闭环，以有效监管维护公平竞争的市场秩序。

二、传统税收征管模式下税务监管面临的困境

近年来，我国税务机关积极推进税收征管改革，不断深化大数据在税务监管领域的应用，已经初步建立起了覆盖税收工作全流程的涉税风险防控体系。但《意见》出台所推动的进一步变革，是执法、服务、监管的系统优化，是业务流程、制度规范、信息技术、数据要素、岗责体系的一体化融合升级。与之相比，我国传统税收征管模式下的税务监管，在岗责体系、数据基础、方式手段等方面仍存在不少问题亟待解决。

（一）岗责体系：税收管理权限分散对提高治理效能产生阻碍

1. 管理层级设置与基于税收管辖权的权责分配，制约税收治理效能有效提升。我国法律赋予的征税权，专属于税务机关。为在体制机制上保证国家税权的相对独立性和统一性，我国税务部门形成了中央、省（自治区、直辖市）、市（州）、县（市、区）、管理分局的五级机构体系。但这一组织架构也存在一定的局限性，即在行政区域划分所决定的税收管辖权下，在不同地区之间、不同纳税主体之间、对同一纳税主体在不同时间与环境下，难以保证税法执行的确定性、规范性和一致性。

2. 不同管理部门分项而治，导致税收管理行为的统一性大大降低。传统监管模式将本应作为整体进行分析监管的涉税涉费行为，依据税种和管理事项、环节等进行了拆分，由不同职能部门分别管理。由于机构设置和职责划分不同，各部门开展的管理行为具有相对独立性，且单一部门获取的税费管理对象的数据信息可能只针对本部门工作，难以从整体对税费管理对象的涉税涉费

行为进行把握和分析，不仅会造成税务管理出现碎片化、重复化的问题，还容易导致部门之间权责交叉、人力资源浪费、目标性管理效能低等问题。

3. 税收分析权与管理权分离不彻底，难以确保监管行为的客观一致性。一方面，税务监管效能的高低与分析和研判税收数据和涉税风险等的及时性和准确性息息相关，对税务人员的业务素质、风险意识、经验积累等要求较高，急需风险分析、数据管理、信息技术应用等方面能力突出的复合型人才。但当前大多数基层税务人员的能力和素质相对有限，难以适应工作要求。另一方面，当对特定管理对象的具体涉税涉费事项的分析权和管理权集中于某一部门或人员时，往往缺乏能够客观地从第三方视角判断监管行为是否得当、是否有效的制约和监督机制，难以持续完善监管制度机制、纠正监管疏漏。

（二）数据基础：数据支撑尚不充足，税收大数据体系有待健全

1. 数据种类和体量仍然不够。目前，税务系统中积累的税费信息数据主要是税费管理对象申报产生的数据、税务机关管理运营的过程中积累的数据，还有部分交易数据和通过数据共享平台获取的经济行为类佐证数据。虽然我国税务机关掌握的税费信息数据种类和来源不断丰富，但与实施精准税务监管所需的数据相比仍远远不够。

2. 数据共享机制仍有待完善。截至目前，税务系统内部的税费数据标准体系尚未建立，从外部获取数据的口径和标准也不统一，且数据共享机制仍不完善，内外数据汇聚联通的渠道不够通畅，导致互通共享的涉税涉费数据在质量和覆盖范围方面还难以满足需求。

3. 数据使用管理相关制度机制仍需规范。虽然近年来，我国税务机关积极探索将大数据应用于税收征管领域，但大数据使用管理机制仍不够完善。税费数据使用、管理、服务、安全等方面的制度机制仍需加强和规范。

4. 数据应用范围和领域存在不足。目前税务机关收集的涉税涉费数据虽然来源于日常征管，但数据收集难以与税费管理对象的具体行为建立明确的对应关系，现有数据关联多来源于税法规定与日常管理经验。此外，当前税务监管数据应用的主要着力点仍然在事后监管上，在事前事中风险防控方面仍缺乏对大数据技术的融合运用，应用新技术新工具开展风险研判、监控、应对的质效整体不高，风险防控模型和体系尚不完善。

（三）方式手段：分析管理模式相对落后，难以适应发展需要

1. 现有税务监管仍是从因果关系出发的管理。现行税收管理是以主管税务机关对税费管理对象的综合性管理为基础。这一管理行为的最终施行者是主管税务机关的税源管理部门，但其管理行为仅是针对特定对象个体的管理。同时，县级以上税务机关依据税种和环节设立的部门均对税源管理部门拥有基于部门职责的"指导"或"指令"权。因此，主管税务机关管理行为的发起，主要是依据这些职能部门对纳税人缴费人申报的孤立数据的被动式分析，尚缺乏对申报信息和应税应费行为的统筹管理。这种从因果关系出发实施的"一户式""一人式"管理难以适应市场主体数量急剧增加和涉税涉费行为更为复杂多元的现状，导致税务机关在监管资源相对有限的情况下，难以实现对所有纳税人缴费人的精准监管。

2. 现有税务监管对纳税人的总体分析层次有待提升，宏观层面分析相对欠缺。在当前以户籍管理为起点的税源管理模式下，税务机关开展的管理是基于对单一管理对象涉税涉费信息的掌握或出于某种特定目的实施的管理。即便是目前广泛应用的、依据纳税人行业特征采取的"行业管理"模式，也多是对该行业具体涉税事项的特殊性进行总结，再将经验应用到对单一纳税人的特定涉税事项管理，实质仍然是微观层面的税收管理，缺乏从宏观层面对税源管理对象数据和特征的归集，总括性分析不够。税收管理在微观与宏观之间、涉税涉费事项与具体应税应费行为之间缺乏有效衔接。

三、大数据思维应用于精准税务监管的逻辑机理

近年来，税务系统信息化建设水平不断提高，特别是涉税涉费数据集成程度逐渐增加、信息共享范围不断扩大、税收大数据分析运用不断深化，为实施精准监管提供了强大技术支撑。随着大数据、云计算、人工智能、移动互联网等现代信息技术在监管领域的进一步运用，大数据思维必将在精准监管中发挥巨大作用。大数据思维能够有效应用于税收精准监管，主要在于以下原因。

（一）对数据质量的要求与涉税涉费信息现状契合

大数据思维采用的分析方法是或然性的预测预判，而不是基于必然性的精确计算。因此，大数据思维并不要求其所应用的数据必须唯一准确，而是允许

数据存在一定的误差。在税收征管实践中，税务机关所掌握的数据来源于税费管理对象自行申报或从日常征收管理中取得，难以确保税费信息数据唯一准确。同时，税务监管是基于分析监控，依法采取相应的管理措施，本质是以"可能性"为判断依据。税务监管在未实施核查前，不涉及具体、准确的涉税涉费量。因此，大数据思维下对数据质量的要求既契合了涉税涉费信息的混杂性，又符合精准监管确定事项与对象范围的要求。

（二）对数据源的选择与分析需要的信息构成契合

在大数据思维下，对某一特定对象及其特征的分析，不再仅围绕该对象的自身信息进行，而是将所有直接或间接关联，甚至不相关但同属性的样本数据广泛纳入考量和分析。税收征管实践中，税务机关可以利用大数据对涉税涉费信息等进行分析，也可以将纳税人缴费人同一涉税涉费行为的类比信息纳入分析范围。因此，大数据思维下的数据源选择契合了税务监管分析所需的涉税涉费信息构成。

（三）技术融合运用与宏观性分析要求契合

在大数据思维下，对事项的分析不再仅依靠样本数据，而是针对全量数据。实施精准税务监管，所要求的也不再是一户一事的孤立管理，而是寻找宏观的、普适的、定性与定量相结合的差异或异常，再分类分级进行应对处置。因此，大数据思维下的计算机技术和数据分析方法应用，契合精准监管的宏观性要求。

四、大数据思维下精准税务监管的实现路径

大数据背景下的税务监管不是简单应用新技术实现工作流程的数字化，而是涉及税收管理理念、业务流程、体制机制、资源配置等方面深刻重大的变革（李平，2020）。因此，要实现精准税务监管目标，需要运用大数据思维对整个监管目的和过程进行全盘考量，将"管理统筹"转变为"统筹管理"，驱动制度创新与业务变革齐头并进，带动整体效能不断提升。

（一）优化组织架构体系

针对税收管理权分散的问题，若不进行大刀阔斧的组织架构变革，很容易陷入为加强统筹、压实责任而不断增加控制流程和环节的困境，最后走进"细

化环节—定岗定责—流程控制—再细化组合环节"的循环。从根本上看，还是需要将税务监管中的分析权与执行权彻底分离，构建"监管＋执行"两层结构，为税务管理扁平化打下基础。第一，可将税务监管分析权上收到总局、省局层面，以大数据、云计算、人工智能等信息技术为抓手，通过总局、省局层面统筹推进的专业化、集约化的分析、监控、预判，促使精准税务监管一次性覆盖全国、全省，提高税务管理行为的针对性和规范性。第二，设立专门负责统筹精准税务监管工作的职能部门，承担以全局性视角开展覆盖所有税费业务范围的整体性监管职责，统筹开展风险防控工作，将发现的"异常"风险分配到具体的业务处室进行应对处置。第三，将风险应对集中下放市（州）一级，最终实现管理权与执法权的彻底分离。同时按照"复核＋集约""全局＋整体"原则开展人力资源选配和业务范围划分，为提高税收治理效能打牢基础。

（二）夯实数据资源基础

要实现精准税务监管，发挥出现代科技和数据赋能的倍增效应，各级税务机关必须持续提高数据质量，建成互联互通、统一标准、颗粒度细、类型多、价值高的大数据资源库，满足各类数据查询、分析、应用需求。第一，加强数据归集。税务机关可通过打通数据壁垒、优化平台功能、应用互联网数据采集技术等方式，全面拓展数据采集、获取渠道，以此为基础建立全国涉税涉费数据资源库。第二，加强数据管理。税务机关应当根据数据生命周期规律，组织制定和实施税费数据使用、管理、服务、安全等方面的管理制度，形成一套职责清晰、流程高效、内容明确的数据管理制度体系。第三，加强数据运用。税务机关可按照时间、关联方、关联关系、管理需要等，对涉税涉费资源库里的数据进行梳理、重构和优化，同时完善多部门同质数据去重校验标准和机制，提高数据可用性；还可按照涉税涉费事项的发生过程与关联关系，为"用数"搭建一个应用层面的税费数据资源平台。该平台能够将涉税涉费数据分配到独立的、不同应用目的的处理模块下进行处理，为运用"云计算"技术处理方法提供数据源的支撑。

（三）发挥精准分析作用

由于法律法规具有的固定性与确定性，以及法律法规的特殊规定适用于所有符合条件纳税人缴费人的特定涉税涉费行为，因此，任何一个纳税人或缴费人所涉及的具体涉税涉费事项，都有法律法规所界定的处置原则。这一特点决定了税收管理首先是共性的、普适的，然后才是基于特殊性的管理，所以从宏观层面开展总括性分析具有现实意义。在这一前提下，实现精准税务监管必须在掌握纳税人共性的同时，分析不同群体纳税人所具有的个性化特征，为纳税人精准"画像"。为实现精准"画像"，税务机关应当做实分析基础，加快完善风险防控模型和体系建设，从宏观层面最大限度地对不同特征纳税人缴费人集合进行总括性分析，建立起涵盖经济行为到税法规则的知识库、基于规律的涉税涉费行为特征库、"动态信用＋税收风险"的风险纳税人缴费人特征库，并在此基础上构建"宏观＋微观""监管＋执行"的精准监管平台。该平台可由总局、省局两级集中管理，进行集约化分析、识别，再下发任务至主管税务机关开展具体管理行为，为提高税务监管的精准性提供强大支撑。

（四）强化人才队伍建设

各级税务机关应当根据智慧税务发展和当前推进精准税务监管催生出的复合型人才需要，科学合理培养和配置相应专业的人员，将税务人员从流程性的繁杂事务中解放出来，有序充实到一线执法和服务岗位上，着力做强"前端"，并通过公务员招录、委培、学习激励等方式，加强税务部门人才队伍在风险管理、大数据应用等领域的提升，不断稳固"后端"。同时，对一些专业性和技术性强的基础性、保障性工作，税务机关还可探索与高校、科研机构和信息技术企业进行对接和合作，为健全税务监管体系、提高税务监管效能强化提供来自不同社会主体的多方力量支撑。

参考文献：

［1］邓力平，陈丽，王智烜. 高质量推进新时代税收征管现代化［J］. 当代财经，2022（6）：26－36.

［2］李平. 运用大数据推动税收监管创新的思考［J］. 国际税收，2020（12）：54－58.

［3］田彬彬. 税收大数据服务国家治理的逻辑与路径［J］. 人民论坛，2022（8）：66－69.

［4］赵李叶. 价值、境况与路径：基层税务监管体系建设的多维审视［J］. 税务研究，2020（10）：133－137.

［5］王曙光，章力丹，张泽群. 税收征管现代化的科学内涵与发展路径［J］. 税务研究，2021（10）：133－138.

［6］王丽娜. 数字经济下税收征管数字化转型的机遇与挑战［J］. 国际税收，2021（12）：65－70.

作者单位：国家税务总局贵州省税务局

智慧税务建设的价值意蕴、
逻辑机理与实践路径

周开君

内容提要：智慧税务正在改变税收信息化发展应用的运行轨迹，其价值意蕴由"工具理性"逐步向"价值理性"回归，推动构建泛在可及、智慧便捷、公平普惠的税收治理新体系。为推动形成协同共治智慧税务生态，更好发挥数据驱动作用，更好践行"以人民为中心"的发展思想，应进一步完善智慧税务法治体系，促进海量税收大数据融合，不断拓展智慧税务应用动能。

关键词：智慧税务　金税工程　以数治税　税收治理

一、智慧税务建设的历史渊源与价值意蕴

我国税收信息化建设发端于二十世纪八十年代初，历经金税一期、金税二期、金税三期建设，从无到有、从小到大、从功能单一到全面覆盖，目前已进入金税四期建设的新阶段。金税四期作为数字政府建设的重要组成部分，旨在在统筹推进技术融合、业务融合、数据融合的基础上，提升跨层级、跨地域、跨系统、跨部门、跨业务的协同管理服务水平，从而全面开启智慧税务建设的新境界。

（一）智慧税务建设的历史渊源

伴随着现代信息技术发展和税收征管应用场景的拓展，我国自二十世纪八十年代初就开始探索现代信息技术在税收征管中的应用，开启了现代信息技术与税收征管业务的基因融合。

二十世纪八十年代中期，税收信息化成为国家重点工程建设，① 税务机关开始使用微型计算机辅助处理税收工作，重点实现税收计划、统计、会计的"电算化"，着力提高"面对面"公共服务效率。1994 年分税制改革后，国家相继启动金税工程各期建设，金税一期聚焦增值税专用发票，部署应用增值税专用发票交叉稽核系统并在全国 50 个城市试点"以票管税"。② 在此基础上，2001 年启动金税二期建设，从开票、认证、报税到稽核等环节对增值税专用发票管理实施全链条监管，完善增值税"以票管税"新体系，有效提升了增值税管理质效。2009 年开启的金税三期建设，基于构建全国统一征管技术基础平台，探索构建覆盖所有税种、所有工作流程、所有税务机关的税收征管体系，特别是 2019 年 4 月金税三期（并库版）完成全国上线，实现了全国范围税收征管系统的流程统一、数据合流和功能升级。金税工程成为覆盖所有税费种类、支撑近百万名税务人员在线业务操作，为几千万户纳税人提供涉税事项办理业务的信息系统。截至 2021 年底，金税三期年事务处理量已近 100 亿笔，纳税人及其他外部用户超过 1 亿人（户），90% 的涉税事项、99% 的纳税申报业务都可实现网上办、线上办、掌上办。③

显然，伴随着金税工程各期建设，税收征管流程不断重塑，纳税服务结构流向不断优化，税务部门在优化税务执法、加强税收监管、完善纳税服务方面取得显著成效。但理性分析，与"让百姓少跑腿、数据多跑路"和"政府数字化、智能化运行"的要求相比，④ 金税工程建设正面临前所未有的挑战和机遇。从技术发展趋势看，"大蚂蚁（BIGANT）"⑤ 为税收征管数字化升级和智能化改造提供了"数字孪生"的无限可能和想象空间；从应用场景看，亟须打造泛在可及、智慧便捷、公平普惠的数字化税收服务体系，为税务人、纳税人、决策人提供数字税收世界的"沉浸体验"，进而通过"以虚强实"，推动构建协同高效的税收治理数字化体系。

---

① 1986 年，国务院批复《关于建立全国财税业务信息管理系统有关问题的报告》，将税收信息化建设作为国家重点工程来建设。

② "金税工程"建设实施 [J].中国税务，2019（10）：36.

③ 王军.不断加强税收信息化能力建设 [N].人民日报，2021 – 09 – 14（10）.

④ 习近平主持召开中央全面深化改革委员会第二十五次会议强调 加强数字政府建设 推进省以下财政体制改革 [N].人民日报，2022 – 04 – 20（1）.

⑤ "大蚂蚁（BIGANT）"是指六大关键技术：区块链技术（Bblock）、交互技术（Interactive）、电子游戏技术（Game）、人工智能（AI）、网络及运算技术（Network）、物联网技术（Things Internet）。

（二）智慧税务的价值取向

2021 年，中共中央办公厅、国务院办公厅印发的《关于进一步深化税收征管改革的意见》明确提出，要着力建设以服务纳税人缴费人为中心、以发票电子化改革为突破口、以税收大数据为驱动力的具有高集成功能、高安全性能、高应用效能的智慧税务。智慧税务已成为新时期金税四期建设的新目标。总结税收信息化应用不同阶段的价值取向，不仅对税收治理方式变革具有重要理论意义，而且对推进智慧税务建设具有重要的实践指导价值。

如果说，二十世纪八十年代的微机应用主要是提高案头工作效率的话，则其后陆续实施的金税工程，则主要在于提高税务机关工作协同效率。其中：金税一期和金税二期重点在于防范和打击虚开增值税专用发票的违法行为，提升增值税"以票管税"水平；金税三期则开始基于统一技术基础平台和数据分级处理，通过增强工作协同提高税收征管水平，其价值取向已由"以票管税"转为"信息管税"。

我国在总结金税工程建设经验的基础上，借鉴经济合作与发展组织（OECD）《税收征管 3.0》理念正式提出了金税四期设想，围绕构建智慧税务着力推进税收征管的数字化升级和智能化改造，以期形成以纳税人、税务人和决策人为主体的智能应用体系，促进税收大数据应用、税收征管效能以及服务纳税人缴费人、服务国家治理现代化的能力和水平得到大幅提升和跨越升级。① 显然，对标一流谋划推进的金税四期建设，有助于全面推进智慧税务建设，实现税收征管方式从"收税"到"报税"再到"算税"的升级，税收征管流程从"上机"到"上网"再到"上云"的转变，税收征管效能从"经验管税"到"以票控税"再到"以数治税"的提升。② 其中，税收征管数字化升级和智能化改造的主要任务就是以数字化电子发票改革为突破口，将各类业务标准化、数据化，让全量税费数据能够根据应用需要，多维度实时化地实现可归集、可比较、可连接、可聚合，③ 进而实现"以数治税"。具体而言：一是税务机关通过税收大数据智能归集和智效管理，推动税务执法过程可控、

　①　王军. 深化税收征管改革服务国家治理现代化 ［N］. 中国税务报，2021 - 11 - 09（A1）.
　②　郭瑞轩. 鉴往开来 勇毅前行 在新的征程上奋力推进税收现代化：全国税务工作会议在北京召开 ［J］. 中国税务，2022（1）：6 - 10.
　③　深化亚太税收合作 共绘数字发展蓝图：王军局长在第 50 届 SGATAR 年会上的发言 ［EB/OL］.（2021 - 11 - 18）［2022 - 05 - 09］. http：//www. chinatax. gov. cn/chinatax/n810219/n810724/c5170676/content. html.

结果可评、违纪可查、责任可追，实现从"以票管税"到"信息管税"再到"以数治税"的转型；二是纳税人缴费人通过"一户式"和"一人式"税务数字账户的智能归集和智敏监控，推动税收风险自我监测、自我识别、自我应对、自我防范，实现纳税人缴费人从"被动遵从"到"主动遵从"再到"自动遵从"的转型；三是金融、海关、市场监管、公安、支付平台等其他涉税方通过涉税数据智能归集和智能展现，推动税收治理的数据共建、数据共享、数据协同、数据治理，实现数字政府建设和税收治理体系的现代化。

（三）智慧税务的价值意蕴

在大数据、云计算、人工智能等现代信息技术得到普遍应用的当下，智慧税务正在改变税收信息化发展应用的运行轨迹并逐步形成新的价值意蕴。一是功能应用"立体化"升级，推动税收治理"数据孪生"。金税一期重点聚焦增值税发票真伪核查；金税二期是"由点及线"，聚焦构建增值税专用发票开具、申报、审核等职能条线管理链；金税三期是"由线及面"，面向所有税种、所有环节、所有机构构建信息管税工作体系；而金税四期则旨在构建政府部门、金融机构、纳税人、税务机关之间的多元信息共享体系，实现多维化、全方位、全流程的税收共治，通过"数字孪生"进一步拓展智慧税务新场景。二是管理方式"集约化"转型，推动税收治理"以虚强实"。传统工作机制更多依赖纳税人发票或申报表申报数据，而通过金税四期建设，推动税收大数据多渠道捕获和流动，进而智能感知税务执法、服务、监管需求并灵敏自动反应，通过税收治理方式集约化实现"以虚强实"，推动构建智慧税务新体系。三是征纳关系"交互化"转变，推动税收治理"沉浸体验"。传统税收信息化应用主体主要是税务部门，金税工程前三期呈现明显的工具理性，而金税四期则以纳税人缴费人为中心，以大幅提高税法遵从度和社会满意度为目标，推动税收征纳双方实现智慧税务由"工具理性"向"价值理性"回归，推动构建支撑高质量发展的智慧税务新范式。

二、智慧税务建设的定位与逻辑机理

习近平总书记强调："要把数字技术广泛应用于政府管理服务，推动政府数字化、智能化运行，为推进国家治理体系和治理能力现代化提供有力支撑。"① 因此，智慧税务建设要以"满足人民对美好生活的向往"为基本定位，打造泛在可及、智慧便捷、公平普惠的数字化税收服务体系。

（一）智慧税务的目标逻辑："以人民为中心"

数字政府意在通过实体政府虚拟化，实现"让百姓少跑腿，让数据多跑路，强化民生服务，补齐民生短板"②，智慧税务为实现"大幅提高税法遵从度和社会满意度，降低征纳成本"，应把"为纳税人缴费人服务贯穿于税收工作全过程"③。显然，智慧税务与"以人民为中心"发展思想的意蕴完全契合，目标逻辑就是以服务纳税人缴费人为中心，即要通过智慧税务建设，构建纳税人缴费人全生命周期的行为分析与服务体系，实现高效智能的精细税费服务，大幅提高社会满意度。具体而言：一是通过智慧税务建设，实现"线下服务无死角、线上服务不打烊、定制服务广覆盖"，更好满足纳税人缴费人的合理需求；二是通过智慧税务建设，推动"以票管税"向"以数治税"转变，构建以"互联网＋监管"为基本手段、以重点监管为补充、以"信用＋风险"监管为基础的精准税务监管体系，为市场主体创造更好的税收营商环境；三是通过智慧税务建设，推动经验式执法向科学精确执法转变，构建"无风险不打扰、有违法要追究、全过程强智控"的精确执法体系，更好维护纳税人权益。显然，智慧税务的目标逻辑就是践行"以人民为中心"的发展思想，注重从纳税人缴费人视角构建精细化、亲民化的税费服务体系。

（二）智慧税务的行动逻辑：以数治税

《中华人民共和国国民经济和社会发展第十四个五年规划和2035年远景目标纲要》提出，要提高数字政府建设水平，将数字技术广泛应用于政府管理服务，推动政府治理流程再造和模式优化。数字政府建设的行动机理就是数据赋能，要通过重构政府治理结构，实现"用数据说话、用数据决策、用数据管理、用数据创新"。因此，智慧税务的行动逻辑是以数治税，推动税收征管要素全链条、全场景、全环节的"数字化"，形成以数据为驱动的税收治理体

---

① 习近平主持召开中央全面深化改革委员会第二十五次会议时的讲话 ［N］. 人民日报，2022 - 04 - 20（1）.

② 习近平在中共中央政治局第二次集体学习时强调 审时度势精心谋划超前布局力争主动实施国家大数据战略 加快建设数字中国 ［N］. 人民日报，2017 - 12 - 10（1）.

③ 王军. 推动党史学习教育不断走向深入 ［N］. 学习时报，2021 - 06 - 16（1）.

系。具体而言：一是通过智慧税务建设，推动数字化升级和智能化改造，构建数字化基础设施架构体系，打破部门信息化的"横向隔离"，使税费征管信息能像串珍珠一样自动灵活组合，既反映现状、揭示问题，又预测未来、科学决策；[①] 二是通过智慧税务建设，推动发票电子化改革，构建全国统一的电子发票服务平台体系，实现发票全领域、全环节、全要素的电子化，从而推动形成规模大、价值高、颗粒度细的税收大数据体系；三是通过智慧税务建设，推动涉税数据的内外汇聚、上下贯通和共享应用，构建集超级算量、智能算法、强大算力于一体的数据驱动体系，从而对税务执法、税费服务、税务监管作出灵敏自动、智能高效的反应，实现数据赋能。

（三）智慧税务的生态逻辑：协同共治

在国家治理中，不同主体的任务目标与权责不同，治理对象与治理范围也就不同，因此，必然存在不同主体治理资源和治理职能不匹配的问题。[②] 通过数字政府建设，运用数字技术构建共建共享的数字生态，可有效推动协同共治，提升政府治理效能。因此，智慧税务建设不应是税务部门的"单打独斗"，而是国家治理体系的"联合作战"，是跨层级、跨地域、跨系统、跨部门、跨业务的协同共治。具体包括三个方面。一是通过智慧税务建设，有效运用纳税人诉求整体画像、数据可视化呈现等数字化技术，下沉数据资源，下移治理重心，切实破解基层税务机关"数据资源有限"和"兜底责任无限"之间的困境，切实解决纳税人身边的"急难愁盼"，构建税收治理纵向协同机制。二是通过智慧税务建设，在纳税人、税务人、决策人之间构建基于"上云算税"的数字化综合治理生态体系，推动税收大数据的协同共建共享，[③] 构建税收治理横向协同机制。在纳税人端，实现税费信息智能归集和智敏监控，让纳税人感知风险并预警，提高税法遵从度；在税务人端，实现税收工作任务智能归集和智效推送，提升税收管理质效；在决策人端，推动税务执法、税务监管、税费服务的业务衔接与涉税数据共享，提升税收治理现代化建设水平。三是通过智慧税务建设，推进政府部门、市场主体、社会各界等不同主体之间构建"横向耦合"的数字化税收综合治理生态体系，有效勾连涉税数据与政府

---

①③ 深化亚太税收合作 共绘数字发展蓝图：王军局长在第50届SGATAR年会上的发言［EB/OL］.（2021-11-18）［2022-05-09］. http：//www. chinatax. gov. cn/chinatax/n810219/n810724/c5170676/content. html.

② 赵娟，孟天广. 数字政府的纵向治理逻辑：分层体系与协同治理［J］. 学海，2021（2）：90-99.

治理的关系，实现市场监管、金融管理、海关、住房建设、土地等治理主体的合作互助，推动政府、市场、社会等不同社会力量共同参与税收治理，进而提升税收治理的整体性、集成性效能。

三、智慧税务建设的重点与实践路径

习近平总书记强调："要加快数字经济、数字社会、数字政府建设，推动各领域数字化优化升级，塑造新的竞争优势。"① 显然，智慧税务作为数字政府建设的有机组成部分，要统筹推进技术融合、业务融合、数据融合，通过数字技术实现人类智慧与税收治理的"基因融合"，② 加快构建具有高集成功能、高安全性能、高应用效能的智慧税务。

（一）完善智慧税务法治体系是前提

科学技术是一把"双刃剑"。现代信息技术在发展应用过程中，不可避免地会带来"算法滥用""平台垄断""信息茧房""大数据杀熟""数据泄露"等突出问题。特别是现代信息技术本身与智慧税务并不具有与生俱来的耦合性。因此，要推动智慧税务建设，首先应当落实《法治政府建设实施纲要（2021—2025）》关于数字法治政府的建设要求，推动数字化与法治化的深度融合，规范税收数字治理，打击信息犯罪，使数字技术应用在"税务—技术—人"的有机融合中呈现出价值理性与工具理性的统一。具体而言：一是要推进智慧税务"数据确权"③ 立法，建立基于场景化或类型化的数据确权模式，健全数据确权、授权、采集、开发、定价、交易、利用、分配等涉税数据治理规则，实现数据要素整体价值最大化；二是要制定智慧税务身份识别安全标准和认证标准，防止数据被滥用，避免泄露商业秘密，保障数据安全；三是要加强技术防范，增强数据安全预警和溯源能力，有效控制和过滤涉税违法信息；四是要制定智慧税务伦理准则，推动智慧税务相关利益方和参与方高度自律。

（二）促进海量税收大数据融合是重点

"以数治税"的基础和血液是数据，智慧税务建设的重点就是"数据融

---

① 习近平. 国家中长期经济社会发展战略若干重大问题 [J]. 求是，2020（21）：1-4.
② 潘欣欣. 现代治理视域下智慧税务的逻辑建构 [J]. 税务研究，2022（3）：107-114.
③ 数据确权主要处理三个基本问题：一是明确数据权利属性以及给予数据哪种权利保护，二是明确数据以及附着利益的主体，三是明确数据权利内容以及具体权能。从国家层面看，数据确权有利于维护国家网络安全空间主权；从社会层面看，数据确权可有效引导、规范、提升大数据活动；从个体层面看，数据确权能保障数据活动相关个体的合法权益及其数据隐私的安全性。

合"，推动构建完善的数据收集、加工、存储、清洗体系，并在此基础上实现"数据反哺"和"数据驱动"。税收大数据既涉及纳税人销售收入、生产成本、经营利润、税款计算等直接数据，也涉及市场监管、环境监测、城市建设、国际贸易、金融信息等间接数据。因此，智慧税务建设应基于"以税收大数据为驱动力"，推进多环节、多部门、多口径的数据融合工作。具体而言：一是要在技术层面，集成云计算、物联网、区块链、人工智能、5G 等现代信息技术，创新推进智慧税务平台建设，实现"算量、算法、算力"突破，增强数据保护和溯源能力，保障"纳税人实名制"身份管理、数据共享和信息应用；二是要在组织层面，研究制定智慧税务平台、数据开放共享、数据安全保障等配套制度体系，加强与保障数据信息在政府部门、市场主体、非政府组织之间的有序流动，促进技术功能、制度效能、组织机能的融合；三是要在内容层面，聚焦纳税人、税务人和决策人等不同需求，推动建设"一户式"纳税人数字账户、税务人"一局式"应用系统、管理决策"一揽子"应用平台体系，[①] 实现税务、财务、业务等不同特质的数据融合以及税收大数据融合的跨越升级。

（三）拓展智慧税务应用动能是关键

智慧税务的工作机制是在数字化升级和智能化改造的基础上，以技术平台为依托，以分析应用为目标，形成税收数据"采、存、通、用"全生命周期的税收治理数字化生态系统，[②] 进而引发税收大数据要素流动路径、制度规范和税务执法方式创新。[③] 因此，建设智慧税务应注重运用税收大数据，不断拓展应用场景，激发应用动能。一是要加快税收大数据集成处理体系建设，优化纳税人缴费人税费联动申报，加强企业生产经营数据、第三方数据、互联网数据等涉税数据的税务采集、校验、清洗、整理，构建税收大数据应用体系。二是要不断拓展智慧税务应用场景，激发涉税数据资产的潜在价值，把税收大数据优势转化为智慧优势和治理效能。例如，通过动态采集和实时扫描纳税人涉税行为，帮助纳税人预测与防范涉税风险，加强经济运行研判，为宏观经济政策调整提供精准指引。三是要强化政府不同部门和市场主体的联系深度，通过顶层设计吸引多方参与和深度参与，创新智慧税务应用场景，提升税收大数据

---

① 王军出席第 50 届亚洲—大洋洲税收管理与研究组织年会并作主旨发言 ［EB/OL］. （2021 – 11 – 18）［2022 – 05 – 09］. http：//www. chinatax. gov. cn/chinatax/n810219/n810724/c5170675/content. html.

② 杨磊. 强化数据要素驱动推进智慧税务建设的思考 ［J］. 税务研究，2020（11）：130 – 134.

③ 郑甫华，邓永勤，周超. 运用"税务助手"驱动智慧税务建设的思考 ［J］. 税收经济研究，2021（5）：28 – 32.

的横向流动效能。

参考文献：

［1］习近平．国家中长期经济社会发展战略若干重大问题［J］．求是，2020（21）：1－4．

［2］王军．不断加强税收信息化能力建设［N］．人民日报，2021－09－14（10）．

［3］周开君．深化税收征管改革中践行"以人民为中心"发展思想的思考［J］．税务研究，2021（11）：125－129．

［4］潘欣欣．现代治理视域下智慧税务的逻辑建构［J］．税务研究，2022（3）：107－114．

［5］杨磊．强化数据要素驱动推进智慧税务建设的思考［J］．税务研究，2020（11）：130－134．

［6］张靖．深化数字技术运用　推动智慧税务建设［J］．税务研究，2022（5）：128－130．

作者单位：国家税务总局税务干部学院

构建智慧税务新生态：逻辑起点、基本框架与关键环节[①]

张 青 王 倩

内容提要： 智慧税务建设是进一步深化税收征管改革的具体要求之一。智慧税务建设的逻辑起点是以科技创新推进征管方式转型和服务能力提升，以税收治理现代化引领高质量发展，可以概括为"数字化—智能化—绿色化—服务化"四维一体的行动体系。其中，数字化是前提和基础，智能化是动力和技术手段，绿色化是关键，也是税务部门实现"双碳"目标的重要转型，服务化是核心和归宿。智慧税务建设的关键环节是搭建规范高效、标准统一的税收大数据集成及应用平台，结合税务管理业务特点，改进技术架构并实现管理和技术的互动融合，完善涉税费数据共享及应用制度，从而保障智慧税务的高质量推进。

关键词： 智慧税务 税收征管 税收治理现代化 税收大数据 税务执法

2021 年 3 月，中共中央办公厅、国务院办公厅印发《关于进一步深化税收征管改革的意见》（以下简称《意见》），对进一步深化税收征管改革提出了具体要求，明确"十四五"时期将持续推进智慧税务建设，并给出了时间进程安排，即 2022 年基本实现法人税费信息"一户式"、自然人税费信息"一人式"智能归集，2023 年基本实现税务机关信息"一局式"、税务人员信息

① 本文是上海市 2021 年度"科技创新行动计划"软科学重点项目"促进创新要素向制造业集聚的财税政策：激励机制与效应比较"（项目编号：21692105500）和上海理工大学人文社会科学培育基金项目"企业异质性视角下减税的微观传导路径和资源配置效应研究"（项目编号：20SKPY04）的阶段性研究成果。

"一员式"智能归集，深入推进对纳税人缴费人行为的自动分析管理、对税务人员履责的全过程自控考核考评、对税务决策信息和任务的自主分类推送，2025年实现税务执法、服务、监管与大数据智能化应用深度融合、高效联动、全面升级。高质量推进智慧税务建设是全面落实税收征管数字化升级和智能化改造的重要内容，是我国"十四五"时期推进税收现代化的重要手段，有必要在明确智慧税务建设的逻辑起点的基础上，构建智慧税务新生态的基本框架，抓住工作推进中的关键环节，不断提升纳税服务和税务执法的规范性、便捷性和精准性。

一、智慧税务建设的逻辑起点

党的十八大以来，我国强调实施创新驱动发展战略。创新是改进原有产品、服务或流程的过程，创新的目的是提高效率和创造价值。税务部门深入贯彻创新发展理念，充分运用科技创新成果推进税收征管改革，以纳税服务和税务执法方式创新助推经济社会高质量发展。而根据《意见》，智慧税务是以税收大数据为驱动力，具有高集成功能、高安全性能、高应用效能的特点，是实现精确执法、精细服务、精准监管、精诚共治的全方位改革。有鉴于此，我国智慧税务建设的逻辑起点可以概括为，以科技创新推进征管方式转型和服务能力提升，以税收治理体系和治理能力现代化引领高质量发展。

（一）实现"面对面办税"向"非接触式办税"的服务升级

传统的税收征管体系基本是"前台受理、后台审批、窗口出件"的柜台式"面对面办税"模式。纳税人需要到办税服务厅处理涉税事宜，除了直接涉税业务在前台办结外，部分涉税事项还需流转到后台部门办理，涉税资料需经历多次传递，业务办理耗时长。随着互联网、大数据、云计算、人工智能等现代信息技术的快速发展，"互联网+"、分享经济等各类新经济、新业态层出不穷，跨区域涉税诉求增多，传统的"面对面办税"模式征管效能较低，存在耗时长、跨区域税务执法标准不统一、政策执行口径不一致等诸多问题，不能较好地适应新经济、新业态的发展，无法满足纳税人多样化的服务需求。智慧税务建设充分利用现代信息技术对税收征管和服务流程进行全方位创新变革，将完全转变征管模式，实现"面对面办税"向"非接触式办税"的全流程、常态化转型。

1. 全流程转型。随着我国税务信息化建设的不断推进，部分省市开始积极开发推行税务智能应用，如电子税务局 App、"V–Tax 远程可视化自助办税系统"等。但这些信息化应用平台仅实现了纳税人部分涉税事项的在线办理，并未真正实现纳税服务和税务执法的全流程"非接触式"转型。智慧税务将不仅实现纳税人涉税申请、缴销等业务的在线办理，还将实现税务部门基础管理、特定事项管理、风险管理、税务稽查等业务的远程办理，以及其他涉税事项的任务推送和派单管理智能化。同时，智慧税务建设还将深化税收大数据共享应用，实现跨区域涉税事项的全流程贯通，更好地适应新经济、新业态的发展需求。

2. 常态化转型。2020 年，为应对新冠肺炎疫情，税务部门大力推行"非接触式办税"创新服务举措。智慧税务建设将为"非接触式办税"常态化提供契机。一是技术支持。智慧税务强调建设一个高度数字化、智能化的思维运行系统，包括智慧数据库、分布式操作系统、电子发票管理系统、税收风险监管系统和信息安全保障系统等子系统。这些系统的运行为"非接触式办税"常态化提供了技术支持。二是机制保障。智慧税务强调以科技创新系统推进税收征管和服务流程创新，将实现跨区域、跨部门的涉税事项归集、办税流程优化、服务资源整合等流程再造，为"非接触式办税"常态化提供了机制保障。

（二）实现"智能化治理"向"智慧化治理"的征管转型

"智能化"是事物在互联网、大数据、物联网和人工智能等现代信息技术的支持下，逐步模仿人的思维模式，满足人类各种需求的属性。"智慧化"是生命所具有的基于生理和心理器官的一种高级创造思维能力，是一种更好地解决问题的能力。智慧税务作为一种具有生命思维能力的动态发展的税务生态模式，不能仅停留在智能化治理阶段，应该是"智能化治理"向"智慧化服务"的进阶。当前，部分税务机关积极推进的税务信息化建设工作，虽然实现了受理流程的智能化治理，用数字化技术实现了内部监督控制和外部税务监管的智能化，但尚且谈不上智慧化服务。

"智慧"来源于人，又服务于人。智慧税务将建设具有生命思维能力的动态发展的税务生态模式，不仅是智能机器代替人工，更是基于不断更新的现代信息技术深化税务执法、税务监管、税务服务等方面的工作理念和方式创新。一是理念创新。智慧税务框架下，税务机关的职能定位将不仅是税款征收部门，还转变为税收管理和服务机构，工作重心由税款征收转为纳税服务和税务执法，利用现代信息技术为企业提供精细、定制和个性化的征管与服务，强化监测预警和应急处置能力。二是征管方式创新。智慧税务将进一步优化组织体系和资源配置功能，打通税务部门和其他部门的政务信息系统壁垒，强化税收大数据在经济运行研判和社会管理等领域的深层次应用，实现"智能化治理"向"智慧化治理"的征管转型。

二、智慧税务新生态的基本框架

依据智慧税务建设的逻辑起点，我国智慧税务新生态可以总结为"数字化—智能化—绿色化—服务化""四维一体"的基本框架体系，即运用现代信息技术推进税收征管的数字化升级与智能化改造，打造绿色办税新模式，提供精细化、定制化、个性化的纳税服务（见图1）。

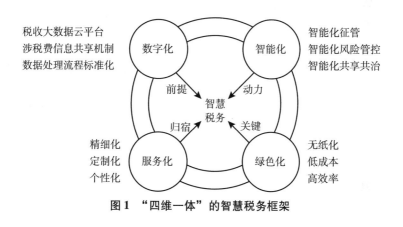

图1 "四维一体"的智慧税务框架

（一）数字化

数字化是智慧税务实施框架的前提和基础。通过现代信息技术和征管流程的交叉融合，构建数字化税务体系，实现从税收征管、风险管控到涉税信息挖掘的递进式发展。不同于当前部分税务机关已经设立的微电子税务数据平台，智慧税务的数字化是依托税收大数据云平台，建立各级税务机关之间、税务部门与其他部门之间的涉税信息共享机制。

1. 税收大数据云平台建设。数据平台是数据的仓库，是数字化的准备阶段。依托金税四期工程建设，搭建全国级的数据中心，"云化"① 打通税费全数据、全业务、全流程，实现市场监管、公安、税务、社保、统计、银行等所

---

① 这里的"云化"指数据云平台。

有部门信息数据资源的一站式共享共用。税收大数据云平台将碎片化的纳税主体信息和业务交易信息整合成海量的税收数据，利用整合后的集约化数据实现征管数字化，为智慧监管、智能办税提供条件和基础。

2. 涉税费信息共享机制。实现信息互通和业务协同的前提是具备常态化、制度化的信息共享机制。涉税费信息在税务机关内部跨区域一站式共享共用，提升了跨区域涉税事项办理效率，有利于加强跨区域税收协作；税务部门与其他部门之间涉税费信息的互联互通，定期交换纳税人经济数据，有利于常态化开展税收风险评估，实现大数据下的精准分类监管。

3. 数据处理流程标准化。共同的、可重复的、标准化的数据处理流程将实现业务数据简单、快速地整合，提升数据的处理速度。智慧税务系统数字化的过程包括数据的采集输入、加工分析、共享输出、质量检验、存储查询等基本流程。其中，标准的采集输入、加工分析流程将保证数据来源的广泛性、真实性、时效性、可理解性，有利于数据的共享输出；规范的共享输出流程将保证共享数据的高效输出，实现业务办理的简化、细化和标准化；统一的质量检验、存储查询流程将实现零散的基础数据集约化、模块化，降低海量时序数据存储的冗余度，提升写入读取速度，满足共享用户进行高效存储和数据查询的需求。

（二）智能化

智能化是智慧税务实施框架的动力和技术手段。智慧税务智能化是对原有税收征管数字化系统的智能化改造和服务化升级。智慧税务系统不同于之前电子税务平台单一的信息化建设，而是增强了"智慧"二字，更加注重感知互动，为用户提供多元化服务，增强用户体验，帮助征纳双方实现高效沟通。在此过程中，税务机关要将区块链、人工智能等技术运用到纳税服务体系中，实现服务系统的信息仓储、征管规划、知识学习、征管交流、服务感知等能力的提升。

1. 智能化征管。利用税收大数据共享应用平台归集的征纳主体信息，打造智能税务系统，提供具有"集成服务、引导服务、流程服务"特点的一站式电子化服务平台。智能税务系统整合归集税收征管中的高频业务，通过一站式平台实现智能咨询、纳税填报、消息提醒等功能整合，生成集政策指导、手续办理、互动交流和资源共享为一体的集成式服务系统；以视频交互、数据智能引导等方式，实现智能识别、智能引导、智能填报等的互动和引导服务；通过极简的在线模块配置和流程引擎，实现业务流程再造和碎片化服务整合的流程服务。

2. 智能化风险管控。传统的税务风险管控基于各地区税务系统的信息孤岛，依靠人工获取信息和监控风险点，动态监控难，无法实现风险的事前预警。智能税务系统将实现智能化风险管控，对接税务机关的数据仓库与公共大数据平台，通过数据归集和电子数据交换，实施动态分层预警管理。基于纳税人经济信息监控的大数据分析，构建更加立体、全面的纳税信用镜像，对纳税群体实行分级管理，智能化动态监控，发现异常实时风险预警。

3. 智能化共享共治。税收征管制度是国家治理体系的重要组成部分，税收征管效能是国家治理能力的重要体现。[①] 税收征管的智能化转变，为建立跨地域、跨部门业务合作的共享共治机制提供了技术支撑和制度保障，包括情报交换、数据共享的资源共享共用平台和执法联动、协同监管的业务协同机制。高效发挥数据要素驱动作用，智能化税收大数据分析，实现税收大数据在经济运行和社会管理中的深度应用，为税收更好服务国家治理现代化提供有力支撑。

（三）绿色化

绿色化是无纸化、低成本、高效率三者的统一，是智慧税务实施框架的关键，也是税务部门实现"双碳"目标的重要转型。无论从税务机关的角度，还是从纳税人的角度，绿色化都简化了税收征管流程，有利于征纳双方便捷、高效的交流沟通。

1. 无纸化。智慧税务实现"人工跑腿"向"数字流转"转换。无纸化办税减去繁杂的表单填写、文档邮寄、转交流程，用信息化方式减少了资源消耗。

2. 低成本。智慧税务全面减轻办税缴费负担，减少了纳税主体的皮鞋成本和菜单成本。以数治税的征管手段降低了税务机关的执法成本、服务成本、监管成本和共治成本。

3. 高效率。智慧税务摆脱人工模式下制度设计、操作流程烦琐冗余的束缚，实现了业务流程、征管协同和服务创新等的智能化融合。税务信息共享化和一体化有利于数据的管理、查询和分析，减少了税务人员的工作量，提升了

---

① 王军. 深化税收征管改革 顺应人民群众期盼 [J]. 求是，2021（18）：56 – 61.

征管效率。数字化升级和智能化改造流程管理提升了纳税人涉税业务办理的便捷性和办税效率。

（四）服务化

创新服务方式是近年来税务部门提升服务效能的重要举措。智慧税务建设的最终目的是实现纳税服务的精细化和智慧化，满足纳税人缴费人跨越时间、空间以及办税形态等多样化需求。因此，服务精准化是智慧税务建设的核心和归宿。

1. 精细化。智慧税务将实现税务机关的数据仓库与公共大数据平台的对接，通过数据归集和分析预测，细化分类纳税服务人群，将税务信息、服务内容、方案流程精准投放到每个纳税人，提供更加精准、精细的纳税服务，真正提升纳税人满意度。

2. 定制化。智慧税务将实现"面对面办税—无接触式办税—定制服务式办税"的三级跳式改造，当前的数字税收只是实现了传统面对面办税到无接触式办税的改变，智慧税务将添加服务定制功能，不仅是无接触式办税，还将实现定制服务式办税。

3. 个性化。税务机关利用税收大数据分析，从行为偏好、经营业务类型、实际经营情况等要素对纳税人进行区分，添加个性化服务定制功能，提供政策推送、在线提问、风险提示、信用评级等服务，逐步从无差别服务转向个性化服务，为企业提供"一企一策"服务方案。

三、智慧税务建设中的关键环节

基于数字化、智能化、绿色化和服务化"四维一体"的基本框架，我国智慧税务建设存在几个关键环节，包括如何搭建大数据集成及应用平台、改进技术架构和创新涉税费信息共享应用保障机制等。

（一）关键环节一：搭建大数据集成及应用平台

税收大数据平台是智慧税务建设的前置条件。近些年，我国各级税务机关纷纷尝试推进税收征管数字化升级和智能化改造，设置微电子税务数据平台，开发推行税务智能应用。但从全国范围看，各地税务机关的税收数据平台是分散、独立的系统，缺乏跨地区、跨部门的大数据集成及应用平台，导致部门间、地区间的"数据孤岛"现象仍广泛存在，因此，搭建规范高效、标准统一的税收大数据集成及应用平台是智慧税务建设的关键环节之一。

1. 规范高效的平台设计。一是规范高效的大数据集成及应用平台要实现跨区域、跨系统、跨部门信息系统的互联互通和数据共享，不仅包括税务部门垂直系统数据的集中计算、存储、汇聚等，还包括税务部门与其他部门数据平台的深度对接。二是规范高效的大数据集成及应用平台要打破信息壁垒，通过数据资源的整合共享，实现业务协作和智慧化变革。"十四五"时期，要依托金税工程四期建设建立规范高效的税务系统数据集成及应用平台，并适时和我国的智慧城市数据管理系统对接，打通税务系统内部专网和外部网络，实现与公安、社保、银行、市场监管等部门的数据交换和信息共享。通过多源数据的关联融合，拓展整合内外部涉税信息资源，最大限度利用和挖掘税收大数据与其他宏微观数据的价值。

2. 标准统一的平台实施规范。智慧税务是充分利用现代信息技术，推进内外部涉税信息的汇聚联通、线上线下有机贯通。推动智慧税务建设，如果缺乏统一明确的建设框架和实施规范，难以真正有效整合信息资源。典型如部门间业务受理标准不统一，地区间、部门间数据口径和格式不统一等。因此，基于税务应用场景，由国家税务总局牵头，通过与国家信息中心合作研发适用于智慧税务系统的流程标准、权限分配、保密协议、开发语言等架构设计的方式，确定标准统一的平台实施规范，就显得十分重要。

（二）关键环节二：改进技术架构

智慧税务建设要求结合税务管理的业务特点，做好管理和技术的互动融合。如何将现代信息技术和税务业务架构进行连接，实现技术架构中每个应用程序都包含不同的税务业务模块，是智慧税务建设的关键环节。智慧税务框架下，涉税费信息量大，部门间、区域间数据交互频繁，对数据网络要求较高，需要采用更加"扁平化"的网络，实现一体化分布、多路径传输。当前常见的设备和信息技术难以达到智慧税务建设的数据中心管理要求。区块链技术是下一代云计算的雏形，具有数据不可篡改、可追溯、分布式节点、实时共享等天然优势，其在税务领域的应用将更加适应智慧税务数据管理的技术要求。"区块链＋税务"将是助力智慧税务发展可行的技术实现路径。基于区块链的原理及基本架构，设置税务功能，本文提出"区块链＋税务"智慧税务技术架构（见图2）。

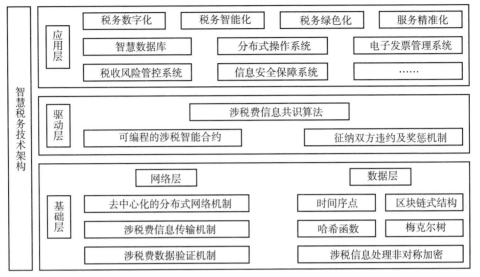

图 2　"区块链 + 税务"智慧税务技术架构

　　"区块链 + 税务"智慧税务技术架构主要包括基础层、驱动层和应用层。基础层是区块链的生态基础，位于最下层，包括网络层和数据层，前者拥有去中心化的分布式网络机制、涉税费信息传输机制和涉税费数据验证机制；后者是税收数据的输入、存储、维护、加密、输出等相关技术的集合，包含时间序点、区块链式结构、涉税信息处理非对称加密等。驱动层位于中间层，通过驱动智慧税务系统的基础层来运转网络传输和数据分析，包含涉税费信息共识算法、征纳双方违约及奖惩机制和可编程的涉税智能合约。应用层位于技术架构的最顶端，是若干个税务功能模块的集合，目标是形成数字化、智能化、绿色化和服务化"四维一体"的智慧税务框架，包含智慧数据库、税收风险管控系统、分布式操作系统、信息安全保障系统、电子发票管理系统等子系统。

（三）关键环节三：涉税费信息共享应用保障机制

　　智慧税务建设是一项系统工程，不能仅停留在智能化的平台设施建设阶段，还应出台一系列制度规范，保障智慧税务系统化运行。其中，完善的涉税费信息共享应用保障机制是智慧税务建设的重要保障。

　　1. 涉税费信息互联互通机制。伴随智慧税务建设的推进，各地也在不断深化区域层面的协同合作机制，但与智慧税务建设相比，还存在差距。智慧税务要求实现税务管理的高集成功能、高安全性能、高应用效能，需要建立跨地区、跨部门的涉税费信息互联互通机制，这种互联互通机制不仅体现在数据信息的共享共用方面，还体现在业务协作联动方面。具体而言，跨地区业务协作联动，要求税务部门内部实现全国范围内的执法信息共享和执法结果互认；跨部门业务协作联动，要求税务部门与公安、社保、银行、市场监管等部门实现相互协调合作，高效发挥数据要素驱动作用，整体式、集成式提升税收治理效能。

2. 涉税费信息常态化、制度化交换机制。区块链可以从技术上实现税务部门内外的信息实时共享，但由于缺乏涉税费信息常态化、制度化交换机制，部门间的信息共享意愿不高，较低的数据集中度不利于智慧税务建设。以个人所得税专项附加扣除为例，纳税人收入信息并未与教育、住房和医疗系统的基础信息实时对接，不利于税务部门有效识别涉税信息的准确性。因此，建立全国层面的涉税费信息常态化、制度化交换机制，是智慧税务建设的重要保障。

3. 涉税费信息汇集共享过程中的安全机制。区块链技术的税务应用以及涉税费信息互联互通机制的建立，将实现全国范围内多部门的信息汇集，但涉税费信息汇集共享过程中的数据安全问题并未彻底解决。有必要建立与涉税信息使用配套的安全制度标准，包括但不限于对信息进行分级管理，设置公共信息区和部门信息区，规定开发等级和风险预警。在税务系统内部，要以法律的形式规定不同级别税务机关的数据访问权限和数据使用范围；在税务系统外部，设置访问权限和共享信息范围，建立业务比对审核机制，保证涉税费信息安全、可靠、便捷地共享共治。

参考文献：

［1］欧文斯. 数字化时代的税收治理：透明、信任和技术 ［J］. 陈新，译. 国际税收，2021（6）：34－37.

［2］谢波峰. 智慧税务建设的若干理论问题：兼谈对深化税收征管改革的认识 ［J］. 税务研究，2021（9）：50－56.

［3］许文，施文泼. 税收征管中的区块链技术应用：基于"不可能三角"的思考 ［J］. 财政科学，2019（2）：28－36.

［4］王志平，张景奇，杜宝贵. 新坐标、新维度框架下的智慧税务建设研究 ［J］. 税务研究，2021（12）：124－128.

［5］刘运毛. 平衡、融合、效能：构建智慧税务生态系统［J］. 税收经济研究，2021（3）：52－60.

［6］潘欣欣. 现代治理视域下智慧税务的逻辑建构［J］. 税务研究，2022（3）：107－114.

［7］汪康. 论新时代中国治税思想［J］. 税务研究，2021（4）：5－10.

作者单位：上海理工大学管理学院

税收大数据在国家治理中的
价值实现路径探析

张 雄

内容提要： 运用大数据提升国家治理现代化水平，是以习近平同志为核心的党中央推进国家治理体系和治理能力现代化的重要举措。近年来，税收大数据体量不断扩充、能级加速跃升、应用更加纯熟，已经成为名副其实的"金山银库"，从中萃取的税务智慧，正日益成为国家治理的"高参幕僚"。本文立足推动税收大数据从"服务治税"向"服务治理"延伸拓展，探析税收大数据在国家治理中的价值基点，勾画税收大数据服务国家治理的未来图景，厘清税收大数据价值实现的方法路径，以期对更好发挥税收在国家治理中的基础性、支柱性、保障性作用有所裨益。

关键词： 税收大数据　智慧税务　税收征管　税收现代化

习近平总书记指出："要运用大数据提升国家治理现代化水平。要建立健全大数据辅助科学决策和社会治理的机制，推进政府管理和社会治理模式创新，实现政府决策科学化、社会治理精准化、公共服务高效化……要充分利用大数据平台，综合分析风险因素，提高对风险因素的感知、预测、防范能力。"[①] 近年来，智慧税务建设深入推进，特别是以发票电子化为代表的新一代税收信息化建设的快速发展，高效推动了税收征管的数字化升级和税收大数据的不断富集与广泛应用，为国家治理体系和治理能力现代化贡献了税务力量。在税收征管改革纵深推进，向新发展阶段税收现代化目标不断迈进的关键

[①] 习近平主持中共中央政治局第二次集体学习并讲话［EB/OL］．（2017 – 12 – 09）［2022 – 09 – 27］．http：//www.gov.cn/xinwen/2017 – 12/09/content_5245520.htm.

时期，有必要进一步厘清税收大数据在国家治理中的价值实现路径，以税收现代化更好服务国家治理体系和治理能力现代化。

一、价值基点——税收大数据能级不断跃升

2021 年 3 月，中共中央办公厅、国务院办公厅印发的《关于进一步深化税收征管改革的意见》指出，要"加强智能化税收大数据分析，不断强化税收大数据在经济运行研判和社会管理等领域的深层次应用"。深化税收大数据运用，对推进税收治理现代化，发挥税收在国家治理中的基础性、支柱性、保障性作用，有着重大而深远的意义。智慧税务之所以可以成为"一个拥有数据生命的'智慧人'"，并为决策者提供治理智慧，关键在于税收大数据具备的独特优势：覆盖经济领域"全"、反映经济活动"快"、数据颗粒度"细"、记载经济活动"准"。税收数据"量"的不断累积和"质"的加速跃升，为税收大数据服务国家治理提供了绝佳的条件。

（一）经济分析从抽样分析向全量分析跃升

进行税收经济调查统计、分析研究，样本数量越大结果越精确可靠。过去，由于技术条件和体制方面存在局限，信息存储分散、互通渠道不畅，税收经济分析往往只能依靠抽样调查，对有限数量、有限区域、有限行业进行研究。随着征管手段的创新和征管能力的提高，现阶段，信息化、网络化工具已经广泛应用于大多数税种以及社会保险费、非税收入的征管服务，税务部门已经形成了纳税申报数据、税收收入数据、增值税发票数据、个人所得税专项附加扣除相关数据、税收调查数据、纳税信用数据、社会保险费数据、非税收入数据以及其他部门和单位共享的数据等既各具特色又相互关联的"数据池"。这个"数据池"覆盖一亿多市场主体、十多亿自然人纳税人缴费人，触及社会生产、分配、交换、消费所有环节，成为税务系统名副其实的"金山银库"，也使得税收经济分析研究能够对全量对象开展，具备了极为广阔的施展空间。

（二）趋势研判从事后反映向事前预测跃升

当前，许多税收大数据能够作为经济社会发展的先验性指标，透过这些指标，可以对经济发展趋势、市场主体经济行为偏好等进行前瞻性研判，从而为经济社会管理决策提供可靠依据。例如，某一行业企业购销合同或实收资本印

花税额、购进设备原材料增值税进项税额、缴纳个人所得税和社会保险费人数等指标呈增长态势，预示该行业或企业处在扩张期，未来 3~6 个月内将出现工业增加值的增长，反之则反映行业遇冷，对资本吸引力不足。基于这类指标的关联分析研究结果，决策者可以比较精确地进行跨周期、逆周期调节。

（三）运行监测从静态滞后向动态实时跃升

税控技术和税收征管信息系统的广泛应用，特别是发票电子化的深入推进，使税务部门能够实现对企业生产经营数据的动态采集。企业的投资、生产、销售等各方面数据能够通过发票开具、纳税申报等方式即时汇总到税务机关，税收数据的时滞大大缩小，时效性得以大大提升，决策者对不同频度、不同时点数据的需求，都可以得到实时响应。

（四）数据归集从科层间接向自动归集跃升

过去，决策者所需的各类决策信息主要来源于各级税务机关自下而上层层统计、逐级上报，这些信息从来源地到决策端需要跨越县、市、省然后汇集到国家税务总局，链条长、易失真。税收征管信息系统打通了国家税务总局机关到基层税务分局（所）五级机构，能够完成数据自动归集、实时汇总，实现数据管理高度扁平化。基于合理赋权，各个层级的税务机关都可以按需调用不同视域、时域的数据资源，为决策者提供宏观、中观、微观的信息支持服务。

（五）风险感知从浅表直感向深层洞悉跃升

透过某些税费数据，可以洞察经济社会运行中潜藏的风险。例如：产煤企业购进安全生产设备和服务对应的增值税进项税额较少，说明企业可能安全生产方面投入不足，需重点关注其是否存在安全生产隐患；排污企业购进的污染防治设备物料对应的增值税进项税额较少，说明企业可能治污减排有所松懈，需重点关注其是否存在违规超标排放风险；企业欠缴社会保险费时间较长，或代扣代缴个人所得税骤减及员工数量减少，说明企业可能经营不善存在劳资纠纷，需重点关注由此带来的信访稳定风险。同理，金融、房地产、进出口贸易等不同行业以及资金链、供应链中的潜在风险，很多都可以从税费数据中折射出来。通过构建数据指标体系，充分把数据背后的潜在风险识别出来，有利于助力打赢防范化解重大风险攻坚战。

二、价值依归——助力实现从经验决策向依数决策转变

近年来，为适应经济税收发展形势和各级决策需要，税务部门不断拓展税收大数据的应用空间，推动税收大数据服务领域从税收治理向国家治理延伸，服务对象从纳税人、税务人到决策人、管理人拓展，取得了许多有益成果。在分析方法上，税务部门逐步探索出税收弹性分析、税负分析、税源分析、税收关联分析等多种可以较为全面、完整地反映税收和税源关系的税收分析方法，在经济税源分析、政策效应分析、税收管理风险分析和预测预警分析等方面进行了有益尝试，方法体系越来越科学和系统。在产品供给上，聚焦新发展理念，开展科技创新、数字经济、清洁能源、乡村振兴等分析，持续做精"常规分析产品"，紧盯经济运行中的热点、重点、焦点问题，开展民营企业生产经营情况分析、新疆棉花产业分析、大宗商品价格变动分析，探索利用税收大数据推算并预测 GDP 增速，持续打造"重磅分析产品"，每年形成上万篇税收分析报告，高质量服务各级党政领导决策。在应用效能上，蕴藏在税收大数据中的智慧资源被源源不断地挖掘出来，对经济社会发展产生了直接效益。例如，新冠肺炎疫情发生后，税务部门利用增值税发票大数据开发了"全国纳税人供应链查询系统"，便利企业实现"购产销"对接，仅在湖北省启动企业复工复产的头 2 个月，就促成企业按市场化原则成交项目 6822 个，成交金额 118 亿元。① 如今，"税收指数"已成为税务部门重要的"品牌"，脱贫攻坚分析、节假日消费分析等多类税收分析产品已成为央视《新闻联播》和《人民日报》等主流媒体的热门报道素材。

这些实例生动说明，税收大数据蕴含着大机遇、驱动着大未来。基于过去一个时期的有益探索，我们可以建构起税收大数据服务国家治理的目标愿景，把未来图景勾画得更加清晰，为税收大数据发展提供更加明确的目标引领。

1. 在发展愿景上，应当确立三个目标。一是参与国家治理活动的程度更深。各级决策者普遍将税收大数据作为重要的治理资源，将从中汲取的税务智慧作为经济社会管理战略策略选择的重要依据，税收大数据在各类治理决策因素中更有分量，成为各级党政领导信得过、靠得住、离不开的经济税收"晴雨表"、决策参考"必选项"。二是税收数据信息更加权威可信。税收大数据的指征价值、导引价值被决策者、市场主体和社会公众广泛认同，其反映的经济

---

① 李亚飞. 税收大数据助力鄂企修复产业链 ［J］. 瞭望，2020（25）：58－60.

社会发展动向、趋势更具公信度，引导市场主体经济活动、公众社会活动更加有力。三是服务国家治理的效益更显。税收大数据反映的经济态势更具前瞻性，引导的资源配置更具时效性，揭示的经济风险更具精准性，评估的治理政策更具客观性，对于增强决策者决策力、助力提升治理效能、推动形成多元共治格局的作用发挥得更加充分。

2. 在运行架构上，应当构筑三大体系。一是高智慧含量的产品体系。集成整合各类分析产品，形成涵盖常态性基本产品、动态性升级产品、差异性比较产品、风险性预警产品、应急性定制产品的分析产品体系，进一步打造更有针对性、更具权威性、更高认可度的拳头产品，形成更加完备、成熟、定型的税收大数据应用产品供给结构。二是高运转效率的机制体系。需求响应机制更加高效，聚焦决策人需求不断拓宽分析领域，将具有决策参考价值的关键数据指标、重点工作事项、重要风险疑点纳入分析范围，形成以决策需求为导向的数据供给和产品供给；纵向联动机制更加高效，国家税务总局、省级局、市级局、县级局在"四级联动"中形成"同题共答"的良好局面，税收大数据分析声势更大、品牌更亮；横向协同机制更加高效，各层级各业务部门间的业务壁垒充分打通，"多兵种合成作战"配合顺畅，各方智慧力量在分析项目上充分凝聚。三是高支撑能力的保障体系。以金税四期工程建设为契机，中国税收新统计核算分析体系建设取得标志性成果，统计核算和分析应用现代化平台算力、算法更加先进；建成一支既懂现代信息技术、又懂税收业务，同时具备统计、分析、写作等基本技能，综合素养较高的大数据分析队伍，大数据应用的人才基础更加厚实。

3. 在自身建设上，应当具备四种能力。一是需求洞察能力。能够从全国和区域发展战略布局、阶段规划中精准找到决策者最关注、最需要的决策支持需求，从纷繁复杂的经济社会运行态势中找到税收大数据的作用点，从海量的税收大数据中找到需求转化为分析成果的最佳契合点，从而扩大有效供给、减少无效供给。二是全维支持能力。各级税务机关均具备向决策者提供不同维度、不同粒度、不同频度决策支持信息的能力，决策者宏观、中观、微观不同视角的决策支持需求都能够在税收大数据中得到充分满足，不同类型的治理决策都能够在税收大数据中找到可靠依据。三是快速响应能力。决策者的需求能够在第一时间转化为税收大数据产品，突发情况、紧急事态能够从税收大数据中得到迅速反映，为决策者提高决策效率提供有力支持。四是风险感知能力。经济社会运行中的各类风险能够通过税收大数据准确感知、及时揭示，并能够对潜在风险转变为现实危害的可能性、风险可控程度、后果危害程度进行较为准确的预测评估，提出可行有效的防控建议，辅助决策者对经济社会运行进行安全边界规划。

三、价值实现——在国家治理中充分释放税收大数据潜能

要让税收大数据更好地服务国家治理，必须不断挖掘"数智"、完善"数制"、推进"数治"，充分释放税收大数据潜能，让"金山银库"中的税务智慧能量源源不断地输送到国家治理各个领域、各个环节。

（一）聚焦决策需求，优化产品供给

不断富集的大数据为做好税收大数据分析提供了无限的想象空间。我们要紧紧围绕国家治理需求，打开"脑洞"，让税收大数据分析不断触及新领域、揭示新情况。一是要敏锐地发现需求。分析人员要不断锤炼知大事、识大势的敏锐性，系统地学习领会习近平新时代中国特色社会主义思想，特别是习近平经济思想，准确把握新发展阶段的基本特征、新发展理念的基本内涵、新发展格局的基本架构，从中领悟"国之大者"；要跟进学习党中央、国务院关于经济社会发展的重大决策部署、重大国家战略，以及当地党委政府重要工作安排，找准党委政府的重大关切，从中研判税收大数据分析的战略方向。二是要精准地契合需求。常态性基本产品要更加注重延续性，动态性升级产品要更加注重创新性，差异性比较产品要更加注重客观性，风险性预警产品要更加注重前瞻性，应急性定制产品要更加注重时效性，使分析产品更加精准地切中决策者重大关切。同时，要强化精品意识，推动产品供给从注重数量向提升质量转变，从单一数据源向多数据源集成转变，从简单数据分析向深度挖掘和调研比较分析转变，为决策者提供更高站位、更广视角、更有深度的见解和建议。三是要适当地引导需求。税收大数据反映的情况，有的并不在决策者当下的关注视线中，但对国家和区域治理具有潜在的参考价值。在税收大数据分析中，不仅要关注直接的、显性的需求，还要关注间接的、隐性的需求，通过前瞻性、预见性分析，提供税收经济景气指数、税电指数、设施设备投资税收经济指数等非传统分析产品，引起党政领导对苗头性、倾向性问题的关注，形成新的"产品线"。

（二）注重内外协同，拓展思维眼界

大数据的优势在于"海纳百川"，同样，深化拓展税收大数据应用，也必须"广结善缘"，形成数据互惠机制。一是要尽可能多地把外部数据"取进来"。要拓宽数据入口，同大数据主管部门和承担经济社会管理职责的职能部门建立数据合作机制，运用外部数据加强关联分析和结果校验，让税收大数据分析结果更有说服力、更具可信度。二是要放下顾虑把税费数据"送出去"。面对地方党委政府和职能部门的数据需求不能"惜数如金"，要在加强数据使用审批、明确数据管理责任、加强数据使用监督的基础上，畅通数据出口，有条件开放数据接口，探索试点接入政府"城市大脑"等治理平台，让税收大数据更加直接地服务国家治理。三是要积极探索联合分析让多方数据"聚起来"。要与存在数据关联关系的职能部门开展大数据联合分析，增加税收大数据利用率和曝光度。例如，同统计部门联合开展经济形势研判分析，同市场监管部门联合开展市场主体运行情势分析，同发展改革、经济和信息化等部门联合开展重点行业、企业发展态势分析，等等，在联合发声中形成"乘数效应"。

（三）紧跟时代浪潮，健全支撑保障

当前，大数据分析技术和工具正高速迭代，必须对标国内一流、国际先进，强化人才、算法、算力支撑，构建能够提供可靠支撑的税收大数据应用综合能力。一是要强化人才支撑。要着眼建设一支高素质、高效能、大体量的大数据人才队伍，加强相关人才的招录、配备、培养，进一步充实大数据分析队伍；要探索符合大数据人才特点的选拔任用、考核考评、交流轮岗体系，让大数据岗位成为能够发现人才、培养人才、成就人才的舞台；要尝试借助高校、企业力量，开展大数据人才委托培养、实岗锻炼、进修外训等工作，及时更新分析人才知识储备。二是要推动算法演进。要充分运用决策树、回归分析、聚类、关联规则、神经网络方法、Web 数据挖掘等成熟通用算法模型，减少试错成本；要及时引进商用领域最新算法模型，让大数据前沿算法有效促进税收大数据创新产品的生成；要集中系统内外的高端人才，持续开发适应税收分析特点、有助于提高大数据分析产品力的自主算法，推动算法迭代、进化；要在系统内开展创新算法和数据模型集中展示和推广，让先进经验发挥示范带动作用；要推动算法直观化、大众化，推出更多模块化、可视化的税收大数据分析

工具，构建常规税收经济分析工具库，让税收大数据从"精英工具"逐步走向"大众工具"。三是要加快算力扩充。要结合金税四期工程建设，优化信息系统平台架构，建立"云、边、端"一体化和"中心计算＋分布式计算"相结合的强大算力体系，实现算力资源的灵活调度，适应海量、并行、非结构化数据分析应用需要；要优化算力资源分配机制，引导错峰使用，实行通用数据自动处理、统一分发，避免用户集中扎堆取数算数造成算力资源阶段性紧张；要探索智能化分析应用，积极借鉴腾讯财经频道 Dreamwriter、新华社"快笔小新"等智能写稿功能，探索研发"AI 写稿""分析机器人"，提高税收大数据分析的时效性，让分析人员从低效、重复的劳动中解脱出来，聚焦更深层次的思考。

（四）推进管用一体，加强数据治理

数据的可靠性、一致性、安全性是开展税收大数据应用的基础，也是税收大数据赖以产生价值的根本，要加强税收数据全生命周期治理，切实把好"三关"，为税收大数据分析产品提供高质量的"原材料"。一是要把好"采集关"。要强化数据源头治理，明确数据采集录入人员责任，加强数据录入质量管理，做好数据校验、交叉稽核，及时校正错误数据，及时补正缺失数据。二是要把好"整理关"。要加快统一数据标准、定义，规范数据结构、格式，丰富数据标签、归类，强化数据清洗、排序，及时将无效的、冗余的、错误的数据从数据池中清除，确保数据真实可靠、有序可用。三是要把好"安全关"。要对标国际先进水平，建设网络安全、数据安全态势感知平台，构建覆盖五级税务机关的安全防护网，实现全流量、全天候、全方位监测预警，夯实数据安全基础。要加强数据审计，对数据相关安全事件进行追溯与定责，对于攻击行为和风险操作等进行实时告警，避免数据被破坏或者窃取。要合理配置数据查询、使用权限，区分核心关键权限和一般应用权限，做到"权岗相适""权责一致"，既遵循"最小必要"赋权原则，又确保数据应用需求得到充分满足。要加强应用灾备能力建设，推动形成应用级灾备能力，确保极端情况下"数据不丢、业务不断"。

参考文献：

[1] 王军. 深化税收征管改革　顺应人民群众期盼 [J]. 求是，2021

（18）：56 – 61.

［2］李亚飞. 税收大数据助力鄂企修复产业链［J］. 瞭望，2020（25）：58 – 60.

［3］张瑞清，李想. 税收大数据：彰显"大智慧"迸发"新能量"［J］. 中国税务，2022（8）：18 – 19.

［4］樊勇，杜涵. 税收大数据：理论、应用与局限［J］. 税务研究，2021（9）：57 – 62.

［5］李俊坤，薛广涛，黄建军，等. 税收大数据服务经济分析的应用研究：以税收经济发展指数的构建和应用为例［J］. 税务研究，2022（9）：69 – 78.

［6］游家兴，柳颖，杨莎莉. 智慧税务助力高质量发展的实践与探索［J］. 税务研究，2022（7）：64 – 69.

作者单位：国家税务总局重庆市税务局

税企直通车建设实践探索[①]

刘志安　斯琴塔娜　刘志刚

内容提要： 税企直通车是进一步深化税收征管改革、优化税收营商环境和建设智慧税务的重要举措，可有效助力内外部涉税数据汇聚联通、线上线下有机贯通、税收业务处理智能化的深度融合。本文通过探索分析税企直通车的基本内涵、主要特征及其促进税企业务交互融合的逻辑机理，构建税企直通车的总体内容框架，并在此基础上有针对性地提出税企直通车建设过程中业务、技术、组织、流程方面的对策建议。

关键词： 税企直通车　智慧税务　税收征管　纳税服务
　　　　　税收营商环境

2021 年 3 月，中共中央办公厅、国务院办公厅印发的《关于进一步深化税收征管改革的意见》提出了以服务纳税人、缴费人为中心的智慧税务建设任务，主要目的在于充分运用大数据、云计算、人工智能等现代信息技术提高纳税服务水平，营造公平竞争税收秩序，激发市场活力。搭建税务机关与企业直接进行联通的平台、构建"让数据多跑路，让企业少跑腿"的税企直通车是建设高应用效能智慧税务的重要内容，是提升纳税服务质效、优化税收营商环境的重要举措。

一、税企直通车的基本内涵和主要特征

（一）税企直通车的基本内涵

税企直通是智慧税务的基本功能和核心内容，体现了税收管理与服务高度

———————

① 本文是国家社会科学基金一般项目"互联网环境下企业所得税税收风险分析与防范策略研究"（项目编号：19BGL051）的阶段性研究成果。

融合的发展取向。目前，税企直通模式尚未有统一的界定和要求。2016 年金税三期全面上线以来，税收征管实现了业务管理统一化、业务覆盖全面化、业务办理精简化和涉税数据集合化，促进了和谐税企关系的构建和纳税服务效率的提高。税收征管与纳税服务都需要征纳双方的互动交流。在金税三期税务信息化平台建设的基础上，各种旨在提高纳税服务效率的税企直连平台逐渐兴起，如国家税务总局青岛市税务局与海尔集团共同搭建的全国首个具有工业互联网特征的"智税通"①、四川长虹集团开发建设的"财务云"②、国家税务总局深圳市税务局打造的税企直连平台③等，为税企直通车建设提供了较为丰富的实践经验。

本文认为，税企直通车是以互联网、物联网为基础支撑，以大数据、云计算、人工智能、区块链等现代信息技术为依托，以税收管理和服务与企业涉税活动的数字化、智慧化建设为目标，而搭建的税务机关与企业关于涉税事务的直连平台及其应用信息系统。税企直通车将税务机关与企业单一的征管服务联系转化成全方位的涉税数据联接，同时将以企业向税务机关纳税为主的"单向、分时、分块联系"模式转化成税务机关与企业"双向、实时、整体连接"模式，以有效提高税企双方的工作质效、降低税收管理和服务成本以及企业运营成本。

传统税收征纳关系中，企业主要通过人工方式将经营、财务、社保等涉税信息填入企业纳税申报表，并通过向主管税务机关进行报送或者通过互联网将纳税申报表上传至税收征管信息系统来完成纳税申报，而税务机关则主要通过人工方式进行纳税申报审核。税企直通车模式下，不仅能够实现企业涉税数据范围由经营数据、财务数据、社保数据等传统数据扩大到企业的所有涉税数据，而且能够实现将相关涉税数据自动转换成纳税申报信息并自动导入税收征管信息系统。同时，税务机关可以将涉税服务、税收政策、个性化辅导等数据信息实时、精准推送给企业，实现税企双方在虚拟空间完成非接触式双向、实时、全面互动。

---

① 国家税务总局青岛市税务局. 青岛：打造"税企直连"服务平台［EB/OL］.（2020 – 08 – 10）［2022 – 04 – 29］. http：//qingdao. chinatax. gov. cn/qdsw_licang/ssxc2019/gzdt/202009/t20200921_58541. html.

② 胡嘉，刘碧民，郁永美. 基于智能时代的集团公司财务云建设研究［J］. 中国总会计师，2014（10）：80 – 81.

③ 肖腾，李伟松，陈艾诗. 税企软件直连 90 秒"搞掂"申报［N］. 中国税务报，2020 – 08 – 24（A2）.

（二）税企直通车的主要特征

1. 信息由单向传送转变为双向交换。传统模式下，税企之间单向传递涉税信息，主要由企业向税务机关报送相关涉税信息。税企直通车模式下，税务机关还会将大量的税收法律法规、税收政策、纳税服务等信息传递给企业，特别是惠企利民的数据信息，都会准确、及时、高效地传递给企业。这样，就打破了传统意义上涉税信息主要由企业向税务机关单向流动的局面，实现了涉税信息在税企之间的双向流动。

2. 数据传输由延时滞后向实时即达转变。传统模式下，由于数据标准化工作还不健全，信息传递主要依靠人工或部分依靠计算机、互联网进行，科学完备的数据传输机制尚未建立，税务机关与企业之间的信息传递往往滞后于业务发生时间。税企直通车通过网络和数据管理能够实现信息的实时传递，做到数据产生即传递，可以有效提高税企之间的沟通效率。

3. 数据管理由分散处理向集成整合转变。传统的税企数据管理大部分是分散性、碎片化的。税企直通车可以自动地将分散化的各类税企数据实时进行规范整合（内容上包括对税收管理和服务数据、企业经营数据以及舆情数据等的整合，形式上包括对数字、文字、图像、语音等的整合），通过定向传递、按需传递、多维展示，实现税企数据管理的整体化、全息化。

4. 税企联系由单一形式向多元形式转变。传统模式下，税务机关主要通过税收调查、座谈研讨、办税资料填报等方式与纳税人缴费人面对面联系获取涉税信息，获取信息不全面，管理成本高，工作效率低。税企直通车因其自身强大的信息聚集作用，能最大限度打通自助税收设备、手机 App、融媒体设施等沟通渠道，实现税企之间联系沟通的多元化和全面化。

二、税企直通车促进税企业务交互融合

智慧税务建设将实现"算量、算法、算力的'三算'一体化深度融合；技术功能、制度效能、组织机能的'三能'一体化深度融合；税务、财务、业务的'三务'一体化深度融合；治税、治队、治理的'三治'一体化深度融合"[①]，本质上就是运用大数据、云计算、人工智能等现代信息技术，创新

---

① 深化亚太税收合作　共绘数字发展蓝图：王军局长在第 50 届 SGATAR 年会上的发言［EB/OL］．（2021－11－18）［2022－04－28］. http：//www. chinatax. gov. cn/chinatax/n810219/n810724/c5170676/content. html.

理念、模式、机制，以实现税务执法、服务、监管的数字化和智能化，体现了内外部涉税信息汇聚联通、线上线下有机贯通，税收业务处理智能化的深度融合。税企直通车的功能与特征满足了这一需求，可从数据汇聚、业务信息交互、线上融通等方面助力智慧税务建设。

（一）税企数据及时获取，服务税收治理"四精"① 要求

通过税企直通车，税务机关能够实时、精准、高效地获取企业涉税信息，包括企业注册信息及其相关的业务、财务、社会保障、信用等信息，并快速进行数据处理分析。同时，税务机关还能够根据税收征管需要，通过运用各类有效的大数据分析方法、分析模型对获取到的企业数据进行深入分析，如纳税遵从度分析、企业税收风险识别分析、企业健康状况分析等。这一方面为税务机关"四精"管理提供了科学依据，进而为企业提供高效、便捷、精准的纳税服务；另一方面也为企业规避涉税风险、提高运营管理水平提供了有力依据。

（二）税企业务实时直达，满足税收治理智能化需要

通过税企直通车，企业可以将经营数据、财务数据、社会保障数据自动实现与纳税申报表的关联，并自动完成纳税申报，大大减少企业涉税管理方面资金、人员、时间等成本的投入，提高企业涉税管理的工作效率。同时，通过税企直通车上"搭载"的大数据分析、宏观经济分析、舆情分析等工具以及其他专项"微服务"，还可自动实现税收风险监测、企业"健康状况体检"以及实时获取来自税务机关的政策、服务等信息，督促企业不断加强和改进自身经营管理水平，提高税法遵从度。

（三）税企信息全面共享，实现税收治理现代化目标

1. 明显降低税收征纳成本。通过税企直通车的自动化涉税信息采集、重复数据初始化、自动生成涉税资料等服务，可以进一步优化涉税信息采集报送的流程，并结合内置政策法规、沟通平台、办税提醒等减少企业涉税业务投入成本，增强企业自我认知和改善生产经营的能力，从而有效提高企业的经营效益。从"智税通""财务云"以及国家税务总局深圳市税务局打造的税企直连平台的实践应用效果看，税企直通车不但能够有效提高企业的经营效益，还可

---

① 即精确执法、精细服务、精准监管、精诚共治，简称"四精"。

以节约企业纳税申报和税务机关征收管理方面的时间和费用支出。

2. 有效提高税法遵从度。一是税企直通车通过纳税申报数据的自动抓取、涉税业务的自动申报和相关政策信息的自动推送，降低了税收征管成本。税务机关可以投入更多的人力、物力和财力到税收治理体系优化、工作流程优化以及为纳税人提供个性化服务等方面，最大限度地规避涉税信息的不对称，进而提高纳税服务的便捷性、高效性和精准性。二是税企直通车通过对税收政策适用的自动监测、自动梳理，运用大数据技术以及机器学习算法等，构建针对不同业务场景的税收风险识别指标体系和模型。无论税务机关还是企业，都可以依托这些模型通过云计算、"微服务"等方式进行自动风险识别和预警，从而有效降低税收风险。

3. 显著提升纳税服务满意度。税企直通车通过税企之间的互联互通和实时双向多元联系，建立"非接触式"税收治理模式，优化税务监管方式，不仅减少了对纳税人日常经营的"打扰"，而且可以显著提升纳税服务的及时性和精准性，使得纳税人满意度不断提升。

三、税企直通车的主要功能和总体架构

（一）税企直通车的主要功能

税企直通车能够实现"业务数字化、管理全留痕、监控无感化、服务不打扰"，对内革新理念、理顺职责、盘活数据资产、探索新技术应用，对外加强互联互通、数据共享、业务协同，充分整合挖掘各方有价值的信息资源。

1. 涉税信息共享。税企直通车能够将企业基本信息、财务信息、纳税信用信息、税收优惠政策信息等涉税信息，以及来自自助税收设备、手机 App、融媒体设施、互联网渠道等的涉税信息实现税企共用，还可实现企业纳税申报工作的智能管理和涉税信息的自动推送，以及各种涉税信息的自动查询。

2. 发票申领管理。税企直通车能够创新传统发票管理的定额定量、验旧换新的传统管理模式，在有效防范发票管理和开具中潜在风险的同时，实现按照纳税人的信用等级、管理水平等情况进行网络申请、免审批、无限量供给的发票申领管理，进一步强化发票管理。

3. 纳税风险分析。税企直通车依托大数据技术，充分利用各种涉税信息和企业相关经营数据，通过构建税收风险识别模型、发票虚开监控模型和重点税源监控模型，对企业涉税风险以及税务机关在税收征管中潜在的风险进行智

能识别、分析和判断，实现分类分级管理，将风险管理贯穿于企业经营和税收征管的全过程，由注重事后处置向注重事前防范转变。

4. 优惠政策推送。税企直通车可以利用"画像"和"打标签"等大数据技术，对不同类型的纳税人匹配不同的政策需求，以进行精准的政策提示。同时，还可以根据纳税人阅读行为习惯自动计算出纳税人阅读税务机关推送信息的时间及其应对时间，提高政策推送的精准性，实现纳税服务的定制化和个性化，增强税企联系沟通的匹配度。

5. 涉税知识库。税企直通车可以通过建立涉税知识库，不断更新各种涉税知识资料，实现税收政策和涉税相关信息的自主查询。同时，税企直通车模式下，税企之间还可以通过融媒体技术实现实时互动，并可通过全国及一定区域内12366纳税服务平台的智能服务实现"全天候"24小时"不打烊"的精准服务。

（二）税企直通车的总体架构

如图1所示，税企直通车总体框架主要分为基础设施层、数据服务层、应用支撑层和应用服务层四个部分。

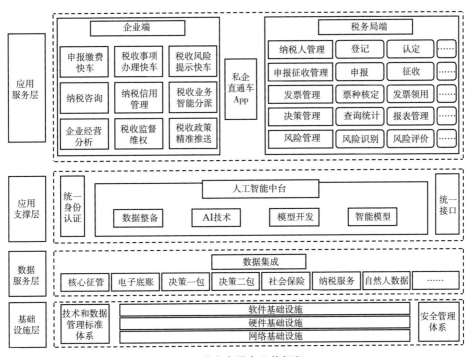

图1 税企直通车总体框架

1. 基础设施层。由软件、硬件、网络基础设施以及相应的技术和数据管理标准体系、安全管理体系所构成的基础设施层是支撑税企直通车的基础。根据当前我国税务信息化建设发展实际，基础设施层的软件、硬件和网络基础设施可以依托现有的税务云平台来建设，既节约税企直通车的建设成本，也有利于与现阶段智慧税务建设以及推进税收征管改革有机融合。基础设施层建设的重点与难点是技术和数据管理标准体系和安全管理体系的建设。这两个体系的建设必须紧密结合智慧税务建设中业务数字化、网络化、智能化和智慧化的发展趋势，以适应税收管理和服务以及企业经营达到扁平化、流程化管理的现实需要。

2. 数据服务层。主要功能是对税务机关和企业的海量涉税信息进行收集、存储、管理和分析，充分挖掘税收数据价值。数据服务层主要包括核心征管数据、电子底账、决策数据、社会保险数据、纳税服务数据、自然人数据以及舆情数据等服务模块。这些数据既包括历史数据，也包括新产生的数据；既有结构化数据，也有非结构化数据。数据服务层建设主要依托数据仓库技术、云计算和云存储技术，为税企直通车实际业务应用提供优质的基础数据。

3. 应用支撑层。包括统一身份认证、人工智能中台和统一接口三个部分。其中，统一身份认证、统一接口是实现税务机关和企业进行身份认证和信息传递的"关口"和"通道"，解决身份真实性和数据传递的有效性、可行性问题。人工智能中台是应用支撑层的主体，主要面向的是税务机关和企业的实际应用需求，对所获得的数据信息进行网络化、数据化、智能化和智慧化的处理、分析及应用，以便税务机关和企业高效、便捷、安全地开展工作。人工智能中台主要由数据整备、人工智能（AI）技术、模型开发和智能模型四部分组成，是整个税企直通车的核心组件和算法保障。

4. 应用服务层。是面向税务机关和企业的大数据应用、以实际需求为导向的各种应用服务系统和工具，包括 PC 网络化服务系统、移动 App 服务系统和专项服务系统三类。税企直通车在税务局端，可以细化为纳税人管理、申报征收管理、发票管理、决策管理和风险管理五大应用系统，以进行智能监管和为企业提供个性化、精准化的专项服务，实现"线下服务无死角、线上服务不打烊、定制服务广覆盖"。在企业端，包括申报缴费快车、税收事项办理快车、税收风险提示快车、纳税咨询、纳税信用管理、税收业务智能分派、企业经营分析、税收监督维权、税收政策精准推送等多个系统，能够使企业的经营管理与涉税事务有机融合，有效降低企业在涉税事务管理中的各种机会成本，使企业能够集中精力开展经营管理，进而实现以优质纳税服务助力企业发展之目标。

四、推进税企直通车建设的建议

（一）扩展业务创新，奠定税企直通车建设基础

税企直通车通过改善税收征管方式和提升纳税服务水平，实现税收管理和服务的高效化和智慧化，需要在税收业务整合优化和征管服务提质增效等方面进一步创新。一是要结合深化税收征管改革要求，以纳税人为中心，以提升服务质量为目标，分析税收业务需求，深化服务内容，优化服务方式，扩展业务创新，为完善税企直通车主要功能提供税收业务方面的基础性支持，推动纳税服务提质增效。二是要搭建企业与上下游合作企业、客户的合作平台，实现企业经营管理与市场合作伙伴、税务机关的深度融合，以及税收政策信息、社会保障信息和其他与企业经营管理密切相关的数据信息的税企共用。三是要建立税收征管协同机制，扩展税企直通车业务内容范围，减少税收业务信息阻碍风险，夯实业务数据基础。

（二）着力技术创新，提高税企直通车建设质量

技术创新是推进税企直通车建设的基础支撑，是确保税企直通车建设的重要措施。在实现技术创新方面，税务机关和企业都应积极主动适应现代信息技术的发展需要，并根据自身需求，加快构建并完善与自身特点相契合的数字化管理信息系统。在此基础上，依托互联网、物联网等信息基础设施积极构建税企互联网数据信息"通道"，从而架设起税企直通车高效运转的桥梁。

1. 税务机关需从平台建设、新技术开发应用等方面开展技术创新。一是要构建起上下贯通、融合各种智能化纳税服务设施设备、税收 App、12366 纳税缴费服务热线等税收治理终端的统一的数字化纳税服务平台，充分利用现代信息技术加强涉税信息的融合应用，推进法人税费数据信息"一户式"、自然人税费数据信息"一人式"、税务机关数据信息"一局式"、税务人员数据信息"一员式"智能归集。二是要构建以"信用＋风险"为主要特征的智慧税收征管体系和以自主遵从、优质便捷为主要特征的智慧纳税服务体系。三是要通过机器学习、知识图谱、模式识别等先进技术方法强化对涉税信息的综合分析，建立全流程、智慧化风险防控和纳税服务机制。四是要健全涉企涉税信息

的安全保密管理。五是要增强税企双方在税收管理和服务领域的互动互利、互帮互促，不断提升税企直通车的叠加效应。

2. 企业应从财务处理系统和业务衔接方面进行技术创新，按照税企信息直通要求进行自身财务数字化建设和应用的转换。要按照相关法律法规要求，充分利用现代信息技术开展涉税业务管理，搭建企业资源管理一体化信息平台，将涉税信息系统、社保缴费信息系统、业务经营信息系统等进行安全、规范、有效的整合，并通过税企直通车实现与税务机关信息系统的有效对接。一方面，实现对涉税事务、涉税风险、税费优惠政策的智能化自动管理；另一方面，依托税企直通车及时向税务机关反映有关问题，推进税企共治。

（三）实施组织创新，完善税企直通车建设保障

现代信息技术的快速发展降低了不同市场主体之间信息不对称的程度，为促进组织结构的扁平化、网络化创造了有利条件，成为组织创新的有力工具。在税企直通车建设中，税企双方都要积极适应现代信息技术发展的新形势、新要求，结合自身运营管理的实际需要，积极推进组织创新。一是税企双方可按照智慧税务、税企直通车建设要求更新改造传统的组织体系，减少不必要的管理部门，增加和充实大数据、风险管理、内部控制、模型研发等部门的设置。二是税企双方可减少部门层级设置，实现扁平化管理，充分运用现代信息技术，优化部门层级设计，畅通上级领导部门与下级部门之间、不同部门之间直接沟通联系的渠道，提高组织机构的运转效力。三是税企双方应建立有关税企直通车运转方面的规章制度，以安全、高效、动态为原则，强化有关规章制度的科学性和系统性，以规范组织机构运转行为，确保税企直通车建设和运行管理的整体性、协调性和规范性。

（四）推进流程创新，提升税企直通车建设效率

提升税企直通车的建设效率，需要税企双方对各项涉税业务流程进行优化，实现工作流程的创新。一是税企双方对各自的工作流程要进行统一规划。税务部门可以建立"总局—省局"和"省局—基层局"两条涉税业务信息的汇集、传递、处理工作流程，实现在税务总局统一领导下充分发挥省局区域管理的工作职能，提高税企直通车建设的实践性、有效性和便于操作性。同时，针对特定的业务，要构建特别工作流程，以实现特事特办，增强税企直通车运转的灵活性。企业可以根据自身特点运用现代信息技术进行流程再造，减少冗

余工作流程，增强运营效率。二是税企双方可根据自身运行管理的实际需要，针对特定的业务制定专项工作流程。税务机关可以建立大数据应用业务流程，明确数据采集清洗筛选管理、应用模型构建与优化、数据应用结果展示、结果自动推送等工作流程，提高税企直通车运行的规范化水平。企业可以针对涉税业务建立涉税信息自动采集、纳税报表自动生成、涉税风险自动检测、税收优惠政策自动获取并匹配应用的业务流程，以进一步增强税企直通车服务企业运营管理的效能。

参考文献：

［1］谢波峰．智慧税务建设的若干理论问题：兼谈对深化税收征管改革的认识［J］．税务研究，2021（9）：50－56.

［2］谢波峰，尹天惠．智慧税务的实践现状和发展探索［J］．国际税收，2021（10）：21－26.

［3］杨磊．强化数据要素驱动推进智慧税务建设的思考［J］．税务研究，2020（11）：130－134.

［4］单伟力，张晗，李丹．智能画像技术和服务推荐技术在电子税务局中的应用场景探讨［J］．税务研究，2022（4）：62－68.

［5］潘欣欣．现代治理视域下智慧税务的逻辑建构［J］．税务研究，2022（3）：107－114.

［6］胡立文．深化以数治税应用　强化税收风险防控［J］．税务研究，2021（6）：12－17.

作者单位：内蒙古财经大学财政税务学院
　　　　　内蒙古财经大学财政税务学院
　　　　　内蒙古财经大学金融学院

智慧税务助力高质量发展的实践与探索

游家兴　栁　颖　杨莎莉

内容提要：随着数字经济成为重组全球要素资源、重塑全球经济结构的关键力量，数字技术在国家治理中得到越来越多的重视和应用。在此背景下，智慧税务应运而生，成为税收治理体系和治理能力现代化的关键环节，在推动经济社会高质量发展中的地位愈加突出。当前，智慧税务赋能高质量发展分别在宏观、中观和微观层面取得了阶段性成果，但仍在税收制度体系、市场监管模式和政策落实力度等方面面临诸多挑战。未来，应加快智慧税务建设，深入推进精确执法、精细服务、精准监管、精诚共治，通过提供制度保障、构建科学监管体系、做好政策落实，为高质量发展营造良好环境。

关键词：智慧税务　高质量发展　精确执法　精细服务　精准监管　精诚共治

实现高质量发展是我国经济社会发展历史、实践和理论的统一，是开启全面建设社会主义现代化国家新征程、实现第二个百年奋斗目标的根本路径。当今世界处于百年未有之大变局，站在"两个一百年"奋斗目标的历史交汇点上，中国面临新机遇、新挑战，更加凸显实现高质量发展的必要性和迫切性。因此，要深入贯彻新发展理念，全面构建新发展格局，将高质量发展贯穿经济社会发展的各方面各环节。税收发挥着组织财政收入、调节经济活动和监督经济三大职能作用，在推动高质量发展中的地位越来越突出。2021年3月，中共中央办公厅、国务院办公厅印发《关于进一步深化税收征管改革的意见》，对进一步深化税收征管改革提出了具体要求，明确"十四五"时期将持续推进智慧税务建设。可以说，推进智慧税务建设是全面落实税收征管数字化升级和智能化改造的重要内容，是我国"十四五"时期推进税收现代化的重要手段，更是高质量发展的关键前提和重要基础。

一、智慧税务的发展与实践

（一）智慧税务的产生背景

税收征管高效能是国家治理能力持续提升的重要表现。随着大数据、云计算、人工智能、区块链等现代信息技术的快速发展，智慧税务积极利用现代信息技术引领税收征管模式和方法转变，通过搜集、整理、分析、应用税收大数据，征管模式实现了从"收税"到"报税"再到"算税"的跨越式发展，征管流程实现了从"上机"到"上网"再到"上云"的优化重塑，分类精准监管实现了从"以票管税"到"以数治税"的快速转变。这些转变与重塑有效促进税收征管效能从"加法效应"到"倍增效应"再到"乘数效应"的升级，最终构建以海量税收大数据为依托、以现代信息技术为手段、以完善征管模式为目标的具有高集成功能、高安全性能、高应用效能的智慧税务生态体系。

（二）智慧税务的重要作用

在智慧税务赋能高质量发展的过程中，转变执法方式、优化信息共享、创新税收征管以及服务经济社会发展是主要作用机制。

第一，智慧税务在海量税收大数据加持下，利用现代信息技术进行建模和分析，能够精准识别企业可能存在的偷税、逃税、骗税等行为，达到事前监督之目的。① 这意味着税务机关执法方式实现了由被动到主动的历史性转变，为市场主体创造了更加公平的税收环境，有助于推动高质量发展。

第二，智慧税务依托高度集成化的海量税收大数据，能够打通各级税务机关及其他部门之间的信息通道，实现信息互联互通和全面对接，优化信息共享。具体而言，利用多主体、多渠道的数据源和现代信息技术，智慧税务优化了涉税信息在不同部门间的收集、交换与共享，有效实现各类数据的互通和关联分析。不仅如此，数据的交叉融合对于缓解税务机关与纳税人之间的信息不对称问题十分有利，并为税收政策的制定、执行与落实提供根本保障。这对于

---

① 孙存一，谭荣华．简析大数据支撑下的"互联网＋智慧税务"［J］．税务研究，2018（4）：104－107．

税收治理现代化乃至全社会高质量发展都将起到积极的推进作用。

第三，智慧税务运用现代信息技术创新税收征管方式，积极推动税收治理现代化。税收征管是税收工作的重要主题，是保障国家财力的基石。当前，随着经济发展日益呈现出多元化的发展形式，税源多样性、流动性、隐蔽性问题给税收征管带来诸多挑战。智慧税务借助现代信息技术能够实现跨时间（评估历史数据）和跨空间（整合跨部门、跨地区的数据源）的数据分析，在此基础上形成高精度预测，能够更加准确地评估纳税人的税法遵从度。

第四，智慧税务在国家治理现代化与服务经济社会发展中扮演重要角色。从宏观经济层面看，智慧税务对税收大数据的整合分析，为宏观调控、产业政策制定提供良好支撑；从中观市场层面看，智慧税务对经济趋势的预测和分析，为市场化改革、行业及产业发展提供前提基础；从微观纳税人层面看，智慧税务利用涉税信息引导纳税人行为，有助于税收政策有效落实，为高质量发展提供重要保障。

（三）智慧税务的实践与应用

在数字化的赋能驱动下，智能化纳税服务不断革新，我国智慧税务发展实践取得了阶段性成果。这其中，以金税工程最为典型。迄今为止，金税工程已完成前三期的建设，金税四期也于 2021 年开始试点。特别是金税三期通过建立基于信息管税的税收征管模式，有效整合了全国税收大数据，建成了执法规范、风险管控、信息共享的新系统，实现了"一个平台、两级处理、三个覆盖、四类系统"的目标。[①] 运用自然语言处理技术和人脸识别技术，纳税服务和税收征管获得重要信息来源和决策支持；运用机器学习和神经网络，税收预测和风险管理的数字化程度显著提升；运用机器人流程自动化，办税流程和纳税咨询服务得到整体优化。除了涉税业务，金税四期还将"非税"业务纳入其中，实现业务的全面、系统监控，同时进一步深化税务系统内外部的信息共享和信息核查。总体而言，在各级税务机关的共同努力下，智慧税务实践取得了实质性进展。尽管如此，构建以税收大数据为内在动力，集合高集成化、高安全性、高智能化、高应用性为一体的智慧税务生态体系，不断推进税收治理体系和治理能力现代化，服务高质量发展，仍是今后的发展方向。

---

① "一个平台"指建立包含网络硬件和基础软件在内的、统一的技术基础平台；"两级处理"指逐步实现数据信息在总局和省局的集中处理；"三个覆盖"指覆盖所有税种、覆盖所有工作环节以及覆盖税务等各个部门；"四类系统"指征管业务系统、行政管理系统、外部信息系统以及决策支持系统。

二、智慧税务助力高质量发展的主要路径

智慧税务的建设实施，不仅能够提高税务机关的税收征管能力、优化纳税服务，更重要的是能够赋能高质量发展。准确把握宏观经济形势是高质量发展的必要前提，维护市场秩序并优化监管效能是高质量发展的根本保障，而富有竞争力的企业是高质量发展的微观基础。智慧税务赋能高质量发展的主要路径可从宏观经济层面、中观市场层面以及微观企业层面予以探讨。

（一）宏观经济层面

1. 研判经济形势，辅助经济决策。智慧税务能够辅助政府部门对宏观经济运行作出分析，有利于政府部门更好地开展管理和服务。税收大数据具有多维度、全方位、多场景的应用特征，几乎覆盖企业、个人等全部经济和市场主体，囊括生产、消费、投资、进出口等各种类型的经济行为，涉及行业、地区等多个维度。在对税收大数据进行清洗和处理后，税务机关能够全面系统地展开数据分析，充分挖掘、归纳其中的关键信息，如经济规律、发展趋势等，为预测经济形势提供重要数据支撑。换言之，智慧税务通过大数据、云计算、物联网等现代信息技术，实现数据交叉融合和关联分析，并形成精准预测，有助于政府和税务机关动态监测各个地区、行业和企业发展状况，为完善宏观调控、推动高质量发展提供必要的数据基础。

2. 促进税收交流，维护税收权益。智慧税务在全球税收信息化合作中扮演重要角色。一方面，借助"一带一路"建设机遇，智慧税务在持续强化"税务云平台"建设和不断优化完善金税工程的基础上，推动跨国税收征管合作机制建设与发展，有效促进国际税收交流与合作。① 另一方面，通过深化税收大数据的应用，智慧税务有助于解决国际涉税争议、跨国避税等问题，维护各国税收权益和市场秩序。近十年来，我国税务部门与其他国家沟通持续加强、合作不断深入，为税收营商环境持续优化作出了积极贡献，为应对新冠肺炎疫情和数字化冲击注入了新动力。

3. 破除数据桎梏，加快协同共治。智慧税务不仅实现税收大数据集成化，

---

① 2021 年 9 月 7 日，第二届"一带一路"税收征管合作论坛以线上形式举行。来自哈萨克斯坦、俄罗斯、阿联酋、新加坡、塞拉利昂等 61 个国家和地区的税务官员以及 12 个国际组织负责人齐聚"云端"，以"数字时代的税收信息化能力建设"为主题，共商"一带一路"税收合作发展大计。参见：中国打造智慧税务助力全球税收信息化合作 [EB/OL]. （2021 - 09 - 08）[2022 - 05 - 18]. ht-tp://www. chinatax. gov. cn/chinatax/n810219/n810780/c5168819/content. html.

还积极推动跨部门、跨地区之间的紧密合作，强化信息互联互通，如税务机关与商务、海关、公安、生态环境、市场监管、人民银行等部门间的信息共享与业务协同。通过部门间的交流合作与信息共享，税务部门建立了信息共享机制与业务协作机制，在税收共治方面初显成效，破除了数据孤岛的桎梏。税收共治合作力量不仅能够加强不同政府机构的紧密合作，强化税收在国家治理中的重要作用，同时还能够有效保障税收政策落实，助力减税降费政策效应的持续释放，推动经济社会高质量发展。

（二）中观市场层面

1. 强化税收征管，提高监管效能。智慧税务利用科学监管，有效提高监管效能。税务监管是打击税收违法行为、净化市场环境、规范行业秩序、优化营商环境的重要环节。近年来，税务机关利用税收大数据和现代信息技术，建立了以"信用"与"风险"为核心的新型税收监管机制，深化税收监管模式，提高了事前风险防范水平和事后违规惩处力度（王志平等，2021）。一方面，税务机关基于大数据分析和建模方法，构建纳税人风险评估模型，通过事前对信用和风险实施预判、分析和评估，防患于未然；另一方面，税务机关运用跨部门信息共享机制，有效破除数据藩篱，实现数据交叉融合和关联分析。通过科学监管，税务机关得以精准筛查偷税、逃税、骗税等违法违规行为，强化税收征管威慑力，有效提高税务监管效能，营造公平、健康市场环境。

2. 约束经验执法，完善执法措施。智慧税务通过约束经验式执法，完善税务执法措施，维护正常市场秩序。税收法治建设是税收征管改革的制度保障。近年来，税务部门持续扎实推进税收法治建设，以海量税收数据与新兴数据挖掘技术为前提基础，以统一执法标准和执法程序为主要手段，形成全程可控、责任可究、源头可溯、风险可防的智能化联动管理，有效约束了经验式执法，进一步完善了税务执法措施。这不仅有助于税收征管工作更加透明、规范，提高团队廉洁性，而且为市场主体创造了更加公平的税收环境，推动市场整体向更加清明、健康、高效的方向发展。

3. 落实税收政策，服务市场主体。智慧税务有助于落实、落细税收优惠政策，确保政策红利最快、最精准直达市场主体，为市场主体行稳致远保驾护航。例如，2021 年全年新增减税降费约 1.1 万亿元，为制造业中小微企业办理缓缴税费 2162 亿元，为煤电和供热企业办理"减、退、缓"税 271 亿元。①
2022 年，党中央、国务院又部署实施新的组合式税费支持政策，更加聚焦对
中小微企业、个体工商户、制造业等的支持力度。在 2022 年的政府工作报告
中，李克强总理也强调，减税与退税并举的组合式税费支持政策，预计全年退
税减税约 2.5 万亿元。② 税费支持政策的落实依赖于智慧税务的全方位保障。
这是因为智慧税务建设以纳税人需求为出发点，坚持服务导向（重庆市国家税
务局课题组，2017），对税收政策的落实具有积极意义，有助于实现为市场主
体排忧解难、优化税收营商环境、服务高质量发展的目标。

（三）微观企业层面

1. 优化纳税服务，便利企业主体。智慧税务为企业实现办税缴费"零跑
动"。在目前市场主体大幅增长的背景下，数字化、智能化为税务机关提高税
收征管效能提供重要技术支撑，切实优化了企业办税缴费流程，如增值税增量
留抵退税全流程电子化、"一网通办"政务服务建设等。值得一提的是，通过
融合大数据、人工智能等现代信息技术，税务机关建立并不断完善电子税务
局。电子税务局构建以数据开发、服务开发、应用开发和智能创新为基础平
台，以资本市场、服务市场和模型市场为中心的云端系统，实现了办税业务全
流程电子化、智能化、标准化，优化纳税服务，便利企业主体。

2. 落实减税降费，促进企业发展。智慧税务通过深入挖掘和分析税收大
数据，促进税费优惠政策有效落实，助力企业高质量发展。2021 年，围绕提
振工业经济运行、支持中小微企业发展，党中央、国务院打出了一套税费优惠
政策"组合拳"，既涵盖减税降费政策又涉及缓税缓费措施，既助力稳定经济
增长又着力增强企业发展后劲，为高质量发展奠定基础。而切实执行这一系列
措施，智慧税务责无旁贷：通过精准识别符合税收优惠条件的纳税企业，做到
应享尽享；通过持续优化电子税务局界面，简明税收优惠政策、便捷税收优惠
申请流程，促进税收优惠政策有效落实，扶持企业健康发展。

3. 打通数据链条，助力企业转型。智慧税务为企业数字化和税务管理升
级提供了机遇。智能化、数字化的办税流程和涉税业务的处理，是企业数字化

---

① 2021 年新增减税降费约 1.1 万亿元 [EB/OL]. (2022 – 01 – 27) [2022 – 05 – 18]. http：//
www. gov. cn/xinwen/2022 – 01/27/content_5670654. htm.
② 2022 年组合式税费支持政策公布　全年预计退税减税 2.5 万亿元 [EB/OL]. (2022 – 03 – 05)
[2022 – 05 – 18]. https：//s. cyol. com/articles/2022 – 03/05/content_ry3M3PSR. html？gid = 2Zr5ezre.

的提速引擎，有助于打通企业中的数据链条，推进业、财、税一体化的实现。与此同时，涉税数据是企业数据资产中的重要组成部分，通过将其与经营数据相结合并进行深入分析，有助于增强企业数字化能力建设，并为企业价值分析、经营决策、风险防控、规范管理等提供决策依据，为企业数字化转型变革作出重要贡献。

4. 分析产业实况，畅通供应链条。数字经济时代，智慧税务利用数据优势，分析产业链堵点、断点、痛点、难点，一方面，为原材料短缺的企业精准匹配可供选择的供应商；另一方面，为产品销售渠道不畅通的企业准确定位潜在客户群，为各类企业牵线搭桥，让各个市场主体的产业链、供应链保持畅通。例如，随着水果产业的发展，信息不对称问题也日益凸显，为让产业链发展更为稳固，云南省永德县税务部门充分发挥税收大数据优势，利用大数据云平台和增值税发票数据，通过多维度分析以及穿针引线，打通企业上下游链条，将水果种植、运输、加工和销售全流通环节串联到一起，从而将企业效益链进行了延伸和扩展，为乡村振兴提供有力支持，助力高质量发展和共同富裕。①

三、智慧税务助力高质量发展面临的主要问题

尽管智慧税务赋能高质量发展已经取得阶段性成果，然而，在后疫情时代，世界经济格局正在经历深度调整与重构，我国经济发展也出现许多新的变化，不仅需要深化供给侧结构性改革，而且要畅通国内国际双循环。在此背景下，智慧税务在赋能高质量发展目标时仍面临考验。

（一）宏观：税收制度体系有待完善

"十四五"时期，现代税收制度优化需要遵循税负合理、结构优化、税种科学的总体思路，以促进高质量发展（中国税务学会课题组，2022）。现阶段，在税负方面，我国宏观税负在国际上的横向比较中位于中等偏下水平，税负水平和税负结构仍需优化；在税制方面，我国直接税比重较低、间接税比重较高，税制结构有待调整；在税种方面，现有增值税、所得税、消费税等制度改革将持续深化，税种设置还需完善。同时，不同特征的市场主体缺少相应的

---

① 云南：大数据强驱动 智慧税务建设更走"新"［EB/OL］.（2022 – 01 – 18）［2022 – 05 – 18］. http://www.chinatax.gov.cn/chinatax/n810219/n810744/c101763/c101789/c5172188/content.html.

差异化税收制度，这也导致了我国税收制度体系暂难全面支撑高质量发展。因此，为确保高质量发展目标的实现，从宏观层面看，需要立足于国际经济形势和国内发展现状，充分挖掘和利用智慧税务提供的海量数据和平台，加快完善现有税收制度体系。

（二）中观：市场监管模式面临挑战

高质量发展离不开公平竞争的市场环境，而公平竞争的市场环境又离不开科学的税务监管。在以高质量发展为目标的当下，新经济、新业态层出不穷，产业转型升级加速，税务监管模式将面临新的发展形势和改革任务，这对税务监管模式如何适应税收制度改革和外部环境变化提出新的挑战。例如，平台经济的快速发展为经济增长贡献了重要力量，但由于其交易数据隐蔽、业务流动性较强而面临严峻的税务监管问题。2022 年 4 月 29 日召开的中共中央政治局会议强调，要保持资本市场平稳运行，完成平台经济专项整改、实施常态化监管，促进平台经济健康发展。① 现阶段，尽管相较于传统税务监管模式，在智慧税务发展的推动下，税务监管实现了从被动监管到主动监管的转型，但税务监管模式对环境的适应性仍然较弱。因此，为全面保障高质量发展目标的实现，从中观层面看，税务监管模式不能一成不变，面对推陈出新的交易模式和市场主体，需要相机行事，构建不同的管理要素组合以应对制度改革和外部环境的挑战，优化税务监管模式、规范市场秩序。

（三）微观：政策落实力度尚需提高

为实现高质量发展目标，我国出台了一系列减税降费措施和税收优惠政策，在帮扶企业渡过难关、促进企业做大做强、助推地方经济发展方面发挥了积极作用。特别是在全球新冠肺炎疫情的冲击下，我国经济的恢复仍然面临着较高的不确定性，尤其是对于一些中小微企业而言，面临的挑战将会更严峻，此时，有效落实政策显得尤为重要。然而现阶段，税收政策调控经济、调节分配的职能作用未能充分发挥，这将导致高质量发展目标的实现受到挑战。因此，为切实保证高质量发展目标的实现，从微观层面看，需要持续巩固减税降费成果、突出减税与退税并举、落实税收优惠政策，全面恢复市场活力。

---

① 中共中央政治局召开会议 习近平主持会议［EB/OL］．（2022 – 04 – 29）［2022 – 05 – 18］．http：//www. gov. cn/xinwen/2022 – 04/29/content_5688016. htm.

四、智慧税务助力高质量发展的政策建议

（一）精确执法，为高质量发展提供制度保障

利用智慧税务实现精确执法，为高质量发展保驾护航。精确执法要求税务机关通过运用法治思维，创新执法方式，在充分挖掘和利用税收大数据的基础上，总结归纳不同市场主体的发展规律，从中制定相应的差异化税收征管措施，维护税收公平、优化税负结构，促进高质量发展。一是要利用历史税收大数据构建纳税人税法遵从度评估模型，在此基础上实现高精度纳税遵从度预测，加强税务执法，做到应收尽收、应享尽享。二是要充分发挥税收大数据优势，实现跨部门、跨地区的数据整合，强化不同部门、不同地区间的信息共享机制，大力推动信息互通、资源共享和部门合作，加快实现执法标准统一、执法行为规范，共同推进区域高质量协调发展。三是对于新产业、新业态、新模式，要摒弃"一刀切"式的执法方式，量体裁衣、坚持问题导向，利用具体税收数据总结、预测发展规律，并结合实际情况，在持续推进依法纳税和税收公平的基础上，助力新兴产业健康发展。

（二）精准监管，为高质量发展构建科学监管体系

利用智慧税务实现精准监管，为高质量发展构建科学监管体系。当前，各类现代信息技术在税收领域的深度应用驶入快车道，为利用智慧税务进行精准监管、精确打击税收违法行为、助力高质量发展提供了机遇。税务机关可以通过事前防控、事中监督以及事后查处的监管方式建立健全新型税务监管体系，维护良好市场秩序，适应高质量发展。一是事前防控，建立税收档案。要整合税收大数据和风险评估模型，建立动态信用等级分类，对每一个纳税主体进行风险评估并建立相应的税收档案，实现智能化、全面化风险监管。二是事中监督，强化重点审查。要结合涉税违法案件，进行数据关联分析，构建一套行之有效的审核指标，对重点领域的违法行为进行筛选和检查，打击偷税、逃税、骗税等行为，加大监督检查力度。三是事后查处，构建"违法"模型。要充分利用税收大数据及数据集成化的思路，全面掌握数据间的勾稽关系，构建"违法"模型，精准打击税收违法行为，建立健全税收违法查处体系。

（三）精细服务，为高质量发展做好政策落实

利用智慧税务实现精细服务，为高质量发展做好政策落实。高质量发展目标的实现依赖于一系列税收政策的支持，而利用智慧税务实现的精细服务能够推动税收政策的落实，这将对高质量发展大有裨益。一是深化电子税务局改革。要全面推进办税缴费方式的转变，建立系统化、规范化的电子税务局，深化办税缴费服务"云处理"，满足纳税人的各项服务需求，精细纳税服务。二是建立涉税信息库。要充分利用信息系统，优化数据采集流程和数据共享机制，为纳税人及其各项涉税业务与非税业务建立信息库，以支持后续各项定制化、个性化纳税服务的实施。三是加大税收优惠宣传力度。要利用智能化、数字化的数据分析模型，为符合条件的纳税人定点推送相关税收优惠政策信息，强化各项税收优惠政策的落实。

（四）精诚共治，为高质量发展营造良好环境

利用智慧税务实现精诚共治，为高质量发展营造良好环境。要结合精确执法、精准监管和精细服务，构建"党政领导、税务主责、部门协作、社会协同、公众参与、国际合作"的税收共治大格局，实现精诚共治，营造良好税收营商环境，共同推动高质量发展目标。一是基于宏观视角，强化税务执法。要利用不同部门间的信息共享机制，发挥税收大数据优势，大力推动信息互通、资源共享和部门合作。要统一执法标准、规范执法行为，共同推进区域协调发展。二是基于中观视角，强化税务监管。要加强跨部门协作，强化信息共享机制，不断推进跨部门协同监管。要加强社会协同，积极推进行业协会和中介组织的监管作用。要基于税收大数据构建先进算法模型，实行动态信用评价和监控、差异化风险识别和预估，实现对涉税违法行为的精准分析。三是基于微观视角，优化税费服务。要利用全面系统的涉税信息，实现税务机关与纳税人之间的协同治理，尽可能地为纳税人提供精细化服务，确保税收政策的落实，力争做到"无风险不打扰、低风险预提醒、中高风险严监控"。要以精确执法、精准监管、精细服务和精诚共治的有机融合，共同推动智慧税务助力高质量发展。

参考文献：

［1］王志平，张景奇，杜宝贵．新坐标、新维度框架下的智慧税务建设研究［J］．税务研究，2021（12）：124－128．

［2］重庆市国家税务局课题组．"智慧税务"的基本特征及基层的实践探索［J］．税务研究，2017（8）：108－112．

［3］中国税务学会课题组．"十四五"时期优化税制问题研究［J］．税务研究，2022（4）：5－11．

［4］谢波峰，尹天惠．智慧税务的实践现状和发展探索［J］．国际税收，2021（10）：21－26．

［5］杨磊．强化数据要素驱动推进智慧税务建设的思考［J］．税务研究，2020（11）：130－134．

［6］韦芳，张豪，王海宁，等．基于大数据构建企业智慧税务管理的探索［J］．国际税收，2017（4）：23－27．

作者单位：厦门大学管理学院
厦门大学管理学院
国家税务总局厦门市税务局

附　　录

2022 年度"数字经济与税收治理"征文启事

习近平总书记指出,数字经济蓬勃发展,深刻改变着人类生产生活方式,对各国经济社会发展、全球治理体系、人类文明进程影响深远。《中华人民共和国国民经济和社会发展第十四个五年规划和 2035 年远景目标纲要》提出,以数字化转型驱动治理方式变革,将数字技术广泛应用于政府管理服务,推动政府治理流程再造和模式优化,不断提高决策科学性和服务效率。中共中央办公厅、国务院办公厅印发的《关于进一步深化税收征管改革的意见》明确要求,全面推进税收征管数字化升级和智能化改造,整体性集成式提升税收治理效能。国家税务总局局长王军多次强调,要以税收大数据为驱动力,加快建设智慧税务,积极助力国家治理方式变革。

为贯彻落实中央的战略部署和国家税务总局的明确要求,深入研究数字经济对税收治理的影响,不断完善新时代税收治理体系、提升税收治理能力,更好服务国家治理体系和治理能力现代化,中国税务杂志社、腾讯公司将共同举办"数字经济与税收治理"征文活动。

一、征文内容

征文活动将围绕但不限于以下主题:

1. 数字经济相关税收基础理论的研究(如对数字经济征税的理论逻辑研究,数字经济税收治理的社会学、政治学研究,数字经济背景下的税收效率与公平问题研究,等等);

2. 数字经济对税收的挑战与应对(包括数字经济的产业特征及税收理论创新、数字经济时代的税制改革研究、数字经济背景下的税收征管问题研究、数字经济对财税体制变革的影响及对策等);

3. 智慧税务建设的理论与实践相关问题研究;

4. 现代信息技术在税收治理实践中的应用研究;

5. 税收征管数字化转型发展研究;

6. 数字经济背景下相关财税法律制度的重构研究；

7. 数字经济与国际税收规则变革相关问题研究；

8. 新产业、新业态、新模式（如零工经济、平台经济、数字货币等）的税收治理问题研究；

9. 数字经济背景下自然人税收治理研究；

10. 税收大数据在税收征管、收入分析、服务决策等方面的应用研究；

11. 数据资产课税相关问题研究（如数据资产的确认与计量、数据资产的税务会计处理、数据资产收入的核算与征管等）；

12. 粤港澳大湾区一体化发展所引发的税收治理和税收科技变革研究。

二、征文要求

征文的具体要求如下：

1. 稿件要求原创，可以是理论上的研究探索，也可以是与实践融合的思考总结，还可以是对发展前景的展望；

2. 文章要紧密结合数字经济发展现状，紧密结合税收征管实践，紧密结合税收治理效能提升；

3. 文章要富有思想性，体现理论性，彰显时代性，力求创新性；

4. 文章要主题鲜明、逻辑清晰，文字要通俗易懂、简洁流畅；

5. 每篇征文字数原则上在 6000～13000 字。

三、征文对象

本次征文活动面向全国税务工作者、广大纳税人、有关科研院所师生和社会各界群众。

四、征文截稿时间

征文截稿时间为 2023 年 1 月 31 日。

五、投稿须知

请所有投稿作者通过中国税务杂志社投约稿系统向《税务研究》杂志"数字经济与税收治理"征文栏目投稿。

您可登录中国税务网（www.ctax.org.cn），在首页点击"投约稿平台"进行注册、登录。所投稿件会自动、直接呈现于"数字经济与税收治理"征文栏目责任编辑所在的编审系统页面。

六、评选及奖励

征文活动结束后，主办方将组织有关专家组成评审委员会，评选出一等奖、二等奖、三等奖和优秀奖论文，并对作者予以奖励。届时，还将邀请部分优秀征文作者出席"数字经济与税收治理"学术研讨活动。

七、联系方式

中国税务杂志社《税务研究》编辑部

联系人：郝东杰

联系电话：010 – 63886792，010 – 63572984（传真）

中国税务杂志社　腾讯公司

2022 年 4 月

深入研究数字经济与税收治理
更好服务税收现代化建设

——2022 年度"数字经济与税收治理"征文活动综述

郝东杰

习近平总书记在党的二十大报告中强调，加快发展数字经济，促进数字经济和实体经济深度融合，打造具有国际竞争力的数字产业集群。中共中央、国务院印发的《数字中国建设整体布局规划》提出，要加快数字技术创新应用，做强做优做大数字经济，全面赋能经济社会发展。中共中央办公厅、国务院办公厅印发的《关于进一步深化税收征管改革的意见》明确要求，全面推进税收征管数字化升级和智能化改造，整体性集成式提升税收治理效能。国家税务总局也多次要求，要深入推进以税收大数据为支撑的智慧税务建设，为拓展提升税收职能作用提供更为强大的数据支撑，以数字化税务有效服务数字化政府和数字化市场，高效服务国家治理体系和治理能力现代化。

为贯彻落实党中央、国务院的决策部署和国家税务总局的明确要求，深入研究数字经济对税收治理的影响，不断完善新时代税收治理体系，提升税收治理能力，更好以税收现代化服务中国式现代化，中国税务杂志社与腾讯公司联合举办了 2022 年度"数字经济与税收治理"征文活动。征文活动得到了社会各界的积极响应和广泛参与，共收到各界来稿三百余篇，选题视角多元，研究内容丰富，思考问题深入，对策建议创新。近日，在前期认真收集整理、甄别筛选以及专家初评、复评的基础上，征文共评选出一等奖（2 名）、二等奖（4 名）、三等奖（6 名）、优秀奖（20 名）。

总体而言，2022 年度的征文各方面都有了新的进步，可谓亮点纷呈。一是研究主题惯性强。继前几年征文聚焦数字经济发展带来的税收挑战问题后，本年度的征文在研究主题上体现出很强的学术惯性，特别是在既有文献解决了应对数字经济税收挑战的方法论之后，重点挖掘税收治理的数字化转型、智慧税务解决方案、数据要素课税基础理论等。二是研究立意站位高。越来越多的征文来稿站在构建中国特色社会主义税收学科体系、学术体系和话语体系的理论高度，围绕数字经济发展带来的税收治理问题，更加注重中国税收问题的现实观照，把论文写在祖国大地上，为税收治理现代化服务中国式现代化的伟大实践添智赋能。三是研究内容专而深。本年度征文的研究内容在专业性和研究深度方面较往年有所提高，特别注重从"基础理论－制度规则－政策方法－技术操作"的全层次分析。例如：对于数据要素课税问题，不仅有关于数据可税性的哲学探讨，而且还有关于数据要素课税的制度设计和政策转化的构想，更有实现制度实践的技术操作建议；对于智慧税务建设问题，形成了公共管理学、社会学、法学、经济学等多学科矩阵式视角的系统研究，既涉及智慧税务的理论逻辑建构，又关注智慧税务的实践路径，等等。四是研究方法多元化。本年度征文在研究方法上呈现出"百花齐放"的局面，既有传统的思辨性研究范式，也有现代的定量化范式；既有文本研究方法，又有计量分析手段，但没有任何一种研究范式和研究方法具有"压倒性"优势。更为重要的是，征文的评奖结果坚持"唯质量论"，没有表现出对某一种研究范式、研究方法的"偏好"，进一步体现了征文评选的公正性。五是作者来源广。本年度征文作者不仅有高校和研究机构人员，而且还有全国税务系统的税务干部，更有来自企业和其他事业单位的税收科研爱好者，充分体现了社会各界对数字经济与税收治理这一重大议题的高度关注。

归纳起来，本次征文来稿的内容主要集中在以下四个方面。

一、税收治理的数字化转型

技术革新是数字经济发展的根本动力。进入二十一世纪以来，新技术不断涌现、数字化程度快速提升，带来全球经济社会发展和政府治理的根本性变革。党的十八大以来，我国税收制度改革不断深化，税收征管体制持续优化，纳税服务和税务执法的规范性、便捷性、精准性不断提高，我国税务部门面向数字经济的税收征管数字化转型实践与创新，不仅顺应国际主流趋势，而且还在线上办税、税收大数据分析、数据安全等领域走在国际前列。这为学者们创新税收征管理论与实践研究提供了历史契机。

国家税务总局上海市税务局李俊坤等撰写的《税收大数据服务经济分析的应用研究》一文，以税收经济发展指数的构建和应用为例，使用合成指数法，充分发挥税收大数据的独特优势，从经济的规模扩张和质量提高两个角度出发，构建了税收经济发展指数，并基于上海市的税收大数据对其进行了验证和应用。中山大学法学院杨小强等撰写的《人工智能在税务领域应用中的风险及规制》一文在考察了人工智能在税务领域应用中风险的形成机制，剖析了人工智能在税务领域应用方面存在的主要风险与问题后，认为我国亟须划定人工智能技术在税务领域的适用边界并完善涉税数据和算法的管理机制，具体包括数据治理、算法透明以及应用边界等方面的制度构建，以实现人工智能和依法治税的深度融合。王水莲等撰写的《数字技术赋能银税互动：机理、制约与策略》一文重点分析了当前数字技术赋能银税互动面临的问题，并从政府顶层机制、银税交互信息提升、"数字技术＋银／税"深度融合、数据安全和合规等方面提出了进一步提升银税互动质效的建议。此外，国家税务总局深圳市税务局李伟等撰写的《我国税收征管风险等级测算研究》、国家税务总局贵州省税务局冯绍伍等撰写的《大数据思维下实现精准税务监管的思考与探索》、国家税务总局重庆市税务局张雄撰写的《税收大数据在国家治理中的价值实现路径探析》等文章从现代信息技术在税收治理中的应用视角，论述现代信息技术为税收治理的数字化转型与发展带来的新机遇、新挑战，并从提升税收数据智能化管理与应用、促进信息有效共享、提升税收风险管理质效、提升纳税服务水平等方面提出了有针对性的建议。

二、智慧税务建设

智慧税务建设是"十四五"时期我国税收现代化建设进程中的恢宏篇章。在各级税务机关坚持以习近平新时代中国特色社会主义思想为指导，深入贯彻落实《关于进一步深化税收征管改革的意见》要求，持续深化征管改革，推动智慧税务建设取得实质性进展的大背景下，征文活动涌现出了一大批关于智慧税务建设的优秀研究成果。

重庆发展投资有限公司周志波撰写的《智慧税务的逻辑建构：一个组织社会学视角》一文从组织社会学视角展开分析，认为智慧税务作为一个建构的概念，其生成逻辑包含价值性要素、动力性要素、规则性要素和结构性要素，基于智慧税务的发展与进化仍面临诸多挑战与困境，应当重塑智慧善治的治理价值，建立激励包容的动力机制，强化法治规制的治理秩序，重建结构平衡的组织理性，推进智慧税务包容性发展、进化与嬗变。国家税务总局河北省税务局单伟力等撰写的《智能画像技术和服务推荐技术在电子税务局中的应用场景探讨》一文认为，电子税务局作为"智慧税务"体系中服务纳税人的首要门户，亟须突破传统服务模式，融合智慧化功能，为纳税人提供专属个性化服务，以大幅提升纳税人报税体验。西南政法大学经济法学院王婷婷撰写的《智慧税务的实践属性、现实困境与未来路径》一文认为，新时代的智慧税务是以经济社会可持续发展为中心，以纳税人缴费人的合理需求导向为核心，推动新兴技术与税务工作深度融合，实现税收资源有机整合、税务治理转型升级、税收服务优化创新、税收征纳关系互动和谐的新型生态体系。国家税务总局税务干部学院周开君撰写的《智慧税务建设的价值意蕴、逻辑机理与实践路径》一文认为，智慧税务正在改变税收信息化发展应用的运行轨迹，其价值意蕴由"工具理性"逐步向"价值理性"回归，推动构建泛在可及、智慧便捷、公平普惠的税收治理新体系。为推动形成协同共治智慧税务生态，更好发挥数据驱动作用，更好践行"以人民为中心"的发展思想，应进一步完善智慧税务法治体系，促进海量税收大数据融合，不断拓展智慧税务应用动能。此外，还有多篇征文来稿围绕智慧税务建设精心研究，深耕厚植，持续为完善税收治理体系和治理能力现代化、助力税收现代化服务中国式现代化建设贡献智慧与力量。

三、数字经济时代的税制改革

随着数字经济与经济社会各领域融合的广度和深度不断拓展，数字经济为传统经济发展注入新动能，成为国民经济发展的重要驱动力。面对数字经济蓬勃发展带来的诸多税收治理问题，尤其是对现行税制体系带来的巨大冲击和颠覆性影响，相关理论研究紧跟时代步伐，回应社会热点，用具有实践指导价值的理论研究成果为数字经济的健康发展提供逻辑贯通的政策建议。

中国财政科学研究院邢丽等撰写的《面向数字经济时代的我国税制改革前瞻》一文认为，数字经济创造价值的方式发生了质的变化，使得构建于工业社会基础上的税制出现税收利益与价值创造错配问题，税收治理正面临税收管辖、税制要素、税收分配、征管效能四个方面的系统性挑战。基于数字经济发展进程，我国税制改革可分两步走：短期内，对现行税制进行适应性改革，不断提高税制对数字经济的包容度；长期看，针对数据这一数字经济的核心生产要素，研究探讨数据的可税性以及对数据资产开征数据资源税的可行性。首都经济贸易大学财政税务学院李红霞等撰写的《数字经济对税制改革的影响及对策建议》一文认为，为积极应对数字经济带来的税收挑战，我国数字经济时代的税制改革应具有前瞻性、系统性、高效性及可操作性特征，既要符合国际税收大环境又要适合我国国情，尽量避免差异过大且复杂的税制给纳税人带来过高的税收遵从成本，也要与传统税收体系协调及友好衔接，构建出真正适应我国数字经济发展的新税制模式。中国财政科学研究院袁从帅等撰写的《数字经济企业的税收转移机制及测度》一文，将研究视角投向了数字经济企业的税收转移问题，选取国内代表性数字经济企业 M 进行案例研究，剖析在线广告服务税收转移机制，采用各省移动互联网用户数量占比代理反映 M 企业在线广告浏览者的地区分布，测度在线广告服务引发的全国各地区税收转移规模，在得出了在线广告服务税收转移的空间特征的基础上，建议将易于转移的税种变为中央税，或构建数字经济企业税收跨地区分配机制，以更好助力应对数字经济企业税收转移的挑战。此外，多篇征文来稿围绕数字经济时代的税制改革，提出了很多既彰显中国特色又兼具国际视野、既具有针对性又富有创新性的对策建议，为研究数字经济时代的税制改革提供了有益的决策参考和智力支持。

四、数据要素课税问题

从党的十九届四中全会明确提出数据是继劳动、资本、土地、知识、技术和管理之后的又一生产要素，到 2020 年 4 月中共中央、国务院发布的《关于构建更加完善的要素市场化配置体制机制的意见》正式将数据与资本、土地和劳动等并列作为关键生产要素，再到 2022 年 12 月中共中央、国务院发布《关于构建数据基础制度更好发挥数据要素作用的意见》，强调数据作为一种新型生产要素，数据的价值属性被逐渐嵌入到国家发展、经济高质量发展与国家治理体系和治理能力现代化等多个方面。相关征文来稿以数据要素的价值属性为基底，从多维度、多视角、多层次对数据的可税性、数据要素课税的制度设计和政策转化等方面进行了充分研究和探讨。

清华大学法学院李夏旭撰写的《论数据要素的分层课税机制》一文认为，数字经济时代，数据产权制度的缺失是阻碍数据要素课税的重要因素，只有在厘清数据产权主体的基础上，才能合理界定数据要素的纳税主体。在构建数据要素税收体系时，应当结合数据要素在不同环节的产权状况界定纳税主体，建立以数据产权转移为基础的分层课税机制，对数据要素在不同环节产生的增值额征收增值税和相应的所得税。中国社会科学院大学法学院汤洁茵撰写的《数据资产的财产属性与课税规则之建构：争议与解决》一文认为，数据资产本身具有经济价值、使用价值和交换价值，能够带来经济收益或创造获取收益的机会，可以认定为税收意义上的财产，可将其归入无形资产的类别。因此，现行增值税税制和所得税税制应当对无形资产这一概念的内涵和外延予以适当的调适，将数据资产纳入征税范围，并基于其特殊属性，制定相应的特殊课税规则，以明确其转让行为的税收待遇。天津财经大学财税与公共管理学院孙正、贵州财经大学大数据应用与经济学院杨昭、云南财经大学王敏等分别从数据课税的理论、逻辑与应对方案，数据要素影响税制体系的机理、表现和应对，以及数字资产税收治理难点与治理路径创新等不同视角对数据资产相关问题展开研究。

此外，其他文章也以数字经济及其衍生的税收治理问题为逻辑起点，对一些具有时代性、前瞻性的问题进行了深入探讨，并提供了较为深刻的洞见，对于助力税收现代化服务中国式现代化具有较强的理论价值和现实意义。篇幅所限，在此不一一述及。总之，2022 年度"数字经济与税收治理"征文活动，无论研究站位的高度、研究内容的深度，还是研究视角的广度方面，都取得了新的长足进步。我们期待，"数字经济与税收治理"征文活动的持续举办能够吸引更多高水平学者的参与，把论文写在祖国大地上，把学问做到税收实践中，推进数字经济与税收治理相关研究不断深入，为推进新征程税收现代化、服务中国式现代化作出新的更大贡献。

作者单位：中国税务杂志社

2022 年度"数字经济与税收治理"征文获奖名单

奖项	作者	作品名称
一等奖 （2 名）	周志波	智慧税务的逻辑建构：一个组织社会学视角
	袁从帅　张少博　杨一帆	数字经济企业的税收转移机制及测度 ——基于某搜索引擎企业的案例研究
二等奖 （4 名）	李俊珅　薛广涛　黄建军 汪　豫	税收大数据服务经济分析的应用研究 ——以税收经济发展指数的构建和应用为例
	李夏旭	论数据要素的分层课税机制
	汤洁茵	数据资产的财产属性与课税规则之建构：争议与解决
	邢　丽　樊轶侠　施文泼	面向数字经济时代的我国税制改革前瞻
三等奖 （6 名）	孙　毅　贺子涵	数字税 2.0：展望元宇宙驱动的税收变革
	孙　正　闵庆汉　朱学易	数据课税的理论、逻辑与中国方案
	杨　昭　杨　杨	数据要素影响税制体系的机理、表现和应对
	刘和祥	"以数治税"税收征管模式的基本特征、基础逻辑与实现路径
	单伟力　张　晗　李　丹	智能画像技术和服务推荐技术在电子税务局中的应用场景探讨
	王　敏　袁　娇	数字资产税收治理难点与治理路径创新
优秀奖 （20 名）	陈志勇　王希瑞　刘　畅	数字经济下税收治理的演化趋势与模式再造
	曲君宇	数据公益捐赠所得税扣除的理论证成与制度构想
	杨小强　王　森	人工智能在税务领域应用中的风险及规制
	王水莲　聂　婷　蔡　幸	数字技术赋能银税互动：机理、制约与策略
	李　伟　罗伟平　梅思雨	我国税收征管风险等级测算研究
	王婷婷	智慧税务的实践属性、现实困境与未来路径

奖项	作者	作品名称
优秀奖 （20名）	李红霞　张　阳	数字经济对税制改革的影响及对策建议
	冯　静	加密资产国际税收治理：缘起、现状与展望
	冯绍伍　江　峰　杨智曾	大数据思维下实现精准税务监管的思考与探索
	周开君	智慧税务建设的价值意蕴、逻辑机理与实践路径
	张　青　王　倩	构建智慧税务新生态：逻辑起点、基本框架与关键环节
	张　雄	税收大数据在国家治理中的价值实现路径探析
	曹明星	数字经济下的数据要素治理与数字税收改革 ——基于"信用价值集聚生产"创新经济理论的初步探讨
	刘志安　斯琴塔娜　刘志刚	税企直通车建设实践探索
	白　彦　刁文卓	论数字经济的税法调节
	陈　宇　牛恺玥	加密资产税收政策的国际经验及对我国的启示
	张　巍　田　霏　郭　墨	数字驱动下优质高效智能新型纳税服务体系的构建
	国家税务总局福建省税务局课题组	数字化转型背景下优化我国税收征管质效的思考
	游家兴　柳　颖　杨莎莉	智慧税务助力高质量发展的实践与探索
	李香菊　付昭煜　王　洋	基于资产属性视角的数据资产课税制度研究